الألمانية

اليوم بلا عناء

Deutsch für Arabischsprecher

ASSiMiL
Der Sprachverlag

طريقة كل يوم

الألمانية

اليوم بلا عناء

Deutsch für Arabischsprecher

تأليف

هيلده شنايدر

معالجة وتكييف النص باللغة العربية

الدكتور محمد بسام قباني

أستاذ محاضر ومشرف أكاديمي في جامعة فيينا

بالتعاون مع

دانييل كراسا

رسوم ج. ل. غوسي

ASSiMiL
Der Sprachverlag

Körnerstraße 12
50823 Köln
Deutschland

© Assimil 2018

ISBN 978-3-89625-036-0

تقدم دار "أسيميل" للنشر للناطقين باللغة العربية كتابين تعليميين آخرين لتعليم اللغة العربية:

- بالإنكليزية
- بالفرنسية

كما يمكنكم الحصول من "أسيميل" على كتب تعليم الألمانية كلغة أجنبية باللغات التالية:

- للناطقين بالإنكليزية: **German**
- للناطقين بالفرنسية: **Allemand**
- للناطقين بالإيطالية: **Tedesco**
- للناطقين بالهولندية: **Duits**
- للناطقين بالبولندية: **Niemiecki**
- للناطقين بالبرتغالية: **Alemão**
- للناطقين بالروسية: **немецкий**
- للناطقين بالإسبانية: **Alemán**
- للناطقين بالتركية: **Almanca**
- للناطقين بالمجرية: **Németül**

مقدمة

حضرتك ترغب في تعلم اللغة الألمانية، وتمسك الآن هذا الكتاب بيديك، لأنه يعِد بأن حضرتك ستستوعب اللغة "دون صعوبة" بالبداهة، ربما تكون لدى حضرتك معرفة مسبقة بالألمانية وترغب بتعميقها؟ أياً كانت دوافع حضرتك الشخصية - فنحن يمكننا أن نضمن لحضرتك: عبر برنامج آسيميل هذا فإن حضرتك مقدم على رحلة مثيرة بتلقائية وبلا عناء وعبر خطوات قصيرة من التعلم اليومي للغة تعتبر اللغة الأم لنحو 77 مليوناً في ألمانيا ولأكثر من 100 مليون في جميع أنحاء العالم وتستخدم بصفة اللغة القومية الرسمية ليس فقط في ألمانيا وإنما في النمسا أيضاً والقسم السويسري الناطق بالألمانية وليختنشتاين ولوكسمبورغ وفي الجزء الشرقي من بلجيكا.

"الألمانية اليوم بلا عناء" يوفر لحضرتك الولوج السهل إلى لغة بلد استطاع أن يثبت نفسه في عالَمَيْ الأعمال والعلوم، ولديه ثروة متنوعة من المعالم الثقافية والمتنزهات الوطنية والطبيعية ومشهور بتنوعه الثقافي في مجالات الفن والعمارة والموسيقى والفلسفة والسينما والمطاعم والتصميم والرياضة.

المستوى الذي يمكن لحضرتك الوصول إليه بهذا البرنامج سيسمح لحضرتك بالتفاهم بدون مساعدة وبتميز في الشؤون اليومية أو العمل، وهو أمر ضروري للإقامة طويلة الأمد في ألمانيا أو في منطقة ناطقة باللغة الألمانية وللإندماج في المجتمع بنجاح.

إذا كانت لحضرتك معرفة سابقة بطريقة آسيميل فإن حضرتك سوف تجد في هذ البرنامج منطق تعليم آسيميل المألوف مضافاً إليه تطور الأسلوب المعتاد مجدداً، أما إذا كان آسيميل جديداً تماماً بالنسبة لحضرتك فإننا ندعو حضرتك في الصفحات التالية لاكتشاف خصائص طريقة التعلم هذه الفريدة من نوعها، التي تقوم على الإستيعاب البديهي وتتيح لحضرتك عبر مدمجة واحدة فقط وبجهد يومي لبضع دقائق وحسب بمساعدة نصوص مأخوذة من الحياة اليومية وبلا عناء الوصول إلى المستوى B2 وفقاً للإطار الأوروبي المرجعي العام للغات.

والآن نتمنى لحضرتكم مع برنامجنا لتعلم اللغة الألمانية

"الكثير من المتعة!" **!Viel Spaß**

VI

المحتوى

- مقدمة
- الألمانية اليوم بلا عناء مع آسيميل
- المرحلة السلبية والفعالة
- بنية الدروس
- طريقة العمل

فهرس الدروس

الدروس 1–7 **36–1**
• **1** • Im Café • **2** • Das Restaurant • **3** • Im Park • **4** • Wie geht's? • **5** • Am Telefon • **6** • Immer dasselbe... • **7** • مراجعة وملاحظات

الدروس 8–14 **70–35**
• **8** • Ein Fest • **9** • Ein Fest (Fortsetzung) • **10** • Eine Überraschung • **11** • Eine Begegnung • **12** • Wenn das Wetter schön ist... • **13** • Ich kann es versuchen... • **14** • مراجعة وملاحظات Wiederholung und Anmerkungen

الدروس 15–21 **106–69**
• **15** • Ich habe einen Freund... • **16** • Drei Stunden später • **17** • Der Zahnarzt • **18** • Das Verbot • **19** • Mögen Sie Würstchen? • **20** • Wo ist der Bahnhof? • **21** • Wiederholung und Anmerkungen

الدروس 22–28 **142–105**
• **22** • Eine schöne Wohnung • **23** • Schwierige Gäste • **24** • Verstehen Sie das? • **25** • Ein wahrer Schatz • **26** • Der Hausmeister • **27** • Wer soll das bezahlen? • **28** • Wiederholung und Anmerkungen

الدروس 29–35 **182–141**
• **29** • Ein Brief • **30** • Ein ruhiger Nachmittag im Hotel • **31** • Ein Gespräch mit dem Chef • **32** • Ein Interview • **33** • Ein sympathischer Besuch • **34** • Beim "Fondue"-Essen • **35** • Wiederholung und Anmerkungen

الدروس 36–42 **216–181**
• **36** • Das liebe Geld! • **37** • Ein guter Tipp • **38** • Ein Ausweg? • **39** • Ein Ausweg? (Fortsetzung) • **40** • Endstation • **41** • Beim Arzt • **42** • Wiederholung und Anmerkungen

الدروس 43–49 **252–215**
• **43** • Die guten alten Zeiten • **44** • Lieber Christian! • **45** • Neues Leben (nach Kurt Tucholsky) • **46** • Neues Leben (Fortsetzung) • **47** • Drei Szenen einer Ehe • **48** • Wer ist schuld daran? • **49** • Wiederholung und Anmerkungen

VII

286–251 **الدروس 50–56**
• **50** • Verkäufer sein ist nicht leicht • **51** • Erinnern Sie sich auch daran? • **52** • Das neue Rotkäppchen • **53** • Das neue Rotkäppchen (Fortsetzung) • **54** • Ist Ihnen so was schon mal passiert? • **55** • Der Engel mit Schuhen • **56** • Wiederholung und Anmerkungen

322–285 **الدروس 57–63**
• **57** • Wie der Vater, so die Söhne • **58** • Gemüse auf einem Spaziergang • **59** • Was halten Sie davon? • **60** • Der kleine Blonde und sein roter Koffer • **61** • Kein Wunder! • **62** • Ein glücklicher Zufall • **63** • Wiederholung und Anmerkungen

356–321 **الدروس 64–70**
• **64** • Der Auserwählte • **65** • Und Sie, sind Sie schon einmal einem Nationalisten begegnet? • **66** • Nehmen Sie nicht alles wörtlich! • **67** • Nehmen Sie aber bitte auch ab und zu etwas wörtlich! • **68** • Der öffentliche Fernsprecher (I) • **69** • Der öffentliche Fernsprecher (II) • **70** • Wiederholung und Anmerkungen

392–355 **الدروس 71–77**
• **71** • Klein-Fritzchen • **72** • Quark und Schwarzbrot • **73** • Bitte anschnallen! • **74** • Vater und Sohn • **75** • Die Rückkehr • **76** • "Onkel Christoph" • **77** • Wiederholung und Anmerkungen

430–391 **الدروس 78–84**
• **78** • Wussten Sie schon... • **79** • Ein Volk, aber viele Mund- und Eigenarten • **80** • Der Aberglaube • **81** • Die Loreley und ihre Nachkommen • **82** • Im Wartezimmer • **83** • Im Wartezimmer (Fortsetzung) • **84** • Wiederholung und Anmerkungen

466–429 **الدروس 85–91**
• **85** • Die Pessimistin und der Egoist • **86** • Eigentum muss geschützt werden • **87** • Der Spaßvogel • **88** • Verschiedenes • **89** • Ein gemütliches Abendessen • **90** • Der Krimi am Freitagabend • **91** • Wiederholung und Anmerkungen

502–465 **الدروس 92–100**
• **92** • Stille Wasser sind tief • **93** • Aktenzeichen XY ungelöst • **94** • Hatschi! • **95** • Ein Zeitungsbericht "Überfall auf Heidener Tankstelle geklärt" • **96** • Andere Länder, andere Sitten • **97** • Die Rede des Bürgermeisters • **98** • Wiederholung und Anmerkungen • **99** • Mein lieber Matthias! • **100** • Trauen Sie niemandem!

مرفقات

• أ فهرس القواعد النحوية لدروس المراجعة 515
• ب ملحق القواعد النحوية 515
• ج نطق الألمانية / جدول أصوات الأحرف 552

اللغة الألمانية

الألمانية هي واحدة من اللغات الجرمانية الغربية، وتعود الإثباتات الأولى عنها إلى بواكير القرون الوسطى عندما استقلت الألمانية عن غيرها من اللغات الجرمانية الأخرى.

بسبب الموقع المركزي في أوروبا فقد تأثرت الألمانية على مدى قرون بالعديد من اللغات الأخرى، بما في ذلك الإيطالية والفرنسية والإسبانية واللاتينية واليونانية، وبشكل خاص بالإنجليزية اعتباراً من منتصف القرن العشرين، حتى العربية تركت بصماتها على الألمانية: فتأثير العربية واضح في كلمات تسللت في مجالات التجارة وعلم النبات والطب والرياضيات والكيمياء والفلك، إضافة لأثرها في مصطلحات تتعلق بالحياة اليومية وتعود جذورها للعربية، إذ وفقا لدودين Duden، قاموس اللغة الألمانية الأكثر انتشاراً، فإن حوالي 21 في المئة من جميع الأسماء في الألمانية عبارة عن كلمات أجنبية.

على الصعيد الدولي تلعب الألمانية دوراً حاسماً باعتبارها واحدة من أقوى عشر لغات على مستوى العالم وإحدى اللغات الرئيسية في الإتحاد الأوروبي، وتبدو مسألة تعلم الألمانية ليس فقط في ألمانيا وإنما في الخارج أيضاً مسألة في تنام مستمر، إذ إن كل شخص من سبعة أشخاص في أوروبا يتحدث الألمانية كلغةً أجنبية، كذلك الأمر في العالم العربي فإن تعلم اللغة الألمانية يزداد انتشاراً، فكما ترى حضرتك فإنك من النخبة!

الألمانية اليوم بلا عناء مع آسيميل

يتوجه هذا البرنامج إلى كل من المتعلمين الذين لم تسبق لهم أية معرفة بالألمانية وكذلك إلى الأشخاص الذين يودون تحديث معلوماتهم عنها، فهو يعرض الألمانية عبر مئة درس بأسلوب حديث ومرتبط بالحياة، سوف تتعلم حضرتك في هذا البرنامج حوالي ألفين وخمسمئة كلمة، **الألمانية اليوم بلا عناء** يعرض اللغة لحضراتكم كما ستعايشونها في حياتكم اليومية، فمن خلال السياق الحي سوف تغدو مألوفة جداً لحضراتكم وبسرعة، توفر طريقة آسيميل تطوراً تصاعدياً طبيعياً: حضرتك سلم قياد نفسك وسوف تصل إلى هدفك بسهولة، سر ا**لإستيعاب الطبيعي** في آسيميل يكمن في **الإنتظام بالتعلم**: فبمداومة حضرتك بين 15إلى 20 دقيقة كل يوم سوف تحرز تقدماً سريعاً.

عندما يحدث مرة ولا يكون عند حضرتك وقت فقلل الحصة التعليمية بدلاً من إلغائها بالكلية، إذ ليس من الضروري إنجاز درس كامل في نفس اليوم وإنما يمكن لحضرتك توزيعه على مدى عدة أيام، إقرأ حضرتك المقدمة قبل أن تبدأ،

IX

وانتبه بشكل خاص للشروح المتعلقة بالنطق ولجدول أصوات الحروف في نهاية الكتاب! فهي تصف لحضرتك كيفية قراءة الإملاء الصوتي بشكل مبسط، والذي يشكل تتمة هامة للتسجيلات الصوتية، يجب على حضرتك أن تداوم قدر الإمكان على النظر في الجدول خصوصاً في بداية دراستك كما عليك تكرار لفظ أصوات الأحرف بصوت مرتفع وواضح.

المرحلة السلبية والإيجابية

مثل كل برامج آسيميل فإن هذا البرنامج أيضاً ينقسم إلى محلة سلبية وأخرى نشطة (وتسمى أيضا "الموجة الثانية")، فإلى الدرس 49 على حضرتك أولاً التعلم السلبي، أي عليك فهم ما تقرأ وتسمع وحسب، إستمع حضرتك إلى التسجيلات الصوتية بكثرة بحيث يغدو النطق مألوفاً لديك، واقرأ الملاحظات وأنجز التدريبات، لن تقوم حضرتك في هذه المرحلة بتركيب جمل خاصة بك.

تبدأ المرحلة النشطة مع الدرس 50: ستجد حضرتك من الآن وصاعداً عبارة "الموجة الثانية:" في نهاية كل درس متبوعة برقم الدرس، بعد أن تنجز حضرتك الدرس كالمعتاد عليك العودة إلى الدرس المحدد وتكراره ومن ثم صياغة الحوار الموجود بالعربية على الجهة اليمنى للكتاب باللغة الألمانية، على حضرتك في هذه الأثناء تغطية الجهة اليسرى من الكتاب، مارس حضرتك وكرر هذا حتى تتمكن من ترجمة النص بشكل صحيح إلى اللغة الأجنبية، وبالمثل تماماً فإنه يمكن لحضرتك بطبيعة الحال المضي قدماً مع التمارين.

طريقة بناء الدروس

أ. نص الدرس

ستجد حضرتك على الطرف الأيسر من صفحات الكتاب نص الدرس باللغة الأجنبية، توجد أسفل الجمل الألمانية في الدروس بين 1 و 6 الكتابة الصوتية المبسطة (أنظر النقطة ب)، سترى حضرتك على الطرف الأيمن من صفحات الكتاب الترجمة العربية بالمعنى الإجمالي وفي معظم الحالات بالمعنى الحرفي، بهذه الطريقة يمكن لحضرتك أن تتعرف بالضبط على ما يقابل الكلمة الألمانية بالعربية.

تشير الأرقام المحاطة بدائرة في نهاية الجملة في الحوار الألماني إلى التعليقات (أنظر النقطة ج).

ب. الكتابة الصوتية المبسطة

تجد حضرتك في الدروس الستة الأولى إلى الأسفل من جمل الدرس بالألمانية الكتابة الصوتية المبسطة للدرس، إعتباراً من الدرس الثامن 8 توجد الكتابة الصوتية لجميع الجمل الألمانية في أدنى الصفحة في جزء منفصل تحت فقرة معنْوَنة باسم "النطق"، ولم تعتمد في الكتابة الصوتية الأبجدية الصوتية الدولية وإنما أبجدية صوتية طورت خصيصاً من قبل آسيميل لتسهل على حضرتك نطق الألمانية، أما عن كيفية قراءة الكتابة الصوتية فسيتم توضيح ذلك لاحقاً تحت فقرة "نطق الألمانية" وفي جدول أصوات الأحرف في صفحات الكتاب الأخيرة، أما اعتباراً من الدرس 22 فسيتم استخدام الكتابة الصوتية المبسطة للمصطلحات التي يعتبر النطق بها صعباً أو تلك غير الإعتيادية فقط، مع مرور الوقت في البرنامج سيتم تقليل الكتابة الصوتية باطراد.

ج. ملاحظات

الملاحظات المرتبطة بالأرقام موجودة دائماً على صفحتي الكتاب كلتيهما مما يوفر على حضرتك التقليب المزعج بين الصفحات، وتحتوي هذه الملاحظات معلومات هامة لفهم الجملة قيد البحث أو جزء منها أو حتى كلمة فقط، وقد تكون هذه المعلومات عن قواعد اللغة أو لتوسيع حجم المفردات أو المترادفات أو ألفاظ الأضداد أو تفاصيل عن المدن والبلدان في بعض الأحيان.

د. تمرينات الفهم مع الحل

يتكون التمرين الأول في كل درس من بضع جمل ألمانية لتعميق الفهم، بحيث تستخدم مفردات الدرس الحالي والدروس السابقة في سياق مختلف عما سبق، بناءاً على هذا التمرين سيمكن لحضرتك معرفة فيما إذا كنت قد فهمت المفردات التي تعلمتها حتى الآن واستوعبتها في رصيد كلماتك، ستجد حضرتك حل هذا التمرين بترجمة مصاغة إلى العربية لجمل التمارين وذلك على صفحة الكتاب المقابلة.

هـ. تمرين الفراغات مع الحل

التمرين الثاني عبارة عن تمارين تعتمد أيضاً على المفردات التي تعلمتها حضرتك حتى الآن، المطلوب هنا ملء الفراغات المنقوصة في الجمل الألمانية وذلك بالإعتماد على الجمل المكتوبة أعلاها بالعربية، ستكون "الفراغات"

المطلوب ملؤها عبارة عن مستطيلات صغيرة بعدد أحرف الكلمة المنقوصة، أما حل هذا التمرين أي الكلمات المطلوب من حضرتك وضعها فستجدها على الصفحة اليمنى من الكتاب.

و. تعليمات التشجيع ونصائح التعلم

ستجد حضرتك بين الفينة والأخرى فقرات قصيرة موضوعة في إطار الهدف منها رفع معنويات حضرتك وتحفيزك، أي المحافظة على حالة مزاجية مناسبة للتعلم إذا جاز التعبير، تشتمل هذه الفقرات بدورها على نصائح مهمة للتعلم الفعال وللحالات التي تواجه فيها حضرتك صعوبات أو تلك التي ربما تشعرك إلى حد ما بالإحباط، علاوة على ذلك فإن "توجيهات" بسيطة ستساعد حضرتك في الدروس الأولى في عملية التأقلم بشكل أفضل مع بناء الدروس.

ز. دروس المراجعة

سيتم عند كل درس "سابع" مراجعة وتعميق وتوضيح القواعد اللغوية للدروس الستة التي سبقت بطريقة ممنهجة وبمساعدة بعض الأمثلة، كما سيسهل ملحق نحوي موجود في نهاية الكتاب على حضرتك مراجعة انتقائية هادفة لبعض المعلومات النحوية الموجودة في دروس المراجعة هذه.

ح. التوضيحات والشروح

إمنح أخيراً حضرتك أيضاً الرسوم التوضيحية بعض الإهتمام، فكل رسم يرتبط بجملة من الدرس قد يكون تذكرها أسهل عندما ترتبط في ذهن حضرتك بصورة أو بوضع ما.

ط. التسجيلات الصوتية

على الرغم من أنه يمكن لحضرتك التعلم بواسطة الكتاب لوحده إلا أننا ننصح وبشدة باقتناء التسجيلات الصوتية على أربعة أقراص صوتية أو قرص بصيغة MP3، وهي تحتوي على كل دروس الألمانية ونصوص تمارين الفهم بأصوات متحدثين لغتهم الأم الألمانية، في الدروس الستة الأولى تم تسجيل نص الدرس مرتين، تسجيل كل الدروس في البداية بطيء ثم يزداد معدل سرعة الكلام تدريجياً، أما دروس المراجعة فهي غير موجودة في التسجيلات الصوتية.

ي. الملحق النحوي

تتمة لدروس المراجعة التي تلخص المواضيع والقواعد النحوية التي أثيرت أثناء الدروس الستة الماضية فإن حضرتك ستعثر في نهاية الكتاب على ملحق مزود بمعلومات مفصلة حول كل القواعد النحوية للغة الألمانية، والذي يمكن لحضرتك العودة إليه في أي وقت للإستعلام المحدد الهدف.

طريقة العمل

1. إستمع حضرتك إلى الدرس كاملاً مرةً وراء مرةٍ من التسجيلات الصوتية وقارن النطق مع الكتابة الصوتية المبسطة الموجودة تحت نص الدرس.

2. ثم استمع حضرتك إلى التسجيلات مجدداً، واقرأ النص الألماني جملةً جملةً وبصوت مرتفع، ولكن لا تتعاني في البداية موضوع النطق كثيراً! تقبل حضرتك حقيقة أن أذنك ستعتاد في البداية تدريجياً على أصوات الأحرف الغريبة وتحتاج لوقت معين لتمييزها سماعياً وللتمكن من نطقها، إقرأ حضرتك بموازاة ذلك الترجمة على الطرف الأيمن أيضاً.

3. إقرأ حضرتك الملاحظات العائدة لكل جملة.

4. كرر حضرتك بعدها قراءة كل جملة بصوت مرتفع عدة مرات إلى أن تتمكن من إعادتها دون النظر في الكتاب.

5. إستمع حضرتك إلى الدرس كاملاً مرة أخرى.

6. بعدما تكون حضرتك قد فهمت نص الدرس، وأصبح النطق مألوفاً لديك مع النقاش وقرأت التعليقات قم بعمل تمارين الفهم، ويفضل أن يكون ذلك كتابةً.

7. قم حضرتك في الختام – ويفضل كتابةً – بإنجاز تمرين الفراغات، طبعاً دون النظر بين الفينة والأخرى إلى الحل! من أجل إنجاز تمرين الفراغات عدة مرات فإننا ننصح حضرتك بعدم كتابة الحل مباشرة في الكتاب وإنما على ورق خارجي أو في دفتر.

8. إنتقل حضرتك إلى الدرس التالي فقط بعدما أصبح باستطاعتك فهم نص الدرس الحالي وبدون صعوبات!

XIII

لفظ الألمانية

- الأبجدية الألمانية

الحرف اللاتيني الكبير	الحرف اللاتيني الصغير	نطق أو لفظ الحرف	إسم الحرف العربي المقابل (تهجية)
A	a	آ	Alif
B	b	بِي	Bā
C	c	تْسِي	---
D	d	دِي	Dāl
E	e	إِي	---
F	f	إِفْ	Fā
G	g	گِي	---
H	h	ها	Hā
I	i	إِي	i
J	j	يُتْ	---
K	k	كا	Kāf
L	l	إِلْ	Lām
M	m	إِمْ	Mīm
N	n	إِنْ	Nūn
O	o	أُو	---
P	p	پِي	---
Q	q	كُهْ	Qāf
R	r	إِرْ	Rā
S	s	إِسْ	Sīn
T	t	تِي	Tā
U	u	أُو	u
V	v	فاوْ	---
W	w	فِيهْ	---
X	x	إِكْسْ	---
Y	y	اِوْپْسِلُنْ	Yā
Z	z	تْسِتْ	Zāin

XIV

• حالات خاصة: علامات تغير في الصوت + إسّ

لفظ الحرف	الحرف اللاتيني الصغير	الحرف اللاتيني الكبير
أْ	ä / ae	Ä / Ae
أوَ	ö / oe	Ö / Oe
أوّ	ü / ue	Ü / Ue
إسّ	ß	ß

لمحة عن الأحرف الصوتية للغة الألمانية مرفق بعرض مبسط لأصوات الأحرف وتوصيفها

الأحرف الصوتية		
التوصيف	الكتابة الصوتية	الحرف
يقابل هذا الحرف الصوتي الفتحة المغلظة مثل "وَضَعَ".	[آ]	a
يقابل هذا الحرف الصوتي الفتحة مع الإمالة مثل "مَجْريها" في القرآن الكريم.	[أ]	ä / ae
يتأرجح هذا الحرف الصوتي بين ثلاثة أصوات، فتارة يأتي كالفتحة مع إمالة مثل "مَجْريها" في القرآن الكريم "sehr"، أو في آخر الكلمة ، حيث تلفظ في النهاية هاء ضعيفة وخافتة إهْ "Katze"، أو آخر الكلمة متبوعة بحرف r بصوت أَ مع عدم ظهور الراء تقريباً "Messer".	[إي] / [أهْ] / [إهْ]	e
يقابل هذا الحرف الصوتي الكسرة مثل "مِنْ".	[إ]	i

XV

o	[أو]	هذا الصوت غير موجود في الفصحى، ولكنه يقابل الضمة المفخمة في كثير من اللهجات العامية.
ö / oe	[أۆ]	هذا الصوت غير موجود البتة في العربية، ويلفظ بتعمد لفظ الضمة المفخمة ولكن بشفتين في وضعية التقبيل تقريبا.
u	[أو]	يقابل هذا الحرف الصوتي الضمة مثل آخر كلمة "يَضَعُ".
ü / ue	[أۆ]	هذا الصوت غير موجود البتة في العربية، ويلفظ بتعمد لفظ الضمة المائلة للكسر ولكن بشفتين في وضعية التقبيل تقريبا.

الأحرف الصوتية المزدوجة		
وهي عبارة عن أصوات مزدوجة ناتجة عن حرفين صوتيين، تشكل هذه الأحرف الصوتية المزدوجة في الألمانية مقطعاً صوتياً واحداً!		
التوصيف	الكتابة الصوتية	الحرف
يلفظ هذان الحرفان المزدوجان كما في كلمة آيْ القرآن "Mai".	[آيْ]	ai
عبارة عن همزة مفتوحة ممدودة مغلظة متبوعة بواو ساكنة مغلظة بعض الشيء أيضاً "Austria".	[آوْ]	au
عبارة عن همزة مفتوحة مائلة للكسر ومتبوعة بياء ساكنة "Häuser".	[أُويْ]	äu
يلفظ هذان الحرفان المزدوجان كما في كلمة "ein".	[آيْ]	ei
همزة مضمومة مغلظة متبوعة بياء ساكنة	[أُويْ]	eu
تقابل الكسر الممدود.	[إي]	ie

لفظ الألمانية

XVI

الأحرف الساكنة		
التوصيف	الكتابة الصوتية	الحرف
يماثل حرف الباء بالعربية، ويلفظ مكسورا بإمالة.	[بي]	b
عبارة عن تاء ساكنة متبوعة بالسين المكسورة مع إمالة.	[تْسِي]	c
دال مكسورة بإمالة.	[دِي]	d
همزة مكسورة بإمالة متبوعة بفاء ساكنة.	[إِفْ]	f
الجيم المصرية مكسورة بإمالة.	[گِي]	g
تشبه صوت الضحك، أي هاء مغلظة ممدودة.	[ها]	h
لا يلفظ هذا الحرف جيماً وإنما ياء مضمومة مغلظة متبوعة بتاء ساكنة مشددة.	[يُتّْ]	j
مثل "ها" ولكن بإبدال الهاء كافاً.	[كا]	k
همزة مكسورة بإمالة متبوعة بلام ساكنة مشددة بعض الشيء.	[إِلْ]	l
همزة مكسورة بإمالة متبوعة بميم ساكنة مشددة بعض الشيء.	[إِمْ]	m
همزة مكسورة بإمالة متبوعة بنون ساكنة مشددة بعض الشيء.	[إِنْ]	n
باء تلفظ بإطلاق دفعة قوية من الهواء من الفم مكسورة بإمالة.	[پِي]	p
كاف ساكنة متبوعة بأول حرف من كلمة فيكتوريا مكسوراً بإمالة.	[كْڤِهْ]	q
همزة مكسورة بإمالة متبوعة بالراء المخففة الساكنة.	[إِرْ]	r

XVII

s	[إسْ]	همزة مكسورة بإمالة متبوعة بالسين الساكنة.
ß	[إسّْ]	همزة مكسورة بإمالة متبوعة بالسين المشددة الساكنة.
t	[تِي]	تاء متبوعة بكسرة ممدودة وإمالة.
v	[فاوْ]	مثل جزيرة الفاو في العراق.
w	[ڤِيهْ]	مثل أول حرف من اسم عاصمة النمسا "فيينا".
x	[إكْسْ]	همزة مكسورة بإمالة متبوعة بكاف وسين ساكنَيْن.
y	[إوْپْسِلُنْ]	همزة مكسورة بضم الشفتين، متبوعة بباء مرفقة بإطلاق الهواء من الفم، ثم سين مكسورة، ولام مضمومة ومفخمة وأخيراً نون ساكنة.
z	[تْسِتْ]	عبارة عن تاء ساكنة متبوعة بالسين المكسورة مع إمالة ثم تاء ساكنة ومشددة بعض الشيء.

دع هذا الجدول - خاصة في الفترة الأولى - في متناول اليد عندما تستمع حضرتك للتسجيلات الصوتية، واستخدم حضرتك اللمحة العامة عن الأصوات كمرجع تعود إليه مرة تلو الأخرى.

1 • ▶ eins [آيْنْسْ]

يوجد نص الدرس الألماني على الجانب الأيسر، ستجد حضرتك تحت كل جملة الكتابة الصوتية المبسطة (أنظر جدول الأصوات في نهاية الكتاب). ▼

▶1 Erste Lektion ① [إيرْسْتِ لِكْتْسْيُونْ]

▶ Im Café ②

[إمْ كافّي]

▶ 1 – Herr **O**ber! ③ ④
[هِرّْ أوبِرْ]

▶ 2 Der Tee ist kalt! ⑤ ⑥ ⑦
[دِرْ تِي إسْتْ كَلْتْ]

▶ 3 – Wie ist der Tee? ⑧
[ڤي إسْتْ دِرْ تِي]

▶ 4 – Er ist kalt! ⑨
[إرْ إسْتْ كَلْتْ]

ملاحظات

① تسبق الصفةُ الموصوفَ وتضاف إليها أحرف تدل على حالتها الإعرابية في الجملة.

② إدماج حرف الجر **in** مع أداة تعريف الإسم الذي يليها في حالة الجر **dem** يعطي **im**، أما في حالة الرفع فهو **das**.

③ هذا ما يقارب أسلوب النداء في اللغة العربية، وتوضع علامة التعجب في نهاية الجملة دلالة على الطلب أو النداء.

④ كل جملة تبدأ في الألمانية بحرف كبير، والأسماء وأسماء الأشياء كلها تكتب أيضاً بحرف كبير.

2 • [تْسْڤايْ] zwei

ستری حضرتك على الجانب الأيمن الترجمة العربية المقابلة، مرة بالمعنى التقريبي، ومرة تحتها بين قوسين بالمعنى الحرفي. ▼

الدرس الأول

في المقهى

(في المقهى)

١ – السيد النادِل!

(السيد النادِل!)

٢ إن الشاي بارد!

(الشاي يكون بارداً!)

٣ – كيف هو الشاي؟

(كيف يكون الشاي؟)

٤ – إنه بارد!

(هو يكون بارداً!)

⑤ ليس في الألمانية جملة إسمية، ولكن يستعان بفعل الكون **sein** لتشكيل جمل مقاربة في المعنى.

⑥ تصريف فعل الكون مع ضمير الغائب المذكر أو المؤنث أو الحيادي هو **ist**.

⑦ لوصف شيء أو شخص ما توضع الصفة بعد فعل الكون المصرف وفق الموصوف، وتكتب الصفات والكلمات التي تدل على الظروف والأحوال بحرف صغير.

⑧ أداة الإستفهام **wie** تفيد في السؤال عن حال شيء أو شخص ما، وتحتل بداية الجملة ليتبعها الفعل في موقعه الثاني.

⑨ وضعت علامة التعجب للدلالة على الشكوى، وتضمن المعنى الأمر بأنه ينبغي أن يكون ساخناً.

▶ 5 – Oh, Verz**ei**hung! ⑩
[أَوهْ فِرْتْسايُنْگ]

▶ 6 – Herr **O**ber, der Tee ist jetzt gut; ⑪
[هِرّْ أَوبِرْ دِرْ تِي إِسْتْ يِتْسْتْ گوتْ]

▶ 7 **a**ber die T**a**sse... ⑫
[آبِرْ دي تاسّهْ]

▶ 8 – Ja, die T**a**sse?
[يا دي تاسّهْ]

▶ 9 – Sie ist zu klein! ⑬
[زي إِسْتْ تْسو كْلايْنْ]

⑩ هذا اختصار لجملة رجاءاً المعذرة أو أرجو منك المعذرة، كما في اللغة العربية، ولذلك وضعت علامة التعجب بعدها.

⑪ أداة تعريف الإسم المذكر في حالة الرفع هي **der**.

⑫ أداة تعريف الإسم المؤنث وكذلك الجمع في حالتي الرفع والنصب هي **die**.

⑬ تفيد إضافة حرف الجر **zu** إلى صفة ما في المبالغة في الوصف.

يحتوي التمرين **1** (تمرين الفهم) على كلمات معروفة، ولكن في سياق جديد إلى حد ما، ستسمع حضرتك في التسجيلات الصوتية في البداية كلمة **تمرين**، تحقق حضرتك من التعرف على كل الكلمات ومن فهم الجمل التي كُوِّنت مجدداً. ▼

التمرين ١ : هل تفهم حضرتك هذه الجمل؟

▶ ❶ Wie ist die T**a**sse? ❷ Sie ist klein. ❸ Wie ist der Tee? ❹ Er ist zu kalt. ❺ P**e**ter ist klein, **a**ber Klaus ist groß.

4 • [فيرْ] vier ◄

٥ - آه، المعذرة!

(آه، المعذرة!)

٦ - السيد النادِل، إن الشاي الآن جيد;

(سيد نادِل، الشاي يكون الآن جيداً.)

٧ ولكن الفنجان...

(لكن الفنجان...)

٨ - نعم، ماذا عن الفنجان؟

(نعم، الفنجان؟)

٩ - إنه صغير للغاية!

(هي تكون صغير جداً!)

حلول التمارين، أي الترجمة الصحيحة والكلمات الناقصة موجودة مباشرة قبالة أو عقب التمرين بحسب استيعاب الصفحة، بحيث لن تضيع حضرتك أي وقت في البحث عنها وستتمكن من التحقق بسرعة من تقدم عملية التعلم. ▼

حل التمرين الأول: هل فهمت حضرتك؟

❶ كيف هو الفنجان؟ ❷ إنه صغير. ❸ كيف هو الشاي؟ ❹ إنه بارد للغاية. ❺ بيتر قصير، ولكن كلاوْسْ طويل (في المقابل).

التمرين الثاني عبارة عن نص بفراغات، بحيث يمثل كل مربع حرفاً من حروف الكلمة الناقصة، لا يوجد لهذا التمرين ملف صوتي. ▼

التمرين ٢ : ضع حضرتك الكلمات الناقصة!

❶ كيف هو الشاي؟

▶ ☐☐☐ ist der Tee?

❷ إنه جيد.

▶ ☐☐ ist gut.

❸ معذرةً، السيد النادل!

▶ ☐☐☐☐☐☐☐☐☐, Herr Ober!

❹ الفنجان صغير للغاية.

▶ Die Tasse ist ☐☐ klein.

❺ إنها صغيرة.

▶ ☐☐☐ ist klein.

▶ 2 Zweite Lektion [تْسْفايْتِ لِكْتْسْيُونْ]

▶ **Das Restaurant**
[دَسْ رِسْتُوران]

▶ 1 – Ich bin sehr m**ü**de, ①
[إشْ بِنْ سِيرْ مُودِهْ]

▶ 2 und ich h**a**be H**u**nger.
[أُنْدْ إشْ هابِهْ هُنْگِرْ]

للإستفادة القصوى من طريقة الكتاب الذي بين أيدينا، والتي تعتمد بشكل أساسي على المبادرة الذاتية للمتعلم، ينبغي الإستماع للملفات الصوتية المرفقة لعدة مرات وبالأخص في البداية، سيساعد ذاك على اللفظ السليم، وعلى التمكن من إعادة الكلام دون الحاجة لرؤيته مكتوباً، وينبغي أن تتم هذه الإعادة بصوت مرتفع مع تحريك اللسان والشفتين، وعدم الإكتفاء بالقراءة الصامتة.

❻ آنّْ قصيرة (صغيرة)، بينما كْلاوْسْ طويل (كبير).

▸ Anne ist ____, aber Klaus ist ____.

حل التمرين الثاني: الكلمات الناقصة.

▸ ❶ Wie ❷ Er ❸ Verzeihung ❹ zu ❺ Sie ❻ klein – groß.

توافق كتابة اللغة الألمانية لفظَها إلى حد بعيد، وهو ما يجعل عملية الإستماع والقراءة والكتابة سهلة مقارنة بكثير من اللغات الأجنبية الأخرى.

الدرس الثاني

في المطعم

١ – أنا مُتْعَب (في غاية النعاس) للغاية.
(أنا يكون كثيراً متعب (نعسان).)

٢ وأنا جائع.
(و أنا يملك الجوع.)

ملاحظات

① لإضافة كلمات تدل على حال وصف ما فإنها توضع قبل هذه الصفة.

▶ 3 Dort ist ein Restaur**a**nt. ② ③
[دُورْتْ إِسْتْ آيْنْ رِسْتُورانْ]

▶ 4 Es ist schön, nicht wahr? ④
[إِسْ إِسْتْ شوونْ نِشْتْ ڤارْ]

▶ 5 – Ja..., **a**ber... ⑤
[يا آبِرْ]

▶ 6 – H**a**ben Sie auch H**u**nger? ⑥ ⑦ ⑧
[هابِنْ زي آوْخْ هُنْگِرْ]

▶ 7 – Ja, **a**ber...
[يا آبِرْ]

▶ 8 – Sind Sie nicht m**ü**de? ⑨
[زِنْد زيْ نِشْتْ مُوْدِهْ]

▶ 9 – Doch, **a**ber das Restaur**a**nt ist zu t**eu**er. ⑩ ⑪
[دُخّْ آبِرْ دَسّْ رِسْتُورانْ إِسْتْ تْسو تُويِرْ]

② يمكن ترجمة كلمة **dort** بثمة أو هناك أو حتى يوجد، وهي تحتل مرتبة في الجملة لذلك أتى الفعل بعدها في مرتبته المعتادة وهي الثانية.

③ أداة تنكير الإسم الحيادي هي **ein**، وتدل على مطعم لا على التحديد.

④ هذه صيغة مشهورة في الألمانية والإنكليزية، بحيث توضع بعد التعبير عن رأي أو اتفاق ما للتأكيد على صحتهما.

⑤ أيضا هذه الصيغة مشهورة عندما تتم الموافقة على مقولة ما ويتم استتباعها بإضافة أو اعتراض أو استدراك ما.

> يلاحظ المتعلم وجود ترجمتين للنصوص المستخدمة، إحداهما بالمعنى المجمل والأخرى ترجمة كلمة كلمة، وهذه الأخيرة هي ما ينبغي للقارئ تجنبه في الحياة العملية.

8 • [أَخْتْ] ◀ acht

٣   هناك يوجد مطعم.
    (هناك يكون واحد مطعم.)

٤   إنه جميل، أليس كذلك؟
    (هو يكون جميلاً، لا حقاً؟)

٥ - نعم...، لكن...
    (نعم...، لكن...)

٦ - هل حضرتك أيضاً جائع؟
    (يملك حضرتك أيضاً جوع؟)

٧ - نعم...، لكن...
    (نعم...، لكن...)

٨ - ألستَ حضرتك متعباً (نعسانَ)؟
    (يكون حضرتك لا متعباً؟)

٩ - بالطبع، ولكن المطعم مرتفع الأسعار للغاية.
    (بَلى، لكن المطعم يكون كثيراً غالياً.)

⑥ يتم التعبير عن الجوع أو العطش وبعض الأمراض باستخدام فعل الملكية haben، وهي صيغة غير موجودة في العربية، لذلك فإنها تترجم على أنها صفة وباستخدام جملة إسمية.

⑦ ضمير المخاطب للشخصيات الإعتبارية هو Sie، ويعامل معاملة الجمع في تصريف الأفعال، ويمكن مقابلته بـ حضرتك في العربية، وسيستخدم في هذا الكتاب بهذا المعنى.

⑧ لصياغة الجملة الإستفهامية يتصدر الفعل الجملة أو إحدى أدوات الإستفهام.

⑨ تستخدم كلمة nicht في نفي الأفعال والصفات.

⑩ تفيد كلمة doch في تأكيد المذكور وأخذ معنى بلى في الإجابة على الأسئلة.

⑪ تستخدم كلمة aber للإستدراك، وهي ليست لها مرتبة في الجملة، لذلك أتى بعدها الفاعل ثم الفعل في مرتبتيهما المعتادتين.

9 • ▶ neun [نُويْنْ]

▶ 10 Dort ist **ei**ne Kn**ei**pe; sie ist auch schön, nicht wahr? ⑫

[دُورْتْ إِسْتْ آيْنِ كْنايْپِهْ زي إِسْتْ آوْخْ شوونْ نِشْتْ ڤارْ]

التمرين ١ : هل تفهم حضرتك هذه الجمل؟

▶ ❶ Das Restaur**a**nt ist zu t**eu**er. ❷ Sie sind m**ü**de? ❸ Dort ist das Caf**é**. ❹ Ich h**a**be H**u**nger. ❺ H**a**ben Sie auch H**u**nger?

التمرين ٢ : ضع حضرتك الكلمات الناقصة!

❶ أنا طويل (كبير).

▶ Ich ____ groß.

❷ حضرتك قصير.

▶ Sie ____ klein.

❸ هل هذا المطعم مرتفع الأسعار؟

▶ Ist das Restaurant ____ ?

❹ كلا، إنه ليس بالمرتفع الأسعار.

▶ Nein, ____ ist nicht teuer.

❺ المقهى (يوجد) هناك.

▶ ____ ist ein Café.

❻ أنا جائع.

▶ Ich habe ____ .

١٠ توجد هناك حانة؛ إنها جميلة أيضاً، أليس كذلك؟
(هناك تكون واحدة حانة، هي تكون أيضا جميلة، لا حقاً؟)

⑫ يقصد بكلمة **Kneipe** الأماكن التي تقدم الجعة والمشروبات الكحولية بشكل أساسي، وتوسع المعنى مع الوقت لتشمل الأماكن التي تقدم المشروبات الكحولية وغير الكحولية.

حل التمرين الأول: هل فهمت حضرتك؟

❶ المطعم مرتفع الأسعار للغاية (غالٍ). ❷ هل حضرتك متعب؟ ❸ المقهى (يوجد) هناك. ❹ أنا جائعٌ. ❺ أحضرتك جائع أيضا؟

حل التمرين الثاني: الكلمات الناقصة.

▸ ❶ bin ❷ sind ❸ teuer ❹ es ❺ Dort ❻ Hunger.

ينبغي على المتعلم التخلص إلى حد بعيد من طرق تعلم اللغات الأجنبية المتبعة في كثير من أنظمة التعليم في الدول العربية كونها تعتمد على النجاح في الإمتحان والإجابة عن الأسئلة وحسب، فالهدف هنا هو تعلم التحدث بهذه اللغة وليس فهم ما يلقى إلينا وحسب.

▸ 3 Dritte Lektion [دْرِتّ لِكْتْسْيُون]

▸ Im Park
[إمْ پارْكْ]

▸ 1 – Ver**zei**hung! Ist d**ie**ser Platz noch frei? ① ②
[فِرْتْسايُنْگ إسْتْ ديزِرْ پْلاتْس نَخّْ فْرايْ]

▸ 2 – Ich gl**au**be, ja. ③
[إشْ گْلاوْبِهْ يا]

▸ 3 – D**a**nke! W**u**nderbar, d**ie**se S**o**nne, nicht wahr? ④
[دَنْكِه ڤُنْدِرْبارْ ديزِي صَنَّهْ نِشْتْ ڤارْ]

▸ 4 Die Luft ist auch so gut! ⑤
[دي لُفْتْ إسْتْ سٰو گوتْ]

▸ 5 Sind Sie oft hier? ⑥
[زِنْدْ زي أُفْتْ هيرْ؟]

▸ 6 War**u**m **a**ntworten Sie nicht? ⑦
[ڤارومْ أَنْتْڤُورْتِنْ زي نِشْتْ]

ملاحظات

① أداة تعريف الأسماء التي تنتهي بـ **ung...** هي **die** لأنها أسماء مؤنثة.

② تستخدم كلمة **noch** بمعنى أما زال، أو بعدُ أو أيضاً.

③ يأتي هذا الفعل بمعنى أظن، وأعتقد، وأحسب، وبرأيي...

الدرس الثالث

في الحديقة

١ - معذرة! أما زال هذا المكان (المقعد) شاغراً؟
(معذرة! يكون هذا المكان بعدُ حراً؟)

٢ - أعتقد ذلك.
(أنا أعتقد، نعم.)

٣ - شكراً! رائعة هذه الشمس، أليس كذلك؟
(شكراً! رائعة، هذه الشمس، لا حقاً؟)

٤ الهواء أيضاً جيد إلى درجة بعيدة!
(الهواء يكون أيضاً هكذا جيداً!)

٥ أتتواجد (حضرتك) كثيراً هنا؟
(يكون أنتم كثيراً هنا؟)

٦ لماذا لا تجيب (حضرتك)؟
(لماذا تجيبون أنتم لا؟)

④ لم تحتوِ هذه الجملة على أي فعل، وهو أمر نادر في اللغة الألمانية، كون السياق يدل على المقصود، وتم تصريف فعل شكر مع ضمير المتكلم المفرد دون ذكر الضمير لنفس السبب.

⑤ تستخدم كلمة **so** للتأكيد على معنى ما أو كأداة تشبيه.

⑥ لصياغة السؤال يتصدر الفعل الجملة ويأتي الفاعل في المرتبة الثانية.

⑦ لصياغة السؤال باستخدام أداة استفهام تتصدر أداة الإستفهام الجملة، ثم يليها الفعل ليأتي الفاعل بعدها.

13 • ▶ dreizehn [دْرايْتْسِين]

▶ 7 Spr**e**chen Sie Deutsch? ⑧
[شْپْرِخِنْ زي دُويْتْشْ]

▶ 8 – Nein, ich bin Franz**ö**sin. ⑨
[نايْنْ إشْ بِنّْ فْرانْتْسوزِنْ]

▶ 9 Ich spr**e**che nur ein w**e**nig Deutsch.
[إشْ شْپْرِخِهْ نورْ آيْنْ ڤِينِگ دُويْتْشْ]

▶ 10 – Sch**a**de!
[شادِهْ]

Übung 1: Verstehen Sie diese Sätze?

▶ ❶ D**ie**ser Platz ist nicht frei. ❷ Ich spr**e**che ein w**e**nig Deutsch. ❸ Sind Sie Franz**o**se? ❹ War**u**m ist der Tee kalt? ❺ Die S**o**nne ist w**u**nderbar.

Übung 2: Setzen Sie die fehlenden Wörter ein!

❶ أَتتحدث حضرتك الفرنسية؟

▶ …… Sie Französisch?

❷ كلا، أنا أتحدث الألمانية وحسب.

▶ Nein, ich …… nur Deutsch.

❸ هل هذا الشاي جيد؟

▶ Ist …… Tee gut?

❹ هذا المطعم ليس مرتفع الأسعار.

▶ …… Restaurant ist nicht teuer.

٧ هل تتكلم حضرتك الألمانية؟
(تتكلمون أنتم الألمانية؟)

٨ - لا، أنا فرنسية.
(لا، يكون أنا فرنسية.)

٩ أنا أتكلم الألمانية بعض الشيء.
(أنا أتكلم فقط قليلاً الألمانية.)

١٠ - يا لسوء الحظ!
(خسارة!)

⑧ تستخدم هذه الصيغة للسؤال عما إذا كان المرء يجيد لغة ما.

⑨ فرنسية بمعنى جنسيتي فرنسية.

Lösung 1: Haben Sie verstanden?

❶ هذا المكان ليس شاغراً. ❷ أنا أتكلم الألمانية بعض الشيء. ❸ أحَضْرَتُك فرنسي؟ ❹ لماذا الشاي بارد؟ ❺ الشمس رائعة.

كما هو ملاحظ فإنه يمكن بجمل قليلة التعامل في المقهى والمطعم والحديقة، هذا سيعطي المتعلم ثقة بالنفس بالنتائج الرائعة التي يمكن بلوغها ببضع ساعات من التعلم.

⑤ أنا أتحدث الإنكليزية بعض الشيء.

▶ Ich spreche ___ ___ Englisch.

⑥ أتتواجد حضرتك غالباً هنا؟

▶ Sind Sie ___ hier?

▶ 4 Vierte Lektion [فيرْتِ لِكْتْسْيُونْ]

▶ **Wie geht's?** ① ②
[ڤي گِيتْ، سْ]

▶ 1 – G**u**ten Tag, W**o**lfgang! ③
[گوتِنْ تاگ ڤُولْفْگانْگ]

▶ 2 – H**a**llo, **A**nne! Wie geht's? ④
[هالّو آنّهْ ڤي گِيتْ، سْ]

▶ 3 – Gut, d**a**nke.
[گوتْ دانْكِهْ]

▶ 4 – Kommst du mit ins Caf**é**? ⑤
[كُومْسْتْ دو مِتّْ إنْسْ كافِيهْ]

ملاحظات

① هذه هي الصيغة الأشهر للسؤال عن حال شخص ما أو الكيفية التي تسير بها الأمور.

② حرف **s** مع علامة (՛) عبارة عن اختصار ضمير الشأن **es**.

③ في الجملة فعل مضمر بمعنى أتمنى لك يوما سعيداً، ولذلك أضيفت لكلمة **gut** النهاية **en** التي تدل على المفعول للإسم المذكر.

Lösung 2: Die fehlenden Wörter.

▶ ❶ Sprechen ❷ spreche ❸ dieser ❹ Dieses ❺ ein wenig ❻ oft.

الدرس الرابع

كيف الحال؟

(كيف يسير هو (الأمر)؟)

١ – يوماً سعيداً، ڤولْفْگانْگ!
(سعيداً يوماً، ڤولْفْگانْگ!)

٢ – مرحباً، آنّهْ! كيف الحال؟
(مرحباً، آنّهْ! كيف يسير هو (الأمر)؟)

٣ – جيد، شكراً.

٤ – هل (س) تأتين معنا إلى المقهى؟ هل سترافقيننا إلى المقهى؟
(تأتين أنتِ مع إلى المقهى؟)

④ تقال هذه الكلمة **Hallo** كنوع من التحية عند اللقاء أو عند بداية محادثة هاتفية.

⑤ تستخدم الأفعال التي تدل على الحركة صيغةَ المنصوب، وصيغةَ الجر للدلالة على الثبات في المكان، وبهذا فإن **ins** هي عبارة عن دمج حرف الجر **in** مع أداة تعريف إسم المكان **das Café**.

▶ 5 – Ja, gern. Ich h**a**be Durst. ⑥
[يا گيرْنْ إشْ هابْهْ دورْسْتْ]

▶ 6 – Was trinkst du? ⑦ ⑧
[ڤاسْ تْرِنْكْسْتْ دو]

▶ 7 – Ich tr**i**nke **ei**ne Limon**a**de. Und du? ⑨
[إشْ تْرِنْكْهْ آيْنْهْ لِمُونادِهْ أُنْدْ دو]

▶ 8 – Ich n**e**hme ein Bier.
[إشْ نيمِهْ آيْنْ بيرْ]

▶ 9 **A**nne (sie) trinkt **ei**ne Limon**a**de, und W**o**lfgang (er) trinkt ein Bier.
[آنّْهْ تْرِنْكْتْ آيْنْهْ لِمُونادِهْ أُنْدْ ڤولْفْگانْگ تْرِنْكْتْ آيْنْ بيرْ]

▶ 10 – G**u**ten **A**bend, Frau H**e**rder!
[گوتِنْ آبِنْدْ فْراوْ هيرْدِرْ]

▶ 11 – G**u**ten **A**bend, Herr Schmitt!
[گوتِنْ آبِنْدْ هِرّْ شْمِتّْ]

▶ 12 – Das ist Fr**äu**lein W**a**gner. ⑩
[دَسّْ إسْتْ فْرُيْلايْنْ ڤاگْنِرْ]

⑥ تأتي هذه الصفات مع فعل الملكية **haben** التي تدل على الحالة الجسدية أو الصحية للمتحدث.

⑦ تستخدم أداة الإستفهام **was** للسؤال عن ماذا أو مالذي، وتوضع في بداية الجملة الإستفهامية.

٥ – نعم، بكل سرور. أنا عطشى.
(نعم، بمودة، أنا أملك عطشاً.)

٦ – ماذا تشربين؟
(ماذا تشربين أنت؟)

٧ – أنا أشرب عصير الليمون. وأنت؟
(أنا أشرب واحد عصير ليمون. وأنت؟)

٨ – سآخذ الجعة.
(أنا آخذ واحد جعة.)

٩ آنّهْ (هي) تشرب عصير الليمون، و ڤولْفْگانْگْ (هو) يشرب الجعة.
(آنّهْ (هي) تشرب واحدة عصير ليمون، و ڤولْفْگانْگْ (هو) يشرب واحداً جعة.)

١٠ – مساءاً سعيداً، سيدة هيردر!
(جيداً مساءاً، سيدة هيردر!)

١١ – مساءاً سعيداً، سيد شميت!
(جيداً مساءاً، سيد شميت!)

١٢ – هذه الآنسة فاگنر.
(هذا يكون الآنسة فاگنر.)

⑧ يمكن أن يعبر هذا السؤال عما يطلبه الزبون للشرب، أو أن يكون سؤالا فعليا عما يشربه المسؤول حاليا.

⑨ كذلك يمكن أن تعبر هذه الصيغة عما يشربه المتحدث للتو، أو عما يود طلبه للشرب في مطعم أو أي مكان آخر، نفس الأمر في الجملة التالية.

⑩ تطلق هذه التسمية **Fräulein** على المرأة التي ليس لديها أولاد، والمعتاد هو مخاطبة المرأة بلقب **Frau**، وذلك بغض النظر عن الوضع العائلي أو المهني.

19 • ▶ neunzehn [نُويْنْتْسِين]

▶ 13 – Freut mich! Tr**i**nken Sie ein Glas Wein mit mir? ⑪ ⑫

[فْرَويْتْ مِشْ تْرِنْكِنْ زي آيْنْ گْلاصْ ڤايْنْ مِتّْ ميرْ]

Übung 1: Verstehen Sie diese Sätze?

▶ ❶ G**u**ten Tag! Wie geht's? ❷ Ich h**a**be Durst. ❸ Trinkst du ein Bier? ❹ Nein, d**a**nke! Ich n**e**hme **ei**ne Limon**a**de. ❺ K**o**mmen Sie mit ins Caf**é**? ❻ Was tr**i**nken Sie?

Übung 2: Setzen Sie die fehlenden Wörter ein!

❶ يوماً سعيداً، آنسة آنّهْ! كيف الحال؟

▶ Guten ______, Fräulein Wagner! ______ geht's?

❷ هذا هو سيد موللر.

▶ Das ______ Herr Müller.

❸ ماذا (تود أن) تشرب حضرتك؟

▶ Was ______ Sie?

❹ آنّهْ (تشرب) عصير الليمون.

▶ Anne ______ eine Limonade.

❺ هل (س) تأتي معنا إلى المقهى؟

▶ ______ du mit ins Café?

❻ أنا عطشان، وأنت؟

▶ Ich ______ Durst. Und ______?

١٣ - هذا من دواعي سروري! أتحتسي حضرتك قدحاً من النبيذ معي؟
(يسرني! تشرب حضرتك واحداً كأساً خمراً معي؟)

⑪ تقابل كلمة **mich** كلمة إياي بالعربية أو ضمير المتكلم في حالة النصب.

⑫ هذا اختصار لجملة **Es freut mich**، حيث يمثل **Es** ضمير الشأن في العربية.

Lösung 1: Haben Sie verstanden?

❶ يوماً سعيداً! كيف الحال؟ ❷ أنا عطشان. ❸ أتشرب الجعة؟ ❹ لا، شكراً! سأتناول عصير الليمون. ❺ هل ستأتي حضرتك معنا إلى المقهى؟ ❻ ماذا (س) تشرب حضرتك؟

Lösung 2: Die fehlenden Wörter.

❶ Abend – Wie ❷ ist ❸ trinken ❹ trinkt ❺ Kommst ❻ habe – du.

إستهلاك الكحول

على الرغم من اشتهار ألمانيا بثقافة البيرة وصناعتها إلا أنه لا يمكن أن نفترض أن كل الألمان يحبون البيرة ويستهلكونها بكميات كبيرة، مع أن البيرة هي المشروب الكحولي الأكثر استهلاكاً وتسبق الخمور بأشواط كبيرة في ألمانيا إلا أن حضرتك ستقابل أناساً في هذا البلد لا يشربون البيرة ولا يحبون الخمور بل وحتى يُعْرِضون عن الكحوليات بالكلية!

21 • ▸ einundzwanzig [آيْنْ أَنْدْ تْسْڤانْتْسِگ]

▸ 5 Fünfte Lektion [فۆنْفتِ لِكْتْسْيُونْ]

▸ Am Telefon
[آمْ تِلِفُونْ]

▸ 1 – G**u**ten Tag! Hier ist P**e**ter Schmitt. ①
[گوتِنْ تاگ هيرْ إسْتْ پيتِرْ شْمِتّْ]

▸ 2 Ich m**ö**chte b**i**tte Fr**äu**lein W**a**gner spr**e**chen. ②
[إشْ مُشْتِهْ بِتّهْ فْرُويْلايْنْ ڤاگْنِرْ شْپْرِخِّنْ]

▸ 3 – Verz**ei**hung! Wer sind Sie? ③
[فِرْتْسايُنْگ ڤِرْ زِنْدْ زي]

▸ 4 – Mein N**a**me ist P**e**ter Schmitt. ④
[مايْنْ نامِهْ إسْتْ پيتِرْ شْمِتّْ]

▸ 5 – **Ei**nen Mom**e**nt, b**i**tte. M**ei**ne T**o**chter kommt sof**o**rt. ⑤
[آيْنِنْ مُومِنْتْ بِتّهْ مايْنِهْ تُخْتِرْ كُومْتْ سُوفُورْتْ]

▸ 6 – H**a**llo, P**e**ter! Wo bist du? ⑥
[هَلّو پيتِرْ ڤُو بِسْتْ دو]

ملاحظات

① هذه هي البداية المعتادة لتعريف المتحدث عن نفسه عبر الهاتف أو في اللقاءات الشخصية مع من لا نعرفه أو نقابله لأول مرة.

الدرس الخامس

على (عبر) الهاتف

١ - يوماً سعيداً! هنا هو پيتر شميت.
(جيداً يوماً! هنا يكون پيتر شميت.)

٢ أرغب التحدث رجاءاً مع (إلى) الآنسة فاگنر.
(أنا أرغب رجاءاً الآنسة فاگنر يتحدث.)

٣ - معذرة! مَنْ حضرتك؟
(معذرة! من يكون حضرتك؟)

٤ - إسمي بيتر شميت.
(إسمي يكون پيتر شميت.)

٥ - لحظة من فضلك، إبنتي ستأتي على الفور.
(لحظة، من فضلك، إبنتي تأتي حالاً.)

٦ - مرحباً يا پيتر! أين أنت؟
(مرحباً، بيتر! أين تكون أنت؟)

② توجد في الألمانية بعض الأفعال التي يطلق عليها إسم الأفعال المساعدة **Modalverben**، وفعل **möchten** هو أحدها، يتم تصريف هذه الأفعال تبعاً للفاعل وتحتل موقعها في الجملة في المرتبة الثانية بينما يوضع الفعل الرئيسي للجملة في المصدر وفي آخر الجملة. الأفعال المساعدة هي: يريد، ينبغي، يجب، يرغب، يستطيع، يمكن.
wollen, sollen, müssen, mögen, können und dürfen

③ تقابل كلمة **wer** أداة الإستفهام عن العاقل بالعربية مَنْ.

④ صيغة التعريف عن النفس.

⑤ تعني هذه الجملة الرجاء الإنتظار قليلا، وفيها فعل مضمر.

⑥ تقابل كلمة **wo** أداة الإستفهام أين بالعربية.

23 • ▶ dreiundzwanzig [دْرايْ أُنْدْ تْسْڤانْتْسِگ]

▶ 7 – Ich bin noch im Bür**o**; **a**ber ich f**a**hre jetzt nach H**au**se. ⑦
[إشْ بِنّْ نَخّْ إمْ بوُرُو آبرْ إشْ فارِهْ يِتْسْتْ ناخْ هاوْزِهْ]

▶ 8 G**e**hen wir h**eu**te **A**bend ins K**i**no? ⑧
[گيهِنْ ڤيرْ هُويْتِهْ آبِنْدْ إنْسْ كينُو]

▶ 9 – Nein, l**ie**ber m**o**rgen; h**eu**te **A**bend m**ö**chte ich f**e**rnsehen. ⑨
[نايْنْ ليبِرْ مُورْگِنْ هُويْتِهْ آبِنْدْ موشْتِهْ إشْ فِيرْنْ سِيهِنْ]

▶ 10 – Gut! Dann bis m**o**rgen! ⑩
[گوتْ دَنّْ بِسْ مُورْگِنْ]

▶ 11 Ich bin, du bist, er/sie/es ist, Sie sind. ⑪
[إشْ بِنّْ دو بِسْتْ إرْ/ زي/ إسْ إسْتْ زي زِنْدْ]

Übung 1: Verstehen Sie diese Sätze?

▶ ❶ Wer sind Sie? – Ich bin **A**nne M**ü**ller. ❷ Herr Schmitt geht nach H**au**se. ❸ Fr**äu**lein W**a**gner ist noch im Bür**o**. ❹ Gehst du h**eu**te **A**bend ins Restaur**a**nt? ❺ Herr und Frau H**e**rder sind sehr m**ü**de. ❻ K**o**mmen Sie mit ins K**i**no?

٧ – أنا لا أزال في المكتب، ولكني سأنطلق الآن نحو البيت.
(أنا أكون حتى الآن في المكتب، ولكني أنا أسافر الآن نحو البيت.)

٨ هل سنذهب اليوم مساءاً إلى السينما؟
(يذهب نحن اليوم مساءاً إلى السينما؟)

٩ – لا، أحبذ الغد، اليوم مساءاً أود أن أتفرج على التلفاز.
(لا، الأحب غدا، اليوم مساءاً أود أنا التفرج على التلفاز.)

١٠ – حسناً! إذن إلى الغد!
(جيد! إذن إلى غد!)

١١ أنا أكون، أنت تكون (أنتِ تكونين)، هو/هي/هو يكون (تكون)، حضرتك تكون.
(أنا أكون، أنت تكون، هو/هي/هو يكون، حضرتك تكون.)

⑦ تعني كلمة **nach** إلى أو باتجاه إذا استخدمت للمكان، وتعني بعد إذا استخدمت للزمان.

⑧ يستخدم فعل **gehen** للدلالة على التنقل بشكل عام ومشيا بشكل خاص، بينما يستخدم فعل **fahren** للدلالة على التنقل بواسطة ما من وسائل الحركة.

⑨ تكتب كلمة **morgen** بحرف صغير إذا كانت بمعنى الظرف غداً، وبحرف كبير إذا أتت بمعنى الصباح.

⑩ تأتي كلمة **dann** بمعنى إذن أو من ثَمَّ أو ثُمَّ أو بعد ذلك.

⑪ تصريف فعل الكون في صيغة المضارع **sein** مع غالبية الضمائر.

Lösung 1: Haben Sie verstanden?

❶ من حضرتكِ؟ – أنا آنّه موللر. ❷ السيد سميث يذهب إلى المنزل. ❸ الآنَسة فاغنر ما تزال في المكتب. ❹ أستذهب اليوم في المساء إلى المطعم ؟ ❺ السيد والسيدة هيردر متعبان للغاية. ❻ هل ستأتي حضرتكَ معنا إلى السينما؟

25 • ▶ fünfundzwanzig [فۆنْف أنْدْ تْسْڤانْتْسِگ]

Übung 2: Setzen Sie die fehlenden Wörter ein!

❶ يوماً سعيداً! هنا تكون الآنسة ڤاگنرْ.

▶ Guten Tag! ____ ist Fräulein Wagner!

❷ إسمي ڤولفگانگ.

▶ Mein ____ ist Wolfgang.

❸ المعذرة، من أنتَ؟

▶ Verzeihung, ____ bist du?

❹ سأذهب الآن إلى البيت.

▶ Ich gehe jetzt ____ Hause.

❺ أين هو پيتر؟ هو في البيت.

▶ ____ ist Peter? – Er ist ____ Hause.

▶ 6 Sechste Lektion [زِكْسْتِ لِكْتْسْيُونْ]

▶ Immer dasselbe...

[إمَّرْ داسِّلْبِهْ]

▶ 1 – Komm schnell! Der Zug fährt in zehn Minuten. ① ②

[كُمّْ شْنِلّْ دِرْ تْسوگ فِيرْتْ إنْ تْسِينْ مينوتِنْ]

▶ 2 – Hast du die Fahrkarten? ③

[هاسْتْ دو دي فارْ كارْتِنْ]

ملاحظات

① هذه هي صيغة فعل الأمر، حيث يأتي في أول الجملة ويستغنى فيها عن ذكر المخاطب، كما توضع علامة التعجب ! في آخر الجملة.

ما تزال إبنتي صغيرة. ❻

▶ Meine ______ ist noch klein.

Lösung 2: Die fehlenden Wörter.

▶ ❶ Hier ❷ Name ❸ wer ❹ nach ❺ Wo – zu ❻ Tochter.

إذا مرت بعض المفردات دون أن تعرف معناها ولم يتم شرحها، فرجاءاً التحلي ببعض الصبر وفهم السياق، لأنه سيتم شرحها لاحقاً.

صار بإمكان المتعلم الآن أن يجري مكالمة تلفونية وأن يعرِّف عن نفسه عبر الهاتف.

الدرس السادس

دائما نفس الأمر...

١ – هلمَّ بسرعة! سيغادر القطار بعد عشر دقائق.
(تعال سريعاً! القطار يغادرفي عشر دقائق.)

٢ – هل التذاكر بحوزتك؟
(تملك أنت التذاكر؟)

② إذا جاء حرف **in** متبوعا بفترة زمنية بهذه الصيغة فإنه يعني بعد أو في غضون.

③ من جملة معاني فعل الملك **haben** أنه يعني معك، أو بحوزتك.

▸ 3 – Ich **ha**be m**ei**ne F**a**hrkarte, aber nicht d**ei**ne. ④

[إشْ هابْهْ مايْنِ فارْ كارْتِهْ آبرْ نِشْتْ دايْنِهْ]

▸ 4 – Viell**ei**cht hast du m**ei**ne und nicht d**ei**ne? ⑤ ⑥

[فيلّايْخْتْ هَسْتْ دو مايْنِه أُنْدْ نِشْتْ دايْنِهْ]

▸ 5 – **A**lso gut, ich h**a**be nur **ei**ne K**a**rte. Wer hat die **a**ndere? ⑦

[آلْزُو گوتْ إشْ هابْهْ نورْ آيْنِهْ كارْتِهْ ڤِرْ هَتّْ دي أَنْدِرِهْ]

▸ 6 – Ich h**a**be sie nicht. Du musst zwei K**a**rten h**a**ben. ⑧

[إشْ هابْهْ زي نِشْتْ دو مُسْتْ تْسْڤايْ كارْتِنْ هابِنْ]

▸ 7 – Oh Gott, das ist **i**mmer dass**e**lbe The**a**ter! Ich f**a**hre all**ei**n! ⑨ ⑩

[أُوهْ گُتّْ دَسّْ إسْتْ إمَّرْ داسِّلْبِهْ تِءاتِرْ إشْ فارِهْ أَلّايْنْ]

▸ 8 – W**a**rte! Hier ist m**ei**ne K**a**rte – in m**ei**ner M**a**ntelt**a**sche. ⑪

[ڤارْتِهْ هيرْ إسْتْ مايْنِهْ كارْتِهْ إنْ مايْنِرْ مانْتِلْ تاشّْهْ]

④ ضمير الملكية للمفرد المخاطب المذكر أو المؤنث **dein**، وأضيف **e** للدلالة على أن الشيء المملوك مؤنث **deine**.

⑤ تفيد كلمة **vielleicht** معنى ربما وتدل على التردد وعدم التأكد من الأمر.

⑥ ضمير الملكية للمفرد المتكلم المذكر أو المؤنث **mein**، وأضيف **e** للدلالة على أن الشيء المملوك مؤنث **meine**.

٣ - تذكرتي بحوزتي، وليس تذكرتك.
(أنا أملك تذكرتي، ولكن ليس التي لك.)

٤ - ربما التي لي بحوزتك وليس التي لك؟
(ربما تملك أنت لي وليس لك؟)

٥ - حسناً إذن، لدي بطاقة واحدة فقط. بحوزة من الأخرى؟
(إذن جيداً، أنا أملك فقط واحدة بطاقة. من يملك الأخرى؟)

٦ - أنا لا أحتازها. ينبغي أن تكون بطاقتان بحوزتك.
(أنا أملك إياها لا. أنت ينبغي اثنتان بطاقات يملك.)

٧ - يا الله، هذا هو ديدنك! سأسافر لوحدي!
(يا الله، هذا يكون دائما نفس المسرحية! أنا أسافر وحدي!)

٨ - إنتظر! هاك بطاقتي - في جيب معطفي.
(إنتظر! هنا تكون بطاقتي - في جيب معطف.)

⑦ تفيد كلمة **andere** معنى الأخرى أو الآخر أو الآخرين تبعا للنهاية التي ترفق بها.

⑧ هذا أيضاً من الأفعال المساعدة **Modalverben** التي سبق الحديث عنها، وقد تم تصريفه مع ضمير المخاطب المفرد مؤنثاً كان أم مذكراً **musst**، واحتل موقعه في الجملة في المرتبة الثانية بينما وضع الفعل الرئيسي للجملة في المصدر وفي آخر الجملة.

⑨ يستخدم هذا التعبير للشكوى من تكرر فعل ما.

⑩ وضعت علامة التعجب! للتدليل على صيغة الأمر مع أن الفعل مضارع.

⑪ تتميز اللغة الألمانية بتركيب ألفاظ من عدة كلمات، وسنعتمد في هذا الكتاب تقسيمها إلى الكلمات بأسلوب المضاف والمضاف إليه التي تتألف منها لتسهيل اللفظ والبحث المعجمي، فبدلا من **مانْتِلْتاشّهْ** سنكتب **مانْتِلْ تاشّهْ**، يأخذ اللفظ المركب أداة تعريف الكلمة الأخيرة التي يتركب منها هذا اللفظ.

29 • ▶ neunundzwanzig [نُوينْ أنْدْ تْسْڤانْتْسِگ]

▶ 9 – **E**ndlich...! Wir h**a**ben nur noch zwei Min**u**ten Zeit.
[إِنْدْليشْ ڤيرْ هابِنْ نورْ نَخّْ تْسْڤايْ مينوتِنْ تْسايْتْ]

▶ 10 – Ich h**a**be, du hast, er/sie/es hat, wir h**a**ben, Sie h**a**ben. ⑫
[إِشْ هابِهْ دو هَسْتْ إرْ/ زي/ إِسْ هَتّْ ڤيرْ هابِنْ زي هابِنْ]

Übung 1: Verstehen Sie diese Sätze?

▶ ❶ Wer hat die F**a**hrkarten? ❷ **E**ndlich kommst du! ❸ Ich w**a**rte schon zehn Min**u**ten. ❹ Mein M**a**ntel hat zwei T**a**schen. ❺ Sie (*höflich*) h**a**ben nur noch **ei**ne Min**u**te Zeit. ❻ Das ist mein Glas.

Übung 2: Setzen Sie die fehlenden Wörter ein!

❶ ينطلق القطار في السادسة (صباحاً).

▶ Der Zug ____ um sechs Uhr.

❷ أين تذكرة سفري؟

▶ Wo ist ____ Fahrkarte?

▸ dreißig [دْرايْسِگ] • 30

٩ - وأخيراً ...! لدينا دقيقتان فقط.
(أخيراً ...! نحن نملك فقط بعدُ دقيقتين زمن.)

١٠ - أنا أملك، أنتَ تملك (أنتِ تملكين)، هو/ هي/ هو يملك (تملك)، نحن نملك، حضرتك تملك.
(أنا أملك، أنتَ تملك، هو/ هي/ هو يملك، نحن نملك، حضرتك تملك.)

⑫ تصريف فعل الملكية في صيغة المضارع **haben** مع غالبية الضمائر، والذي يستخدم كفعل كامل أساسي بمعنى يملك، لديه، يتمتع بـ، إضافة لاستعماله كفعل مساعد لتشكيل صيغة الماضي.

مرت بنا حتى الآن ستة دروس، وهي بعدد أيام الأسبوع، حيث يشكل اليوم السابع يوم مراجعة وتثبيت لما تعلمناه في هذه الدروس، كل أسبوع سنلاحظ النجاح الكبير الذي حققناه في أسبوع واحد، ولننطلق إلى الدروس الستة التالية بكل ثقة وفخر بما أنجزناه.

مع أهمية هذه الشروح علينا الإستغراق في تجربة تعلم اللغة بطريقة المحاكاة حتى ولو وجدت أشياء لم يتم استيعابها.

Lösung 1: Haben Sie verstanden?

① من لديه التذاكر؟ (مع مَن التذاكر؟) ② أخيراً أتيتَ! ③ أنا أنتظر منذ عشر دقائق. ④ لمعطفي جَيْبان (إثنان). ⑤ لدى حضرتك دقيقة واحدة فقط من الوقت. ⑥ هذه كأسي.

على الرغم من هذه المعلومات التي سيحتاجها المتعلم، إلا أنه لا ينبغي الآن استثمار الكثير من الوقت في فهمها، ناهيك عن حفظها، فهي ستتثبت مع الوقت، لذلك مطلوب المزيد من التركيز على الملفات الصوتية وعلى التحدث بالجمل التي تتضمنها، إذ إنه أفضل مئة مرة أن يعرف المرء أن يتحدث بجمل معينة صحيحة من أن يعرف قواعد التحدث ولا يتمكن من تطبيقها!

على المتعلم سماع الملفات وقراءة الجمل ثم تكرارها دون الإستعانة بالكتاب، وعدم طرح الكثير من الأسئلة التي ستجد إجابتها تلقائياً مع الوقت!

31 • ▸ einunddreißig [آيْنْ أَنْدْ دْرايْسِگ]

❸ إنتظر! سآتي حالاً!

▸ ______! Ich komme ______!

❹ لدينا من الوقت عشر دقائق فقط.

▸ Wir ______ nur ______ Minuten Zeit.

❺ إسمي آنّه موللر.

▸ ______ Name ist Anne Müller.

▸7 Siebte Lektion [سيبْتِ لِكْتْسْيُونْ]

مراجعة وملاحظات

- فيما يلي ألف باء اللغة الألمانية:

a/A [آ], **b/B** [بي], **c/C** [تْسي], **d/D** [دِي], **e/E** [إي], **f/F** [إفْ], **g/G** [گي], **h/H** [ها], **i/I** [إي], **j/J** [يُتْ], **k/K** [كا], **l/L** [إلْ], **m/M** [إمْ], **n/N** [إنْ], **o/O** [أو], **p/P** [پي], **q/Q** [كُفْهْ], **r/R** [إرْ], **s/S** [إسْ], **t/T** [تِي], **u/U** [أُو], **v/V** [فاوْ], **w/W** [ڤيهْ], **x/X** [إكْسْ], **y/Y** [إوپْسِلَنْ], **z/Z** [تْسِتْ], **ä/Ä** [إ], **ö/Ö** [أو], **ü/Ü** [أو].

- ينبغي الإنتباه إلى أن حرف **A** أو **a** عندما يرد كحرف مد فإنه يلفظ مغلظاً كما في كلمة قالَ في العربية وليس كما في كلمة مالَ، وعندما يرد كحرف صوتي فإنه يلفظ كما في كلمة وَطَنَ وليس كما في كلمة سَأَلَ.

- يتراوح لفظ حرف **ch** بين حرف خ وحرف ش تبعا للمناطق الجغرافية المتحدثة بالألمانية، وتبعا لمكانه في الكلمة، وسنعتمد كتابته هنا على أنه ش، مع رجاء الإنتباه للملفات الصوتية.

كما يتراوح لفظ حرف **s** بين السين والزاي، فرجاءاً الإنتباه للملفات الصوتية.

- ولأن بعض هذه الأحرف وخاصة الصوتي منها غير موجود في اللغة العربية فقد أضفنا بعض الأحرف والحركات المساعدة للوصول إلى لفظ متماثل قدر الإمكان، والتي ستستخدم في البداية بشكل مكثف، ليخف استخدامها مع الوقت اعتماداً على تعلم المتلقي القراءة بالأحرف اللاتينية، هذه الأحرف هي:

▶ zweiunddreißig [تْسْڤايْ أَنْدْ دْرايْسِگ] • 32

❻ هذا (الأمر يتكرر) في كل حين!

▶ Das ist immer ________!

Lösung 2: Die fehlenden Wörter.

▶ ❶ fährt ❷ meine ❸ Warte – sofort ❹ haben – zehn ❺ Mein ❻ dasselbe.

الدرس السابع

o		ـً	v/w	ڤ
ä		ـْ	g	گ
ö		وْ	p	پ
ü		وٌ	ch	خ/ ش
eu	äu	أَيْ	i	ـِ
ie		إي	u	ـُ
ien		إينْ	a	ـَ
ei		أَيْ	e	ـٖ

- كتبت بعض الأحرف الصوتية في الكتاب بخط غامق للدلالة على وجود تشديد في اللفظ من جهة، وعلى وجود مد من جهة أخرى، تجدر الإشارة هنا إلى وجود المد عندما يأتي حرف **h** بعد أحرف صوتية.

- توجد أداتا تعريف في الألماني، الأولى تماثل أداة التعريف في العربية **bestimmter Artikel**، بينما تستخدم الثانية للتنكير **unbestimmter Artikel**.

- تميز أدوات التعريف أو التنكير بين المذكر **ein/der** والمؤنث **eine/die** والحيادي الذي لا جنس له **ein/das**، وهذا لا يتعلق بالجنس من الناحية

البيولوجية، والجمع **die**، فأداة تعريف الفتاة **das Mädchen** مثلاً، وأداة تعريف الطفل أيضا **das Kind** بغض النظر عما إذا كان بنتاً أو ولداً.

- إذا كانت حركات الإعراب غالباً ما تظهر أو تقدر في العربية على آخر الكلمة، فإنها تظهر في الألمانية على أدوات تعريف أو تنكير الإسم، والتي تبقى على حالها في حالة الرفع **Nominativ**، وتتغير في حالات النصب **Akkusativ** والجر **Dativ** والإضافة **Genitiv**.

- تصرف الأفعال مع ضمير المخاطب للصيغة الرسمية **Sie** كما لو أنه ضمير الجمع المخاطب (أنتم) كما في العربية.

- إضافة **sch** لبعض الكلمات تفيد معنى اللغة أو جنسية البلد، مثل **Arabisch** و **Französisch**...، أي أنه لا داعي لكتابة كلمة لغة **Sprache** وإضافة إليها الصفة **arabische**، وهذا مماثل للعربية، إذ يمكن قول العربية أو اللغة العربية.

- إضافة **bar** لبعض الكلمات تفيد في تشكيل صفة من الإسم، وهو يحمل في أحيان كثيرة معنى قابل لـ، مثل **wunderbar**، حيث تعني كلمة **Wunder** لوحدها الآية أو المعجزة، وبإضافة **bar** يصبح المعنى مثير للإعجاب.

- يضم الجدول التالي أدوات الإشارة:

	المذكر	المؤنث	الحيادي	الجمع
المحدد	der	die	das	die
غير المحدد	ein	eine	ein	
إسم الإشارة	dieser	diese	dieses	diese

- تعامل أدوات الإشارة حسب موقعها الإعرابي تماماً كما تعامل أدوات التعريف أو التنكير، فأداة الإشارة الدالة على إسم مذكر في حالة الرفع **dieser**، والنصب **diesen**، والجر **diesem** والإضافة **dieses**، وهكذا بالنسبة للمؤنث والحيادي والجمع.

- في تصريف الأفعال مع ضمائر المخاطبة **du** أو **ihr** أو **Sie** لا يتم التمييز بين المذكر والمؤنث، لذلك سنكتفي بذكر المذكر (أنتَ أو أنتم أو حضرتكَ) إلا إذا كان المخاطب مؤنثاً تبعاً للملفات الصوتية فستترجم إلى (أنتِ أو أنتنّ أو حضرتكِ).

34 • [فيرْ أنْدْ دْرايْسِگ] **vierunddreißig** ▶

- مرت معنا إلى الآن عدة أدوات استفهام، فيما يلي إجمال لها:

wie	كيف	wer	مَنْ
warum	لماذا	wo	أين
was	ماذا		

- لبناء الجملة ترتيبٌ لعناصرها في الألمانية، وتغيير هذا الترتيب يؤدي إلى تغيير المعنى أو التنبيه على أشياء مهمة فيها، فالجملة المعيارية تبدأ بالفاعل ثم يتلوه الفعل ثم المفعول، ثم يتبعها ظرف المكان والزمان إن وجدا وغيرها من الإضافات.

- إذا أتى الفعل في بداية الجملة أوإذا بدأت بإحدى أدوات الإستفهام فإنها تصبح جملة إستفهامية أو طلبية.

trinken	يشرب
ich trink**e**	أنا أشرب
du trink**st**	أنتَ تشرب / أنتِ تشربين
er trink**t**	هو يشرب
sie trink**t**	هي تشرب
es trink**t**	هو (حيادي) يشرب
wir trink**en**	نحن نشرب
ihr trink**t**	أنتم تشربون / أنتن تـشربن
sie trink**en**	هم يشربون / هنَّ يشربن
Sie trink**en**	حضرتك تشرب

35 • ▶ fünfunddreißig [فۆنْف أنْد دْرايْسِگ]

يستخدم فعل الكون كفعل مساعد لتكوين الجملة الإسمية، حيث يمكن أن يكون الخبر إسما يدل على جنسية أو مهنة المبتدأ أو كصفة تدل على حاله:

Ich bin Deutscher.	أنا (جنسيتي) ألمانية.
Du bist müde.	أنت متعب.
Er ist groß.	هو طويل.
Sie ist groß.	هي طويلة.
Es ist groß.	هو (المحايد) طويل.
Sie sind Deutsche.	حضرتكِ ألمانية (الجنسية)

كما يستخدم فعل الملكية ليدل على حيازة شيء ما.

8 Achte Lektion [أَخْتِ لِكْتْسْيُونْ]

Ein Fest

1 **V**ie**l**e **Leu**te sind h**eu**te **A**bend bei Fischers. ①

2 F**i**schers g**e**ben **ei**ne P**a**rty. ② ③

AUSSPRACHE

[آيْنْ فِسْتْ **1** فيلِهْ لُويْتِهْ زِنْدْ هُويْتِهْ آبِنْدْ باي فيشّرْسْ. **2** فيشّرْسْ گيبِنْ آيْنِهْ پارْتي.]

على المتعلم ألا ينسى أن أفضل طريقة لتثبيت المعلومات هي معاودة استماع الملفات الصوتية التي تعلمها حتى الآن وترديد محتواها بصوت مرتفع، وإتباعها أخيراً بالقراءة بصوت مرتفع!

Ich habe die Fahrkarte.	أنا أحتاز تذكرة السفر.
du hast	أنت تحتاز / أنتِ تحتازين
er hat	هو يحتاز
sie hat	هي تحتاز
es hat	هو يحتاز (حيادي)
wir haben	نحن نحتاز
ihr habt	أنتم تحتازون / أنتن تحتزن
sie haben	هم يحتازون / هن يحتزن
Sie haben	حضرتك تحتاز

الدرس الثامن

حفلة

(واحدة حفلة)

١ كثير من الناس موجودون هذا المساء عند عائلة فيشِّرْ.

(كثير ناس يكونون اليوم مساءاً عند آل فيشِّرْ.)

٢ عائلة فيشِّرْ تقيم حفلة.

(آل فيشِّرْ يقدمون واحدة حفلة.)

ANMERKUNGEN

① إذا جاءت **viel** على أنها صفة فإنها تأتي بصيغة الجمع **viele**، إما إذا جاءت على أنها حال فصيغتها **viel**.

② هذه الصيغة معهودة لبيان صاحب الدعوة للحفل.

③ إضافة حرف **s** لاسم العائلة تشير إلى أن الأسرة مقصودة وليس إسم العائلة.

3 Man trinkt, tanzt und lacht viel. ④

4 **A**lle amüs**ie**ren sich gut. **A**lle? ⑤

5 Wer ist die Frau dort? Sie ist ganz all**ei**n.

6 Ich m**ö**chte w**i**ssen, wer sie ist. ⑥

7 – **A**nne, wer ist die bl**o**nde Frau dort? ⑦

8 – Ich weiß nicht. Ich k**e**nne sie nicht.

9 **A**ber ich gl**au**be, sie ist **ei**ne Fr**eu**ndin von Frau F**i**scher.

10 – Gut! Ich fr**a**ge sie...

(F**o**rtsetzung folgt)

AUSSPRACHE

[**3** مَنّْ تْرِنْكْتْ، تَنْتْسْتْ أُنْدْ لَخْتْ فيلْ. **4** أَلِهْ آموزيرِنْ زِخْ. أَلِهْ؟ **5** ڤِرْ إسْتْ دي فْراوْ دُورْتْ؟ زي إسْتْ گانْتْسْ أَلّايْنْ. **6** إشْ موشْتِهْ ڤِسِّنْ، ڤِرْ زي إسْتْ. **7** آنّهْ، ڤِرْ إسْتْ دي بْلُونْدِهْ فْراوْ دُورْتْ؟ **8** إشْ ڤايْسْ نِشْتْ. إشْ كِنِّهْ زي نِشْتْ. **9** آبِرْ إشْ گْلاوْبِهْ، زي إسْتْ آيْنِهْ فْرُويْنْدِنْ فُونْ فْراوْ فيشِّر. **10** گوتْ! إشْ فْراگِهْ زي... (فُورْتْ سِتْسونْگْ فُولْگْتْ)]

④ ترد كلمة **man** بمعنى المرء وتكتب بحرف صغير، مع التنويه أنها كتبت هنا بحرف كبير لأنها في بداية الجملة فقط، أما كلمة **Mann** فتعني رجل.

⑤ توجد بعض الأفعال في الألمانية التي تستلزم ما يعرف بالضمير المنعكس، والتي تدل أن الفاعل هو المفعول به في نفس الوقت.

٣ المرء يشرب ويرقص ويضحك كثيراً.
(المرء يشرب، يرقص ويضحك كثيراً.)

٤ الجميع يستمتع جيداً. الجميع؟
(الجميع يستمتع جيداً. الجميع؟)

٥ من تكون المرأة هناك؟ إنها وحدها.
(من تكون المرأة هناك؟ إنها تكون بالكلية لوحدها.)

٦ أود أن أعرف من هي.
(أنا أود أعرف، من هي تكون.)

٧ - آنِّه، من تكون المرأة الشقراء هناك؟
(آنِّه، من تكون الشقراء المرأة هناك؟)

٨ - لست أدري. أنا لا أعرفها.
(أنا أعرف لا. أنا أعرف هي لا.)

٩ ولكني أعتقد أنها صديقة للسيدة فيشِّرْ.
(لكن أنا أعتقد، هي تكون واحدة صديقة من السيدة فيشِّرْ.)

١٠ - حسناً! سأسألها ...
(جيد! أنا أسأل هي ...)

(التتمة تتبع)

⑥ عند ورود جملة متبوعة بجملة أخرى تشرح الأولى أو ترتبط بها بعلاقة سببية فإنه يطلق على الأولى الجملة الرئيسية **Hauptsatz** وعلى الثانية الجملة الثانوية **Nebensatz**، ويفصل بينهما فاصلة.

⑦ يضاف إلى آخر الصفة ما يدل على حالة الموصوف وجنسه، ففي هذه الحالة أضيفت **e** للدلالة على المؤنث **Feminin** المرفوع **Nominativ**.

[نُوْيْن أَنْدْ دْرايْسِگ] • neununddreißig

> Übung 1: Verstehen Sie diese Sätze?

❶ Wer ist die Fr**eu**ndin von Frau F**i**scher? ❷ Die L**eu**te trinken und l**a**chen. ❸ Das Kind ist ganz all**ei**n. ❹ Kennen Sie Fr**äu**lein W**a**gner? ❺ Der kl**ei**ne Mann dort ist mein Freund.

MAN TRINKT TANZT UND LACHT VIEL.

> Übung 2: Setzen Sie die fehlenden Wörter ein!

❶ من هذا؟ - أنا لا أعرف.

▨▨▨ ist das? – Ich ▨▨▨▨ nicht.

❷ الجميع يستمتع ويرقص.

▨▨▨▨ amüsieren sich und ▨▨▨▨▨▨.

❸ أعتقد أنه صديقٌ للسيدة شميت.

Ich ▨▨▨▨▨▨, er ist ein ▨▨▨▨▨▨ von Frau Schmitt.

❹ هو لا يعرفها.

Er ▨▨▨▨▨ sie nicht.

Lösung 1: Haben Sie verstanden?

❶ من هي صديقة السيدة فيشر؟ ❷ الناس يشربون ويضحكون. ❸ الطفل لوحده. ❹ هل تعرف حضرتك الآنسة فاگنر؟ ❺ الرجل القصير هناك يكون صديقي.

❺ أتعلم حضرتك لماذا يضحك؟

Wissen Sie, ______ er lacht?

❻ السيدة القصيرة هناك تكون أمي.

Die ______ Frau dort ist meine Mutter.

Lösung 2: Die fehlenden Wörter.

❶ Wer – weiß ❷ Alle – tanzen ❸ glaube – Freund ❹ kennt ❺ warum ❻ kleine.

حفلات

إذا ذهبت إلى حفلة في ألمانيا – سواءاً أكانت خاصة غير رسمية أو مناسبة عامة – فإن حضرتك ستتيقن من أن ليس كل الضيوف يشربون ويرقصون كثيراً، وغالباً ما لا يتم الرقص أصلا وإنما يقف الناس أو يجلسون في مجموعات صغيرة ويتحدثون على أنغام الموسيقى، كون الناس يرقصون أم لا وإلى أي نوع من الموسيقى يستمعون أمر يعتمد بالكلية على أذواق الضيوف، وبالمناسبة فإن رقصة مشتركة بين رجل وإمرأة لا تعني المغازلة تلقائياً وبالضرورة! كثيرا ما يرى المرء أشخاصاً يرقصون لوحدهم؛ وهذا أمر طبيعي للغاية.

41 • einundvierzig [آيْنْ أُنْدْ فيرْتْسِگْ]

9 Neunte Lektion [نُويْنْتِ لِكْتْسْيُونْ]

Ein Fest (Fortsetzung)

1 – G**u**ten **A**bend! T**a**nzen Sie nicht gern? ①

2 – Doch, sehr gern. **A**ber ich k**e**nne n**ie**mand hier.

3 – Ach so. Darf ich mich v**o**rstellen? ②

4 Mein N**a**me ist Klaus Frisch. ③

5 Ich bin ein Koll**e**ge von Herrn F**i**scher.

6 – Ich h**ei**ße El**i**sabeth. Frau F**i**scher ist m**ei**ne Schw**e**ster. ④

7 – **I**hre Schw**e**ster? Das ist nicht m**ö**glich! ⑤

8 – War**u**m nicht?

AUSSPRACHE

[آيْنْ فِسْتْ (فُورْتْ سِتْسونْگْ) **1** گوتِنْ آبِنْدْ! تَانْتْسِنْ زي نِشْتْ گِيرْنْ؟ **2** دُوخْ، سِيرْ گِيرْنْ. آبِرْ إشْ كِنّهْ نيمانْدْ هيرْ. **3** آخْ سوْ. دارْفْ إشْ مِشْ فُورْشْتِلِّنْ؟ **4** مايْنْ نامِهْ إسْتْ كْلاوْسْ فْرِشّْ. **5** إشْ بِنّْ آيْنْ كُلّيگِ فُونْ هِرْنْ فيشِّرْ. **6** إشْ هايْسِهْ إليزابِتْ. فْراوْ فيشِّرْ إسْتْ مايْنِهْ شْفِسْتِرْ. **7** إيرِهْ شْفِسْتِرْ؟ دَسّْ إسْتْ نِشْتْ مِوْوگْلِشْ! **8** ڤارومْ نِشْتْ؟]

ANMERKUNGEN

① تصدر الفعل الجملة لأنها وردت بصيغة الإستفهام.

② يتحول حرف **s** بالإقتران بحرفي **t** و **p** إلى حرف **sch**.

الدرس التاسع

حفلة

(تتمة)

١ – مساء الخير! ألا تحبين حضرتك الرقص؟
(جيداً مساءاً! يرقص حضرتك لا بمودة؟)

٢ – بلى، وبكل سرور، ولكني لا أعرف أحداً هنا.
(بلى، كثير المودة. ولكن أنا أعرف لا أحد هنا.)

٣ – آها، إسمحي لي أن أقدم نفسي؟
(آها، أستطيع أنا إياي تقديم؟)

٤ إسمي كلاوس فرش.
(لي إسم يكون كلاوس فرش.)

٥ أنا زميل للسيد فيشر.
(أنا أكون واحد زميل من السيد فيشر.)

٦ – إسمي إليزابيت. السيدة فيشر أختي.
(أنا أدعى إليزابيت. السيدة فيشر تكون لي أخت.)

٧ – أخت حضرتكِ؟ هذا غير ممكن!
(لحضرتك أخت؟ هذا يكون لا ممكن!)

٨ – لمَ لا؟
(لماذا لا؟)

③ هذه هي الصيغة المعروفة للتعريف عن النفس.

④ تقابل هذه الصيغة أنا أُدعى.

⑤ ضمير الملكية للمفرد المخاطب بصيغة التفخيم **Ihr**، وأضيفت له في هذه الحال **e** لأنها النهاية التي تعبر عن جنس وموقع الإسم الإعرابي، وهو مؤنث مرفوع.

43 • dreiundvierzig [دْرايْ أُنْدْ فيرْتْسِگ]

9 – Sie sind groß, blond und schlank, und ⑥

10 **I**hre Schw**e**ster ist klein, d**u**nkel und… mh… nicht so schlank.

11 – Das ist ganz **ei**nfach.

12 Mein V**a**ter ist groß, dick und d**u**nkel,

13 und m**ei**ne M**u**tter klein, blond und dünn.

AUSSPRACHE

[**9** زي زِنْدْ گْرُوسْ، بْلوَنْدْ أُنْدْ شْلانْكْ، أُنْدْ **10** إيرِهْ شْقِسْتِرْ
إسْتْ كْلايْنْ، دُنْكِلْ أُنْدْ... مممم... نِشْتْ سُو شْلانْكْ. **11** دَسّْ
إسْتْ گانْتْسْ آيْنْفاخْ. **12** مايْنْ فاتِرْ إسْتْ گْرُوسْ، دِكّْ أُنْدْ
دُنْكِلْ، **13** أُنْدْ مايْنِهْ مُتِّرْ كْلايْنْ، بْلُونْدْ أُنْدْ دُونّْ.]

Übung 1: Verstehen Sie diese Sätze?

❶ Tr**i**nken Sie gern K**a**ffee? ❷ Wie h**ei**ßen Sie? – Ich h**ei**ße Klaus. ❸ Kennst du m**ei**ne Schw**e**ster? ❹ Er hat **ei**ne gr**o**ße Schw**e**ster und **ei**ne kl**ei**ne Schw**e**ster. ❺ H**a**ben Sie **I**hre F**a**hrkarte?

Übung 2: Setzen Sie die fehlenden Wörter ein!

❶ أخي طويل ونحيف.

Mein Bruder ist ____ und ____.

❷ ماذا تدعى أخت حضرتك؟

Wie heißt ____ Schwester?

❸ هل يمكنن التعريف بنفسي؟

____ ich mich vorstellen?

vierundvierzig [فيرْ أنْدْ فيرْتْسِگ] • 44

٩ – حضرتكِ طويلة القامة وشقراء ونحيلة، و
(حضرتك تكون كبير، أشقر ونحيل، و)

١٠ أخت حضرتكِ قصيرة وداكنة و ....مممم ... ليست بهذه النحافة.
(لحضرتك أخت يكون صغير، داكن و ....مممم... لا هكذا نحيف.)

١١ – هذا غاية في السهولة.
(هذا يكون كاملاً بسيطاً.)

١٢ والدي طويل وبدين وداكن،
(لي والد يكون كبيراً، بديناً وداكناً.)

١٣ ووالدتي قصيرة وشقراء ونحيفة.
(ولي والدة صغيرة، شقراء ورقيقة.)

⑥ عند عطف أكثر من إسمين لا يستخدم حرف العطف **und** أو **oder** قبل كل إسم معطوف وإنما يكتفى بذكره مرة واحدة قبل آخر معطوف، في حين تفصل فاصلة بين الأسماء التي سبقته.

Lösung 1: Haben Sie verstanden?

❶ هل تحب حضرتك شرب القهوة؟ ❷ ما هو إسمك حضرتك؟ – إسمي كلاوس. ❸ هل تعرف أختي؟ ❹ لديه أخت طويلة وأخت قصيرة. ❺ هل مع حضرتك تذكرة سفر حضرتك؟

45 • fünfundvierzig [فوْنفْ أنْدْ فيرْتْسِگ]

❹ لا نعرف أحداً هنا.

Wir kennen _ _ _ _ _ _ _ hier.

❺ حضرتك تحب الذهاب إلى السينما.

Sie _ _ _ _ _ _ _ _ _ ins Kino.

❻ ماذا تدعى هذه السيدة؟ - لا أعرف.

Wie _ _ _ _ _ diese Frau? – Ich _ _ _ _ nicht.

10 Zehnte Lektion [تْسِينْتِ لِكْتْسْيُونْ]

Eine Überraschung

1 – Was machst du h**eu**te **A**bend, P**e**ter?

2 – Ich weiß noch nicht. Ich h**a**be Zeit.

3 M**ei**ne Fr**eu**ndin kommt nicht. **I**hre M**u**tter ist krank. ①

4 – G**e**hen wir ins K**i**no! M**ei**ne Fr**eu**ndin kommt auch nicht. ②

5 Sie hat zu viel **A**rbeit.

AUSSPRACHE

[آيْنِهْ أوّبرّاشّونْگ **1** ڤاسْ ماخْسْتْ دو هُويْتِهْ آبِنْدْ، پيتِرْ؟ **2** إشْ ڤايْس نُخّ نِشْتْ. إشْ هابِهْ تْسايْتْ. **3** مايْنِهْ فْرَويْنْدِنْ كُومْتْ نِشْتْ. إيرِهْ مُتّرْ إسْتْ كْرانْكْ. **4** گيهِنْ ڤيرْ إنْسْ كينوْ! مايْنِهْ فْرَويْنْدِنْ كُومْتْ آوْخْ نِشْتْ. **5** زي هَتّْ تْسو فيلْ أرْبايْتْ.]

sechsundvierzig [سِخْسْ أُنْدْ فيرْتْسِگْ] • 46

Lösung 2: Die fehlenden Wörter.

❶ groß – schlank ❷ Ihre ❸ Darf ❹ niemand ❺ gehen gern ❻ heißt – weiß.

لاحظ أن تصريف الكثير من الأفعال مع ضمير الغائب المفرد تنتهي بحرف (**t**) بعد حذف (**en**) من المصدر! وأنها تحافظ على صيغة المصدر مع الضمائر (**wir**) و (**sie**) و (**Sie**).

الدرس العاشر

مفاجأة

(واحدة مفاجأة)

١ – ماذا ستفعل اليوم مساءاً يا پيتر؟
(ماذا تفعل أنت اليوم مساءاً، پيتر؟)

٢ – لست أدري بعد. لدي وقت.
(أنا أعرف بعدُ لا. أنا أملك وقت.)

٣ صديقتي لن تاتي. أمها مريضة.
(لي صديقة تأتي لا. لها أم تكون مريضة.)

٤ – دعنا نذهب إلى السينما! صديقتي أيضاً لن تأتِيَ.
(نذهب نحن إلى السينما! لي صديقة تأتي أيضاً لا.)

٥ هي مشغولة للغاية.
(هي تملك الكثير من العمل.)

ANMERKUNGEN

① ضمير الملكية للمؤنث المفرد الغائب هو **ihr** وتضاف إليه النهاية التي تعبر عن جنس وموقع الإسم الإعرابي.

② تصدر الفعل الجملة لأنها وردت بصيغة الأمر.

47 • siebenundvierzig [سيبِنْ أُنْدْ فيرْتْسِگ]

6 – Viell**ei**cht hat H**e**lmut auch Zeit.

7 S**ei**ne Frau ist nicht da. ③

8 – Pr**i**ma! Wir sind **a**lle frei.

9 Tr**e**ffen wir uns um acht Uhr! ④ ⑤

10 Um acht Uhr im K**i**no:

11 – Schau 'mal, P**e**ter!

12 Ist das nicht d**ei**ne Fr**eu**ndin dort?

13 – Mensch, ja! Und d**ei**ne Fr**eu**ndin und H**e**lmuts Frau auch! ⑥

14 – Na s**o** was! Das ist ja **ei**ne Überr**a**schung!

AUSSPRACHE

[**6** فيلّايْخْتْ هَتْ هِيلْموتْ آوْخْ تْسايْتْ. **7** سايْنِهْ فْراوْ إسْتْ نِشْتْ دا. **8** پْريما! ڤيرْ زِنْدْ أَلِّهْ فْرايْ. **9** تْرِفِّنْ ڤيرْ أُنْسْ أُمْ أَخْتْ أورْ! **10** أُمْ أَخْتْ أورْ إمِّ كينوْ: **11** شاوْ مالْ، پيتِرْ! **12** إسْتْ دَسّْ نِشْتْ دايْنِهْ فْرَويْنْدِنْ دُورتْ؟ **13** مِينْشْ، ياهْ! أُنْدْ دايْنِهْ فْرَويْنْدِنْ أُنْدْ هِلْموتْسْ فْراوْ آوْخْ! **14** نا سُو ڤازْ! دَسّْ إسْتْ يا آيْنِهْ أُوبِرّاشّونْگْ!]

③ ضمير الملكية للغائب المفرد المذكر هو **sein** وتضاف إليه النهاية التي تعبر عن جنس وموقع الإسم الإعرابي.

④ هذا أيضا من الأفعال التي تستخدم الضمير المنعكس، ويعني نقابل بعضنا البعض.

Übung 1: Verstehen Sie diese Sätze?

❶ Sch**au**en Sie mal! Ist das nicht **I**hre M**u**tter? ❷ S**ei**ne Fr**eu**ndin ist sehr schön, nicht wahr? ❸ Treffen wir uns um zehn Uhr im Caf**é**! ❹ M**ei**ne Frau hat zu viel **A**rbeit. ❺ Ihr Br**u**der ist sehr groß und dick.

٦ - ربما لدى هيلموت وقت أيضاً.
(ربما يملك هيلموت أيضاً وقتاً.)

٧ زوجته ليست هنا.
(له زوجة تكون لا هنا.)

٨ - رائع! فكلنا ليس لدينا إرتباط.
(ممتاز! نحن نكون جميعاً أحراراً.)

٩ فلنتقابلْ في الساعة الثامنة!
(يقابل نحن أنفسَنا عند الثامنة الساعة!)

١٠ عند الساعة الثامنة في السينما:
(عند ثمانية الساعة في السينما:)

١١ - أنظرْ إلي، پيتر!
(أنظر مرة، پيتر!)

١٢ أليست هذه صديقتك هناك؟
(تكون هذا لا صديقتك هناك؟)

١٣ - يا إلهي، بلى! وصديقتك وزوجة هيلموت أيضا!
(إنسان، نعم! وصديقتك وهيلموت لـ زوجة أيضاً!)

١٤ - يا لحسن الحظ! هذه مفاجأة بحق!
(ما هذا الشيئ! هذا يكون نعم واحدة مفاجأة!)

⑤ تعني uns "إيانا" أو "لنا" في نفس الوقت.

⑥ إضافة حرف s للإسم وإتباعه بإسم آخر هي طريقة أخرى لصياغة المضاف إليه.

Lösung 1: Haben Sie verstanden?

❶ إنتبه حضرتك! أليست هذه أم حضرتك؟ ❷ صديقته جميلة جداً، أليس كذلك؟ ❸ دعونا نتقابل (مع بعض) في الساعة العاشرة في المقهى! ❹ زوجتي مشغولة للغاية. ❺ شقيق حضرتكم طويل جداً وبدين.

Übung 2: Setzen Sie die fehlenden Wörter ein!

❶ هل لديك وقت اليوم؟

Hast du ____ heute?

❷ أمه (أم هيلموت) مريضة.

____ Mutter (Helmuts Mutter) ist krank.

❸ أختها (أخت آنّه) ستأتي غداً.

____ Schwester (Annes Schwester) kommt morgen.

❹ صديقه (صديق پيتر) يحب الشرب كثيراً.

____ Freund (Peters Freund) trinkt gern viel.

❺ أخوها (أخ آنّه) يحب الرقص.

____ Bruder (Annes Bruder) tanzt gern.

❻ ربما لدى زوجها وقت أيضاً؟

____ hat ihr Mann auch Zeit?

11 Elfte Lektion [إِلْفْتِ لِكْتْسْيُونْ]

Eine Begegnung ①

1 – Was machen Sie denn hier? Sind Sie verrückt? ②

AUSSPRACHE

[آيْنِهْ بِگيگْنونْگ **1** ڤاسْ ماخِنْ زي دِنّْ هيرْ؟ زِنْدْ زي فِرّوكْتْ؟]

Lösung 2: Die fehlenden Wörter.

❶ Zeit ❷ Seine ❸ Ihre ❹ Sein ❺ Ihr ❻ Vielleicht.

تعلمنا في هذا الدرس الكثير من ضمائر الملكية، وهي تماثل الضمائر المتصلة في اللغة العربية.

الدرس الحادي عشر

لقاء

١ - مالذي تفعله حضرتك هنا يا تُرى؟ أحضرتك مجنون؟
(ماذا تفعل حضرتك إذن هنا؟ تكون حضرتك مجنوناً؟)

ANMERKUNGEN

① تتم صياغة مصدر من كثير من الأفعال على صيغة ...ung، والأسماء التي تنتهي بهذه النهاية أسماء مؤنثة.

② تستخدم كلمة denn للتشديد على معنى الفعل، أو بمعنى إذن أو بالتالي.

2 – War**u**m? Ich m**ö**chte nur schl**a**fen!

3 – Ja, **a**ber das ist m**ei**ne Gar**a**ge. Woh**e**r k**o**mmen Sie? ③ ④

4 – Ich k**o**mme aus Fr**a**nkreich, aus **E**ngland, aus **I**ndien und aus Südam**e**rika.

5 – Ja, **a**ber wo w**o**hnen Sie?

6 – Ich w**o**hne in Fr**a**nkreich, in **E**ngland, in **I**ndien und m**a**nchmal in Austr**a**lien.

7 – Ja, **a**ber Sie sind hier in D**eu**tschland, und das ist m**ei**ne Gar**a**ge.

8 – Oh, das ist **I**hre Gar**a**ge! Das tut mir leid. Dann s**u**che ich ein Hot**e**l. ⑤

9 – H**a**ben Sie denn Geld?

10 – Ja, ich h**a**be viel Geld - in Fr**a**nkreich, in **E**ngland und in Sp**a**nien.

AUSSPRACHE

[**2** ڤاروم؟ إشْ مُشْتِهْ نورْ شْلافِنْ! **3** يا، آبِرْ دَسّْ إسْتْ ماينِهْ گاراجِهْ. ڤوهِيرْ كُومِّنْ زي؟ **4** إشْ كُومِّهْ آوْسْ فْرانْكْرايْخْ، آوْسْ إنْگلانْدْ، آوْسْ إنْدْيِنْ أُنْدْ آوْسْ سوُودْ أَمرِكا. **5** يا، آبِرْ ڤُو ڤُونِنْ زي؟ **6** إشْ ڤُونِهْ إنْ فْرانْكْرايْخْ، إنْ إنْگلانْدْ، إنْ إنْدْيِنْ أُنْدْ مانْشْمالْ إنْ آوْسْتْرالْيِنْ. **7** يا، آبِرْ زي زِنْدْ هيرْ إنْ دُويْتْشْلانْدْ، أُنْدْ دَسّْ إسْتْ ماينِهْ گاراجِهْ. **8** أوهْ، دَسّْ إسْتْ إيرِهْ گاراجِهْ! دَسّْ توتْ ميرْ لايْدْ. دَنّْ سوخِهْ إشْ آيْنْ هُوتيلّْ. **9** هابِنْ زي دِنّْ گِلْدْ؟ **10** يا، إشْ هابِهْ فيلْ گِلْدْ - إنْ فْرانْكْرايْخْ، إنْ إنْگلانْدْ أُنْدْ إنْ شْپانْيِنْ.]

③ لهذه الجملة معنيان يُفهمان من السياق، فهي قد تدل على أصل المسؤول أو على المكان الذي قَدِمَ منه للتو.

٢ - لماذا؟ أود أن أنام وحسب!
(لماذا؟ أنا أود فقط أن أنام!)

٣ - حسناً، ولكن هذا مرآبي. من أين حضرتك؟
(نعم، ولكن هذا يكون مرآبي. من أين تأتي أنت؟)

٤ - أنا قادم من فرنسا ومن إنكلترا ومن الهند ومن أمريكا اللاتينية.
(أنا آتٍ من فرنسا، من إنكلترا، من الهند ومن جنوب أمريكا.)

٥ - حسناً، ولكن أين تسكن حضرتك؟
(نعم، ولكن أين تسكن حضرتك؟)

٦ - أنا أسكن في فرنسا وفي إنكلترا وفي الهند وأحياناً في أستراليا.
(أنا أسكن في فرنسا، في إنكلترا، في الهند، وأحياناً في أستراليا.)

٧ - حسناً، ولكن حضرتك الآن في ألمانيا، وهذا مرآبي.
(نعم، ولكن حضرتك تكون هنا في ألمانيا، وهذا يكون لي مرآب.)

٨ - أوه، هذا مرآب حضرتك! أنا آسف. سأبحث إذن عن فندق.
(أوه، هذا يكون مرآب حضرتك! هذا يعمل لي ألماً. إذن أبحث أنا واحداً فندقاً.)

٩ - وهل مع حضرتك نقود؟
(هل تملك حضرتك إذن مالاً؟)

١٠ - نعم، لدي الكثير من المال - في فرنسا وفي إنكلترا وفي إسبانيا.
(نعم، أنا أملك كثيراً مالاً - في فرنسا، في إنكلترا وفي إسبانيا.)

④ woher أداة استفهام عن (من أين).

⑤ هذه الصيغة من أشهر الصيغ في الإعتذار أو التعبير عن التضامن مع الطرف الآخر بخصوص شأن ما.

11 – Ja, **a**ber verst**e**hen Sie nicht?

12 Sie sind in der B**u**ndesrepublik D**eu**tschland, und das ist m**ei**ne Gar**a**ge. ⑥

13 – Ach ja, das ist r**i**chtig; in D**eu**tschland habe ich l**ei**der kein B**a**nkkonto.

14 Wo ist der B**a**hnhof, b**i**tte?

AUSSPRACHE

[**11** يا، آبِرْ فِرْشْتِيهِنْ زي نِشْتْ؟ **12** زي زِنْد إنْ دِرْ بُنْدِسْ رِپوبْليكْ دُويْتْشْلانْدْ، أُنْدْ دَسّْ إسْتْ مايْنِهْ گاراجِهْ. **13** آخْ يا، دَسّْ إسْتْ رِخْتِگ؛ إنْ دُويْتْشْلانْدْ هابِهْ إشْ لايْدِرْ كايْنْ بَنْكْ كُونْتوْ. **14** ڤُو إسْتْ دِرْ بانْهُوفْ، بِتّْهْ؟]

Übung 1: Verstehen Sie diese Sätze?

① Woh**e**r kommt P**e**ter? ② Er kommt aus D**eu**tschland. ③ Sie hat nicht viel Geld. ④ Ich w**o**hne in M**ü**nchen. ⑤ Ich h**a**be l**ei**der kein **Au**to. ⑥ Hier m**ö**chte ich nicht schl**a**fen. ⑦ Wo m**ö**chten Sie schl**a**fen?

Übung 2: Setzen Sie die fehlenden Wörter ein!

① من أين أنت؟ - أنا (آتٍ) من برلين.

______ kommst du? – Ich komme ___ Berlin.

② أين تسكن حضرتك؟ - أسكن في فرانكفورت.

Wo ______ Sie? – Ich _____ __ Frankfurt.

١١ - حسناً، يبدو كأن حضرتك لم تفهم؟
(نعم، لكنك تفهم حضرتك لا؟)

١٢ حضرتك في جمهورية ألمانيا الإتحادية، وهذا مرآبي.
(حضرتك تكون في الجمهورية الإتحادية ألمانيا، وهذا يكون لي مرآب.)

١٣ - أوه، هذا صحيح؛ فأنا ليس لدي حساب مصرفي في ألمانيا للأسف.
(آها، هذا يكون صحيحاً؛ في ألمانيا أملك أنا للأسف ولاحساباً مصرفياً.)

١٤ أين هي محطة القطار، من فضلك؟
(أين تكون محطة القطار، رجاءاً؟)

⑥ تتبع كل من ألمانيا والنمسا وسويسرا نظام الحكم الإتحادي، والذي يمنح المقاطعات صلاحيات واسعة لإدارة شؤونها الإقتصادية والسياسية والتعليمية، في حين تبقى الشؤون الخارجية ومسائل الأمن والدفاع قطاعات تدار من قبل الحكومة الإتحادية.

Lösung 1: Haben Sie verstanden?

❶ من أين (يأتي) بيتر؟ ❷ هو (يأتي) من ألمانيا. ❸ ليس لديها الكثير من المال. ❹ أنا أسكن (أعيش) في ميونيخ. ❺ ليس لدي سيارة للأسف. ❻ هنا لا أود أن أنام. ❼ أين تود أن تنام حضرتك؟

55 • fünfundfünfzig [فۆنْفْ أُنْدْ فۆنْفْتْسِگ]

أتشرب حضرتك الكثير من الجعة؟ - لا، أنا أشرب الخمر فقط. ❸

Trinken Sie ___ Bier? – Nein, ich trinke ___ Wein.

أهذا طفل حضرتك؟ - كلا، فأنا ليس لدي أي طفل. ❹

Ist das ___ Kind? – Nein, ich habe ___ Kind.

تسكن السيدة هيردر في ألمانيا، ويسكن السيد جونسون في إنكلترا. ❺

Frau Herder ___ in ___, und Herr Johnson ___ in England.

12 Zwölfte Lektion [تْسْڤۆلْفْتِ لِكْتْسْيُونْ]

Wenn das Wetter schön ist… ①

1 – Wohin fahren Sie in Urlaub, Frau Herder? ②

2 – Ich fahre nach Hamburg und an die Ostsee…, wenn das Wetter schön ist…

AUSSPRACHE

[ڤِنْ دَسْ ڤِتَّرْ شۆونْ إسْتْ… **1** ڤُوهِينْ فارِنْ زي إنْ أورْلاوْبْ، فْراوْ هِيرْدِرْ؟ **2** إشْ فارِهْ ناخْ هامْبورْگْ أُنْدْ أَنْ دي أوسْتْ سِي…، ڤِنْ دَسْ ڤِتَّرْ شۆونْ إسْتْ…]

ماذا تفضلت؟ فأنا لم أفهم. ❻

Wie bitte? Ich ________ nicht.

Lösung 2: Die fehlenden Wörter.

❶ Woher – aus ❷ wohnen – wohne in ❸ viel – nur ❹ Ihr – kein ❺ wohnt – Deutschland – wohnt ❻ verstehe.

ربما سيجذب هذا الموقف المضحك المتعلم أكثر، بحيث لا ينبغي لجميع الدروس أن تحتوي على مواقف جدية وحسب، إذ لابد لكل منا إلا وأن يكون قد مر بمثلها.

الدرس الثاني عشر

عندما يكون الطقس لطيفاً ...

(عندما الطقس جميل يكون ...)

١ – أين تذهبين حضرتكِ في الإجازة يا سيدة هيردر؟
(أين تسافرين حضرتك في الإجازة، سيدة هيردر؟)

٢ – أذهب إلى هامبورغ وبحر البلطيق ... عندما يكون الطقس لطيفاً ...
(أنا أسافر إلى هامبورغ وعند بحر البلطيق ... إذا الطقس جميلاً يكون ...)

ANMERKUNGEN

① تستخدم **wenn** كأداة لتشكيل الجملة الشرطية، والتي تتألف عادة من جملة الشرط وتدعى في الألمانية الجملة الأساسية أو الرئيسية **Hauptsatz**، ومن جملة جواب الشرط التي تدعى الجملة الثانوية أو الجانبية **Nebensatz**، ويوضع الفعل كالعادة في آخر الجملة الثانوية.

② أداة السؤال عن إلى أين **wohin**، ويلحق الإسم بصيغة المنصوب **Akkusativ** لأنه يدل على الحركة.

3 – K**e**nnen Sie H**a**mburg?

4 – Ja, ich k**e**nne die Stadt gut. M**ei**ne Schw**e**ster wohnt dort.

5 – Und Sie, Herr H**u**ber, woh**i**n f**a**hren Sie?

6 – Wir f**a**hren nach **Ö**sterreich in die **A**lpen und nach S**a**lzburg…, wenn das W**e**tter schön ist… ③

7 – K**e**nnen Sie schon S**a**lzburg? ④

8 – Ja, ich k**e**nne es gut, **a**ber m**ei**ne Frau kennt es noch nicht.

9 – Die **A**ltstadt ist w**i**rklich sehr schön und die Umg**e**bung auch. ⑤

10 – Und Sie, Fr**äu**lein W**a**gner, woh**i**n f**a**hren Sie?

11 – Ach w**i**ssen Sie, ich fl**ie**ge nach Mall**o**rca, denn hier ist das W**e**tter **i**mmer so schlecht.

AUSSPRACHE

[**3** كِنّنْ زي هامْبورْگْ؟ **4** يا، إشْ كِنّهْ دي شْتَتّْ گوتْ. مايْنِهْ شْڤِسْتِرْ ڤُونْتْ دُورْتْ. **5** أُنْدْ زي، هِرّْ هوبِرْ، ڤُوهينْ فارِنْ زي؟ **6** ڤيرْ فارِنْ ناخ أوۆسْتِرّايْخ إنْ دي آلْپِنْ أُنْدْ ناخ سالْتْسْبورْگْ… ، ڤِنْ دَسّْ ڤِتِّرْ شوۆنْ إسْتْ… **7** كِنّنْ زي شُونْ سالْتْسْبورْگْ؟ **8** يا، إشْ كِنّهْ إسْ گوتْ، آبِرْ مايْنِهْ فْراوْ كِنْتْ إسْ نَخّْ نِشْتْ. **9** دي آلْتْ شْتاتّْ إسْتْ ڤيرْكْليشْ سِيرْ شوۆنْ أُنْدْ دي أُمْگِيبونْگْ آوْخ. **10** أُنْدْ زي، فْرُويْلايْنْ ڤاگْنِرْ، ڤُوهينْ فارِنْ زي؟ **11** آخْ ڤِسّنْ زي، إشْ فْليگِهْ ناخ مايّورْكا، دِنّْ هيرْ إسْتْ دَسّْ ڤِتِّرْ إمّرْ سُو شْلِخْتْ.]

③ تستلزم الأفعال التي تدل على الحركة أو على التحول من حال إلى أخرى حالة النصب.

٣ - أتعرفين حضرتكِ هامبورگ؟
(تعرف حضرتك هامبورگ؟)

٤ - نعم، فأنا أعرف المدينة جيداً. (إذ إن) أختي تسكن هناك.
(نعم، أنا أعرف المدينة جيداً. لي أخت تسكن هناك.)

٥ - وحضرتك، يا سيد هوبر، إلى أين تذهب؟
(وحضرتك، سيد هوبر، إلى أين تسافر حضرتك؟)

٦ - نحن نذهب إلى النمسا إلى جبال الألب وإلى سالزبورگ ... عندما يكون الطقس لطيفاً ...
(نحن نسافر إلى النمسا في جبال الألب وإلى سالزبورگ ... إذا الطقس لطيفا يكون ...)

٧ - أَوَتعرف حضرتك سالزبورگ من قبل؟
(تعرف حضرتك مسبقاً سالزبورگ؟)

٨ - نعم، أعرفها جيداً، ولكن زوجتي لا تعرفها.
(نعم، أنا أعرف هو جيداً، لكن لي زوجة تعرف هو بعدُ لا.)

٩ - المدينة القديمة جميلة جداً بحق وكذلك المناطق المحيطة بها أيضاً.
(المدينة القديمة تكون حقاً كثيراً جميلة والمناطق المحيطة أيضاً.)

١٠ - وحضرتكِ، يا آنسة ڤاگنر، إلى أين تذهبين؟
(وحضرتك، آنسة ڤاگنر، إلى أين تسافرين حضرتك؟)

١١ - أتدري حضرتك، أذهب إلى مايوركا، لأن الطقس هنا سيء على الدوام.
(تعرف حضرتك، أنا أطير إلى مايوركا، إذ هنا يكون الطقس دائماً بهذا الشكل سيئاً.)

④ تفيد كلمة **schon** في مثل هذه الجمل في التعبير عن وقوع الحدث في وقت سابق، أو تأتي لتدل على أن المعلومة أمر واقع لا تشكيك فيه.

⑤ تفيد كلمة **wirklich** في مثل هذه الجمل في التشديد على المعنى المراد التعبير عنه وهي لا تغير موقع وترتيب أجزاء الجملة.

59 • neunundfünfzig [نُوينْ أُنْدْ فُونْفْتْسِگ]

Übung 1: Verstehen Sie diese Sätze?

① Woh**i**n fährst du in **U**rlaub? ② Ich f**a**hre nach It**a**lien. Und du? ③ Ich fl**ie**ge nach Südam**e**rika. ④ K**e**nnen Sie Berl**i**n gut? ⑤ Die Umg**e**bung von M**ü**nchen ist sehr schön. ⑥ Herr W**a**gner kennt **Ö**sterreich w**i**rklich gut.

Übung 2: Setzen Sie die fehlenden Wörter ein!

① من أين حضرتك؟ - أنا من ألمانيا.

______ ______ ______ ? – ______ ______ ______ ______.

② أين تسكن حضرتك؟ - أسكن في فرانكفورت.

______ ______ ______ ? – ______ ______ ______ ______.

③ إلى أين ستذهب حضرتك؟ - سأذهب إلى البيت.

______ ______ ______ ? – ______ ______ ______ ______.

④ ما هو اسمكِ؟ - إسمي گيزيلا ڤيبر.

______ ______ ______ ______ ? – ______ ______ ______ ______ ______.

⑤ من هذا؟ - هذا هو السيد هوبر.

______ ______ ______ ? – ______ ______ ______ ______.

تعلمنا في هذا الدرس صياغة أحد أنواع الجملة الشرطية، وهي مرحلة متقدمة حيث يتم ربط جملتين بأداة الشرط، هذا يعني أن المتعلم سيتمكن من الدخول في مناقشات ومفاوضات.

Lösung 1: Haben Sie verstanden?

❶ إلى أين تذهب (عادة) في الإجازة؟ ❷ أذهب إلى إيطاليا. وأنت؟ ❸ أذهب إلى أمريكا اللاتينية. ❹ أتعرف حضرتك برلين جيداً؟ ❺ المنطقة المحيطة بميونيخ جميلة جداً. ❻ السيد فاگنر يعرف النمسا جيداً بحق.

❻ ما هذا؟ - هذا فندق.

___ ___ ___ ? – ___ ___ ___ _____.

Lösung 2: Die fehlenden Wörter.

❶ Woher kommen Sie? – Ich komme aus Deutschland. ❷ Wo wohnen Sie? – Ich wohne in Frankfurt. ❸ Wohin gehen Sie? – Ich gehe nach Hause. ❹ Wie ist Ihr Name? – Mein Name ist Gisela Weber. ❺ Wer ist das? – Das ist Herr Huber. ❻ Was ist das? – Das ist ein Hotel.

سلوكيات السفر

يحب الألمان السفر كثيراً واحتازوا حتى عام 2011 لقب "بطولة العالم للسفر"، أحوال الألمان في السفر متنوعة: من الرحلات القصيرة، إلى جولات في المدن، أو رحلات الدراجات الهوائية، أو رحلات الرياضات الشتوية أو رحلات الإستجمام على الشواطئ - الألمان منتشرون في كل أرجاء العالم، ولكن تبقى بعض المناطق في بلدهم الوجهات الأكثر شعبية، مثل شواطئ بحر البلطيق، أما وجهة الألمان الأكثر شعبية خارج بلدهم فهي إسبانيا: لذلك فإن أعداداً كبيرة جداً من الألمان تتوجه على وجه الخصوص إلى جزيرة مايوركا وجزر الكناري.

61 • einundsechzig [آيْنْ أنْدْ سِخْتْسِگ]

13 Dreizehnte Lektion [دْرايْتْسِينْتِ لِكْتْسْيوْن]

Ich kann es versuchen…

1 – Was m**a**chen Sie da, Herr S**a**mson?

2 – Ich l**e**rne Deutsch. ①

3 – War**u**m l**e**rnen Sie Deutsch?

4 – Ich will in D**eu**tschland **a**rbeiten.

5 M**ei**ne F**i**rma hat eine Fili**a**le in Fr**a**nkfurt.

6 – Und wann w**o**llen Sie nach Fr**a**nkfurt g**e**hen?

7 – M**ei**ne **A**rbeit beg**i**nnt in vier M**o**naten.

8 – **A**ber das ist nicht m**ö**glich. ② ③

AUSSPRACHE

[إش كَنّْ إسْ فِرْسوخِنْ... **1** ڤاسْ ماخِنْ زي دا هِرّْ سامْسوْنْ؟ **2** إشْ لِرْنِ دُويْتْشْ. **3** ڤاروم لِيرْنِنْ زي دُويْتْشْ؟ **4** إشْ ڤِلّْ إنْ دُويْتْشْلانْدْ آرْبايْتِنْ. **5** مايْنِهْ فيرْما هتّْ آيْنِ فيلْيالِهْ إنْ فْرانْكْفورْتْ. **6** أُنْدْ ڤَنّْ ڤُولِّنْ زي ناخْ فْرانْكْفورْتْ گيهِنّْ؟ **7** مايْنِهْ آرْبايْتْ بِگِنّْتْ إنْ فيرْ مُوناتِنْ. **8** آبِرْ دسّْ إسْتْ نِشْتْ مُووگْلِشْ.]

ANMERKUNGEN

① يدل الفعل المضارع في الألمانية كما هي الحال في العربية على الحاضر والمستقبل وعلى الأمور الإعتيادية التي تتكرر.

② يمكن نفي صفة ما باستخدام كلمة **nicht** أو إدخال **un...** على كثير من الصفات.

الدرس الثالث عشر

سأحاول (أنا أستطيع المحاولة)...

(أنا أستطيع إياه يحاول)...

١ - مالذي تفعله حضرتك هنا يا سيد سمسون؟

(ماذا تفعل حضرتك هنا، سيد سمسون؟)

٢ - أتعلم الألمانية.

(أنا أتعلم الألمانية.)

٣ - لماذا تتعلم حضرتك الألمانية؟

(لماذا يتعلم حضرتك الألمانية؟)

٤ - أود العمل في ألمانيا.

(أنا يريد في ألمانيا يعمل.)

٥ لدى شركتي فرع في فرانكفورت.

(لي شركة يملك واحداً فرعاً في فرانكفورت.)

٦ - ومتى تريد حضرتك الذهاب إلى فرانكفورت؟

(ومتى يريد حضرتك إلى فرانكفورت يذهب؟)

٧ - سيبدأ عملي بعد أربعة أشهر.

(لي عمل يبدأ في أربعة أشهر.)

٨ - ولكن هذا غير ممكن.

(لكن هذا يكون لا ممكن.)

③ فعل الكون **sein** يستخدم في تشكيل ما يقارب الجملة الإسمية في العربية، أو كفعل مساعد لتصريف بعض الأفعال في الماض، ولإدخال صفة ما عل شخص أو شيء ما.

9 Sie k**ö**nnen nicht in vier M**o**naten Deutsch l**e**rnen. ④

10 – Ich kann es vers**u**chen.

11 **A**ller **A**nfang ist schwer.

12 – Sie spr**e**chen doch **E**nglisch, **o**der? ⑤

13 – Nat**ü**rlich spr**e**che ich **E**nglisch. ⑥

14 **A**ber h**ö**ren Sie,

15 ich spr**e**che auch schon ein b**i**sschen Deutsch: ⑦

16 "Ich m**ö**chte b**i**tte ein Bier und ein Steak! ⑧

17 Wo ist das Hot**e**l Ritz?

[**9** زي كوِنّنْ نِشْتْ إنْ فيرْ مُوناتِنْ دُويْتْشْ ليرْنِنْ. **10** إشْ كَنّْ إسْ فِرْسوخِنْ. **11** آلِّرْ أنْفَنْگْ إسْتْ شْڤيرْ. **12** زي شْپْرِخِنْ دُخّْ إنْگلِشّْ، أُودِرْ؟ **13** ناتوّرلِشْ شْپْرِخِ إشْ إنْغْلِشّْ. **14** آبِرْ هوّورِنْ زي، **15** إشْ شْبْرِخ آوْخْ شُونْ آيْنْ بِسّْخِنْ دُويْتْشْ: **16** "إشْ موّشْتِهْ بِتّهْ آيْنْ بيرْ أُنْدْ آيْنْ سْتيكّْ! **17** ڤُو إسْتْ دسّْ هُوتيلّْ رِتْسْ؟]

vierundsechzig [فيرْ أُنْدْ سِخْتْسِگْ] • 64

٩ لن تستطيع حضرتك تعلم الألمانية في أربعة أشهر.
(حضرتك تستطيع لا في أربعة أشهر الألمانية يتعلم.)

١٠ - سأحاول.
(أنا أستطيع إياه يحاول.)

١١ كل شيء يكون في البداية صعباً.
(جميع بداية يكون صعباً.)

١٢ - ولكن حضرتك تجيد الإنكليزية بالتأكيد، أليس كذلك؟
(حضرتك يتحدث لكن الإنكليزية، أم ماذا؟)

١٣ - بالطبع أتحدث الإنكليزية.
(طبعاً يتحدث أنا الإنكليزية.)

١٤ ولكن لتعلم حضرتك،
(لكن يستمع حضرتك،)

١٥ فأنا أتحدث الألمانية أيضا بعض الشيء:
(أنا يتحدث أيضا جداً قُضَيْمَة الألمانية:)

١٦ "أرغب ببعض الجعة وبشريحة من اللحم!
(أنا يرغب رجاءاً واحداً جعة وواحداً شريحة لحم!)

١٧ أين يقع فندق ريتس؟
(أين يكون الفندق ريتس؟)

④ **in vier** هذا التعبير يستخدم في الألمانية للتعبير عن مدة زمنية بمعنى خلال.

⑤ تستخدم **doch** لتأكيد وللتشديد على معنى الفعل الوارد في الجملة.

⑥ وردت الجملة بهذا الشكل وحافظ الفعل على موضعه في الجملة (موضع 2) ولم تبدأ بضمير المتكلم لبيان أن الأمر بدهي وليس موضع جدل.

⑦ تأتي **ein bisschen** بمعنى بعض أو قليلا، بعيداً عن المعنى المعجمي للكلمة.

⑧ يستخدم الفعل المساعد **mögen** للإعراب عن رغبة ما أو للحصول عليها في المطاعم أو محلات التسوق أو حتى للحصول على جواب تساؤل ما.

18 Kommen Sie mit? ⑨

19 Wann fährt der nächste Zug nach Frankreich?" ⑩

20 Das ist doch schon ganz gut, nicht wahr? ⑪

AUSSPRACHE

[18 كُومِّنْ زي مِتّْ؟ 19 ڤَنّْ فارْتْ دِرْ نِكْسْتِهْ تْسوگْ ناخْ فْرانْكْرايْخْ؟" 20 دَسّْ إِسْتْ دُخّْ شُونْ گانْتْسْ گوتْ، نِشْتْ ڤارْ؟]

Übung 1: Verstehen Sie diese Sätze?

❶ Sprechen Sie Französisch? ❷ Ja, ich spreche ganz gut Französisch. ❸ Warum wollen Sie nach Frankfurt fahren? ❹ Ich will dort arbeiten. ❺ Wann beginnt Ihr Urlaub? ❻ Mein Urlaub beginnt morgen. ❼ Ja, das ist schon ganz gut.

Übung 2: Setzen Sie die fehlenden Wörter ein!

❶ مالذي يفعله السيد سمسون؟ - إنه يتعلم الألمانية.

Was ___ ___ Samson? – ___ ___ ___.

❷ أين يريد العملَ؟ - إنه يريد العمل في ألمانيا.

___ ___ er ___? – Er will ___ ___ ___.

❸ متى سيبدأ العملُ؟ - سيبدأ العمل في غضون أربعة أشهر.

___ ___ die Arbeit? – ___ ___ ___ ___ ___ Monaten.

sechsundsechzig [سِخْسْ أنْدْ سِخْتْسِگ] • 66

١٨ هل سترافقنا حضرتك؟
(يأتي حضرتك مع؟)

١٩ متى سينطلق القطار التالي باتجاه فرنسا؟"
(متى يسافر التالي قطار إلى فرنسا؟")

٢٠ بالتأكيد هذا شيء جيد بالكلية، أليس كذلك؟
(هذا يكون بالتأكيد جداً كاملاً جيداً، أليس حقيقياً؟)

توجد في الألمانية أفعال كثيرة تتألف من جزئين، يصرف الجزء الأول ويحتل موقعه في الجملة كالمعتاد، بينما يوضع الجزء الثاني في آخر الجملة، ويختلف معنى الفعل الكلي تغيراً جذرياً في بعض الأحيان وفقا لهذا الجزء المضاف. ⑨

تعني **nächste** التالي أو الأقرب. ⑩

تفيد **ganz** في الإعراب عن أن الأمر بكليته يسير على ما يرام. ⑪

Lösung 1: Haben Sie verstanden?

❶ هل تتحدث حضرتك الفرنسية؟ ❷ نعم، أنا أتحدث الفرنسية بشكل جيد. ❸ لماذا تريد حضرتك السفر إلى فرانكفورت؟ ❹ أريد العمل هناك. ❺ متى تبدأ إجازة حضرتك؟ ❻ إجازتي تبدأ غداً. ❼ حسناً، هذا أمر جيد للغاية.

❹ هل يتحدث السيد سمسون الإنكليزية؟ - نعم، إنه يتحدث الإنكليزية.

_____ Herr Samson _____? – Ja, _____ _____ Englisch.

❺ أتتحدث حضرتك الألمانية؟ - نعم، أنا أتحدث الألمانية قليلاً.

Sprechen _____ Deutsch? – Ja, ich _____ ein _____.

مع نهاية الدرس الثالث عشر، وقبل الإنتقال إلى مراجعة المجموعة الثانية، صار بإمكان المتعلم أن يرد على السؤال: "أتتحدث حضرتك الألمانية؟"، والذي ورد في آخر جملة في هذا الدرس بكل فخر واعتزاز، وأن يجيب: "نعم، أنا أتحدث الألمانية قليلاً".

لاحظ السرعة الكبيرة التي حدث بها هذا الأمر! وتخيل مالذي سيحدث لو تابعت على نفس الوتيرة!

14 Vierzehnte Lektion [فيرْتْسِنْتِ لِكْتْسْيُونْ]

مراجعة وملاحظات

Wiederholung und Anmerkungen

- إذا عدنا واستذكرنا بناء الجملة في الألمانية في جملة من قبيل:

1		2	3	4	5	6
Herr Wagner		kommt	morgen	um 14:30	aus Berlin	nach Wien.
Morgen		kommt	Herr Wagner	aus Berlin	nach Wien	um 14:30.
Morgen	um 14:30	kommt	Herr Wagner	aus Berlin	nach Wien.	
Herr Wagner		kommt	aus Berlin	nach Wien	morgen	um 14:30.

فإننا نرى أنها بالترتيب التالي: الفاعل، ثم الفعل، يتبعه المفعول وغيره من الكلمات كظرف المكان أو الزمان أو كليهما إن وجدت، وهكذا فإن أي تغير في هذا الترتيب سيكون له أثر على المعنى المراد مع ضرورة إبقاء الفعل في المرتبة الثانية، وفي الحالة التي يحتل الفعل فيها المرتبة الأولى تصبح لدينا جملة إستفهامية.

- إضافة حرف العطف **und** أو **oder** لا تغير من بنيان الجملة، بحيث يبقى موضع الفاعل في المرتبة الأولى والفعل في المرتبة الثانية، عند عطف أكثر من إسمين فإنه لا يستخدم حرف العطف **und** أو **oder** قبل كل إسم معطوف وإنما يكتفى بذكره مرة واحدة قبل آخر معطوف عليه، في حين تفصل فاصلة بين الأسماء التي سبقته.

Lösung 2: Die fehlenden Wörter.

❶ lernt Herr – Er lernt Deutsch ❷ Wo will – arbeiten – in Deutschland arbeiten ❸ Wann beginnt – Die Arbeit beginnt in vier Monaten ❹ Spricht – Englisch – er spricht ❺ Sie – spreche – bisschen.

الدرس الرابع عشر

- هل لاحظت أن غالبية الأفعال في الألمانية تنتهي بـ **en**؟ توجد إضافة لذلك أفعال تنتهي بـ **n**، وأخرى ذات أصل لاتيني تنتهي بـ **ieren**.

- تصريف فعل **sprechen**، وهو من الأفعال الشاذة، لاحظ أنه على الرغم من وجود ثمانية ضمائر إلا أنه توجد أربع صيغ فقط للتصريف، وهو ما يسهل عملية تصريف الأفعال سواءً أكانت شاذة أم لا:

ich spreche	أنا أتحدث	wir sprechen	نحن نتحدث
du sprichst	أنت تتحدث	ihr sprecht	أنتم تتحدثون
er spricht	هو يتحدث	sie sprechen	هم يتحدثون
sie spricht	هي تتحدث	Sie sprechen	حضرتك تتحدث
es spricht	هو يتحدث		

- تصريف بعض الأفعال الشاذة على نفس منوال الفعل الأخير:

geben	ich gebe	du gibst	يعطي
nehmen	ich nehme	du nimmst	يأخذ
lesen	ich lese	du liest	يقرأ

- لنتذكر هنا مجدداً أنه توجد طريقتان للنفي: نفي الأسماء والصفات، ونفي الأحداث، وتستخدم للأولى **kein**، وللثانية **nicht**، مع الأخذ بعين الإعتبار أن نهاية الأولى تتبدل حسب الإسم المنفي من حيث الإفراد والجمع، ومن حيث التذكير والتأنيث والمحايد، وحسب موقعها الإعرابي أيضاً، وفيما يلي أمثلة توضح هذا:

Ich habe kein Geld.	ليس لدي نقود.
Er ist kein Lehrer.	هو ليس معلماً.
Ich kenne die Stadt nicht gut.	لا أعرف المدينة جيداً.
Er ist nicht mein Lehrer.	إنه ليس معلمي.
Ich esse keine Würstchen.	أنا لا آكل النقينقات.
Ich esse deine Würstchen nicht.	أنا لا آكل نقينقاتك.

- تعلمنا أنه إذا أتى الفعل في بداية الجملة أو إذا بدأت بإحدى أدوات الإستفهام فإنها تصبح جملة إستفهامية أو طلبية، وفيما يلي تذكير بأدوات الإستفهام التي تدل على المكان، مع بعض الأمثلة الإيضاحية:

15 Fünfzehnte Lektion [فوْنْفْتْسِينْتِ لِكْتْسْيُونْ]

Ich habe einen Freund … ①

1 – Ich bin so deprim**ie**rt.

2 Komm, g**e**hen wir **ei**nen tr**i**nken.

AUSSPRACHE

[إشْ هابهْ آيْنِنْ فْرَويْنْدْ … **1** إشْ بِنّْ سوْ دِپْرِميرْتْ. **2** كُمّْ، گيهِنْ ڤيرْ آيْنِنْ تْرِنْكِنْ.]

wo	أين	Wo bist du?	أين أنت؟
woher	من أين	Woher kommst du?	من أين أتيت؟
wohin	إلى أين	Wohin gehst du?	إلى أين أنت ذاهب؟

- ولتنذكر هنا أيضاً أن السؤال بالأدوات التي تدل على وجود حركة يستلزم ورود إسم المكان في حالة النصب، أما السؤال بأدوات الإستفهام التي تدل على السكون فإنه يستلزم حالة الجر، وهنا بعض الأمثلة التوضيحية:

حالة السكون	Ich bin noch im Büro.	مازلتُ في المكتب.
حالة الحركة	Wir gehen heute Abend ins Kino.	سنذهب اليوم مساءاً إلى السينما.
حالة السكون	Treffen wir uns um zehn Uhr im Café!	دعونا نتقابل (مع بعض) في الساعة العاشرة في المقهى!
حالة الحركة	Kommst du mit ins Café?	هل ستأتي معنا إلى المقهى؟

الدرس الخامس عشر

لدي صديق ...
(أنا أملك واحداً صديقاً ...)

١ – أنا في غاية الإحباط.
(أنا أكون هكذا محبطاً.)

٢ هيا، دعنا نذهب تناول مشروباً.
(تعالَ، لنذهب نحن واحداً يشرب.)

ANMERKUNGEN

① أضيفت **en** لأداة تعريف المذكر غير المحدد **ein** لأنه جاء في حالة النصب بعد فعل الملكية **haben**.

3 – Nein, ich **ge**he **lie**ber nach H**au**se. ②
4 Ich muss m**o**rgen früh **a**rbeiten. ③
5 – Ach, komm! Es ist noch nicht spät.
6 Wir bl**ei**ben nicht l**a**nge. ④
7 – Das k**e**nne ich. Das sagst du **i**mmer, ⑤
8 und dann bleibst du drei **o**der vier St**u**nden.
9 – Das ist nicht wahr; h**eu**te s**i**cher nicht. ⑥
10 Ich tr**i**nke nur **ei**nen kl**ei**nen Wh**i**sky. Komm! ⑦
(F**o**rtsetzung folgt)

AUSSPRACHE

[**3** نايْنْ، إشْ گيهِ ليبِرْ ناخْ هاوْزهْ. **4** إشْ مُسّْ مُورْگِنْ آرْبايْتِنْ. **5** آخْ، كُمّْ! إسْ إسْتْ نَخّْ نِشْتْ شْپيتْ. **6** ڤيرْ بْلايْبِنْ نِشْتْ لَنْگهْ. **7** دَسّْ كِنّهْ إشْ. دَسّْ ساگْسْتْ دو إمِّرْ، **8** أُنْدْ دَنّْ بْلايْبْسْتْ دو دْرايْ أُودِرْ فيرْ شْتُنْدِنْ. **9** دَسّْ إسْتْ نِشْتْ ڤارْ؛ هُويْتهْ سِخِّرْ نِشْتْ. **10** إشْ تْرِنْكهْ نورْ آيْنِنْ كْلايْنِنْ ويسْكي. كُمّْ! (فُورْتْ سِتْسونْگْ فُولْگْتْ)]

ANMERKUNGEN

② إضافة **er...** للصفة تفيد في صياغة إسم التفضيل.

③ لنتذكر هنا مجدداً الأفعال المساعدة **Modalverben**، وفعل **müssen** هو أحدها، يتم تصريف هذه الأفعال تبعاً للفاعل وتحتل موقعها في الجملة في المرتبة الثانية بينما يوضع الفعل الرئيسي للجملة في المصدر وفي آخر الجملة.

④ واضح من المعنى أن الحديث هنا يتم عن المستقبل، وهو ما تفيده صيغة المضارع في الألمانية كما في العربية.

⑤ نلاحظ هنا تقديم المفعول على الفاعل مرتين، وهو ما يفيد التنبيه أو التشديد على أمر ما، وهذا مما يحسب من مرونة للألمانية كما في العربية، إذ أن الكتابة لوحدها بالرتابة المعهودة قد لا توصل المعنى المراد، بينما يمكن ذلك في النبرات الصوتية أو في مستوى الصوت.

٣ – لا، أنا أفضل العودة إلى البيت.
(لا، أنا أذهب أحَبّ (إلي) إلى البيت.)

٤ علي العمل غداً باكراً.
(أنا يجب غداً باكراً يعمل.)

٥ – دع عنك هذا! فالوقت لم يتأخر بعد.
(هيا، تعال! إنه يكون بعد ليس متأخراً.)

٦ لن نبقى طويلاً.
(نحن نبقى لا طويلاً.)

٧ – أعرف هذا. فأنت تدعيه دائماً،
(هذا أعرف أنا. هذا تقوله أنت دائماً،)

٨ ثم تمكث ثلاث أو أربع ساعات.
(و بعدها تبقى أنت ثلاث أو أربع ساعات.)

٩ – هذا غير صحيح؛ اليوم ولا بأي حال.
(هذا يكون لا حقاً؛ اليوم أكيد لا.)

١٠ سأتناول جرعة صغيرة من الويسكي. تعال!
(أنا أشرب فقط واحداً صغيراً ويسكي. تعال!)

(التتمة تتبع)

⑥ توضع ; لشرح أو بيان أو تفصيل الجملة التي سبقتها.

⑦ أضيفت **en** لأداة تعريف غير المحدد **ein** وكذلك للصفة التي سبقته لأنه جاء في حالة النصب.

Übung 1: Verstehen Sie diese Sätze?

① Möchten Sie **ei**nen K**a**ffee? ② Nein, d**a**nke. Ich tr**i**nke k**ei**nen K**a**ffee. ③ **A**nne und El**i**sabeth bl**ei**ben l**a**nge im Caf**é**. ④ P**e**ter muss h**eu**te nicht **a**rbeiten. ⑤ Ich bl**ei**be nur eine St**u**nde. ⑥ Das ist nicht wahr.

Übung 2: Setzen Sie die fehlenden Wörter ein!

① هي تشرب (كأس) عصير ليمون، وهو يشرب (قدح) ويسكي.

Sie trinkt ____ Limonade, und er trinkt ____ Whisky.

② هيا، دعنا نذهب إلى البيت.

Komm, gehen wir ____ ____.

③ أنا أحبذ البقاء هنا.

Ich bleibe ____ hier.

④ علينا أن نعمل في الغد.

Wir müssen ____ arbeiten.

16 Sechzehnte Lektion [زِكْتْسِينْتِ لِكْتْسْيُونْ]

Drei Stunden später

1 – Siehst du, jetzt trinkst du schon den f**ü**nften Wh**i**sky! ①

AUSSPRACHE

[دْرايْ شْتُنْدِنْ شْپيتِرْ 1 سيسْتْ دو، يِتْسْتْ تْرِنْكْسْتْ دو شُون دِنْ فُونْفْتِنْ ويسْكي!]

Lösung 1: Haben Sie verstanden?

❶ هل تودين حضرتكِ (تناول فنجان) قهوة؟ ❷ لا، شكراً. فأنا لا أشرب القهوة البتّةَ. ❸ آنّه وإليزابيت تمكثان مطولاً في المقهى. ❹ لا يتوجب على پيترْ العمل اليوم. ❺ سأمكث ساعة واحدة فقط. ❻ هذا غيْر صحيح.

❺ لماذا حضرتك مكتئب؟

Warum sind Sie ________ ?

❻ هو دائما ما يمكث ساعتين أو ثلاث ساعات.

Er ______ immer zwei oder drei ______ .

Lösung 2: Die fehlenden Wörter.

❶ eine – einen ❷ nach Hause ❸ lieber ❹ morgen ❺ deprimiert ❻ bleibt – Stunden.

بعد هذا الدرس صار بإمكانك التحدث مع وعن صديق لك وأن تذهبا سوية للسهر وقضاء وقت ممتع.

الدرس السادس عشر

ثلاث ساعات لاحقاً

١ – أريت، فأنت الآن تشرب بالفعل (كأسك) الخامس من الويسكي!

(هل ترى، الآن تشرب أنت بالفعل الخامس الويسكي!)

ANMERKUNGEN

① أداة تعريف المذكر **der** في حالة النصب هي **den**، وتضاف **en** للصفة إن وجدت.

75 • fünfundsiebzig [فۆنْف أُنْدْ سيبْتْسِگْ]

2 – Und du das **a**chte Bier! ②

3 Das ist auch nicht b**e**sser.

4 – Komm, wir n**e**hmen ein T**a**xi und f**a**hren nach H**au**se.

5 – Oh nein. Es geht mir so gut hier! ③

6 – Wie viel Uhr ist es?

7 – Es ist zwölf (Uhr).

8 – Was? Schon so spät?

9 – Ja, es ist M**i**tternacht, G**ei**sterst**u**nde! ④

10 – **A**lso komm **e**ndlich! Ich br**i**nge dich nach H**au**se. ⑤

AUSSPRACHE

[2 أُنْدْ دو دَسْ أَخْتِهْ بيرْ! 3 دَسْ إِسْتْ آوْخْ نِشْتْ بِسِّرْ.
4 كُمّْ، ڤيرْ نيمِنْ آيْنْ تاكْسي أُنْدْ فارِنْ ناخْ هاوْزِهْ. 5 أُوهْ
نايْنْ. إِسّْ گيتْ ميرْ سُو گوتْ هيرْ! 6 ڤي فيلْ أورْ إِسْتْ
إِسّْ؟ 7 إِسّْ إِسْتْ تْسْڤۆلْفْ (أورْ). 8 ڤازْ؟ شُونْ
سُو شْپاتْ؟ 9 ياهْ، إِسّْ إِسْتْ مِتّرْنَخْتْ، گايْسْتِرْ شْتُنْدِهْ!
10 آلْزو كُمّْ إِنْدْلِشْ! إِشْ بْرِنْگِهْ دِشْ ناخْ هاوْزِهْ.]

٢ - وأنت، هذا هو (قدح) الجعة الثامن!
(وأنت هذا الثامن الجعة!)

٣   بالطبع هذا ليس أفضل حالاً.
(هذا يكون أيضاً لا أفضل.)

٤ - دعنا نستقل سيارة أجرة ونذهب إلى البيت.
(تعالَ، نحن نأخذ واحد سيارة أجرة ونسافر إلى البيت.)

٥ - لا. فأنا هنا على ما يرام!
(أوه لا. إنه يسير لي بشكل جيد هنا!)

٦ - كم الساعة؟
(كيف كثير ساعة يكون هو؟)

٧ - إنها الثانية عشرة (الساعة).
(هو يكون إثنا عشر (ساعة).)

٨ - ماذا؟ ألهذا الحد تأخر الوقت؟
(ماذا؟ تماماً هكذا متأخر؟)

٩ - نعم، إنه منتصف الليل، ساعة انتشار الأشباح!
(نعم، هو يكون منتصف الليل، ساعة الأشباح!)

١٠ - إنتهينا بالله عليك! سأوصلك إلى المنزل.
(إذن تعال أخيراً! أنا أحضر إياك إلى البيت.)

② ما من داعٍ هنا لتكرار الفعل المذكور في الجملة السابقة.

③ هذه صيغة مشهورة للتعبير عن أن الأمر يسير على ما يرام، أو أن صحة القائل جيدة، وتأتي غالبا كجواب على سؤال:
"كيف حالك/حال حضرتك؟" **Wie geht es dir / Ihnen?**

④ يمكن ترجمة هذا التركيب بساعة انتشار الأشباح.

⑤ يمكن مقابلة **dich** بضمير المخاطب المفرد في حالة النصب، مع التنبيه أنه لا توجد في الألمانية سوى ضمائر منفصلة، بينما في العربية ضمائر متصلة ومنفصلة.

77 • siebenundsiebzig [سيبِنْ أُنْدْ سيبْتْسِگ]

11 – W**a**rte! … Ich br**au**che noch **ei**nen kl**ei**nen Wh**i**sky …

12 g**e**gen die G**ei**ster! ⑥

AUSSPRACHE

[11 ڤارْتِهْ! … إشْ بْراوْخِهْ نَخّْ آيْنِنْ كْلايْنِنْ ويسْكي …
12 گِيگِنْ دي گايْسْتِرْ!]

Übung 1: Verstehen Sie diese Sätze?

❶ Sie n**e**hmen ein T**a**xi und f**a**hren nach H**au**se. ❷ Wie geht es **I**hnen? ❸ Wie viel Uhr ist es? – Es ist elf Uhr. ❹ Er braucht einen C**o**gnac. ❺ Es ist kalt. Sie nimmt den M**a**ntel.

Übung 2: Setzen Sie die fehlenden Wörter ein!

❶ كم الساعة الآن؟

___ ___ Uhr ist es?

❷ كيف حالك؟ - شكراً، جيد جداً.

___ geht es dir? – Danke, ___ gut.

❸ سيأخذني پيتِرْ إلى البيت.

Peter bringt ___ nach Hause.

❹ سنذهب بالسيارة. هذا أفضل.

Wir nehmen ___ Wagen. Das ist ___.

❺ كل البشر يحتاجون إلى النقود.

Alle Leute ___ Geld.

١١ – إنتظر! ... أنا أحتاج إلى قدح آخر من الويسكي ...
(إنتظر! ... أنا أحتاج بعدُ واحداً صغيراً ويسكي ...)

١٢ لمجابهة الأشباح!
(ضد الأشباح!)

⑥ تأتي هذه الأداة بمعنى ضد، ويأتي الإسم التالي في حالة النصب.

Lösung 1: Haben Sie verstanden?

❶ حضرتك تستقل سيارة أجرة وتعود إلى البيت. ❷ كيف حال حضرتك؟ ❸ كم الساعة الآن؟ - إنها الحادية عشرة. ❹ هو يحتاج إلى (قدح واحد من) الكونياك. ❺ الطقس بارد. هي تأخذ المعطف.

❻ إنه منتصف الليل. (سوف) تنتشر الأشباح.

Es ist _______________. Die Geister _________.

Lösung 2: Die fehlenden Wörter.

❶ Wie viel ❷ Wie – sehr ❸ mich ❹ den – besser ❺ brauchen ❻ Mitternacht – kommen.

مع نهاية هذا الدرس صار بإمكانك السؤال لمعرفة الوقت، والإجابة عندما يكون الوقت عند الساعة الكاملة، إذ لا يحتاج الأمر لأكثر من ذكر رقم الساعة، وإذا أردت بإضافة كلمة ساعة للرقم.

17 Siebzehnte Lektion [سيبْتْسِينْتِ لِكْتْسْيُونْ]

Der Zahnarzt

1 – Ich h**a**be seit drei T**a**gen Z**a**hn-
schmerzen. ①

2 K**e**nnen Sie **ei**nen g**u**ten Z**a**hnarzt? ②

3 – M**ei**ne T**a**nte kennt **ei**nen. Sie f**i**ndet ihn
sehr nett. ③ ④

4 – K**ö**nnen Sie mir b**i**tte s**ei**nen N**a**men ⑤

5 und s**ei**ne Adr**e**sse g**e**ben? ⑥

6 – Ja, w**a**rten Sie!

7 Er heißt Dr. Knorr und wohnt W**a**gner-
str**a**ße 13. ⑦

AUSSPRACHE

[دِرْ تْسانْ آرْتْسْتْ **1** إشْ هابِهْ سايْتْ دْرايْ تاگِنْ تْسانْ شْمِيرْتْسِنْ. **2** كِنِّنْ زي آيْنِنْ گوتِنْ تْسانْ آرْتْسْتْ؟ **3** مايْنِهْ تانْتِهْ كِنْتّْ آيْنِنْ. زي فِنْدِتْ إينْ سِيرْ نِتّْ. **4** كونِّنْ زي مِيرْ بِتِّهْ سايْنِنْ نامِنْ **5** أُنْدْ سايْنِهْ أَدْرِسِّهْ گِيبِنْ؟ **6** ياهْ، ڤارْتِنْ زي! **7** إرْ هايْسْتْ دُكْتُورْ كْنُورّْ أُنْدْ ڤُونْتْ ڤاگْنِرْ شْتْراسِّهْ دْرايْتْسِين.]

① ربما لاحظنا أن كثيراً من المصطلحات في الألمانية تتم بتركيب أكثر من مفردة، فكلمة **Zahnschmerzen** تتحصل من كلمتي **Zahn** و **Schmerzen**، ولم تستخدم أداة تعريف في هذه الحالة كون الأمر يتعلق بآلام بشكل عام.

② نفس الأمر بتشكيل مصطلح **Zahnarzt** من كلمتي **Zahn** و **Arzt**، مع اختلاف يكمن في استخدام أداة التعريف لغير المحدد في حالة النصب **einen**، كون البحث يتم عن أي طبيب لا على التحديد.

الدرس السابع عشر

طبيب الأسنان

١ - لدي آلام في الأسنان منذ ثلاثة أيام.
(أنا أملك منذ ثلاثة أيام آلام أسنان.)

٢ أتعرفين حضرتكِ طبيبَ أسنانٍ جيداً؟
(تعرف حضرتك واحداً جيداً طبيب أسنان؟)

٣ - عمتي تعرف واحداً. وهي تعتبره لطيفاً للغاية.
(لي عمة تعرف واحداً. هي تجده كثيراً لطيفاً.)

٤ - هل يمكن لحضرتكِ أن تعطيني إسمه
(تستطيع حضرتك لي رجاءاً له الإسم)

٥ وعنوانه، رجاءاً؟
(وله العنوان يعطي؟)

٦ - نعم، إنتظري حضرتكِ!
(نعم، ينتظر حضرتك!)

٧ إسمه الدكتور كنور ويسكن في شارع فاجنر 13.
(هو يدعى د. كنور ويسكن فاجنر شتراسه 13.)

③ تطلق الكلمة على العمة والخالة على حد سواء.

④ **ihn** عبارة عن ضمير المفرد المذكر المنصوب، أو قد تأتي بمعنى إياه في العربية، لاحظ أنه بعد أن كان الحديث عن "طبيب" صار الحديث الآن عن "الطبيب".

⑤ كما مر معنا فإنه لا توجد في الألمانية ضمائر متصلة، فضمير الملكية **seinen** هو عبارة عن ضمير ملكية الغائب المذكر **sein** مضافاً إليه علامة النصب **en**.

⑥ وضمير الملكية **seine** هو عبارة عن ضمير ملكية الغائب المذكر **sein** مضافاً إليه علامة النصب **e**.

⑦ تتركب نسبة كبيرة من العناوين في الألمانية من إسم معين يتبعه كلمة **straße**...، ثم يتبعها رقم المبنى.

8 S**ei**ne Telef**o**nn**u**mmer ist 26 35 16
9 (s**e**chsundzw**a**nzig f**ü**nfunddr**ei**ßig s**e**chzehn).
10 – V**ie**len Dank. ⑧
11 S**a**gen Sie mir, kennt **I**hre T**a**nte ihn schon l**a**nge?
12 – Oh ja, seit **u**ngefähr zehn J**a**hren.
13 – Und sie sieht ihn oft?
14 – Oh ja, sehr oft.
15 W**i**ssen Sie, sie hat v**ie**le Probl**e**me mit **i**hren Z**ä**hnen.
16 – Ah ja? Was für Probl**e**me? ⑨
17 – Sie verl**ie**rt **i**hre Pl**o**mben, hat Absz**e**sse usw. ⑩
18 **A**ber ich s**a**ge **I**hnen, der Z**a**hnarzt ist w**i**rklich fant**a**stisch!

AUSSPRACHE

[**8** سايْنِهْ تِلِفُونْ نُمّرْ إسْتْ. **9** (سِخْسْ أُنْدْ تْسْفَانْتْسِگْ، فُونْفْ أُنْدْ دْرايْسِكْ، سِخْتْسِينْ). **10** فيلِنْ دَنْكْ. **11** ساگِنْ زي ميرْ، كِنْتْ إيرِهْ تانْتِهْ إينْ شُونْ لَنْگِهْ؟ **12** أُوهْ ياهْ، سايْتْ أُنْگِفَارْ تْسِينْ يارِنْ. **13** أُنْدْ زي سيتْ إينْ أُفْتْ؟ **14** أُوهْ ياهْ، سيرْ أُفْتْ. **15** ڤِسّنْ زي، زي هَتّْ فيلِهْ پْرُبْلِيمِهْ مِتّْ إيرِنْ تْسانِنْ. **16** آهْ ياهْ؟ ڤاسْ فُورْ پْرُبْلِيمِهْ؟ **17** زي فِرْليرْتْ إيرِ پْلُمْبِنْ، هَتّْ أَبْسْتْسِسّهْ أُنْدْ سُو ڤايْتِرْ. **18** آبِرْ إشْ ساگِ إينِنْ، دِرْ تْسانْ آرْتْسْتْ إسْتْ ڤيرْكْليش فَنْتاسْتِشْ!]

٨ رقم هاتفه هو 26، 35، 16
(له رقم هاتف يكون 26، 35، 16)

٩ (ست وعشرون، خمس وثلاثون، ست عشرة).
(ست وعشرون، خمس وثلاثون، ست عشرة).

١٠ - شكراً جزيلاً.
(كثيراً شكر.)

١١ قولي لي حضرتكِ، أتعرفه عمتك منذ وقت طويل؟
(يقول حضرتك لي، تعرف عمة حضرتك إياه جيد طويلا؟)

١٢ - أوه نعم، منذ ما يقارب العشر سنوات.
(أوه نعم، منذ تقريباً عشر سنوات.)

١٣ - وهل تراه كثيراً؟
(وهي ترى إياه غالباً؟)

١٤ - أوه نعم، في كثير من الأحيان.
(أوه نعم، كثيراً غالباً.)

١٥ في الواقع، لديها الكثير من المشاكل في أسنانها.
(تعرف حضرتك، هي تملك كثيرة مشاكل مع لها الأسنان.)

١٦ - ماذا؟ أي نوع من المشاكل؟
(آه نعم؟ ماذا لأجل مشاكل؟)

١٧ - إنها تفقد الحشوات، و لديها خرّاجات وما إلى ذلك.
(هي تخسر لها حشوات، تملك خراجات وهكذا دواليك.)

١٨ ولكني أقول لحضرتك، طبيب الأسنان رائع بحق!
(لكن أنا أقول لحضرتك، طبيب الأسنان يكون فعلا رائع!)

⑧ أضيفت لكلمة **viel** علامة النصب للمفرد المذكر **en** بسبب وجود فعل مضمر بمعنى أنا أشكر...

⑨ هذه صيغة مشهورة للسؤال عن نوع أو سمة ما.

⑩ الأحرف **.usw** هي اختصار لجملة **und so weiter**، والتي تعني "ما إلى ذلك" أو "وهكذا دوالَيْك".

Übung 1: Verstehen Sie diese Sätze?

➊ M**ei**ne Schw**e**ster kennt **ei**nen n**e**tten Z**a**hnarzt. ➋ K**ö**nnen Sie mir b**i**tte **I**hre Adr**e**sse g**e**ben? ➌ Was für ein Buch ist das? ➍ H**a**ben Sie Probl**e**me mit **I**hren Z**ä**hnen? ➎ Ich k**e**nne ihn seit **u**ngefähr drei J**a**hren.

Übung 2: Setzen Sie die fehlenden Wörter ein!

❶ ألدى حضرتك صداع؟

Haben Sie ______________ ?

❷ طبيبي لطيف جداً.

Mein Arzt ist sehr ______ .

❸ أعرفه منذ خمس سنوات.

Ich kenne ____ seit _____ Jahren.

❹ أتعرف حضرتك زوجي؟

Kennen Sie ______ Mann?

❺ للأسف فأنا لا أعرف أخا حضرتك.

Leider kenne ich ______ Bruder nicht.

18 Achtzehnte Lektion [أَخْتْسِينْتْ لِكْتْسْيُونْ]

Das Verbot

1 – Halt! Hier d**ü**rfen Sie nicht p**a**rken! ①

AUSSPRACHE

[دَسْ فِرْبُوتْ 1 هَلْتْ! هيرْ دوُورفِنْ زي نِشْتْ پارْكِنْ!]

Lösung 1: Haben Sie verstanden?

① أختي تعرف طبيبَ أسنانٍ لطيفاً. ② لطفاً، هل يمكن لحضرتك أن تعطيني عنوانك؟ ③ أي كتاب هذا؟ ④ ألدى حضرتك مشاكل في أسنانك؟ ⑤ أنا أعرفه منذ ثلاث سنوات تقريباً.

⑥ أيمكن لحضرتك التفضل بإعطائي رقم هاتفك؟

___ Sie ___ bitte Ihre Telefonnummer geben?

Lösung 2: Die fehlenden Wörter.

① Kopfschmerzen ② nett ③ ihn – fünf ④ meinen ⑤ Ihren ⑥ Können – mir.

مع كل تحفظاتنا على زيارة طبيب الأسنان إلا أنه ما من بد من فعل ذلك على الأقل للوقاية مما تعانيه عمة صديقتنا في هذا الدرس.

الدرس الثامن عشر

الممنوع

١ – توقفي! لا يمكن لحضرتكِ أن تركني (سيارتكِ) هنا!
(توقف! هنا يمكن حضرتك لا يركن!)

ANMERKUNGEN

① يستعمل الفعل المساعد **dürfen** في صياغة الجمل القانونية للدلالة على المسموح، وإذا ورد في حالة النفي للدلالة على الممنوع أو المحظور.

85 • fünfundachtzig [فۆنْف أُنْدْ أَخْتْسِگ]

2 – Oh, das tut mir leid; **a**ber ich bin in fünf Min**u**ten zur**ü**ck.

3 – Nein! Hier ist P**a**rkverb**o**t, auch für fünf Min**u**ten.

4 – Ich weiß. **A**ber es gibt nun mal k**ei**nen **a**nderen P**a**rkplatz hier. ② ③ ④

5 – H**ö**ren Sie, ich diskut**ie**re nicht mit **I**hnen. ⑤

6 – S**ei**en Sie doch nicht so! Ich muss nur schnell auf die Bank, ⑥ ⑦ ⑧

7 und die ist nur bis s**e**chzehn Uhr ge**ö**ffnet. ⑨ ⑩

AUSSPRACHE

[**2** دَسّْ توتْ ميرْ لايْدْ؛ آبِرْ إشْ بِنٌّ إنْ فۆنْف مِنوتِنْ تْسورۆكْ. **3** نايْنْ! هيرْ إسْتْ پارْكْ فِرْبُوتْ، أَوْخْ فۆرْ فۆنْف مِنوتِنْ. **4** إشْ ڤايْسْ. آبِرْ إسْ گِبْتْ نونْ مالْ كايْنِنْ أَنْدِرِنْ پارْكْ پْلاتْسْ هيرْ. **5** هۆورِنْ زي، إشْ دِسْكُتيرِ نِشْتْ مِتّْ إينِنْ. **6** زايِنْ زي دُخّْ نِشْتْ سُو! إشْ مُسّْ نورْ شْنِلّْ آوْفْ دي بانْكْ، **7** أُنْدْ دي إسْتْ نورْ بِسْ زِخْتْسِينْ أورْ گِأوْفْنِتْ.]

② يستعمل تركيب **es gibt** بمعنى يوجد في العربية، ويأتي الإسم التالي في حالة النصب.

③ يستخدم تعبير **nun mal** بمعنى والحالة هذه، وتشير إلى معرفة المتحدث بأنه ليس على حق من حيث المبدأ، ولكنه يسعى للحصول على معاملة خاصة.

④ يتم نفي الأسماء في الألمانية باستخدام **kein**، وتتغير نهايتها وفقاً لجنس الإسم المنفي، ولكونه مفرداً أو جمعاً، وتبعاً لموقعه الإعرابي إن كان مرفوعاً أو منصوباً أو مجروراً.

sechsundachtzig [سِخْسْ أُنْدْ أَخْتْسِگْ] • 86

٢ – أوه، أنا آسفة؛ ولكني سأعود في غضون خمس دقائق.
(أوه، هذا يعمل لي ألم؛ لكن أنا أكون في خمس دقائق العودة.)

٣ – لا! هنا ممنوع ركن (السيارات)، حتى (ولو) لمدة خمس دقائق.
(لا! هنا يكون منع ركن، أيضاً من أجل خمس دقائق.)

٤ – أعرف. ولكن لايوجد هنا أي مكان آخر لركن (السيارات).
(أنا أعرف. لكن هو يعطي الآن مرة ولا آخر مكان ركن هنا.)

٥ – أتفهمين حضرتكِ. فأنا لا أتجادل مع حضرتكِ.
(أنصت حضرتك، أنا أتحادث لا مع حضرتك.)

٦ – لا تكن حضرتك بهذا الشكل! فقط علي الذهاب بسرعة إلى المصرف،
(كن حضرتك إذن لا هكذا! أنا يجب فقط بسرعة على المصرف،)

٧ وهو مفتوح إلى الساعة الرابعة عصراً فقط.
(و هي يكون فقط إلى ستة عشر ساعة مفتوحاً.)

⑤ على الرغم من أن الترجمة المعروفة لجملة **Sie hören** هي أنصت إلي، إلا أنه يمكن اعتماد معنى "أفتفهمني"؟

⑥ هذه صيغة فعل الكون **sein** في صيغة الأمر مع المخاطب **Sie**.

⑦ لم يذكر الفعل المقصود في الجملة وهو **gehen** لدلالة المعنى عليه.

⑧ يفيد حرف الجر **auf** الذي يأتي بمعنى على إذا اقترن بالأفعال التي تدل على الحركة باتجاه معنى إلى.

⑨ تعتمد الكثير من الدول نظام التوقيت من الساعة 00:00 إلى 24:00.

⑩ هنا صيغة جديدة من استخدام الإسم المفعول من فعل معين مع فعل الكون لتشكيل جملة وصفية.

8 – Wie viel Uhr ist es jetzt?

9 – Es ist s**ie**ben Min**u**ten vor vier.

10 – Oh, dann h**a**ben Sie nicht mehr viel Zeit. ⑪

11 M**a**chen Sie schnell!

12 – Oh, v**ie**len Dank! Sie sind w**i**rklich süß. ⑫

13 Ich k**o**mme sof**o**rt zur**ü**ck.

AUSSPRACHE

[**8** ڤي فيلْ أورْ إسْتْ إسْ يِتْسْتْ؟ **9** إسْ إسْتْ سيبِنْ مينوتِنْ فُورْ فيرْ. **10** أوهْ، دَنّْ هابِنْ زي نِشْتْ ميرْ فيلْ تسايْتْ. **11** ماخِنْ زي شْنِلّْ! **12** أوهْ، فيلِنْ دانْكْ! زي زِنْدْ ڤيرْكْلِشْ سوُوسْ. **13** إشْ كُمّْ سُوفُورْتْ تْسورُوكّْ.]

Übung 1: Verstehen Sie diese Sätze?

❶ Sie d**ü**rfen hier nicht r**au**chen! ❷ Hier ist R**au**chen verb**o**ten. ❸ Es gibt hier v**ie**le P**a**rkplätze. ❹ Ich muss schnell m**a**chen. ❺ Ich h**a**be nicht mehr viel Zeit. ❻ Die Post ist bis **a**chtzehn Uhr ge**ö**ffnet.

٨ - ما هو الوقت الآن؟
(كم كثير ساعة يكون هو الآن؟)

٩ - إنها الرابعة إلا سبع دقائق.
(هو يكون سبع دقائق قبل أربعة.)

١٠ - أوه، إذن لم يتبقَ لدى حضرتكِ الكثير من الوقت.
(أوه، إذن يملك حضرتك لا كثيراً كثير وقت.)

١١ هلمّي حضرتكِ!
(يعمل حضرتك بسرعة!)

١٢ - أوه، شكراً جزيلاً! حضرتك لطيف حقاً.
(أوه، كثيراً شكراً! حضرتك يكون فعلاً حلواً.)

١٣ سأعود على الفور.
(أنا آتي فوراً يعود.)

⑪ تعني كلمة **mehr** المزيد، ولكنها عندما تأتي في سياق النفي فإنها تعني "أي" أو "ولا" أو "أبداً" أو "إطلاقاً".

⑫ مع أن كلمة **süß** تعني "حلو" عندما يتعلق الأمر بالمأكولات أو المشروبات، إلا أن المجاز يفتح المجال واسعاً لإطلاق مثل هذه الصفات على الأشخاص وبخاصة الأطفال، أو الأشياء أو التصرفات، وهذا يوسع كثيراً من معنى الكلمة، بحيث يمكنها أن تعني فيما تعنيه "لطيف" على سبيل المثال.

Lösung 1: Haben Sie verstanden?

❶ لا يمكن لحضرتك التدخين هنا! ❷ هنا التدخين ممنوع. ❸ توجد هنا الكثير من مواقف السيارات. ❹ يجب أن أستعجل. ❺ لم يعد لدي المزيد من الوقت. ❻ يبقى البريد مفتوحاً إلى الساعة السادسة مساءاً.

89 • neunundachtzig [نَوِيْنْ أُنْدْ أَخْتْسِگْ]

Übung 2: Setzen Sie die fehlenden Wörter ein!

❶ لا يمكن لحضرتك الإتصال الهاتفي هنا!

Hier ______ Sie nicht telefonieren!

❷ (سوف) يغلق المصرف في (غضون) ثلاث دقائق. إستعجل!

Die Bank schließt __ ____ Minuten. Mach ________!

❸ إنها الثامنة إلا عشر دقائق.

Es ist ____ ___ acht.

❹ إنها فعلاً لطيفة جداً.

Sie ist ________ sehr nett.

لنتذكر أن كثيراً من التعليمات والقوانين تستخدم الفعل المساعد (**dürfen**)، ولنحاول تجنب الوقوع في مشاكل نحن في غنى عنها، خاصة إذا أتقنا درس اليوم!

19 Neunzehnte Lektion [نَوِيْنْتْسِيْنْتِ لِكْتْسْيُونْ]

Mögen Sie Würstchen? ①

1 – H**a**llo, M**u**tti! Ich h**a**be **ei**nen B**ä**ren-h**u**nger. ②

2 Was **e**ssen wir h**eu**te M**i**ttag?

AUSSPRACHE

[مُوكِنْ زي ڤُورْسْتْخِنْ؟ **1** هالُّو، موتّي! إِشْ هابِهْ آيْنِنْ بارِنْ هُنْگِرْ. **2** ڤاسْ إِسِّنْ ڤيرْ هُويْتِهْ مِتّاگْ؟]

neunzig [نُويْنْتْسِگ] • 90

❺ (سوف) تعود والدتي فوراً.

Meine Mutter kommt sofort …….

❻ يفتح المتجر من التاسعة (صباحاً) وحتى السادسة (مساءاً).

Der Supermarkt ist ……. neun Uhr ……. achtzehn Uhr geöffnet.

Lösung 2: Die fehlenden Wörter.

❶ dürfen ❷ in drei – schnell ❸ zehn vor ❹ wirklich ❺ zurück ❻ von – bis.

أظن أن تقدمنا في المواضيع التي غطتها الدروس السابقة إلى حد الآن قد زودنا بعدد كبير جداً من الجمل والكلمات والقواعد المعقدة في بعض الأحيان، ولا ينبغي لهذا أن يحبطنا بحال من الأحوال، إذ إن الأهمية بالدرجة الأولى هي لمعرفة كيفية الخوض في هذه المواضيع، وليس لحفظ وفهم كل ما مر معنا، فهذا يحتاج لوقت أطول وسيكون لدينا جميعا الوقت لفعل ذلك.

الدرس التاسع عشر

أتحب حضرتك النقينقات؟

١ – مرحباً يا أمي! أنا جائع كثيراً.
(مرحباً، أمي! أنا أملك واحداً جوع الدببة.)

٢ ماذا (سوف) نأكل اليوم على الغداء؟
(ماذا نأكل نحن اليوم ظهراً؟)

ANMERKUNGEN

① تفيد إضافة النهاية **chen...** في صياغة المصغر من إسم معين، أي إن المقصود هنا نقينقات.

② يستعمل مصطلح **Bärenhunger** للدلالة على تملك الجوع من صاحبه.

3 – Es gibt Fr**a**nkfurter W**ü**rstchen und K**a**rt**o**ffelsal**a**t. ③ ④

4 – Och, schon w**ie**der! Ich mag k**ei**nen Kart**o**ffelsal**a**t. ⑤

5 – Dann isst du d**ei**ne W**ü**rstchen **e**ben **o**hne Kart**o**ffelsal**a**t. ⑥

6 – **A**ber mit Senf!

7 – Wie du willst, mit **o**der **o**hne Senf.

8 – Kann ich viell**ei**cht Reis h**a**ben?

9 – Ja, **a**ber du musst ihn dir selbst k**o**chen. ⑦

10 – Gut, ich m**a**che ihn selbst. Willst du auch Reis? ⑧

AUSSPRACHE

[**3** إس كِبْتْ فْرانْكْفورْتِرْ ڤُورْسْتْخِنْ أنْدْ كارْتُفِّلْ صالاتْ. **4** أوخْ، شُونْ ڤيدِرْ! إشْ ماگْ كايْنِنْ كارْتُفِّلْ صالاتْ. **5** دَنّْ إسّتْ دو دايْنِهْ ڤُورْسْتْخِنْ أُونِهْ كارْتُفِّلْ صالاتْ. **6** آبِرْ مِتّْ زِنْفْ! **7** ڤي دو ڤِلّسْتْ، مِتّْ أُودِرْ أُونِهْ زِنْفْ. **8** كَنّْ إشْ فيلّايْخْتْ رايْزْ هابِنْ؟ **9** يا، آبِرْ دو مُسّْتْ إينْ ديرْ سِلْبْسْتْ كُوخّنْ. **10** گوتْ، إشْ ماخّهْ إينْ سِلْبْسْتْ. ڤِلّْسْتْ دو آوْخْ رايْزْ؟]

③ نوع من النقائق الرفيعة المصنعة من لحم الخنزير الصافي والمحشي في معى الخروف الدقيقة، يتم تجهيزها بالدخان عند درجات حرارة منخفضة.

④ يصاغ إسم النسبة من المدن أو الدول بإضافة **er** لاسمها، ويستخدم هذا الإسم كصفة بوضعه قبل الموصوف وتكتب بحرف كبير.

[تُسْقايْ أُنْدْ نويْنْتْسِسْگْ zweiundneunzig]

٣ - هناك نقينقات فرانكفورتية وسلطة البطاطا.
(هو يعطي نقانق فرانكفورتر و سلطة بطاطا.)

٤ - أوف، مجدداً! فأنا لا أحب سلطة البطاطا.
(أوخ، تماماً مجدداً! أنا أحب ولا سلطة البطاطا.)

٥ - (سوف) تأكل نقينقاتك دون سلطة البطاطا إذن.
(إذن تأكل أنت لك نقينقات بالذات ما عدا سلطة البطاطا.)

٦ - ولكن مع الخردل!
(لكن مع خردل!)

٧ - كما تريد، مع أو من دون الخردل.
(مثل أنت تريد، مع أو دون خردل.)

٨ - هل يمكنني الحصول على الأرز؟
(أستطيع أنا ربما الأرز يملك؟)

٩ - نعم، ولكن عليك طهيه بنفسك.
(نعم، لكن أنت يجب إياه لك بنفسك يطبخ.)

١٠ - حسناً، سأعمله بنفسي. هل تريد بعض الأرز أيضاً؟
(جيد، أنا أصنع إياه بنفسي. تريد أنت أيضاً أرزاً؟)

⑤ أتى فعل mögen هنا كفعل تام وليس كفعل مساعد، ولذلك لم تحتج الجملة لفعل يوضع في آخرها وفي المصدر، مع أنه يمكن فهم الجملة بأنه يوجد فعل مضمر في الأخير هو essen، وهو يعني أحب أو أود أو أرغب.

⑥ تستخدم كلمة eben بمعنى والحال هذه.

⑦ يفيد استخدام selbst أو selber التأكيد على أن الشخص نفسه يقوم بالفعل.

⑧ أتى فعل wollen هنا أيضاً كفعل تام وليس كفعل مساعد، ولذلك لم تحتج الجملة لفعل يوضع في آخرها وفي المصدر، مع أنه يمكن فهم الجملة أيضاً بأنه يوجد فعل مضمر في الأخير هو essen.

11 – Ja, gern. Das ist **ei**ne g**u**te Id**ee**. ⑨

12 Und wir **e**ssen den Kart**o**ffelsal**a**t m**o**rgen.

13 – Oh nein, nur das nicht!

AUSSPRACHE

[**11** يا، گِرْنْ. دَسّْ إِسْتْ آيْنِهْ گوتِهْ إيدِي. **12** أُنْدْ ڤيرْ إِسِّنْ دِنّْ كارْتُفِّلْ صالاتْ مُورْگِنْ. **13** أُوهْ نايْنْ، نورْ دَسّْ نِشْتْ!]

⑨ الفرق بين هذه الجملة وبين أن يقال **eine Idee ist gut**، فالأولى تصف هذه الفكرة بأنها جيدة، بينما تصف الجملة الثانية أن هذه فكرة جيدة.

Übung 1: Verstehen Sie diese Sätze?

❶ Ich mag k**ei**nen Tee. ❷ Was gibt es h**eu**te M**i**ttag zu **e**ssen? ❸ Es gibt Omel**e**tt und Sal**a**t. ❹ V**ie**le L**eu**te g**e**hen in die H**a**mburger **O**per. ❺ Das kannst du selbst m**a**chen.

Übung 2: Setzen Sie die fehlenden Wörter ein!

❶ هو يأكل نقينقاته بدون الخردل.

Er ____ seine Würstchen ohne Senf.

❷ هل تُودُّ مديرَك؟

____ du deinen Chef gern?

❸ سأذهب اليوم ظهراً إلى المقصف.

Heute ____ gehe ich in die Kantine.

❹ هل تشرب القهوة مع السكر؟

____ du den Kaffee ____ Zucker?

❺ هذه فكرة جيدة.

Das ist eine ____ Idee.

١١ – بكل سرور. هذه فكرة جيدة.
(نعم، بمودة. هذه تكون واحدة جيدة فكرة.)

١٢ وسنأكل سلطة البطاطا في الغد.
(ونحن يأكل سلطة البطاطا غداً.)

١٣ – يا إلهي، أي شيء سوى هذا!
(أوه لا، فقط هذا لا!)

Lösung 1: Haben Sie verstanden?

❶ أنا لا أحب الشاي. ❷ ماذا يوجد للأكل اليوم ظهراً؟ ❸ توجد عجة وسلطة. ❹ كثير من الناس يذهبون إلى أوبرا هامبورغ. ❺ يمكنك بنفسك القيام بذلك.

كيف وماذا يأكل الألمان؟

ما من شك في أنه يتم تناول اللحوم في ألمانيا بِنَهَم (والتي لم تعد تقتصر على لحم الخنزير وحسب!)، إلا أن عادات التغذية لدى الألمان قد تغيرت أيضاً. فالتغذية الصحية في رواج متزايد وتزداد أهميتها لدى الكثيرين، الكثيرون من الألمان يشترون اليوم المنتجات العضوية الطبيعية، وخاصة المنتجات التي تراعي الرفق بالحيوان، وغالباً ما يكونون على استعداد لدفع مبالغ أكثر من أجل ذلك، النساء يتغذين في كثير من الأحيان طعاماً أكثر صحية من الرجال، إذ يكثرن من تناول الفواكه والخضار ويقللن من تناول اللحوم، معظم الألمان يحبون الطبخ ولكن أقل من نصفهم يطبخون يومياً، الوجبة المفضلة لدى الألمان على فكرة ليست النقينقات أو شرائح اللحم، وإنما ... المعكرونة!

(المصدر: تقرير التغذية 2016 من الوزارة الاتحادية للتغذية والزراعة)

❻ ألا تريد سلطة البطاطا؟

.... du .... Kartoffelsalat?

20 Zwanzigste Lektion [تْسْڤانْتْسِگْسْتِ لِكْتْسْيُونْ]

Wo ist der Bahnhof?

1 – Weißt du, wo der **Ba**hnhof ist?

2 – K**ei**ne **A**hnung. Wir m**ü**ssen fr**a**gen. ①

3 – Entsch**u**ldigen Sie b**i**tte, wo… ②

4 – Die L**eu**te h**a**ben **a**lle k**ei**ne Zeit.

5 – W**a**rte, ich h**a**be **ei**ne Id**ee**. Dort ist ein Hot**e**l.

6 – Ich bin gleich zur**ü**ck. ③

7 – G**u**ten **A**bend! H**a**ben Sie ein Z**i**mmer frei? ④

AUSSPRACHE

[ڤُو إسْتْ دِرْ بانْهُوفْ؟ **1** ڤُو إسْتْ دِرْ بانْهُوفْ؟ **2** كايْنِهْ آنُنْگْ. ڤيرْ مۆسِّنْ فْراگِنْ. **3** إنْتْشُلْدِگِنْ زي بِتِّهْ، ڤُو… **4** دي لُويْتِهْ هابِنْ أَلِّهْ كايْنِهْ تْسايْتْ. **5** ڤارْتِهْ، إشْ هابِهْ آيْنِهْ إيدِي. دُورْتْ إسْتْ آيْنْ هُوتِيلّ. **6** إشْ بِنّ گْلايْخْ تْسورۆك. **7** گوتِنْ آبِنْدْ! هابِنْ زي آيْنْ تْسِمِّرْ فْرايْ؟]

ANMERKUNGEN

① تحتوي الجملة على فعل الملكية مع ضمير المتكلم المفرد **ich habe**، ولكن لم يتم ذكره لدلالة المعنى عليه.

② يمكن ترجمة الجملة إلى "أستميح حضرتك عذراً".

Lösung 2: Die fehlenden Wörter.

❶ isst ❷ Magst ❸ Mittag ❹ Trinkst – mit ❺ gute
❻ Willst – keinen.

الدرس العشرون

أين محطة القطار؟

١ – هل تعرف أين محطة القطار؟
(تعرف أنت، أين محطة القطار تكون؟)

٢ – ليس عندي أي فكرة. علينا أن نسأل.
(ولا فكرة. نحن يجب يسأل.)

٣ – عذراً من حضرتك رجاءاً، أين...
(يعذرني حضرتك رجاءاً، أين...)

٤ – ليس لدى جميع الناس (أي) وقت.
(الناس يملكون كلهم ولا وقت.)

٥ – تمهلْ، لدي فكرة. ثمة فندق هناك.
(إنتظر، أنا أملك واحدة فكرة، هناك يكون واحد فندق.)

٦ – سأعود حالاً.
(أنا أكون فوراً القهقرى.)

٧ – مساءاً سعيداً! ألدى حضرتك غرفة شاغرة؟
(جيداً مساءاً! يملك حضرتك واحدة غرفة حرة؟)

③ تعني كلمة **zurück** بمفردها "إلى الوراء"، وبذا لا يمكن ترجمتها بفعل في اللغة العربية، ولكن استخدام فعل الكون معها يؤدي معنى "سأعود".

④ المفردات التي تنتهي بـ **er** تحافظ على صياغتها في حالة الجمع، فكلمة **Zimmer** هي للمفرد وللجمع.

97 • siebenundneunzig [سيبِنْ أُنْدْ نَوينْتْسِگْ]

8 – **Si**cherlich, mein Herr.

9 M**ö**chten Sie ein D**o**ppelz**i**mmer **o**der ein **Ei**nzelz**i**mmer?

10 – Ein Z**i**mmer für sechs Pers**o**nen, b**i**tte.

11 – Wie b**i**tte? Wie v**ie**le Pers**o**nen? Sechs Pers**o**nen? ⑤

12 Dann n**e**hmen Sie doch gleich **ei**nen L**ie**gew**a**gen. ⑥

13 Dort h**a**ben Sie sechs Pl**ä**tze.

14 – Ah, ja. Das ist **ei**ne g**u**te Id**ee**.

15 K**ö**nnen Sie mir b**i**tte s**a**gen, wo der B**a**hnhof ist?

AUSSPRACHE

[**8** سِخّرْلِشْ، ماينْ هِرّْ. **9** مؤشْتِنْ زي آيْنْ دُپّلْ تْسِمّرْ أودِرْ آيْنْ آيْنْتْسِلْ تْسِمّرْ؟ **10** آيْنْ تْسِمّرْ فوْرْ زِخْسْ پِرْصونِنْ بِتّهْ. **11** ڤي بِتّهْ؟ ڤي فيلهْ پِرْصونِنْ؟ زِخْسْ پِرْصونِنْ؟ **12** دَنّْ نيمِنْ زي دَخّْ گلايْخْ آيْنِنْ ليگهْ ڤاگِنْ. **13** دُورْتْ هابِنْ زي زِخْسْ پْلِتْسهْ. **14** آهْ، ياهْ. دَسّْ إسْتْ آيْنهْ گوتهْ إيدِي. **15** كونّْنْ زي ميرْ بِتّهْ ساگِنْ، ڤُو دِرْ بانْ هُوفْ إسْتْ؟]

٨ - بالتأكيد، يا سيدي.
(أكيد، لي سيد.)

٩ - أترغب حضرتك بغرفة مزدوجة أم غرفة مفردة؟
(يرغب حضرتك واحدة غرفة مضاعفة أم واحدة غرفة وحيدة؟)

١٠ - غرفة لستة أشخاص، رجاءاً.
(واحدة غرفة من أجل ستة أشخاص، رجاءاً.)

١١ - المعذرة؟ كم شخص؟ ستة أشخاص؟
(كيف رجاءاً؟ كم كثيراً أشخاص؟ ستة أشخاص؟)

١٢ خذ حضرتك إذن عربة منامة.
(إذن يأخذ حضرتك أكيد فوراً واحداً عربة استلقاء.)

١٣ سيكون لديك فيها ستة أماكن (مقاعد).
(هناك تملك حضرتك ستة أماكن.)

١٤ - هكذا إذن. هذه فكرة جيدة.
(آه، نعم. هذا يكون واحدة جيدة فكرة.)

١٥ هل يمكن لحضرتك أن تقولي لي أين محطة القطار لو سمحتِ؟
(تستطيع حضرتك لي رجاءاً يقول، أين محطة القطار تكون؟)

⑤ للسؤال عن العدد يستخدم التركيب المؤلف من wie ومن viel، وأضيفت e للدلالة على الجمع.

⑥ ذكرنا سابقاً أن كثيراً من المصطلحات في الألمانية تتم بتركيب أكثر من مفردة مع بعضها البعض، وهنا تدل كلمة Liegewagen المركبة من Liege و Wagen على نوع من عربات القطارات، حيث يمكن للمسافر قضاء الرحلات بعيدة المسافات نائماً.

99 • neunundneunzig [نَوِيْنْ أُنْدْ نَوِيْنْتْسِگ]

16 – Sie **fa**hren die **e**rste Str**a**ße links und dann die Zw**ei**te rechts, ⑦

17 und Sie s**e**hen den B**a**hnhof gleich g**e**gen**ü**ber.

18 – D**a**nke schön! Auf W**ie**ders**e**hen!

AUSSPRACHE

[16 زي فارِنْ دي إِرْسْتِهْ شْتْراسّهْ لِنْكْسْ أُنْدْ دَنّْ دي تْسْڤايْتِهْ رِخْتْسْ، 17 أُنْدْ زي سِيهِنْ دِنّْ بانْ هُوفْ گْلايْخْ گيگِنْ أُوبِرْ. 18 دَنْكِهْ شْوونْ! أَوْفْ ڤيدِرْ سيهِنْ!]

Übung 1: Verstehen Sie diese Sätze?

① W**o**llen Sie ein D**o**ppelzimmer **o**der ein **Ei**nzelzimmer? ② Ein Z**i**mmer für zwei Pers**o**nen, b**i**tte. ③ Ich weiß nicht, wo m**ei**ne T**a**nte wohnt. ④ Sie weiß nicht, wo **i**hre T**a**nte wohnt. ⑤ Wie v**ie**le L**eu**te w**o**hnen hier? ⑥ Wir m**ü**ssen fr**a**gen, wie viel Uhr es ist.

Übung 2: Setzen Sie die fehlenden Wörter ein!

① معذرة، أتعرف حضرتك كم الساعة؟

___ Sie, wissen Sie, ___ ___ Uhr es ist?

② أود رجاءً غرفة مزدوجة لليلة واحدة.

Ich möchte bitte ein ___ für eine Nacht.

③ هل يمكن لحضرتك أن تقول لي أين يوجد فندق؟

___ Sie mir sagen, ___ ein Hotel ist?

لن تخاف بعد اليوم أن تضل الطريق بعد أن أصبح بإمكانك السؤال عن مكان للمبيت وحجز غرفة في فندق أو عن كيفية الوصول إلى مكان محدد.

١٦ – حضرتك تسير في أول شارع إلى اليسار ثم في الثاني إلى اليمين،
(حضرتك تسافر الأول الشارع يساراً وثم الثاني يميناً،)

١٧ وسترى حضرتكَ محطة القطار قُبالَتَك مباشرة.
(وحضرتك ترى محطة القطار فوراً مواجهة.)

١٨ – شكراً جزيلاً! إلى اللقاء!
(شكراً جميلاً! على رؤية مجددة!)

⑦ يفهم من استخدام المتكلم فعل **fahren** أن السائل يتحرك بالسيارة (أو بأية وسيلة مواصلات) وليس سيراً على الأقدام.

Lösung 1: Haben Sie verstanden?

❶ هل تريد حضرتك غرفة مزدوجة أم مفردة؟ ❷ غرفة لشخصين، من فضلك. ❸ أنا لا أعرف أين تسكن عمتي. ❹ إنها لا تعرف أين تسكن خالتها. ❺ كم شخصاً يسكن هنا؟ ❻ يجب أن نسأل، كم الساعة الآن.

❹ أول شارع على اليسار وثم دائماً إلى الأمام.

Die erste Straße _____ und dann _____ geradeaus.

❺ مساءاً سعيداً! ألدى حضرتك غرفة شاغرة؟

Guten _____! Haben Sie ein Zimmer _____?

❻ تمهل حضرتك! سنأتي في الحال!

_____ Sie! Wir kommen _____!

Lösung 2: Die fehlenden Wörter.

❶ Entschuldigen – wie viel ❷ Doppelzimmer ❸ Können – wo ❹ links – immer ❺ Abend – frei ❻ Warten – gleich (sofort).

21 Einundzwanzigste Lektion [آيْنْ أُنْدْ تْسْڤَانْتْسِگْسْتِ لِكْتْسْيُونْ]

Wiederholung und Anmerkungen

Deklination تصريف

Verben im Präsens الأفعال في المضارع

- لنتذكر هنا مرة أخرى أنه توجد في الألمانية بعض الأفعال التي يطلق عليها إسم الأفعال المساعدة **Modalverben**، حيث يتم تصريف هذه الأفعال تبعاً للفاعل وتحتل موقعها في الجملة المعيارية في المرتبة الثانية، بينما يوضع الفعل الرئيسي للجملة في المصدر وفي آخر الجملة.

- مع أن فعل يرغب **möchten** يمثل صيغة الإحتمال **Konjunktiv** من فعل **mögen**، والتي تستخدم في المجاملة أو الجمل الشرطية، إلا أن بعض المصادر تورده على أنه فعل بذاته، ولذلك أضفناه لهذه القائمة، وهو يستعمل عند طلب شيئ ما كصيغة مجاملة تقدم على فعل يريد **wollen**.

- فيما يلي تصريف الأفعال المساعدة التي مرت معنا حتى الآن مع كل الضمائر:

		wollen	يريد	sollen	ينبغي	müssen	يجب
ich	أنا	will	أريد	soll	ينبغي (علي)	muss	يجب (علي)
du	أنت	willst	تريد	sollst	ينبغي (عليك)	musst	يجب (عليك)
er	هو	will	يريد	soll	ينبغي (عليه)	muss	يجب (عليه)
sie	هي	will	تريد	soll	ينبغي (عليها)	muss	يجب (عليها)
es	هو	will	يريد	soll	ينبغي (عليه)	muss	يجب (عليه)
wir	نحن	wollen	نريد	sollen	ينبغي (علينا)	müssen	يجب (علينا)
ihr	أنتم	wollt	تريدون	sollt	ينبغي (عليكم)	müsst	يجب (عليكم)

الدرس الحادي والعشرون

sie	هم	wollen	يريدون	sollen	ينبغي (عليهم)	müssen	يجب (عليهم)
Sie	حضرتك	wollen	تريد	sollen	ينبغي (عليك)	müssen	يجب (عليك)

		mögen	يرغب	können	يستطيع
ich	أنا	mag	أود	kann	أستطيع
du	أنت	magst	تود	kannst	تستطيع
er	هو	mag	يود	kann	يستطيع
sie	هي	mag	تود	kann	تستطيع
es	هو	mag	يود	kann	يستطيع
wir	نحن	mögen	نود	können	نستطيع
ihr	أنتم	mögt	تودون	könnt	تستطيعون
sie	هم	mögen	يودون	können	يستطيعون
Sie	حضرتك	mögen	تود	können	تستطيع

		dürfen	يجوز، يسمح	möchten	يرغب
ich	أنا	darf	يجوز لي	möchte	أرغب
du	أنت	darfst	يجوز لك	möchtest	ترغب
er	هو	darf	يجوز له	möchte	يرغب
sie	هي	darf	يجوز لها	möchte	ترغب
es	هو	darf	يجوز له	möchte	يرغب

wir	نحن	dürfen	يجوز لنا	möchten	نرغب
ihr	أنتم	dürft	يجوز لكم	möchtet	ترغبون
sie	هم	dürfen	يجوز لهم	möchten	يرغبون
Sie	حضرتك	dürfen	يجوز لك	möchten	ترغب

- الجدول التالي يبين أدوات التعريف والتنكير مع التغيرات التي تطرأ عليها في الحالتين الإعرابيتين المرفوع Nominativ والمنصوب Akkusativ، على أن نأتي على حالة الجر Dativ والمضاف Genitiv في حينه، بالطبع ليس من الممكن ولا حتى الضروري فهم هذا الجدول الآن، ولكن يمكن الرجوع إليه كلما تقدم المتعلم في دروسه لمعرفة كيفية تطبيق هذه القواعد:

		Nominativ	الرفع	Akkusativ	النصب
Maskulinum	المذكر	der	ein	den	einen
Femininum	المؤنث	die	eine	die	eine
Neutrum	الحيادي	das	ein	das	ein
Plural	الجمع	die		die	

- السؤال عن الوقت:

Wie viel Uhr ist es? Wie spät ist es?

هاتان الطريقتان المشهورتان للسؤال عن الوقت، وترجمتهما: "كم الوقت؟" أو "كم الساعة؟" مع أن الترجمة الحرفية تعطي غير ذلك.

Es ist fünf Minuten nach drei. إنها الثالثة وخمس دقائق.

Es ist zehn Minuten vor acht. إنها الثامنة إلا عشر دقائق.

Es ist vier (Uhr) oder **Es ist sechzehn Uhr.**
إنها الساعة الرابعة أو إنها الساعة السادسة عشر.

Es ist fünfzehn Minuten nach sechs oder **Es ist Viertel nach sechs.**

إنها خمسة عشر دقيقة بعد السادسة أو إنها الساعة السادسة والربع.

Es ist zwanzig Minuten vor drei (Uhr) oder **Es ist zwei Uhr vierzig.**

إنها عشرون دقيقة قبل الثالثة أو إنها الثانية وأربعون دقيقة.

Es ist fünfzehn Minuten vor eins (ein Uhr) oder **Es ist Viertel vor eins.**

إنها الواحدة إلا خمس عشرة دقيقة أو إنها ربع ساعة قبل الواحدة.

مطلوب قراءة الأوقات التالية باللغة الألمانية:

6.30   Es ist halb sieben.
Es ist sechs Uhr dreißig.

9.45   Es ist neun Uhr fünfundvierzig.
Es ist Viertel vor zehn.

17.10   Es ist zehn (Minuten) nach fünf.
Es ist siebzehn Uhr zehn.

8.50   Es ist zehn (Minuten) vor neun.
Es ist acht Uhr fünfzig.

1.20   Es ist zwanzig (Minuten) nach eins.
Es ist ein Uhr zwanzig.

13.45   Es ist Viertel vor zwei.
Es ist dreizehn Uhr fünfundvierzig.

4.30   Es ist halb fünf.
Es ist vier Uhr dreißig.

المطلوب قراءة الأرقام التالية بالألمانية:

0	null	10	zehn
1	eins	11	elf
2	zwei	12	zwölf
3	drei	13	dreizehn
4	vier	14	vierzehn
5	fünf	15	fünfzehn
6	sechs	16	sechzehn
7	sieben	17	siebzehn
8	acht	18	achtzehn
9	neun	19	neunzehn

20	zwanzig	60	sechzig
21	einundzwanzig	70	siebzig
22	zweiundzwanzig	80	achtzig
23	dreiundzwanzig	90	neunzig
24	vierundzwanzig	100	hundert
25	fünfundzwanzig	101	hunderteins
26	sechsundzwanzig	102	hundertzwei
27	siebenundzwanzig	1.000	tausend
28	achtundzwanzig	1.001	tausend(und)eins
29	neunundzwanzig	2.244	zweitausendzwei-hundertvierundvierzig
30	dreißig		
40	vierzig	1.000.000	eine Million
50	fünfzig		

- ولنتذكر هنا أيضاً أنه إضافة لكون **nach** من أدوات الجر التي تدل على الزمن (سنمر عليها لاحقا)، فهي أيضاً أداة جر تدل على وجود حركة باتجاه مكان ما، ولكنها لاتستلزم ورود إسم المكان في حالة النصب كما مر معنا في الدرس الرابع عشر، وهنا بعض الأمثلة التوضيحية:

Ich fahre jetzt nach Hause. سأذهب الآن نحو البيت.

Wir fahren nach Österreich in die Alpen.
نحن نذهب إلى النمسا إلى جبال الألب.

22. Lektion [تْسْڤايْ أُنْدْ تْسْڤانْتْسِگْسْتِ لِكْتْسْيُونْ]

Eine schöne Wohnung

1 – Doch, doch ich **sa**ge **I**hnen, die W**o**hnung ist sehr schön

2 und groß: vier Z**i**mmer, K**ü**che und Bad. ①

3 – Und r**u**hig? Ist sie auch w**i**rklich r**u**hig?

4 – Ja, **au**ßergew**ö**hnlich r**u**hig. K**ei**ne K**i**nder, k**ei**ne H**u**nde…

ANMERKUNGEN

① تتطابق صيغتا المفرد والجمع في الكلمات المنتهية بـ **er**، مثل **Zimmer**.

Sie nehmen ein Taxi und fahren nach Hause.
حضرتك تستقل سيارة أجرة وتعود إلى البيت.
Es ist zwanzig (Minuten) nach eins.
إنها الواحدة وعشرون دقيقة.

لاحظ أن **in die** جاءت في حالة النصب لدلالة الفعل على الحركة!

- تعلمنا أن الفاعل يحتل الموقع الأول في الجملة المعيارية، يليه الفعل في الموقع الثاني، ثم المفعول به في الموقع الثالث، وإذا جاء الفعل في الموقع الأول صارت الجملة إستفهامية، أو طلبية بصيغة الأمر، أما إذا حدث تبديل من نوع آخر في المواقع فإن ذلك يفيد التنبيه أو التشديد على أمر معين، في الجدول الآتي بعض هذه الإحتمالات:

Ich kenne das.	أنا أعرف هذا.
Das kenne ich.	هذا أعرفه.
Kenne ich das?	هل أعرف هذا؟
Du sagst das immer.	أنت تقول هذا دائماً.
Das sagst du immer.	هذا ما تقوله دائماً.
Sagst du das immer?	هل تقول هذا دائماً؟
Immer sagst du das.	دائماً ما تقول هذا.
Kommst du nach Hause?	هل ستأتي إلى البيت؟
Komm nach Hause!	تعالَ إلى البيت!

الدرس الثاني والعشرون

شقة جميلة

١ - بَلى، وبكل تأكيد، أقول لحضرتك بأن الشقة جميلة جداً
(بَلى، بَلى، أنا أقول لحضرتك، الشقة تكون كثيراً جميلة)

٢ - وكبيرة: أربع غرف ومطبخ وحمام.
(وكبيرة: أربع غرف، مطبخ وحمام.)

٣ - وهادئة؟ أهي هادئة حقاً؟
(وهادئة؟ أتكون هي أيضاً حقيقةً هادئة؟)

٤ - نعم، هادئة بشكل لا يصدق. لا أطفال، لا كلاب ...
(نعم، خارج المعتاد هادئة. لا أطفال، لا كلاب...)

5 – Gut! Wann **kö**nnen Sie mir die W**o**hnung z**ei**gen? ②

6 – Passt **I**hnen m**o**rgen um halb elf? ③

7 – Ja, das passt mir.

8 Gef**ä**llt **I**hnen die W**o**hnung? ④

9 – Oh, ja. Sie gef**ä**llt mir sehr gut. ⑤

10 – Gut! Dann g**e**hen wir in mein Bür**o** ⑥

11 und erl**e**digen sof**o**rt die Formalit**ä**ten.

12 – W**a**rten Sie!

13 Ich muss die W**o**hnung zu**e**rst m**ei**nem Mann z**ei**gen. ⑦

14 – Ach so? Sie sind verh**ei**ratet?

AUSSPRACHE

[آيْنِ شتوونِهْ ڤُونُنْگْ 7 دَسّْ پَسّْتْ 8 گفَّلْتْ إيِنِنْ 11 أُنْدْ
فْرْمالِتّاتِنْ...]

② لا توجد في الألمانية أفعال تتعدى لأكثر من مفعول واحد، لذلك يأتي الشيء كمفعول به بينما الشخص في حالة الجر، ففي هذه الجملة ورد **mir** بدل الشخص، وهي تعني "لي"، ولأنها وردت كضمير فقد ذكرت أولاً، ثم وردت **die Wohnung** في حالة النصب.

③ ثمة بعض الأفعال المحدودة في الألمانية التي يأتي مفعولها في حالة الجر على غير المعتاد في العربية، بحيث يمكن ترجمة الجملة بـ "يناسب لك ...؟

④ يأتي المفعول به مع أغلب الأفعال المتعدية في حالة النصب، إلا أنه توجد بعض الأفعال النادرة التي يأتي مفعولها مجروراً، وهذا الفعل منها.

⑤ هذا أيضاً من الأفعال التي يأتي مفعولها في حالة الجر.

٥ - حسناً! متى يمكن لحضرتك أن تريني الشقة؟
(جيد! متى تستطيع حضرتك لي الشقة يري؟)

٦ - أيلائم حضرتكِ غداً في العاشرة والنصف؟
(هل يناسب لحضرتك غدا حول نص الحادية عشر؟)

٧ - نعم، هذا يلائمني.
(نعم، هذا يناسب لي.)

٨ - أتعجب الشقة حضرتك؟
(هل تعجب حضرتك الشقة؟)

٩ - بالتأكيد. فهي تعجبني كثيراً.
(أوه، نعم . هي تعجب لي كثيراً جيداً.)

١٠ - حسناً! لنذهب إذن إلى مكتبي
(جيد! إذن نذهب نحن إلى لي مكتب)

١١ ولنكمل الإجراءات فوراً.
(وننهي فوراً الشكليات.)

١٢ - إنتظر حضرتك!
(ينتظر حضرتك!)

١٣ علي أولاً أن أُرِيَ زوجي الشقة.
(أنا يجب (علي) الشقة أولاً لي رجل يُري.)

١٤ - هكذا إذن؟ فحضرتكِ متزوجة؟
(آها هكذا؟ حضرتك تكونين متزوجة؟)

⑥ لنتذكر هنا أن الأفعال التي تدل على الحركة تتطلب وضع إسم المكان المستهدف بالحركة في حالة النصب، لذا كتب **in mein** وليس **in meinem**!

⑦ يتعدى فعل **zeigen** لمفعولين، ولأن كليهما ذكرا كأسماء وليس كضمائر فإن "الشيء" المنصوب **die Wohnung** يقدم على "الشخص" المجرور **einem Mann**.

15 Sagen Sie, haben Sie auch Kinder? ⑧
16 – Ja, sieben kleine Kinder.
17 Aber wissen Sie,
18 meine Kinder sind sehr musikalisch und hassen Lärm.

Übung 1: Verstehen Sie diese Sätze?

① Ihre Wohnung gefällt mir sehr. ② Zeigen Sie mir bitte Ihre Fotos! ③ Sie gibt dem Mann ihre Telefonnummer. ④ Er ist verheiratet und hat zwei Kinder. ⑤ Gefallen Ihnen meine Hunde?

Übung 2: Setzen Sie die fehlenden Wörter ein!

① أتعجب سيارتي حضرتَك؟

Gefällt ▦▦▦▦ mein Wagen?

② هو يُري أخاهُ جهازَ تصويره.

Er zeigt ▦▦▦▦ Bruder ▦▦▦▦ Fotoapparat.

١٥ قولي لي حضرتكِ، أَوَلَدى حضرتكِ أطفال؟
(يقول حضرتكِ، تملكين حضرتكِ أيضاً أطفالاً؟)

١٦ - نعم، سبعة أطفال صغار.
(نعم، سبعة صغيرة أطفال.)

١٧ ولكن لتعلم حضرتك،
(لكن تعرف حضرتك،)

١٨ أن أولادي موسيقيين للغاية و يكرهون الضوضاء.
(لي أولاد يكونون كثيراً موسيقيين ويكرهون ضجيجاً.)

⑧ يمكن استخلاص صيغ عامة للجمع من خلال بعض المفردات، فجمع كلمة **Kind** هو **Kinder**، وجمع كلمة **Hund** هو **Hunde** وهكذا.

Lösung 1: Haben Sie verstanden?

❶ شقة حضرتك تعجبني كثيراً. ❷ رجاءاً، أرِني صورَ حضرتك! ❸ إنها تعطي الرجلَ رقمَ هاتفها. ❹ هو متزوج ولديه طفلان. ❺ أتعجب كلابي حضرتَك؟

معدل المواليد

أعداد الأطفال المذكورة في هذا الدرس (الجملة 16) غير معتادة تماما لدى الأسرة الألمانية! في الواقع فإن معدل المواليد فيٍ ألمانيا في 2016 كان 1.4 طفل لكل سيدة ألمانية، مقارنة بـ 1.95 طفلاً لدى السيدات اللواتي لايحملن الجنسية الألمانية، إجمالاً فقد ولد في عام 2016 في ألمانيا حوالي 738.000 طفل، ومنذ عام 1972 يموت في ألمانيا من البشر وباطراد أكثر من الأطفال الذين يولدون.

(المصدر: ZEIT عبر الإنترنت / مكتب الإحصاء الاتحادي)

❸ أعطني حضرتك رجاءاً كيلو من الطماطم!

Geben Sie ____ bitte ein Kilo Tomaten!

❹ لا، فهذا لا يناسبني.

Nein, das ______ ____ nicht.

❺ أنا أكره الضجيج والكلاب.

Ich ______ Lärm und Hunde.

❻ صورُك تعجبهم كثيراً.

Deine Fotos ________ ______ sehr gut.

23. Lektion [دْرايْ أُنْدْ تْسْفانْتْسِگْسْتِ لِكْتْسْيُونْ]

Schwierige Gäste ①

1 **T**a**nte Math**i**lde und ihr Mann ②

2 verbr**i**ngen **ei**ne W**o**che bei **i**hrer N**i**chte **A**nne. ③

3 Sie sind schon **e**twas alt und h**a**ben **i**hre Gew**o**hnheiten.

4 – **A**nne, der K**a**ffee ist zu stark für mich. ④ ⑤

AUSSPRACHE

[3 گِفْوُونـهايْتِنْ]

ANMERKUNGEN

① سنلاحظ أنه لصياغة الجمع من كثير من الكلمات التي تحتوي على الحرف الصوتي **a**، فإنه يتحول إلى **ä** وتضاف **e** في آخر الكلمة.

② سنلاحظ أنه لا يمكن التمييز بين بعض صلات القربى في الألمانية فيما إذا كانت من جهة الذكر أم الأنثى، فكلمة **Tante** قد تعني العمة أو الخالة.

③ هنا أيضاً قد تعني كلمة **Nichte** بنت الأخ أو بنت الأخت.

Lösung 2: Die fehlenden Wörter.

❶ Ihnen ❷ seinem – seinen ❸ mir ❹ passt mir ❺ hasse
❻ gefallen ihnen.

كما لاحظت فإن القراءة في الألمانية مرتبطة بشكل وثيق بالمكتوب، إذ لا توجد أحرف زائدة إلا في حالات نادرة، وهذا سيسهل موضوع الإملاء والقراءة أيضاً، لذلك فقد اكتفينا اعتباراً من هذا الدرس بكتابة الكلمات الصعبة بالأحرف العربية، إذ إنك أصبحت متمكناً من القراءة بالأحرف اللاتينية دون الإستعانة بوسائل مساعدة، وتذكر أن الملفات الصوتية ستساندك في هذه الخطوة.

الدرس الثالث والعشرون

ضيوف ثقيلو الظل

١ عمتي (خالتي) ماتيلدا وزوجها
(عمة (خالة) ماتيلده ولها زوج)

٢ يقضيان أسبوعاً عند بنت أخيها (أختها) آنة.
(يقضون واحداً أسبوعاً عند لها بنت أخ (أخت) آنة.)

٣ هما متقدمان بعض الشيء في السن ولديهما طقوسهما.
(هم يكونون تماماً شيئاً قديماً ويملكون لهم عادات.)

٤ - آنة، القهوة ثقيلة بالنسبة لي.
(آنة، القهوة تكون قوة جداً من أجلي.)

④ كما هي الحال في كثير من الصفات فإن معناها يحتمل الكثير وفقاً للموصوف وللسياق، لذلك لا عليك إن وجدت بعض الكلمات مختلفة معجمياً، ففي حين تعني كلمة **stark** قوي فإنها تعني هنا مركزة أو ثقيلة.

⑤ يأتي الإسم بعد **für** دائماً في حالة النصب.

5 – Oh, das tut mir leid. Nimm vielleicht etwas Milch. ⑥

6 – Nein, ich trinke Kaffee niemals mit Milch.

7 Was machen wir heute Nachmittag?

8 – Wollt ihr die Stadt ansehen? ⑦

9 Ich kann euch die Altstadt zeigen. ⑧

10 – Nein, heute ist Donnerstag. Wir gehen nur sonntags in die Stadt. ⑨

11 – Ja, aber ihr seid in Urlaub.

12 – Das ändert nichts. ⑩

13 Ich gehe mit Mathilde nur sonntags in die Stadt, ⑪

14 denn sonntags sind die Geschäfte geschlossen.

⑥ مع أن **vielleicht** تعني ربما إلا أنه يمكن فهمها في هذا السياق بالتخيير "إن أردت".

⑦ سنبدأ من الآن وصاعداً بالتعرف على أفعال كثيرة تتألف من جزأين، هما في الغالب فعل متصل بأحد أحرف الجر أو غيرها، يتم تصريف الفعل في المضارع كالمتعاد بينما يوضع الجزء الثاني من الفعل في آخر الجملة، وهذا يزيد كثيراً من إمكانيات الإشتقاق اللغوي والحصول على معانٍ جديدة، ففي حين **sehen** يعني "يرى"، فإن **ansehen** يعني "يتفرج على".

⑧ كما مر معنا فليس في الألمانية ضمائر متصلة، والضمير **euch** هو ضمير النصب "إياكم" أو الجر "لكم".

⑨ تفيد إضافة **s** لأيام الأسبوع التكرار، بحيث يغدو المقصود هذا اليوم أسبوعياً.

٥ – أوه، هذا يؤسفني. خذ بعض الحليب (إن رغبت).
(أوه، هذا يعمل لي ألم. خذ ربما شيئاً حليباً.)

٦ – لا، فأنا لا أشرب القهوة مع الحليب إطلاقاً.
(لا، أنا أشرب قهوة أبداً مع حليب.)

٧ ماذا سنفعل اليوم بعد الظهر؟
(ماذا نعمل نحن اليوم بعد الظهر؟)

٨ – هل تريدان التفرج على المدينة؟
(هل تريدون أنتم المدينة يتفرج؟)

٩ بإمكاني أن أُرِيَكُم المدينة القديمة.
(أنا أستطيع لكم المدينة القديمة يُظْهِر.)

١٠ – لا، فاليوم الخميس. نحن نذهب أيام الأحد فقط إلى المدينة.
(لا، اليوم يكون الخميس. نحن نذهب فقط الآحاد في المدينة.)

١١ – نعم، ولكنكما في إجازة.
(نعم، لكن أنتم تكونون في إجازة.)

١٢ – هذا لا يغير من الأمر شيئاً.
(هذا يغير لا شيء.)

١٣ فأنا أذهب إلى المدينة مع ماتيلده أيام الأحد وحسب،
(أنا أذهب مع ماتيلده فقط الآحاد في المدينة،)

١٤ إذ إن المتاجر مغلقة في أيام الأحد.
(لأن الآحاد تكون المتاجر مغلقة.)

⑩ في حين أن **nicht** تعني "لا"، فإن **nichts** تعني "العدم" أو "ولا أي شيء".

⑪ تفيد إضافة **s** إلى إسم أي يوم معنى التكرار الأسبوعي، أي كل أسبوع في هذا اليوم المذكور.

Übung 1: Verstehen Sie diese Sätze?

❶ **A**nne geht mit **i**hrer Schw**e**ster ins K**i**no. ❷ Ihr Freund Klaus kommt auch mit. ❸ Sie zeigt **i**hnen die **A**ltstadt. ❹ Gef**ä**llt euch die n**eu**e W**o**hnung? ❺ Habt ihr nur s**o**nntags Zeit? ❻ War**u**m kommt ihr nicht D**o**nnerstag**a**bend?

Übung 2: Setzen Sie die fehlenden Wörter ein!

❶ آنة تُري عمتها (خالتها) وعمها (خالها) المدينة القديمة.

Anne zeigt _____ Tante und _____ Onkel die Altstadt.

❷ القهوة لي، بينما الشاي لك.

Der Kaffee ist für ____, und der Tee ist für ____.

❸ سأذهب الخميس معهم إلى المدينة.

Am __________ gehe ich mit _____ in die Stadt.

❹ قل لي حضرتك، أتعجب سيارتي الجديدةُ حضرتَكَ؟

Sagen Sie, gefällt _____ mein neuer Wagen?

❺ أعندكم غداً وقت؟ فأنا أستطيع لقاءكم في الغد.

____ ihr morgen Zeit? Ich kann ____ morgen treffen.

Lösung 1: Haben Sie verstanden?

❶ (سوف) تذهب آنة إلى السينما مع أختها. ❷ صديقها كلاوس سيأتي (معهما) أيضاً. ❸ ستُريهم المدينة القديمة. ❹ أتعجبكم الشقة الجديدة؟ ❺ أعندكم وقت أيام الأحد فقط؟ ❻ لمَ لا تأتون الخميس مساءاً؟

❻ المحال التجارية مغلقة أيام الأحد.

Die Geschäfte sind ________ ____________ .

Lösung 2: Die fehlenden Wörter.

❶ ihrer – ihrem ❷ mich – dich ❸ Donnerstag – ihnen ❹ Ihnen ❺ Habt – euch ❻ sonntags geschlossen.

كما أن لكثير من الناس عاداتهم وطقوسهم الخاصة فإن متابعة التعلم بنفس الخطى ستجعل التحدث بالألمانية عادة تمارسها بكل يسر.

24. Lektion [فيرْ أُنْدْ تْسْڤانْتْسِگْسْتْ لِكْتْسْيُونْ]

Verstehen Sie das?

1 – Wann f**ä**hrt der n**ä**chste Zug nach M**ü**nchen, b**i**tte? ①

2 – In zehn Min**u**ten, Gleis f**ü**nfzehn.

3 – Das ist zu früh. ②

4 Ich muss noch m**ei**nem H**ü**ndchen W**a**sser geben. ③

5 – Das k**ö**nnen Sie doch im Zug m**a**chen.

6 – Unm**ö**glich! Das ist kein Tr**i**nkwasser. ④

7 – Dann k**ö**nnen Sie eine St**u**nde sp**ä**ter **a**bfahren, um 14 Uhr 27;

8 **a**ber da m**ü**ssen Sie in St**u**ttgart **u**msteigen.

9 – Nein, ich will nicht **u**msteigen. P**u**tzi vertr**ä**gt das nicht.

10 – G**e**ben Sie dem H**ü**ndchen doch **ei**ne Schl**a**ftabl**e**tte. ⑤

ANMERKUNGEN

① على العكس من العربية فإن الصفة تسبق الإسم الموصوف في الألمانية.

② ربما لاحظت أن إضافة **zu** تدل على الإمعان في الشيء، فهنا تعني "مبكرا للغاية".

③ مر معنا سابقاً أنه لصياغة الإسم المصغر من بعض الأسماء تضاف **...chen** للإسم، هنا تم ذلك وتم تغيير **u** إلى **ü**.

④ لنتذكر هنا كيفية تكوين مفرادات جديدة في الألمانية، وذلك بدمج أكثر من كلمة مع بعض، وأن أداة تعريف المفردات الجديدة هي أداة تعريف آخر كلمة يتألف منها.

⑤ المقصود من استخدام التصغير هنا هو السخرية، بمعنى كلبك المدلل.

الدرس الرابع والعشرون

أتفهم حضرتك هذا؟

١ - متى يغادر القطار التالي إلى ميونيخ، من فضلك؟
(متى يسافر التالي قطار نحو ميونيخ، رجاءاً؟)

٢ - بعد عشر دقائق، الرصيف خمسة عشر.
(في عشر دقائق، رصيف خمسة عشر.)

٣ - هذا وقت مبكر كثيراً.
(هذا يكون مبكراً جداً.)

٤ علي تقديم الماء لكُلَيْبي.
(أنا يجب بعدُ لي كُلَيْبي ماء يعطي.)

٥ - ولكن بإمكان حضرتكِ القيام بهذا في القطار.
(هذا تستطيع حضرتك أكيد في القطار يعمل.)

٦ - مستحيل! فهذا الماء ليس للشرب.
(غير ممكن! هذا يكون لا ماء شرب.)

٧ - إذن يمكن لحضرتكِ المغادرة بعد ساعة، في الساعة 14 والدقيقة 27؛
(إذن تستطيع حضرتك واحدة ساعة فيما بعد يغادر، حول 14 ساعة27؛)

٨ ولكن على حضرتكِ في هذه الحال تبديل القطار في شتوتغارت.
(لكن عندئذ يجب على حضرتك في شتوتغارت يغير القطار.)

٩ - لا، فأنا لا أريد تبديل القطار. ف بوتسي لا تستحمل هذا.
(لا، أنا أريد لا يغير القطار. بوتسي يحتمل هذا لا.)

١٠ - أعطِ حضرتكِ الكُلَيْبَ إذن حبة تنويم.
(أعطِ حضرتك للكُلَيْب إذن واحدة حبة نوم.)

11 – Was hat Ihnen denn mein Hund getan? ⑥

12 – Schon gut, schon gut. Dann nehmen Sie den Intercity… ⑦

13   Der fährt um 15 Uhr 20 ab

14   und kommt um 20 Uhr 45 in München an.

15 – Oh nein. Das ist zu spät.

16 – Wissen Sie was, ich gehe jetzt Mittag essen. ⑧

17   Kommen Sie, wenn Sie wollen, in einer Stunde wieder! ⑨

18 – Das haben wir gut gemacht, was Putzi? ⑩

19   Und der Schaffner weiß nicht einmal,

20   dass wir eigentlich nach Hamburg fahren! ⑪

⑥ تتم صياغة الماضي المركب من فعل مساعد، غالبا ما يكون فعل الملك haben ومن إسم المفعول للفعل الأساسي Partizip Perfekt !، والذي يوضع في آخر الجملة.

⑦ يتعلق الأمر هنا بنوع سريع جداً من القطارات التي لا تتوقف في كل المدن التي يمر عليها.

⑧ يستعمل فعل gehen في بعض الأحيان مثل الأفعال المساعدة، لذلك جاء الفعل الأساسي في آخر الجملة وفي المصدر.

١١ – ومالذي فعله كلبي لحضرتك؟
(ماذا يملك لحضرتك إذن لي كلب مفعول؟)

١٢ – حسناً، حسناً. إستقلي حضرتكِ إذن القطار السريع ...
(حسن جيد، حسن جيد. إذن خذ حضرتك الذي بين المدن...)

١٣ فهو ينطلق الساعة الثالثة بعد الظهر وعشرين دقيقة
(هو يسافر حول 15 الساعة 20 من)

١٤ ويصلِ عند الساعة الثامنة وخمس وأربعين دقيقة مساءاً إلى ميونيخ.
(و يأتي حول 20 ساعة 45 في ميونيخ عند.)

١٥ – لا، (لا أريد). سيكون هذا وقتاً متأخراً كثيراً.
(أوه لا. هذا يكون كثيراً متأخراً.)

١٦ – ليكن في معلوم حضرتكِ، أني سأذهب الآن لتناول الغداء.
(تعرف حضرتك شيئاً، أنا أذهب الآن ظهراً يأكل.)

١٧ تعالي حضرتكِ بعد ساعة إذا كنتِ تريدين!
(تعال حضرتك، إذا حضرتك تريد، في واحد ساعة مجدداً!)

١٨ – لقد أحسنا بعملنا هذا، أليس كذلك يا بوتسي؟
(هذا نملك نحن جيد مفعول، شيء بوتسي؟)

١٩ والمفتش لا يعرف أصلاً،
(و المفتش يعرف لا مرة واحدة،)

٢٠ أننا في الواقع سنتوجه إلى هامبورغ!
(أن نحن في الحقيقة نحو هامبورغ نسافر!)

⑨ تماثل هذه الصيغة ما يعرف بالعربية بالجملة الإعتراضية.

⑩ "بوتسي" عبارة عن صيغة تحبب وتودد.

⑪ تفيد **dass** معنى "أن" وتربط بين الجملة الرئيسية والثانوية، ويوضع فعل الجملة الثانوية في آخرها.

Übung 1: Verstehen Sie diese Sätze?

① Mein Zug fährt um s**e**chzehn Uhr ab. ② Ich muss in Fr**a**nkfurt **u**msteigen. ③ Der Zug aus Fr**a**nkfurt kommt um zwölf Uhr sechs an. ④ Sie sagt, dass sie nach M**ü**nchen fährt. ⑤ Woh**i**n w**o**llen Sie **ei**gentlich f**a**hren? ⑥ Um wie viel Uhr k**o**mmen Sie w**ie**der?

Übung 2: Setzen Sie die fehlenden Wörter ein!

❶ متى يغادر القطار باتجاه برلين؟ - يغادر في الساعة الثالثة وخمس وثلاثين دقيقة بعد الظهر.

… … … … … Berlin …? – Er … … … Uhr … ab.

❷ متى يصل إلى برلين؟ - يصل في الساعة العاشرة والدقيقة الخامسة عشرة ليلاً إلى برلين.

… kommt er … Berlin …? – Er kommt … 22 Uhr 15 … Berlin an.

❸ هل علي تبديل القطار؟ - كلا، لا يجب على حضرتك تبديل القطار.

… … …? – Nein, … … nicht umsteigen.

❹ إلى أين تود حضرتك السفر؟ - أود السفر إلى شتوتغارت.

… … … fahren? – Ich … … Stuttgart fahren.

❺ متى تريد حضرتك السفر؟ - أريد السفر غداً باكراً.

… … Sie …? – Ich will … … fahren.

Lösung 1: Haben Sie verstanden?

❶ قطاري (سوف) يغادر في الرابعة عصراً. ❷ علي تبديل القطار في فرانكفورت. ❸ (سوف) يصل القطار (القادم) من فرانكفورت في الثانية عشرة وست دقائق ظهراً. ❹ إنها تقول بأنها ستذهب إلى ميونيخ. ❺ إلى أين تريد حضرتك الذهاب في الواقع؟ ❻ في أي ساعة ستعود حضرتك؟

❻ هل ستسافر حضرتك لوحدك؟ - كلا، سأسافر مع إبني.

Fahren Sie _______ ? – Nein, ich _____ ___ ______ Sohn.

❼ في أي ساعة ستعود حضرتك؟ - سأعود في الثامنة (صباحاً).

__ ___ ____ Uhr kommen ___ ______ ? – Ich komme __ ____ Uhr zurück.

Lösung 2: Die fehlenden Wörter.

❶ Wann fährt der Zug nach – ab – fährt um fünfzehn – fünfunddreißig ❷ Wann – in – an – um – in ❸ Muss ich umsteigen – Sie müssen ❹ Wohin wollen Sie – will nach ❺ Wann wollen – fahren – morgen früh ❻ allein – fahre mit meinem ❼ Um wie viel – Sie zurück – um acht.

ستصبح صياغة الماضي باستخدام فعل مساعد وإسم المفعول من الآن وصاعداً عملية تلقائية. كما أننا بدأنا نعتاد على استخدام الأفعال التي تتألف من جزأين، ولننتبه ألا ننساها أثناء استخدامها في الكلام! فقد يعني هذا أننا لم نعبر عما نريد قوله بشكل صحيح.

25. Lektion [فِوْنْفْ أُنْدْ تْسْفَانْتْسِگْسْتِ لِكْتْسْيُونْ]

Ein wahrer Schatz ①

1 – Guten **A**bend, Li**e**bling! War**u**m bist du noch im Bett?

2 Bist du krank?

3 – Nein! Es geht mir sehr gut. **A**ber mein Kr**i**mi ist so sp**a**nnend. ②

4 Hol dir was zum **E**ssen aus dem K**ü**hlschrank, ja? ③

5 – Sag mal, weißt du, wie spät es ist? ④

6 – Nein, war**u**m?…

7 Hör mal, der M**ö**rder ist nicht der G**ä**rtner, s**o**ndern… ⑤ ⑥

8 – Was erz**ä**hlst du da?

ANMERKUNGEN

① عند وصف إسم غير محدد فإننا نضع النهاية الدالة على جنس الموصوف في آخر الصفة.

② تفيد إضافة **d** لمصدر الفعل في صياغة إسم الفاعل **Partizip Perfekt II**.

③ يستخدم حرف الجر **aus** أيضاً للدلالة على البلد أو المكان الذي يأتي شخص ما منه، ويأتي إسم المكان الذي يليه في حالة الجر **Dativ**.

④ لنتذكر هنا أنه توجد كيفيتان للسؤال عن الوقت:
Wie spät ist es? Wie viel Uhr ist es?

الدرس الخامس والعشرون

كنز حقيقي

١ – مساء الخير يا حبيبتي! لماذا مازلت بعدُ في السرير؟
(جيداً مساءاً، عزيزي! لماذا تكون أنت بعدُ في السرير؟)

٢ هل أنتِ مريضة؟
(تكون أنت مريضاً؟)

٣ – لا! فأنا في حالة جيدة للغاية. ولكن مسلسل الجريمة (الذي أتفرج عليه) مشوق جداً.
(كلا! هو يذهب لي كثيراً جيداً. لكن لي جريمة يكون هكذا مشوق.)

٤ إجلب شيئاً لتأكله من الثلاجة، أتسمع؟
(إجلب لك شيئاً للأكل من خزانة التبريد، نعم؟)

٥ – قولي لي، أتدرين كم الوقت الآن؟
(قل مرة، تعرف أنت، كم متأخر هو يكون؟)

٦ – لا، لماذا؟...
(لا، لماذا؟)

٧ انتبه، فالبستاني ليس القاتل، ولكن ...
(أنظر مرة، القاتل يكون لا البستاني، لكن...)

٨ – عم تتحدثين؟
(ماذا تتحدث أنت هنا؟)

⑤ هذا مطلع أغنية للمغني "راينهارد ماي"، أطلقها عام 1971، وهي محاكاة ساخرة للصور النمطية للشخصيات التي كانت تسيطر في الستينيات على أدب الجريمة **Krimi** في المسلسلات التلفزيونية مثل "إدغار والاس" و "أجاثا كريستي".

⑥ سنعود لاحقا للتعرف على كيفية استخدام كلمة **sondern**، والتي تعتبر من الجمل المعيارية المؤلفة من جملة أساسية وأخرى ملحقة.

9 – Ja,... und stell dir vor,
10 der Bruder ihres Mannes liebt sie auch... ⑦
11 – Du, es ist halb acht,
12 und wir erwarten 10 Personen zum Abendessen!
13 – Was sagst du da? Um Gottes willen, ist heute der Dreizehnte? ⑧ ⑨
14 – Ja, Freitag, der dreizehnte Januar.
15 – Mein Gott, was sollen wir bloß machen?
16 – Das, was wir immer machen, mein Schatz.
17 Ich reserviere einen Tisch im Restaurant,
18 und du ziehst dich inzwischen an, nicht wahr? ⑩

⑦ هذه هي صيغة المضاف والمضاف إليه، حيث تتغير كل من أداة التعريف ونهاية الإسم المضاف إليه في حالتي المذكر والحيادي بإضافة s أو es، بينما يبقى الإسم المؤنث والمجموع على حالهما، سنعرض ذلك في التفصيل في وقت لاحق.

⑧ معروف أن كثيراً من الأوربيين يتشاءمون من يوم الجمعة عندما يصادف الثالث عشر من الشهر.

٩ - نعم،... وتخيل،
(نعم،... وتخيل،)

١٠ فأخو زوجها يعشقها أيضاً...
(الأخ لزوجها يحب هي أيضاً...)

١١ - أنتِ، إنها السابعة والنصف،
(أنتَ، هو يكون نصف ثمانية،)

١٢ وسيأتينا عشرة أشخاص لتناول العشاء!
(و نحن نتوقع عشرة أشخاص إلى طعام العشاء!)

١٣ - ماذا تقول؟ بحق الله، اليوم هو الثالث عشر (في الشهر)؟
(ماذا تقول أنت هنا؟ حول إرادة الرب، أيكون اليوم الثالث عشر؟)

١٤ - نعم، الجمعة الثالث عشر من يناير/ كانون الثاني.
(نعم، الجمعة، الثالث عشر يناير/ كانون الثاني.)

١٥ - يا إلهي، ومالذي علينا أن نفعله يا تُرى؟
(لي إله، ماذا ينبغي نحن فقط نعمل؟)

١٦ - الذي نفعله على الدوام، يا حبيبتي.
(هذا، ماذا نحن دائماً نعمل، لي كنز.)

١٧ سأحجز طاولة في المطعم،
(أنا أحجز واحدة طاولة في المطعم،)

١٨ بينما ترتدين ملابسك، أليس كذلك؟
(وأنتِ تلبسين بين ذلك، أليس حقاً؟)

⑨ يتم الإستغناء عن ذكر الموصوف والإكتفاء باستخدام الصفة فقط وكأنها إسم إذا كان السياق يدل على الإسم الموصوف، فهنا تم حذف كلمة **Tag** وكتبت **Dreizehnte** بحرف كبير وعوملت معاملة الإسم، كما كتبت كلمة **dreizehnte** هنا بحرف صغير لأنها وردت كصفة ولأنه تم ذكر الموصوف.

⑩ ثمة بعض الأفعال في الألمانية التي تحتاج لضمير منعكس، لأن الفعل يعود على الفاعل نفسه، فالمعنى المفهوم في حالة هذه الجملة هو "تلبس نفسك الملابس"، مع الإنتباه إلى أن الفعل مؤلف من جزأين أيضاً.

Übung 1: Verstehen Sie diese Sätze?

① St**e**llen Sie sich vor, mein Br**u**der liebt **I**hre Schw**e**ster. ② **A**nne bleibt h**eu**te im Bett, denn sie ist krank. ③ Ich h**o**le mir was zum Tr**i**nken aus dem K**ü**hlschrank. ④ H**eu**te ist D**o**nnerstag, der **e**lfte S**e**ptember. ⑤ Sie erw**a**rten h**eu**te **A**bend v**ie**le G**ä**ste.

Übung 2: Setzen Sie die fehlenden Wörter ein!

❶ اليوم هو الخميس، العاشر من أكتوبر/ تشرين الأول.

Heute ist ...., der .... Oktober.

❷ زوجة أخي تدعى (ختنه) زوجة أخي.

Die Frau .... Bruders ist .... Schwägerin.

❸ زوج أختي يدعى صهري.

Der Mann .... Schwester ist .... Schwager.

❹ والدك رجل وسيم.

.... Vater ist ein .... Mann.

26. Lektion [زِكْسْ أُنْدْ تْسْڤَانْتْسِگْسْتِ لِكْتْسْيُونْ]

Der Hausmeister

1 – Sieh mal! ① ②

ANMERKUNGEN

① هذه هي صيغة الأمر من فعل **sehen**، وكما ذكرنا سابقاً فإن الجملة تنتهي بإشارة التعجب.

Lösung 1: Haben Sie verstanden?

❶ تخيل حضرتك، فإن أخي يحب أختك. ❷ (سوفٍ) تبقى آنة اليوم في السرير، كونها مريضة. ❸ سأجلب شيئاً ما من الثلاجة لأشربه. ❹ اليوم هو الخميس، (الواقعٍ في) الحادي عشر من سبتمبر/ أيلول. ❺ سيأتيهم اليوم مساءاً العديد من الضيوف.

❺ (سوف) نحجز طاولة في المطعم.

Wir reservieren ▢▢▢▢▢ Tisch ▢▢ Restaurant.

❻ حبيبتي، إرتدي ملابسك بسرعة، فأنا أنتظر منذ ساعة.

Mein ▢▢▢▢▢▢, zieh ▢▢▢▢ schnell an; ich warte schon eine ▢▢▢▢▢▢.

Lösung 2: Die fehlenden Wörter.

❶ Sonntag – zehnte ❷ meines – meine ❸ meiner – mein ❹ Dein – schöner ❺ einen – im ❻ Schatz – dich – Stunde.

تخيل معي أن يكون تعلم الألمانية مشوقاً كما هي الحال مع المسلسلات التلفزيونية في أدب الجريمة (**Krimi**) بحيث ينسى المرء نفسه! أتمنى أن تصل إلى هذه الدرجة وسترى النتيجة بسرعة، وأنك قادر على الخروج من أي ورطة لغوية مهما كانت!

الدرس السادس والعشرون

بواب العمارة

١ - أنظر!
(أنظر مرة!)

② تفيد إضافة كلمة **mal** هنا تخفيف حدة الأمر بحيث يصبح معنى الجملة "أنظر يا هذا!"

2 Dort **o**ben sitzt **ei**ne kl**ei**ne K**a**tze auf dem Gar**a**gendach.

3 – Die kann all**ei**n nicht mehr r**u**nter. ③ ④

4 – Komm, wir h**e**lfen ihr! ⑤

5 – Hast du sie?

6 – Ja, sie z**i**ttert am g**a**nzen Leib und ist ganz m**a**ger.

7 – Wem kann die wohl geh**ö**ren? ⑥

8 – Wahrsch**ei**nlich n**ie**mandem. ⑦

9 – Weißt du was, wir n**e**hmen sie mit nach H**au**se!

10 – W**a**rte! Pass auf!

11 Dort steht der H**au**smeister vor der Tür; der mag k**ei**ne K**a**tzen.

12 – Ach, der sieht uns nicht. Der ist mit den M**ü**lleimern besch**ä**ftigt. ⑧

AUSSPRACHE

[8 ڤارْشايْنْلِشْ]

③ أي إن القطة لا تستطيع النزول دون مساعدة خارجة عنها.

④ ثمة فعل مضمر تم حذفه في الجملة من قبيل **gehen** على سبيل المثال، ليصبح تقدير المعنى مركباً من فعل **gehen** مع جزء آخر **runter**، ليدل الفعل المركب من الجزأين **runtergehen** على الذهاب إلى الأسفل، أي النزول.

⑤ ثمة في الألمانية بعض الأفعال التي يأتي "مفعولها" في حالة الجر، وفعل يساعد **helfen** منها، قد يقرب مثال فعل يشكر **danken** للفهم، ففي العربية يمكنك قول أشكرك وأشكر لك، بينما في الألمانية أشكر لك فقط.

⑥ يمكن السؤال باستخدام **wem** في حالة يحتاج الفعل "مفعولا" مجروراً، وهي تعني تقريباً "لمن".

٢ هناك في الأعلى (تجلس) قطة صغيرة على سطح المرآب.
(هناك فوق تجلس واحدة صغيرة قطة على سقف المرآب.)

٣ - وهي لم يعد بإمكانها النزول لوحدها للأسفل.
(إنها تستطيع وحدها لا بعدُ للأسفل.)

٤ - دعونا نساعدها!
(تعالَ، نحن نساعد لها!)

٥ - هل أمسكت بها؟
(تملك أنت إياها؟)

٦ - نعم، إن جسمها يرتجف بالكلية وقد نحلت كثيراً.
(نعم، هي ترتجف على كامل الجسد وتكون كاملاً نحيلة.)

٧ - لمن تعود (ملكيتها) يا تُرى؟
(لمن يمكن هي عساها تخص؟)

٨ - ربما لا لأحد.
(ربما لا أحد.)

٩ - ما رأيك بأن نأخذها إلى المنزل!
(أتعرف أنت شيئاً، نحن نأخذ إياها مع نحو البيت.)

١٠ - إنتظر! إنتبه!
(إنتظر! إنتبه!)

١١ هناك أمام البوابة يقف بواب العمارة؛ وهو لا يحب القطط.
(هناك يقف بواب العمارة أمام الباب؛ إنه يحب ولا قطط.)

١٢ - لاعليك، فهو لا يرانا. فهو منشغل بصناديق القمامة.
(آخ، إنه يرى إيانا لا. إنه يكون مع براميل القمامة مشغول.)

⑦ تعني **niemandem** "لا لأحد"، وهي عكس **jemandem** "لأحد".

⑧ أداة تعريف المجرور في حالة الجمع هي **den**، كما تضاف **n** للإسم المجرور.

الدرس السادس والعشرون

13 – Warte lieber! Ich gehe zu ihm und frage ihn etwas, ⑨

14 und du gehst inzwischen schnell rein. ⑩

15 – Zu spät! Er hat uns schon gesehen...

16 – Jungens, denkt bloß nicht, dass das Vieh ins Haus kommt...

DER HAUSMEISTER MAG KEINE KATZEN

Übung 1: Verstehen Sie diese Sätze?

❶ Er geht zu ihm und fragt ihn, wie er heißt. ❷ Wo ist dein Schlüssel? – Ich habe ihn in meiner Tasche. ❸ Der Hausmeister mag keine Katzen. ❹ Die kleine Katze sitzt auf dem Mülleimer. ❺ Gehört die Tasche Frau Meier? – Ja, sie gehört ihr.

Übung 2: Setzen Sie die fehlenden Wörter ein!

❶ لمن هذه الكتب؟ - هي للأطفال.

▦▦▦ gehören diese Bücher? – Sie gehören ▦▦▦ ▦▦▦▦▦▦▦.

❷ هناك يقف بواب العمارة. سنسأله.

Dort ▦▦▦▦▦ der Hausmeister. Wir fragen ▦▦▦.

١٣ - الأفضل أن تنتظر! سأذهب إليه وأسأله شيئاً،
(إنتظر أفضل! أنا أذهب إليه وأسأل إياه شيئاً،)

١٤ وفي هذه الأثناء تدخل بسرعة.
(وأنت تذهب في البينين بسرعة الداخل.)

١٥ - فات الأوان! فقد رآنا ...
(كثير متأخر! هو يملك إيانا في الواقع رآنا...)

١٦ - أيها الفتيان، لا تراودكما فكرة أن يدخل هذا الحيوان المنزل مجرد مراودة...
(يا شباب، فكروا فقط لا، أن الحيوان في المنزل يأتي...)

⑨ ضمير الغائب المذكر في حالة الجر هو **ihm**، وقد تأتي بمعنى له أو إليه في العربية.

⑩ لدينا هنا فعل **gehen** مع جزء آخر **rein**، ليدل الفعل المركب من الجزأين **reingehen** على الذهاب إلى الداخل، أي الدخول.

Lösung 1: Haben Sie verstanden?

❶ يذهب إليه ويسأله ما اسمه. ❷ أين مفتاحك؟ - إنه في جيبي. ❸ بواب العمارة لا يحب القطط. ❹ القطة الصغيرة تجلس على حاوية الزبالة. ❺ أتعود (ملكية) الحقيبة للسيدة ماير؟ - نعم، هي لها.

❸ لدى أمي أشغال كثيرة. (س) نساعدها.

Meine Mutter hat ____ Arbeit. Wir helfen ____ .

❹ الرجل المسن جالس ونائم على المقعد.

Der alte Mann ____ auf der Bank und ____ .

❺ أين (تقف) زجاجات الخمر؟ - في المطبخ.

___ ___ die Weinflaschen? – In ___ Küche.

❻ أين (توجد) الجرائد؟ - على الطاولة.

___ ___ die Zeitungen? – Auf ___ Tisch.

27. Lektion [زِيبِنْ أُنْدْ تْسْڤانْتْسِگْسْتْ لِكْتْسْيُونْ]

Wer soll das bezahlen? ①

1 – Trink dein Glas aus! Wir m**ü**ssen g**e**hen! ②

2 – Du, P**e**ter, ich h**a**be **i**mmer noch H**u**nger...

3 – Das gibt's doch nicht! ③

4 Gem**ü**sesuppe, W**ie**ner Schn**i**tzel mit P**o**mmes fr**i**tes ④ ⑤

5 und Sal**a**t und, als N**a**chtisch, Eis mit Schl**a**gsahne,

6 und du bist **i**mmer noch nicht satt?

7 Sag mal, hast du viell**ei**cht **ei**nen B**a**ndwurm?

ANMERKUNGEN

① غالباً ما تفيد إضافة **be** لبعض الأفعال أنها متعدية لمفعول مباشر.

② في حين يعني فعل **trinken** "يشرب"، يعني فعل **austrinken** "شرب للآخر".

③ ذكرنا سابقاً أن جملة **es gibt** تعني "يوجد"، فيعطي نفي هذه الجملة وتأكيد النفي بواسطة **doch** معنى "مستحيل".

④ لنتذكر هنا أن إسم النسبة لمدينة أو بلد ما يشتق من إسمها مضافاً إليه **er** وبكتابته بحرف كبير.

Lösung 2: Die fehlenden Wörter.

❶ Wem – den Kindern ❷ steht – ihn ❸ viel – ihr ❹ sitzt – schläft ❺ Wo stehen – der ❻ Wo liegen – dem.

تعلمنا في هذا الدرس بعض الأفعال شائعة الإستعمال في الألمانية، والتي تدل على الجلوس والوقوف والإستلقاء، واستخدامها يتطلب دقة غير معروفة في العربية، لأنها تراعي الفرق بين الفعل أثناء حدوثه وبعد انتهائه، فيأخذ حالة النصب أثناء حدوثه وحالة الجر بعد حدوثه.

الدرس السابع والعشرون

من الذي يجب أن يدفع الثمن؟

١ – أَنْهِ شرب كأسك! علينا أن نذهب!
(إشرب لك كأساً فارغ! نحن يجب نذهب!)

٢ – أنت، بيتر، أنا ما زلت جائعة ...
(أنت، بيتر، أنا أملك دائماً بعدُ جوعاً...)

٣ – هذا مستحيل!
(هذا يوجد فعلاً لا!)

٤ حساء الخضار، شريحة فييناوية مع رقائق البطاطا
(حساء الخضار، فييناوية شرائح مع بطاطا مقلية)

٥ والسلطة وثم أنهيتيها بالتحلي بالآيس كريم (البوظة) مع القشطة،
(والسلطة و، كتحلية، جليد مع كريمة مضروبة،)

٦ ومع كل ذلك لم تشبعي بعد؟
(وأنت تكون دائماً بعدُ لا شبعان؟)

٧ صارحيني، ربما عندك دودة شريطية؟
(قل مرة، تملك أنت ربما واحدة دودة شريطية؟)

⑤ تعد **Schnitzel** من أشهر الوجبات الفييناوية، ويتم تحضيرها بإكساء شرائح اللحم طبقة من البيض والطحين وفتات الخبز المقرمش، ثم قليها بالزيت المحمى.

8 – Rede keinen Unsinn!
9 Bestell für mich noch ein Stück Apfelkuchen, ja?
10 Ich gehe inzwischen auf die Toilette.
11 – Fräulein, bringen Sie uns bitte noch ein Stück Apfelkuchen ⑥
12 und die Rechnung!
13 – Zahlen Sie zusammen oder getrennt? ⑦ ⑧
14 – Zusammen, bitte!
15 – Das macht 63 (dreiundsechzig) Mark/Euro 10 (zehn). ⑨
16 – Hier bitte, 65 (fünfundsechzig) Mark/Euro. Stimmt so, danke!
17 Mein Gott, ist das teuer.
18 Ich glaube, ich suche mir eine Freundin,
19 die auf Kalorien achtet! ⑩ ⑪

⑥ مرت معنا uns إلى الآن في حالة النصب بمعنى "إيانا"، وهنا هي في حالة الجر وبمعنى "لنا".

⑦ getrennt هي إسم المفعول من فعل trennen، بمعنى فصل، وقد ورد هنا بما يشابه الحال في العربية.

⑧ طبعاً هذا الأمر مرتبط بعادات المجتمع الألماني بأن كل شخص يدفع ثمن ما استهلكه إلا في بعض الحالات عندما تكون ثمة دعوة أو عشاء عمل...

⑨ تم في هذا الدرس وفي مواضع أخرى من الكتاب ذكر المارك الألماني، وهو العملة التي كانت معتمدة في ألمانيا قبل عام 2001، منذ عام 2001 تم اعتماد اليورو كعملة موحدة في جميع دول الإتحاد الأوروبي.

⑩ التهكم واضح بأن الهدف هو تخفيف السعرات الحرارية كي لا يكلفه الطعام مثل هذا المبلغ الطائل.

٨ - كُفَّ عن الهراء!
(تحدث ولا هراء!)

٩ أُطْلُبْ لي قطعة أخرى من فطيرة التفاح، إتفقنا؟
(أطلب لأجل إياي أيضاً واحدة قطعة فطيرة تفاح، نعم؟)

١٠ سأذهب في هذه الأثناء إلى المرحاض.
(أنا أذهب خلال ذلك على المرحاض.)

١١ - يا آنسة، أحضري لنا من فضل حضرتِكِ قطعة أخرى من فطيرة التفاح
(آنسة، أحضري حضرتك لنا رجاءاً بعدُ واحداً قطعة فطيرة تفاح)

١٢ والفاتورة!
(والفاتورة!)

١٣ - ستدفعان سويةً أم كل على حدة؟
(تدفعان حضرتكما معاً أو منفصل؟)

١٤ - معاً، من فضلك!
(معاً، رجاءاً!)

١٥ - هذا يساوي ثلاثة وستين يورو وعشرة سنتات.
(هذا يعمل ثلاثة وستين يورو عشرة.)

١٦ - هنا، تفضلي، خمسة وستين يورو. الباقي لك، شكراً!
(هنا رجاءاً، خمسة وستين يورو. صحيح هكذا، شكراً!)

١٧ يا إلهي، هذا أمر مكلف.
(لي إله، يكون هذا غالياً.)

١٨ أظن أني سأبحث عن صديقة،
(أنا أعتقد، أنا أبحث لي صديقة،)

١٩ تهتم بالسعرات الحرارية!
(التي على السعرات الحرارية تنتبه!)

⑪ يمكن القول بأنه ثمة أفعال في الألمانية تتعدى بواسطة أحرف جر، ففعل **achten** الذي يعني "يراعي"، يتعدى بحرف الجر **auf** الذي يعني "على"، ليصبح معناه "يهتم بـ".

Übung 1: Verstehen Sie diese Sätze?

❶ Er bes**te**llt **ei**nen **A**pfelkuchen mit Schl**a**gsahne. ❷ R**e**det nicht so viel **U**nsinn! ❸ Wo sind b**i**tte die Toil**e**tten? – Die **e**rste Tür rechts. ❹ Der **O**ber bringt **i**hnen ein Schn**i**tzel und **ei**nen Sal**a**t. ❺ **A**chten Sie auf **I**hre **Au**ssprache?

Übung 2: Setzen Sie die fehlenden Wörter ein!

❶ أجلب لي حضرتك فاتورة الحساب من فضلك!

Bringen Sie ___ bitte die ________!

❷ ليس لديه سيارة؟ هذا غير معقول!

Er hat ____ Auto? Das ____'_. doch nicht!

❸ أود (الحصول على) شامبانيا! - غير ممكن! ومن الذي سيدفع هذا؟

Ich ______ Champagner! – _________! Wer ____ denn das ________?

❹ ثمن هذا (يساوي) ثمانية عشر يورو وستون سنتاً. - تفضل، هذه عشرون يورو. دع الباقي لك! شكراً!

Das _____ 18 Euro und 60 Cent. – Hier, 20 Euro. ______ so, danke!

❺ أستدفع حضرتك كامل الحساب؟

______ Sie alles ________?

> تعلمنا في هذا الدرس أنه توجد في الألمانية أفعال يتغير معناها بالكامل إذا تمت تعديتها بأحد حروف الجر، وهذا يعني أنه علينا حفظ هذه الأفعال مع هذه الأحرف.

Lösung 1: Haben Sie verstanden?

① هو يطلُبُ فطيرة تفاح مع قشطة مضروبة. ② كفوا عن كل هذا الهراء! ③ أين هي المراحيض من فضلك؟ - الباب الأول على اليمين. ④ يجلب النادل لهم شريحة لحم وسلطة. ⑤ تنبه حضرتك إلى طريقة نطقك؟

⑥
أيجوز لي تناول قطعة أخرى من الحلوى؟

▨▨▨▨ ich noch ein ▨▨▨▨ Kuchen essen?

Lösung 2: Die fehlenden Wörter.

① mir – Rechnung ② kein – gibt's ③ möchte – Unmöglich – soll – bezahlen ④ macht – Stimmt ⑤ Zahlen – zusammen ⑥ Darf – Stück.

البقشيش

كما هي الحال في العديد من البلدان الأخرى فإن البقشيش يعتبر في ألمانيا أيضاً مبلغاً يدفع طوعياً للتعبير عن الإرتياح للخدمة المقدمة، من المعتاد في ألمانيا عند زيارة مقهى أو مطعم منح الخدمة بقشيشاً بقيمة 5-10 في المئة، يضاف هذا المبلغ النسبي إلى إجمالي الفاتورة، كما أنه من المعتاد البوح بالمبلغ الإجمالي شفوياً للنادل، وإذا كان المبلغ مناسباً فيقال: "Stimmt so" أي "هذا الحساب مضبوط"، أما إذا لم يكن المبلغ مناسباً فيتم عندئذ ذكر المبلغ مضافاً إليه البقشيش ليحصل بالتالي على بقية المبلغ مرفقة بالعادة بـ "Danke schön" أي "شكرا جزيلاً".

28. Lektion [أُخْتْ أُنْدْ تْسْڤَانْتْسِگْسْتْ لِكْتْسْيُونْ]

Wiederholung und Anmerkungen

Die vier Fälle im Deutschen:

الحالات الإعرابية الأربعة في الألمانية:

- صار بإمكاننا الآن التوسع بالجدول الذي مر معنا سابقاً وتناول حالات الرفع والنصب والجر، ليشمل حالة اللإضافة أيضاً، فالجدول التالي يبين أدوات التعريف والتنكير مع التغيرات التي تطرأ عليها في كل الحالات الإعرابية الممكنة: المرفوع **Nominativ** والمنصوب **Akkusativ** والمجرور **Dativ** والمضاف إليه **Genitiv**، بالطبع ليس من الممكن ولا حتى الضروري فهم هذا الجدول وحفظه عن ظهر قلب، ولكن يمكن الرجوع إليه كلما تقدم المتعلم في دروسه لمعرفة كيفية تطبيق هذه القواعد، وستأتي عملية الحفظ والإستخدام التلقائي مع الوقت:

	Nominativ الرفع		**Akkusativ** النصب		**Dativ** الجر		**Genitiv** الإضافة	
Maskulinum المذكر	der	ein	den	einen	dem	einem	des	eines
Femininum المؤنث	die	eine	die	eine	der	einer	der	einer
Neutrum الحيادي	das	ein	das	ein	dem	einem	des	eines
Plural الجمع	die		die		den + n		der	

Im Folgenden einige Beispiele zu den Fällen im Deutschen:

فيما يلي بعض الأمثلة التي توضح هذه الحالات:

Nominativ:

der / ein Mann	die / eine Frau	das / ein Kind

Akkusativ:

den / einen Mann	die / eine Frau	das / ein Kind

الدرس الثامن والعشرون

Dativ:

dem / einem Mann   der / einer Frau   dem / einem Kind

Genitiv:

des / eines Mannes   der / einer Frau   des / eines Kindes

- أجب عن الأسئلة التالية، لمراجعة الأجوبة الصحيحة أنظر آخر الدرس:

a) Was gibt das Kind der Mutter?
▒▒▒ ▒▒▒▒▒▒▒.

Wem gibt die Mutter einen Kuss?
▒▒▒ ▒▒▒▒▒▒▒ ▒▒▒▒▒▒▒.

Wer gibt der Mutter den Koffer?
▒▒▒ ▒▒▒▒.

Wem gibt die Mutter den Koffer?
▒▒▒ ▒▒▒▒▒.

Wen gibt der Vater der Mutter?
▒▒▒ ▒▒▒▒▒▒▒.

- وفيما يلي بعض الأمثلة التي توضح الحالات المتباينة للمذكر والمؤنث والحيادي:

Nominativ: die Männer / Frauen / Kinder
Akkusativ: die Männer / Frauen / Kinder
Dativ: den Männern / Frauen / Kindern
Genitiv: der Männer / Frauen / Kinder

- مطلوب فيما يلي إتمام الجمل التالية:

b) Die Bücher gehören ▒▒▒ ▒▒▒▒▒▒▒.
   Aber die Mütter ▒▒▒ ▒▒▒▒▒▒ mögen sie nicht.
   Die Kinder erzählen ▒▒▒ ▒▒▒▒▒▒ die Geschichte,
   aber die Geschichte interessiert ▒▒▒ ▒▒▒▒▒ nicht.

Nominativ:					
ich	du	er / sie / es	wir	ihr	sie / Sie
Akkusativ:					
mich	dich	ihn / sie / es	uns	euch	sie / Sie
Dativ:					
mir	dir	ihm / ihr / ihm	uns	euch	ihnen / Ihnen

29. Lektion [نُوينْ أُنْدْ تْسْڤانْتْسِگْسْتِ لِكْتْسْيَونْ]

Ein Brief

1 Berl**i**n, den 23. J**a**nuar ①

2 Sehr ge**e**hrte D**a**men und H**e**rren! ②

3 **I**hre **A**nzeige in der "Berl**i**ner M**o**rgenpost" vom 18. J**a**nuar ③

4 interess**ie**rt mich sehr. ④

AUSSPRACHE

[**1** برلينْ، دِينْ دْرايْ أُنْدْ تْسْڤانْتْسِگْسْتِنْ يانْوَارْ ... **3** آنْتْسايْگِهْ ... **4** إنْتِرِسّيرْتْ...]

ANMERKUNGEN

① يمكن مقارنة ظرف الزمان في الألمانية بمثيله في العربية بأن كليهما منصوبان، ولذلك وضعت أداة تعريف اليوم **der** في حالة النصب **den** للدلالة عليه، لننتبه إلى أن لشهر كانون الثاني/يناير إسماً آخرَ وهو **Jänner**.

② هذه هي البداية المعهودة للرسالة عندما لا يكون المرسل إليه معلوماً أو محدداً بالنسبة لنا، أما إذا كان المرسل إليه سيدة فتكون الصيغة **Sehr geehrte Frau...**، وعندما يكون رجلا فستكون الصيغة **Sehr geehrter Herr...**.

Lösungen zu Übungen a) und b)
a) - den Koffer; - der kleinen Tochter; - das Kind; - dem Vater; - die Tochter.
b) - den Kindern; - der Kinder; - den Vätern; - die Väter.

الدرس التاسع والعشرون

رسالة

١   برلين، الواقع في الثالث والعشرين من يناير/ كانون الثاني
(برلين، الثالث والعشرين يناير/ كانون الثاني)

٢   السيدات والسادة المحترمون!
(كثيراً محترمون السيدات والسادة!)

٣   إعلان حضرتكم في (جريدة) "بريد الصباح البرلينية" ليوم الثامن عشر من يناير/ كانون الثاني
(لحضرتكم الإعلان في البريد الصباحي البرلينية من الثامن عشر يناير/ كانون الثاني)

٤   أثار انتباهي بشدة.
(يهم إياي كثيراً.)

③ تم هنا إدماج حرف الجر von مع أداة تعريف المذكر المجرور dem، لتكون النتيجة vom.

④ تعدى فعل interessieren هنا للمفعول mich، ولنتذكر أنه توجد صيغة لهذا الفعل مع الضمير المنعكس الشخصي، فتكون الجملة Ich interessiere mich für... ومعناها "أنا أهتم بـ".

5 Ich glaube, ich bin genau das, was Sie suchen: ein Zirkusprofi! ⑤

6 Ich bin 30 Jahre alt, groß und sportlich.

7 Ich bin ledig und habe keine Kinder.

8 Ich bin also frei und unabhängig ⑥

9 und kann so viel reisen wie es nötig ist.

10 Ich kann eine Stunde lang auf dem Kopf stehen

11 und Goethes "Faust" auswendig aufsagen. ⑦ ⑧

12 (Man kann mich dabei sogar an den Fußsohlen kitzeln.) ⑨ ⑩

13 Das ist meine beste Nummer. ⑪

14 Noch einige kleine Fragen:

15 Was für ein Gehalt bieten Sie?

⑤ لاحظ هنا طريقة ترتيب أكثر من جملة الواحدة تلو الأخرى باستخدام الفاصلة (،) فقط!

⑥ ذكرنا سابقاً أنه يمكن نفي كثير من الصفات باستخدام **nicht** أو بإضافة **un...** في بداية الصفة.

⑦ هذه طريقة أخرى لصياغة المضاف إليه والمضاف، إذ تتم إضافة **s** للمضاف إليه وتقديمه على المضاف، وهي غالباً ما تستخدم مع أسماء العَلَم.

⑧ هو أحد أشهر أدباء وشعراء ألمانيا، عاش بين 1749 و1832، ترك إرثاً أدبياً وثقافياً ضخماً للمكتبة الألمانية والعالمية، وكان له أثر كبير في الحياة الشعرية والأدبية والفلسفية، وقد حفظ التاريخ الأدبي أعماله الخالدة وتعد "فاوست" من أشهرها ومن أكثر الأعمال استيحاءاً في اللغة الألمانية.

⑨ تستخدم **sogar** للتنبيه على أمر قد لا يكون متوقعاً أو للمبالغة في إظهار أهميته.

⑩ تفيد إضافة **da...** قبل حرف الجر الإستغناء عن ذكر أمر سبق ذكره أو يمكن فهمه عادة من السياق.

٥ فأنا أظن أني تماماً ما تبحثون (حضراتكم) عنه: محترف سيرك!
(أنا أعتقد، أنا أكون تماماً هذا، ماذا حضرتك تبحث: واحد حِرَفِيّ سيرك!)

٦ (أنا) عمري ثلاثون سنة، طويل ورياضي.
(أنا أكون ثلاثين سنة عمر، كبير و رياضي.)

٧ أنا عَزَبٌ وليس لدي أطفال.
(أنا أكون عزب وأملك ولا أطفال.)

٨ فأنا بذلك مستقل وليس لدي إرتباطات
(أنا أكون إذن حراً ومستقلاً)

٩ ويمكنني السفر بقدر ما كان ذلك ضروريا.
(و أستطيع هكذا كثيراً يسافر كما هو ضروري يكون.)

١٠ أستطيع الوقوف لمدة ساعة على الرأس
(أنا أستطيع واحدة ساعة طولا على الرأس يقف)

١١ وأن أنشد "فاوست" لغوته عن ظهر قلب.
(و غوته "فاوست" على الغائب ينشد.)

١٢ (يمكن للمرء أثناءها حتى أن يدغدغ باطن قدمَيَّ.)
(مرء يستطيع إياي عندها حتى عند بطون أقدامي يدغدغ.)

١٣ هذا هو عرضي المفضل.
(هذا يكون لي أفضل رقم.)

١٤ وهناك بضعة أسئلة بسيطة:
(أيضاً بضعة صغيرة أسئلة:)

١٥ ما هو المرتب الذي تعرضونه (حضراتكم)؟
(ماذا لأجل واحد مرتب تعرض حضرتك؟)

⑪ هذه هي صيغة "الأفعل" من إسم التفضيل لكلمة "جيد"، فيكون المعنى "الأجود"، ويسمى **Superlativ**.

16 (Ich verdiene zurzeit 1.780
17 (tausendsiebenhundertachtzig) D-Mark/ Euro monatlich.) ⑫
18 Und ab wann ist die Stelle frei? ⑬
19 Ich hoffe auf eine baldige Antwort und verbleibe
20 mit freundlichen Grüßen
21 Peter Frisch

⑫ لنتذكر هنا أن ترتيب قراءة الأرقام في الألمانية مماثل لقراءتها في العربية.
⑬ تفيد **ab** كنقطة انطلاق زمنية أو مكانية.

Übung 1: Verstehen Sie diese Sätze?

❶ Sie glauben, ich bin genau das, was sie brauchen. ❷ Meine Tochter ist drei Jahre alt. ❸ Deine Arbeit interessiert mich sehr. ❹ Er kann so viel reden, wie er will. Ich glaube ihm nicht. ❺ In dieser Firma hat sie ein sehr gutes Gehalt. ❻ Mein Bruder kann essen und dabei sprechen.

Übung 2: Setzen Sie die fehlenden Wörter ein!

❶ الإعلانات في الصحيفة تهمه/ تهمها كثيراً.

Die Anzeigen in ▮▮▮ Zeitung interessieren ▮▮▮ sehr.

❷ هي عزباء ومستقلة.

Sie ist ▮▮▮▮▮ und ▮▮▮▮▮▮▮▮▮.

❸ إنه يتقاضى ألفاً وخمسَمئة يورو شهرياً.

Er ▮▮▮▮▮▮ 1500 Euro ▮▮▮▮▮▮▮.

١٦ (فأنا أتقاضى حالياً ألفاً وسبعَمئةٍ وثمانين يورو
(أنا أقبض في الوقت الحالي ألفاً وسبعَمئةٍ وثمانين)

١٧ (ألفاً وسبعَمئةٍ وثمانين) يورو شهرياً).
((ألفاً وسبعَمئةٍ وثمانين) يورو شهرياً).

١٨ واعتباراً من متى (سوف) تكون الوظيفة شاغرة؟
(و اعتباراً متى تكون الوظيفة حرة؟)

١٩ آمل أن أسمع (منكم) رداً في القريب، لحينها
(أنا آمل على واحد قريب جواب وأبقى)

٢٠ مع خالص تحياتي
(مع لطيفة سلامات)

٢١ بيتر فريش
(بيتر فريش)

Lösung 1: Haben Sie verstanden?

❶ إنهم يعتقدون أني ما يحتاجون إليه بالضبط. ❷ عمر إبنتي ثلاث سنوات. ❸ عملك يهمني كثيراً. ❹ فليقلْ ما يريد. فأنا لن أصدقه. ❺ إنها تتقاضى في هذه الشركة مرتباً جيداً للغاية. ❻ يستطيع أخي أن يأكل وأن يتحدث أثناء ذلك.

تعلمنا في هذا الدرس كيفية صياغة رسالة موجزة للتقدم إلى وظيفة، وهي تتضمن بعض الجمل الهامة التي تستخدم لتعريف المرء بنفسه والحديث عن بعض مهاراته، مؤكد أن مهاراتك في الألمانية تزداد يوماً بيوم.

❹ بإمكان حضرتك أن تأكل بقدر ما تريد!

Sie können ___ ___ essen, ___ Sie wollen!

❺ أخي في الثامنة عشر من عمره وأنا في الرابعة عشر.

Mein Bruder ist 18 ___ ___, und ich ___ 14.

❻ آمل أن أحصل على رد سريع.

Ich ___, dass ich ___ ___ ___ bekomme.

30. Lektion [دْرايْسِگْسْتِ لِكْتْسْيُونْ]

Ein ruhiger Nachmittag im Hotel

1 – Ich h**a**be k**ei**ne Lust, l**ä**nger im H**o**tel zu bl**ei**ben. ①

2 Es gibt hier so viel zu s**e**hen, und wir bl**ei**ben nur drei T**a**ge.

3 War**u**m siehst du den g**a**nzen N**a**chmittag fern? ②

ANMERKUNGEN

① هذه إحدى طرق صياغة الجملة المصدرية في الألمانية، حيث يتم ذكر وصف معين في الجملة الأساسية، ويتبعها بعد الفاصلة الجملة الثانوية حيث تستخدم **zu** ثم يوضع الفعل في المصدر في آخرها، وهذه طريقة أخرى لصياغة الجملة المصدرية في الألمانية، حيث يستخدم أحد الأفعال التي ستمر معنا تباعاً، ثم يتبعها **zu** وفعل في المصدر في آخر الجملة ذاتها.

Lösung 2: Die fehlenden Wörter.

❶ der – ihn/sie ❷ ledig – unabhängig ❸ verdient – monatlich
❹ so viel – wie ❺ Jahre alt – bin ❻ hoffe – eine schnelle Antwort.

فاوست غوته

فاوست هو عنوان أحد أجزاء مأساة صدرت ليوهان فولفغانغ فون غوته (1749-1832)، يعتبر غوته واحداً من أهم ممثلي الشعر الألماني، الجزء الأول الذي نشر في عام 1808 هو العمل المسرحي الأهم والأكثر اقتباساً في الأدب الألماني.

الدرس الثلاثون

بعد ظهيرةٍ هادئة في الفندق

١ - ليست لدي أي رغبة في البقاء لفترة أطول في الفندق.
(أنا أملك ولا رغبة، أطول في الفندق ليبقى.)

٢ - ثمة هنا الكثير للمشاهدة، ونحن سنمكث ثلاثة أيام فقط.
(هو يعطي هنا هكذا كثير إلى يرى، ونحن نبقى فقط ثلاثة أيام.)

٣ - لماذا تتفرج طيلة بعد الظهيرة على التلفاز؟
(لماذا تشاهد أنت طوال بعد الظهر بعيداً؟)

② يفيد وضع **ganz** متبوعة بالنهاية المطلوبة في حالة النصب ووضعها كصفة لوقت معين استغراق كل هذه الفترة.

4 – **E**rstens ist es gut für mein Deutsch, ③ ④

5 und zw**e**itens bez**a**hle ich nicht ums**o**nst

6 ein Z**i**mmer mit F**e**rnsehappar**a**t.

7 – Wir k**ö**nnen das Z**i**mmer w**e**chseln.

8 – Kommt nicht in Fr**a**ge! Ich z**ie**he nicht **a**lle fünf Min**u**ten um! ⑤

9 – Lass uns nur ein St**ü**ndchen in die Stadt g**e**hen! ⑥ ⑦

10 – Wir k**ö**nnen an der **A**lster spaz**ie**ren g**e**hen. ⑧

11 – Bei dem W**e**tter? Es r**e**gnet in Str**ö**men.

12 – Dann lass uns in ein Caf**é** am H**a**fen g**e**hen

13 und die Sch**i**ffe be**o**bachten.

14 – Sch**i**ffe kann ich zu H**au**se j**e**den Tag s**e**hen. ⑨

③ هذه هي طريقة تعداد الحجج والبراهين أثناء خوض النقاشات في الألمانية.

④ لنتذكر هنا أن ترتيب عناصر الجملة المعياري لا يتغير عند استعمال **und** أو **oder** أو **aber** أو **denn**.

⑤ لننتبه لدقة الألمانية حين نرى أن إضافة **um** للفعل **ziehen** تحول المعنى من "يسحب" إلى "يغير سكنه".

⑥ يستخدم فعل **lassen** كفعل تام أو كفعل مساعد **Modalverb**، عند استخدامه كفعل مساعد يتم تصريفه مع الفاعل حسب المعتاد بينما يوضع الفعل الأساسي آخر الجملة في المصدر.

⑦ الجملة التي يستخدم فيها فعل **gehen** مع الفعل المساعد **lassen** تعني: "فلنذهب" أو "دعنا نذهب" أو "هلا ذهبنا".

⑧ نهر قصير يجري في هامبورغ، كما توجد أيضاً بحيرة في وسط المدينة تحمل نفس الإسم، والتي تتألف من بحيرتين: بحيرة الألستر الخارجية وبحيرة الألستر الداخلية.

٤ – أولاً، إنه لأمر جيد لألمانيتي،
(أولاً يكون هو جيداً لأجل لي الألمانية،)

٥ ثانياً، فأنا لا أدفع عبثاً
(وثانياً أدفع أنا لا بلا جدوى)

٦ لغرفة مع تلفاز.
(واحدة غرفة مع جهاز تلفاز.)

٧ – يمكننا تغيير الغرفة.
(نحن نستطيع الغرفة نغير.)

٨ – (هذا) غير وارد (أصلاً)! فأنا لا أغير (سكني) كل خمس دقائق!
(تأتي لا في سؤال! أنا أسحب لا كل خمس دقائق!)

٩ – دعنا نذهب ولو لسويعة إلى المدينة!
(أترك إيانا واحدة سويعة في المدينة نذهب!)

١٠ – يمكننا السير على ضفاف ألستر.
(نحن نستطيع على ألستر يتمشى يذهب.)

١١ – في هذا الطقس؟ إنها تهطل بغزارة.
(عند هذا الطقس؟ إنها تمطر بسيول.)

١٢ – إذن دعنا نذهب إلى مقهى عند الميناء
(بعدها أترك إيانا في واحد مقهى على الميناء يذهب)

١٣ ومشاهدة السفن.
(و السفن يشاهد.)

١٤ – أما السفن فأستطيع مشاهدتها يومياً في المنزل.
(سفن أستطيع أنا إلى البيت كل يوم يرى.)

⑨ تأخذ كلمة **jede** نفس النهايات التي تتخذها أداة التعريف، فللمذكر **jeder** وللمؤنث **jede** وللحيادي **jedes**، وبالطبع تتغير هذه النهايات تبعا للموقع الإعرابي.

15 – Fernsehen auch!

16 Warum hast du die Reise nach Hamburg bezahlt,

17 wenn du die ganze Zeit im Hotelzimmer sitzt?

18 – Das weißt du doch genau... um dir eine Freude zu machen! ⑩

Übung 1: Verstehen Sie diese Sätze?

❶ Haben Sie Lust, mit mir zu essen? ❷ Er arbeitet den ganzen Tag und die ganze Nacht. ❸ Ich möchte gern länger bleiben. ❹ Bei dem Wetter gehe ich nicht auf die Straße. ❺ Er sitzt die ganze Zeit zu Hause in seinem Zimmer und sieht fern. ❻ Lass uns ein wenig spazieren gehen.

Übung 2: Setzen Sie die fehlenden Wörter ein!

❶ هل ترغب في السفر معي إلى ألمانيا؟

▢▢▢ du Lust, mit ▢▢▢ nach Deutschland ▢▢▢ fahren?

❷ هلمَّ! فالطقس لطيف للغاية. سنذهب إلى ألستر.

▢▢▢! Das ▢▢▢ ist so schön. Wir gehen ▢▢ die Alster.

❸ غير وارد البتة! فأولا، ليس لدي أي وقت وثانياً أي رغبة!

Kommt nicht in ▢▢▢! ▢▢▢ habe ich keine ▢▢▢ und ▢▢▢ keine ▢▢▢!

١٥ - التفرُّج على التلفاز أيضاً!
(تفرُّج على التلفاز أيضاً!)

١٦ لماذا دفعت (ثمن) الرحلة إلى هامبورغ،
(لماذا تملك أنت الرحلة إلى هامبورغ دفعت،)

١٧ إذا كنت ستجلس طوال الوقت في غرفة الفندق؟
(إذا أنت كل الوقت في غرفة الفندق تجلس؟)

١٨ - أنتِ تعرفين ذلك من كل بد... لأُسعدكِ!
(هذا تعرف أنت ولكن تماماً... حول لك واحدة فرحة إلى يعمل!)

⑩ هذه أيضاً من الطرق المشهورة لصياغة الجملة المصدرية التعليلية أو التفسيرية، حيث تستعمل في الجملة الثانوية **um** ويوضع التعليل، ثم **zu** في بداية الجملة الثانوية، ويتبعها الفعل في منتهى الجملة ويأتي بصيغة المصدر.

Lösung 1: Haben Sie verstanden?

❶ هل تود أن تأكل حضرتك معي؟ ❷ إنه يعمل طيلة النهار والليل. ❸ بودي البقاء لفترة أطول. ❹ في هذا الطقس لن أخرج إلى الشارع. ❺ يجلس طوال الوقت في المنزل في غرفته ويشاهد التلفاز. ❻ دعنا نتنزه قليلاً.

هو موسيقي، هو يتنقل بكثرة. ④

Er ist Musiker. Er ▓▓▓ oft ▓▓.

أريد أن أُدخل البهجة على قلبك. فماذا يمكنني أن أفعل لأجلك؟ ⑤

Ich möchte ▓▓ eine ▓▓▓▓ machen.
▓▓ kann ich für ▓▓▓ tun?

نحن بحاجة إلى الكثير من المال للعيش بشكل جيد. ⑥

Wir brauchen ▓▓▓ Geld, ▓▓ gut ▓▓ leben.

---

31. **Lektion** [آيْنْ أُنْدْ دْرايْسِگّسْتِ لِكْتْسْيَوْن]

Ein Gespräch mit dem Chef

1 – Entschuldigen Sie, Herr Direktor,

2 darf ich Sie einen Augenblick stören?

3 – Aber natürlich, mein lieber Schmitt, was gibt's? ①

4 – Also, da ist zuerst das Problem mit meinem Gehalt. ②

5 Ich hatte seit zwei Jahren keine Erhöhung. ③ ④

ANMERKUNGEN

① هل تتذكر أن معنى es gibt هو يوجد، وأن الإسم بعدها يأتي منصوباً؟ أما صيغة السؤال was gibt es? فتعني بالمقابل "مالخطب؟" أو "مالأمر؟" أو "ماذا ثمة؟".

② تفيد also معنى "إذن" أو "بذلك" أو "على هذا النمط".

Lösung 2: Die fehlenden Wörter.

❶ Hast – mir – zu ❷ Komm – Wetter – an ❸ Frage – Erstens – Zeit – zweitens – Lust ❹ zieht – um ❺ dir – Freude – Was – dich ❻ viel – um – zu.

لم نعد لنتهيب بعد اليوم الدخول في نقاشات لإثبات وجهات نظرنا بعد أن تسلحنا بطريقة تعداد الحجج والبراهين أثناء خوضها، طبعاً علينا أن نكون مزودين بالحجج المقنعة سواءاً تحدثنا بالعربية أو بالألمانية أو بأي لغة أخرى!
بتعلمنا طرقاً جديدة لصياغة الجملة المصدرية والتعليلية والتفسيرية نكون قد خطونا خطوات متقدمة على طريق إتقان الألمانية.

الدرس الحادي والثلاثون

حديث مع المدير

١ – عذراً سيادة المدير،
(إسمح لي حضرتك، سيد مدير،)

٢ هل لي أن أزعجك لحظة؟
(يسمح أنا حضرتك واحدة لحظة يزعج؟)

٣ – بالطبع، عزيزي شميت، ما الأمر؟
(ولكن طبيعي، لي أعز شميت، ماذا يعطي هو؟)

٤ – إذن، فبدايةً ثمة مشكلة (تتعلق) بمرتبي.
(إذن، هنا يكون أولاً المشكلة مع مرتبي.)

٥ فأنا لم أتلقَ أية زيادة منذ عامين.
(أنا ملكت منذ إثنتين سنوات ولا إرتفاع.)

③ هذه هي صيغة فعل الملكية في الماضي **hatte**.

④ مرت معنا هذه الأداة **seit** أكثر من مرة حتى الآن، وهي تدل على فترة زمنية بدأت في الماضي وما زالت مستمرة إلى الآن.

6 – Damit gehen Sie besser zum Personalchef.

7 – Beim Personalchef war ich schon. ⑤

8 – Dann gehen Sie noch einmal zu ihm und sagen ihm,

9 ich wünsche, dass man Ihren Fall überprüft. ⑥

10 – Ja, und dann sind da die neuen Computer

11 und die beiden Kollegen, die man entlassen will…! ⑦

12 – Mit diesen Fragen wenden Sie sich an den Betriebsrat. ⑧

13 – Mm, und dann war ich krank und soll eine Kur machen…

14 – Für diese Fragen ist Fräulein Dickmann zuständig. ⑨ ⑩

15 Noch etwas?

16 – Ja, und außerdem möchte ich einen Baum vor meinem Fenster.

⑤ صيغة الماضي من فعل الكون هي war، وتفيد في صياغة الجملة الإسمية في الماضي.

⑥ ضمير الملكية للمخاطب في صيغته الرسمية Ihr، وقد ألحقت به en لورود الإسم في حالة النصب.

⑦ يمكن فهم ترجمة أغلبية الجمل التي يكون فاعلها man وكأنها جملة مبنية للمجهول في العربية.

⑧ هذا أيضاً من الأفعال التي تأتي مع الضمير المنعكس الشخصي Reflexivpronomen، ويكون هذا الضمير منصوباً ويتعدى الفعل بحرف الجر an ويكون الإسم بعده منصوباً أيضاً.

⑨ مر معنا إسم الإشارة سابقاً، ولننتبه الآن إلى أن diese هو للجمع وفي حالة النصب.

٦ – الأفضل لحضرتك الذهاب لهذا الشأن إلى مدير (قسم شؤون) الموظفين.
(بهذا تذهب حضرتك أفضل إلى مدير الأشخاص.)

٧ – لقد كنت عند مدير (قسم شؤون) الموظفين آنفاً.
(عند مدير الأشخاص كنت قبلاً.)

٨ – إذن إذهب حضرتك مرة أخرى إليه وقل له،
(إذن تذهب حضرتك أيضاً مرة إليه و تقول له،)

٩ أني أرجو أن يتم فحص حالتك.
(أنا أتمنى، أن امرؤاً لحضرتك الحال يفحص.)

١٠ – نعم، وبعد ذلك هناك الكمبيوترات الجديدة
(نعم، وبعدها يكون هنا الحواسيب الجديدة)

١١ والزميلان اللذان يُراد إقالتهما...!
(وكلا الزميلين، اللذين امرؤ يقيل يريد...!)

١٢ – توجه حضرتك بهذه الأسئلة إلى مجلس العمال.
(مع هذه الأسئلة توجهْ حضرتك نفسك إلى مجلس العمال.)

١٣ – مممم، ومن ثم كنت مريضاً وينبغي أن أخضع لعلاج نقاهة...
(ممم، وبعدها كنت أنا مريضاً و ينبغي واحد علاج نقاهة يعمل...)

١٤ – الآنسة ديكمان هي المسؤولة عن هذه الشؤون.
(لأجل هذه الأسئلة تكون آنسة ديكمان مختصة.)

١٥ أي شيء آخر؟
(بعدُ شيء؟)

١٦ – نعم، وعلاوة على ذلك أرغب بشجرة أمام نافذتي.
(نعم، أضف إلى ذلك أرغب أنا واحدة شجرة أمام لي نافذة.)

⑩ تستخدم كلمة **zuständig** كصفة للمسؤول عن أداء وظيف معينة وتتعدى بالحرف **für** ويأتي الإسم بعدها في حالة النصب دائماً.

17 An wen soll ich mich damit wenden? ⑪ ⑫ ⑬
18 Haben Sie vielleicht eine Idee?

Übung 1: Verstehen Sie diese Sätze?

❶ Er will, dass man seinen Fall überprüft. ❷ Für die Fragen der Sicherheit ist Herr Dünne zuständig. ❸ Er soll sich an den Betriebsrat wenden. ❹ Darf ich Sie einen Augenblick stören, Frau Kröger? ❺ Sie war drei Jahre lang in Deutschland und hatte dort eine gute Stelle. ❻ Außerdem ist sie mit einem Deutschen verheiratet.

Übung 2: Setzen Sie die fehlenden Wörter ein!

❶ لماذا لدى السيد شميت مشاكل بخصوص مرتبه؟ - (إنه) لم يتلقَ أية زيادة منذ عامين.

▒▒▒▒ hat Herr Schmitt ▒▒▒▒▒▒▒ ▒▒▒ ▒▒▒▒▒▒ Gehalt? – Er hatte ▒▒▒▒ zwei ▒▒▒▒▒▒ keine ▒▒▒▒▒▒▒▒.

❷ إلى مَنْ عليه أن يتوجه؟ - إلى مدير (قسم شؤون) الموظفين.

Zu ▒▒▒ ▒▒▒▒ ▒▒ gehen? – ▒▒▒ ▒▒▒▒▒▒▒▒▒▒▒▒▒.

❸ أكان قبلها لدى مدير (قسم شؤون) الموظفين؟ - نعم، لقد كان عنده.

▒▒▒ er ▒▒▒▒▒▒ ▒▒▒▒ Personalchef? – Ja, er war ▒▒▒▒▒▒ bei ▒▒▒.

❹ كم (عدد) الزملاء (الذين) ستتم إقالتهم؟ - زميلان اثنان.

▒▒▒ ▒▒▒▒▒▒ Kollegen ▒▒▒▒▒ ▒▒▒ entlassen? – ▒▒▒▒ Kollegen.

١٧ إلى من علي التوجه بهذا الشأن؟
(إلى من ينبغي أنا نفسي بذلك يتوجه؟)

١٨ ربما لدى حضرتك فكرة ما؟
(تملك حضرتك ربما واحدة فكرة؟)

⑪ من الإستخدامات الهامة للفعل المساعد **sollen** أنه يستخدم عندما نطلب نصيحة أو رأياً من شخص ما.

⑫ قلنا سابقاً أن إضافة **...da** لحرف جر ما أو لحرف جر تابع لفعل ما يفيد في عدم ضرورة تكرار ماسبق أو الحديث عن شأن يعرف من سياق الكلام.

⑬ تتم صياغة السؤال في الجمل التي تحتوي على أفعال تتعدى بحرف جر معين بوضع هذا الحرف في البداية وكأنه قد تحول لأداة استفهام.

Lösung 1: Haben Sie verstanden?

❶ إنه يريد أن يتم التحقيق في قضيته. ❷ عن قضايا السلامة فإن السيد دونّْه هو المسؤول. ❸ عليه التوجه إلى مجلس العمال. ❹ أيمكنني أن أزعجك للحظة، سيدة كروجر؟ ❺ لقد أمضت ثلاث سنوات في ألمانيا وكانت لديها هناك وظيفة جيدة. ❻ علاوة على ذلك فهي متزوجة من ألماني.

❺ من هو المسؤول عن هذا الشأن؟ - مجلس العمال.

___ ___ für diese Frage ___?
– Der ___.

❻ إلى من ينبغي أن يتوجه السيد شميت بخصوص فترة نقاهته؟
- إلى الآنسة ديكمان.

___ ___ soll sich Herr Schmitt ___ ___ ___ ___? – ___ Fräulein ___.

32. Lektion [تْسْقَايْ أُنْدْ دْرايْسِگْسْتِ لِكْتْسْيُونْ]

Ein Interview

1 – G**u**ten Tag!

2 Wir m**a**chen **ei**ne **U**mfrage für das Instit**u**t "Zivilisati**o**n".

3 Die **U**mfrage steht **u**nter dem M**o**tto:

4 "In Z**u**kunft b**e**sser und intens**i**ver l**e**ben". ①

5 – W**ü**rden Sie mir b**i**tte d**a**zu **ei**nige Fr**a**gen be**a**ntworten? ②

ANMERKUNGEN

① مر معنا سابقاً أن إضافة **er**... للصفة تفيد في صياغة إسم التفضيل منه **Komparativ**، مع الإنتباه إلى وجود بعض الحالات التي تخرج عن هذه القاعدة، فإسم التفضيل من **gut** هو **besser** و من **gern** هو **lieber** على سبيل المثال، أما الألفاظ التي تتألف من أكثر من مقطع فسنتحدث عنها عند مرورنا بها.

Lösung 2: Die fehlenden Wörter.

❶ Warum – Probleme mit seinem – seit – Jahren – Erhöhung ❷ wem soll er – Zum Personalchef ❸ War – schon beim – schon – ihm ❹ Wie viele – will man – Zwei ❺ Wer ist – zuständig – Betriebsrat ❻ An wen – für seine Kur wenden – An – Dickmann.

كن على يقين بأن تمكنك من اللغة الألمانية بشكل جيد سيزيد من فرصك في الحصول على عمل جيد وعلى التفاوض للحصول على علاوة الأجور التي تستحق! خاصة بعد أن تسلحنا بالجمل المعيارية في هذا المجال.

الدرس الثاني والثلاثون

مقابلة

١ – يوماً سعيداً!
(جيداً يوماً!)

٢ نحن نقوم بعمل استبيان لصالح معهد "الحضارة".
(نحن نعمل واحداً إستفتاءاً لأجل المعهد "الحضارة".)

٣ يجري الإستبيان تحت شعار:
(الإستفتاء يقف تحت الشعار:)

٤ "عشْ في المستقبل أفضل وأكثف".
("في المستقبل أفضل و أكثف يعيش".)

٥ – هل (ستسمحين و) تجيبنني حضرتكِ رجاءاً على بعض الأسئلة بهذا الشأن؟
((س) حضرتك لي رجاءاً بهذا الشأن بضعة أسئلة يجب؟)

② لنتذكر أن إضافة...**da** لحروف الجر المستقلة أو التي يتعدى بها الفعل في الجملة تفيد تجنب تكرار ما ذُكِر قبله، فمثلاً تفيد **dazu** هنا الكلام المذكور أعلاه بخصوص الإستبيان.

6 – Ja, gern, wenn es nicht zu l**a**nge d**au**ert...

7 – Nein, nur ein paar Min**u**ten! Gut, die **e**rste Fr**a**ge ist: ③

8 L**e**ben Sie l**ie**ber in der Stadt in **ei**ner Et**a**genw**o**hnung

9 **o**der auf dem Land in **ei**nem Haus mit G**a**rten? ④

10 – Nat**ü**rlich l**ie**ber auf dem Land, **a**ber...

11 – Gut, "auf dem Land". Die zw**ei**te Fr**a**ge:

12 "**E**ssen Sie l**ie**ber Schw**ei**nefleisch ⑤

13 oder R**i**ndfleisch?

14 – Nat**ü**rlich l**ie**ber R**i**ndfleisch, **a**ber...

15 – Gut, "R**i**ndfleisch".

16 Die dr**i**tte Fr**a**ge: **A**rbeiten Sie schn**e**ller als **I**hre Koll**e**gen? ⑥

تستخدم **ein paar** بمعنى "بضعة" أو "عدة"، أما **ein Paar** فتأتي بمعنى "زوجان". ③

تستخدم كلمة **das Land** كمقابل لكلمة **Stadt** ويقصد بها الريف. ④

٦ – نعم، بكل ود، إذا لم يحتجْ الأمر لوقت طويل...
(نعم، بود، إذا هو لا إلى طويل يستمر...)

٧ – لا، فقط بضعة دقائق! حسناً، السؤال الأول هو:
(لا، فقط واحد أزواج دقائق! جيد، الأول السؤال يكون:)

٨ أتحبذين حضرتكِ العيش في المدينة في شقة طابقية
(تعيش حضرتك أكثر حباً في المدينة في واحدة شقة طابقية)

٩ أم في الريف في منزل مع حديقة؟
(أم على الريف في واحد منزل مع حديقة؟)

١٠ – بالطبع، أفضل في الريف، ولكن...
(طبيعي، أكثر حباً على الريف، لكن...)

١١ – حسناً، "في الريف". السؤال الثاني:
(جيد، "على الريف". الثاني السؤال:)

١٢ "أتفضلين حضرتكِ أكل لحم الخنزير
(تأكل حضرتك أكثر حباً لحم الخنزير)

١٣ أم لحم البقر؟
(أم لحم البقر؟)

١٤ – بطبيعة الحال أفضل لحم البقر، ولكن...
(طبيعي أكثر حباً لحم البقر، لكن...)

١٥ – حسناً، "لحم البقر".
(جيد، "لحم البقر".)

١٦ السؤال الثالث: أتعملين حضرتكِ أسرع من زملائكِ؟
(الثالث السؤال: تعمل حضرتك أسرع من لحضرتك زملاء؟)

⑤ مر معنا أن الألمانية تعتمد على تشكيل مفردات جديدة اعتماداً على توصيل أكثر من كلمة مع بعضها البعض، فمفردة **Schweinefleisch** تتألف من **Schweine** ومن **Fleisch**، وأداة تعريف المفردة الجديدة هي أداة تعريف الكلمة الأخيرة، أي **das**.

⑥ تفيد **als** المقارنة بين شيئين أو شخصين.

17 – Äh, ich gl**au**be, gen**au**so schnell wie sie! ⑦

18 – Das ist k**ei**ne **A**ntwort, d**a**für gibt es kein K**ä**stchen. ⑧

19 Schn**e**ller **o**der l**a**ngsamer?

20 – Ich weiß nicht! Ich muss jetzt **ü**brigens nach H**au**se.

21 M**ei**ne fünf K**i**nder w**a**rten in der s**e**chsten ⑨

22 Et**a**ge auf **i**hre Schw**ei**nekoteletts...

Übung 1: Verstehen Sie diese Sätze?

❶ Lesen Sie lieber Krimis oder Liebesromane? ❷ Ich esse lieber Salzkartoffeln als Pommes frites, und Sie? ❸ Mein Freund wohnt in der dritten Etage. ❹ Würden Sie mir bitte sagen, wo der Bahnhof ist? ❺ Meine Freundin spricht so gut Deutsch wie du. ❻ Aber sie spricht besser als ich.

Übung 2: Setzen Sie die fehlenden Wörter ein!

❶ يمكنني مشاهدة الفيلم إذا لم يكن سيستغرق وقتا طويلاً.

Ich kann den Film ansehen, ____ er nicht zu lange ______.

❷ هل والدك أسنُّ من والدي؟

Ist Ihr Vater _____ ___ mein Vater?

❸ أظن أنه في مثل سني.

Ich glaube, er ist __ ___ ___ ich.

❹ هل تفضل النقينقات أم رِيَش لحم الخنزير؟

Mögen Sie ______ Würstchen oder Schweinekoteletts?

١٧ - آه، أظن، تماماً مثل سرعتهم!
(آه، أنا أعتقد، تماماً سريعاً مثل هم!)

١٨ - هذا ليس جواباً (مقبولاً)، إذ لا يوجد مربع لذلك.
(هذا يكون ولا جواب، لأجل هذا يعطي هو ولا مربع.)

١٩ أسرع أم أبطأ؟
(أسرع أم أبطأ؟)

٢٠ - لا أعرف! على فكرة علي الآن الذهاب إلى البيت.
(أنا لا أعرف! أنا يجب الآن على فكرة نحو المنزل.)

٢١ أطفالي الخمسة ينتظرون في الطابق السادس
(لي خمسة أولاد ينتظرون في السادس)

٢٢ رِيَش لحم الخنزير...
(الطابق على لهم ريش لحم الخنزير...)

⑦ أما **wie** فتفيد إما المقارنة بين شيئين أوشخصين أو المساواة بينهما.

⑧ لنتذكر هنا أن إضافة **chen...** إلى إسم ما تستخدم لاشتقاق المصغر منه في كثير من الحالات! والمربع المقصود هنا هو ما تحتويه أوراق الإستبيانات في العادة.

⑨ يتعدى فعل **warten** إذا أتى بمعنى "ينتظر" بحرف **auf** ويأتي الإسم بعده منصوباً.

Lösung 1: Haben Sie verstanden?

❶ هل تحبذ حضرتك قراءة قصص الجرائم أم القصص الرومانسية؟ ❷ أنا أفضل أكل البطاطا المسلوقة (في الماء المملح) على البطاطس المقلية، وحضرتك؟ ❸ يسكن صديقي في الطابق الثالث. ❹ هل (ستسمح) من فضلك وتقول لي أين (هي) محطة القطار؟ ❺ تتحدث صديقتي الألمانية بشكل جيد مثلك. ❻ ولكنها تتحدث أفضل مني.

❺ تسير سيارتي الجديدة أبطأ من القديمة؛ ولكنها تفرمل بشكل جيد تماماً مثل القديمة.

Mein neues Auto fährt ___ ___ mein Altes; aber es bremst genau ___ ___ ___ mein Altes.

❻ تحبذ حضرتك السكن في الريف أم في الطابق الثامن والعشرين في مركز المدينة؟

Wohnen Sie ___ auf ___ Land oder in ___ ___ Etage im Stadtzentrum?

33. Lektion [دْرايْ أُنْدْ دْرايْسِگْسْتِ لِكْتْسْيُونْ]

Ein sympathischer Besuch

1 – Es kl**i**ngelt. Das sind best**i**mmt schon die F**i**schers. ①

2 Die sind **i**mmer **ü**berp**ü**nktlich. ②

3 – Geh b**i**tte an die Tür, W**e**rner! Ich bin noch nicht ganz f**e**rtig. ③

4 – Ah, g**u**ten Tag! Wir fr**eu**en uns sehr, dass Sie gek**o**mmen sind! ④

ANMERKUNGEN

① يستخدم ضمير الغائب الحيادي **es** في كثير من الجمل عندما يفهم مَنْ المقصود بالفاعل أو عندما لا تهم معرفته، فهنا لا نعلم من يقف وراء عملية رنين الجرس ولكن المهم أن الجرس يرن.

② كلمة **pünktlich** لوحدها تعني "دقيق المواعيد"، وإضافة حرف الجر **über** إلى صفة أو إلى حال تقود إلى صيغة المبالغة منها، أو ما يقابل "فوق العادة" بالعربية.

Lösung 2: Die fehlenden Wörter.

❶ wenn – dauert ❷ älter als ❸ so alt wie ❹ lieber ❺ langsamer als – so gut wie ❻ lieber – dem – der achtundzwanzigsten.

أصبح بإمكانك الآن إجراء المقارنة بين الأشياء وصياغة أسماء التفضيل، ومن المؤكد أنك تستطيع الآن أن تقول أن معارفك بالألمانية أصبحت أفضل وأرسخ بكثير وأنها في تقدم مطرد مع الوقت.

الدرس الثالث والثلاثون

زيارة لطيفة

١ – الجرس يرن. مؤكد هؤلاء آل فيشر.
(هو يرن. هذا يكون محدد تماماً آل فيشر.)

٢ إنهم دائماً دقيقو المواعيد كثيراً.
(هم يكونون دائماً فوق دقيقي المواعيد.)

٣ – إذهب رجاءاً إلى الباب، فيرنر! فأنا لم أجهز بعد.
(إذهب رجاءاً عند الباب! أنا أكون بعدُ لا بالكلية منتهية.)

٤ – آه، يوماً سعيداً! نحن سعداء كثيراً لأنكما جئتما!
(آه، جيداً يوماً! نحن سعداء بنا كثيراً، أن حضرتكم جئتم!)

③ كلمة **fertig** تعني "جاهز" أو "منتهٍ" أو "على أُهبة الإستعداد".

④ فعل **sich freuen** من الأفعال التي يستلزم استخدامها ضميراً منعكساً، ويعني "يسرنا" أو "يسعدنا"، ويتبعه جملة ثانوية يذكر فيها مبرر الإسعاد كجملة مصدرية، سنرى لاحقا أنه يمكن تعديته بالحرف **über**.

5 – Wir auch! Vielen Dank für Ihre Einladung!

6 – Aber ich bitte Sie... Kommen Sie doch bitte herein! ⑤

7 – Oh, was für eine schöne, helle Wohnung! ⑥

8 – Ja, es ist die hellste Wohnung, die ich kenne! ⑦

9 – Oh, und was für eine herrliche Aussicht über die Stadt

10 und die Wälder! ⑧

11 – Ja, es ist die schönste Aussicht, die wir jemals hatten. ⑨ ⑩

12 – Wollen wir jetzt vielleicht Kaffee trinken?

13 Meine Frau macht übrigens den besten Kaffee,

14 den ich jemals getrunken habe. ⑪

EIN SYMPATHISCHER BESUCH

⑤ تبعاً لسياق الكلام فإن Aber ich bitte Sie تعني "لا على حضرتك" أو "من دواعي سروري" أو "ماذا دهى حضرتك".

⑥ على الرغم من ابتداء الجملة بأداة الإستفهام was إلا أن الجملة تحمل معنى التعجب كما في العربية وليس الإستفهام.

⑦ لاشتقاق صيغة "الأفعل" من صفة ما يضاف إليها ste....

٥ – نحن أيضاً! شكراً جزيلاً لدعوتكم!
(نحن أيضاً! كثيراً شكراً لأجل منكم الدعوة!)

٦ – ولكن من فضل حضرتكم... رجاءاً تفضلوا بالدخول!
(لكن أنا أرجو حضرتك... تعالَ حضرتك إذن رجاءاً للداخل!)

٧ – أوه، يا لها من شقة جميلة ومنيرة!
(أوه، ماذا لأجل واحدة جميلة، مضيئة شقة!)

٨ – نعم، فهي أكثر الشقق التي أعرفها إنارة!
(نعم، هو يكون الأكثر إضاءة شقة، هي أنا أعرف!)

٩ – أوه، ويا لها من إطلالة رائعة على المدينة
(أوه، وماذا لأجل واحدة رائعة إطلالة عبر المدينة)

١٠ والغابات!
(والغابات!)

١١ – نعم، فهي الإطلالة الأجمل التي حظينا بها.
(نعم، هو يكون الأجمل إطلالة، هي نحن إطلاقاً ملكنا.)

١٢ – هل نشرب القهوة الآن؟
(نريد نحن الآن ربما القهوة يشرب؟)

١٣ على فكرة، فإن زوجتي تحضر القهوة الألذ،
(لي زوجة تعمل على فكرة الأفضل قهوة،)

١٤ التي شربتها على الإطلاق.
(التي أنا إطلاقاً مشروب يملك.)

⑧ يُصاغ الجمع من أسماء كثيرة بتحويل حرفها الصوتي **a** إلى **ä** وإضافة **er** لآخرها.

⑨ لصياغة الجملة الموصولة فإنه يتم التعويض عن الإسم الموصول بأداة تعريفه في جملة ثانوية، ويتم تغيير هذه الأداة وفقاً للحالة الإعرابية، فالأداة **die** هي تعويض عن **Aussicht** في حالة النصب بسبب فعل الملكية.

⑩ تفيد كلمة **jemals** معنى على "الإطلاق" أو "بالمرة".

⑪ هذه أيضاً جملة موصولة، حيث تم تعويض **Kaffee** بأداة تعريف المذكر في حالة النصب **den** بسبب فعل **trinken**.

Übung 1: Verstehen Sie diese Sätze?

① Sie freuen sich sehr, uns zu sehen. ② Bist du mit deiner Arbeit fertig? ③ Das ist die schönste Stadt, die ich kenne. ④ Wer macht die besten Kuchen in der Stadt? ⑤ Mein Bruder ist der stärkste Mann, den es gibt. ⑥ Freust du dich, nach Deutschland zu fahren? ⑦ Fischers haben die teuerste Wohnung von allen.

Übung 2: Setzen Sie die fehlenden Wörter ein!

① الرجل الأجمل الذي أعرفه هو والدي.

Der ________ Mann, ___ ich kenne, ist ____ Vater.

② الكعكات لدى آل مولر هي الأفضل.

Die ______ bei Müllers sind die ______.

③ المرأة الأذكى في المدينة هي صديقتي.

Die _______________ Frau in der Stadt ist _____ Freundin.

④ يسرني جداً أن أرى حضرتك. رجاءاً تفضل حضرتك بالدخول!

Ich _____ ____ sehr, Sie zu sehen. Kommen Sie doch bitte ______!

نتمنى أنه قد أصبح بإمكانك أن تقول بالألمانية: "إن اللغة الألمانية ليست الأصعب التي تعلمتها في حياتي"، فلقد أصبح بإمكانك صياغة الجملة الموصولة، وكذلك التحدث باستخدام أسماء التفضيل.

Lösung 1: Haben Sie verstanden?

❶ هم يسعدون جداً لرؤيتنا. ❷ هل انتهيت من عملك؟ ❸ هذه هي المدينة الأجمل التي أعرف. ❹ من يصنع الكعك الأفضل في المدينة؟ ❺ أخي هو الرجل الأقوى الموجود. ❻ هل أنت سعيد بالذهاب إلى ألمانيا؟ ❼ آل فيشر يملكون الشقة الأغلى من كل ما عداها.

❺ ما هي الهدية التذكارية الأجمل عند حضرتك؟

Was ist Ihr _ _ _ _ _ _ _ _ _ Souvenir?

❻ أحضرتك دقيق المواعيد دائماً أم أنك غالباً ما تأتي متأخراً؟

Sind Sie immer _ _ _ _ _ _ _ _ _, oder kommen Sie oft zu _ _ _ _?

Lösung 2: Die fehlenden Wörter.

❶ schönste – den – mein ❷ Kuchen – besten ❸ intelligenteste – meine ❹ freue mich – herein ❺ schönstes ❻ pünktlich – spät.

دقة المواعيد

الألمان دقيقو المواعيد، بل إنهم حتى يحبذون الوصول مبكرين إلى مواعيدهم على أن يصلوا متأخرين، هذا ليس بالعبارة التي تقال وإنما حقيقة، فالإلتزام بالمواعيد يعد في ألمانيا من الفضائل، لذلك يدعي ما يقرب من 85 في المئة من الألمان أنهم يأخذون المواعيد على محمل الجد وأنهم يُؤَمِّلون الشيء ذاته من الآخرين، إذا لم يكن جميع الألمان على هذه الشاكلة إلا أنهم يحاولون ذلك بالعادة.

34. Lektion [فيرْ أُنْدْ دْرايْسِگْسْتْ لِكْتْسْيُونْ]

Beim "Fondue"-Essen ① ② ③

1 – Mm, am **be**sten schmeckt die So**ß**e mit dem gr**ü**nen Pf**e**ffer! ④

2 – Die P**a**prikasoße schmeckt auch **au**sgez**ei**chnet! Prob**ier**' sie mal!

3 – Oh, ja, w**i**rklich gut! Die ist noch sch**ä**rfer als die Pf**e**ffers**o**ße! ⑤

4 – Ich **e**sse am l**ie**bsten die S**e**nfsoße. ⑥

5 Die ist **e**twas ganz Bes**o**nderes!

6 – Und wie schmeckt euch der Wein?

7 – Auch **au**sgez**ei**chnet!

8 Das ist der b**e**ste Wein, den ich seit zwei Tagen getr**u**nken h**a**be.

9 – Was willst du denn d**a**mit s**a**gen?

ANMERKUNGEN

① طبق سويسري وإيطالي وفرنسي معد من الجبن المذاب يقدم في قدر مشترك، يوضع على موقد صغير أو شمعة صغيرة أو يشغل بالكهرباء، كي تبقى الجبنة سائلة، و يؤكل باستخدام شوكة طويلة بنهايتها خبز لتغميسها في الجبن المذاب.

② كلمة **beim** ناتجة عن دمج **bei** مع **dem**، وتفيد معني "أثناء" أو "خلال" أو "عند".

③ كما في العربية فإنه يمكن استخدام صيغة المصدر من الأفعال كإسم، ويكتب الفعل حينها بحرف كبير.

④ ذكرنا في الدرس السابق أن صيغة "الأفضل" تصاغ من الصفة بإضافة **...ste** لآخرها، للتعبير عن "الأفعل بإطلاق" يضاف حرف الجر **am**، وهو عبارة عن دمج **an** مع **das** بحالة الجر **dem**.

الدرس الرابع والثلاثون

عند تناول "الفوندو"

١ - مممم، ألذ ما تكون الصلصة مع الفلفل الأخضر!
(مممم، الأحسن تذوق الصلصة مع الفلفل الأخضر!)

٢ - طعم صلصة الفليفلة ممتاز أيضاً! جربيها!
(صلصة الفليفلة تذوق أيضاً ممتاز! جرب إياها مرة!)

٣ - واو، فعلاً، جيدة بحق! وهي حارة أكثر من صلصة الفلفل!
(أوخ، نعم، حقاً جيد! هي تكون بعدُ أكثر حرارة من صلصة الفلفل!)

٤ - أنا أحبذ تناول صلصة الخردل.
(أنا آكل على الأحب صوصة الخردل.)

٥ فهو شيء مميز للغاية!
(هي تكون شيئاً للغاية خاص!)

٦ - وما رأيكم بطعم النبيذ؟
(وكيف تتذوقون أيضاً النبيذ؟)

٧ - ممتاز أيضاً!
(أيضاً ممتاز!)

٨ هذا هو أفضل نبيذ شربته منذ يومين.
(هذا يكون الأفضل نبيذ، الذي أنا منذ يومين شربته يملك.)

٩ - ومالذي تريد أن تقوله بذلك؟
(ماذا تريد أنت إذن بهذا يقول؟)

⑤ صيغة "أفضل" من الصفة scharf تتم بتحويل a إلى ä وإضافة er لآخرها، وللمقارنة مع غيرها يتم استخدام als.

⑥ صيغة "أفضل" من الصفة gern هي lieber، أما صيغة الأفعل فهي am liebsten.

10 – Ach, das war ein Scherz!
11   Das ist wirklich ein sehr guter Wein,
12   und er passt prima zum Fondue. ⑦
13 – Achtung, es riecht angebrannt! Passt auf euer Fleisch auf! ⑧
14 – Wessen Gabel ist das denn? Was? Das wisst ihr nicht mehr? ⑨
15   Ich glaube, ihr seid schon alle leicht betrunken! ⑩
16 – Das macht nichts! Kinder, was für ein herrliches Essen!
17   Reicht mir noch mal die Soßen,
18   und schenkt mir etwas Wein nach, ⑪
19   und ich bin der glücklichste Mensch auf der Erde!

⑦ حرف الجر zum هو عبارة عن دمج zu الذي يستدعي حالة الجر على الدوام مع dem.

⑧ تم استخدام إسم المفعول في هذه الجملة كصفة تماماً كما في اللغة العربية، وليس كجزء مكمل لصيغة الماضي المركب.

⑨ ثمة صيغة سؤال في الألمانية عن المضاف، وهي wessen، وتعني تقريباً "لمن" أو "من تخص" أو لمن تعود".

١٠ - آخ، هذه مزحة وحسب!
(آخ، هذا كان واحد مزحة!)

١١ فهذا نبيذ جيد للغاية بحق،
(هذا يكون حقاً واحد كثيراً جيداً نبيذ،)

١٢ ومناسب بامتياز "للفوندو".
(وهو يكون حقاً واحد كثير جيد نبيذ.)

١٣ - إنتبهوا، فرائحة (شيئ) محترق تفوح! راقبوا اللحم!
(إنتباه، هو يفوح محروق! إنتبهوا على لحمكم!)

١٤ - شوكة من هذه؟ ماذا؟ لم تعودوا تعرفون؟
(لمن شوكة تكون هذه إذن؟ ماذا؟ هذا تعرفون أنتم لا كثيراً؟)

١٥ أظن أنكم قد سكِرْتُم بعض الشيء!
(أنا أعتقد، أنتم تكونون جميعاً خفيفاً مسكورين!)

١٦ - هذا لا يهم! أعزائي، أي طعام لذيذ هذا!
(هذا يعمل العدم! أطفال، ماذا لأجل واحد رائع طعام!)

١٧ أعطوني الصلصات مجدداً،
(ناولوا لي أيضاً مرة الصلصات،)

١٨ وصبوا لي بعض النبيذ،
(وصبوا لي شيئاً نبيذ بعدُ،)

١٩ فأنا (بذلك) أسعد إنسان على وجه الأرض!
(وأنا أكون الأسعد إنسان على الأرض!)

⑩ لنتذكر هنا أن تصريف فعل الكون مع أنتم هو **ihr seid**.

⑪ مرت معنا إلى الآن أفعال كثيرة جزؤها الأول عبارة عن حرف من حروف الجر، ففي حين يعني **schenken** لوحده "يُهدي"، فإن معنى **nachschenken** هو "يجدد ملْءَ الكأس"، لنتذكر وضع الجزء الثاني من الفعل - ولو أننا غير معتادين أن يتم ذلك - في آخر الجملة.

Übung 1: Verstehen Sie diese Sätze?

❶ Dieser Rotwein schmeckt mir am besten. ❷ Er trinkt am liebsten Whisky mit Eis. ❸ Das ist der größte Mann, den ich jemals gesehen habe. ❹ Wessen Mantel ist das? ❺ Reichen Sie mir bitte den Zucker! ❻ Es riecht nicht gut hier! Ist vielleicht etwas angebrannt?

Übung 2: Setzen Sie die fehlenden Wörter ein!

❶ ما هو الطعام المفضل لديك؟ أو ماذا تفضل أن تأكل؟

Was essen Sie am ___?

❷ برأيي أن المقالة في "سود دويتشه تسايتونج" هي الأفضل (على الإطلاق). والأكثر أهمية.

Ich finde den Artikel in der Süddeutschen Zeitung ___ ___. Er ist ___ ___.

❸ لا ينبغي (للمرء) التحدث على (أثناء) الطعام.

___ Essen soll ___ nicht ___.

❹ أتحتاج حضرتك لنظاراتٍ للقراءة؟

Brauchen Sie eine Brille ___ ___?

35. Lektion [فوْنْفْ أُنْدْ دْرايْسِگْسْتْ]

Wiederholung und Anmerkungen

Die vier Fälle für Adjektive im Maskulinum, Femininum, Neutrum und Plural in den verschiedenen Situationen:

Lösung 1: Haben Sie verstanden?

❶ هذا النبيذ الأحمر يلذ لي أفضل من أي نبيذ آخر. ❷ إنه يفضل شرب الويسكي مع (قطع) الثلج. ❸ هذا هو أطول رجل رأيته في حياتي. ❹ لمن هذا المعطف؟ أو معطف من هذا؟ ❺ ناولني حضرتك السكر رجاءاً! ❻ تفوح هنا رائحة غير جيدة! ربما إحترق شيء ما؟

❺ ما هي الكتب التي تحبذ قراءتها؟

_____ _____ _____ liest du am _____?

❻ زدني حضرتك بعض الخمر رجاءاً!

_____ Sie mir bitte _____ etwas Wein _____!

Lösung 2: Die fehlenden Wörter.

❶ liebsten ❷ am besten – am interessantesten ❸ Beim – man – sprechen ❹ zum Lesen ❺ Was für Bücher – liebsten ❻ Schenken – noch – nach.

عند نهاية المجموعة الخامسة من الدروس أصبحت لدينا قاعدة متينة تمكننا من التعبير عن أنفسنا وعن مهاراتنا لأجل الحصول على وظيفة ما، وعما نحب وما لا نحب، وكذلك عما نفضل وما لا نفضل، كل هذا سيدعم تقدمنا المطرد في حل التمارين القادمة، وبالطبع للخوض في مجموعات الدروس السباعية القادمة.

الدرس الخامس والثلاثون

الحالات الإعرابية الأربعة للصفات التي تسبق الأسماء المذكرة والمؤنثة والمحايدة والجمع:

1 يمكننا التمييز بين الحالات التالية للصفات تبعاً لأداة التعريف أو التنكير التي تسبق الإسم وتبعاً لحالتها الإعرابية:

1.1 حالة الصفة بوجود أداة التعريف:

	Maskulinum (der)	**Femininum** (die)	**Neutrum** (das)	**Plural** (die)
Nom.	der grüne Tisch	die kleine Tasse	das liebe Kind	die alten Freunde
Akk.	den grünen Tisch	die kleine Tasse	das liebe Kind	die alten Freunde
Dat.	dem grünen Tisch	der kleinen Tasse	dem lieben Kind	den alten Freunden
Gen.	des grünen Tischs	der kleinen Tasse	des lieben Kindes	der alten Freunde

2.1 حالة الصفة بوجود أداة التنكير:

	Maskulinum (der)	**Femininum** (die)	**Neutrum** (das)
Nom.	ein neuer Hut	eine blaue Tasche	ein großes Haus
Akk.	einen neuen Hut	eine blaue Tasche	ein großes Haus
Dat.	einem neuen Hut	einer blauen Tasche	einem großen Haus
Gen.	eines neuen Huts	einer blauen Tasche	eines großen Hauses

3.1 حالة الصفة بدون وجود أداة تعريف أو أداة تنكير:

	Maskulinum (der)	**Femininum** (die)	**Neutrum** (das)	**Plural** (die)
Nom.	guter Wein	deutsche Küche	kaltes Wasser	schöne Ferien
Akk.	guten Wein	deutsche Küche	kaltes Wasser	schöne Ferien
Dat.	gutem Wein	deutscher Küche	kaltem Wasser	schönen Ferien
Gen.	guten Weins	deutscher Küche	kalten Wassers	schöner Ferien

2 Der Komparativ und der Superlativ

2 إسم التفضيل وصيغة "الأفعل" من إسم التفضيل

تُصاغ صيغة التفضيل بإضافة **...er** في آخر الصفة، فإسم التفضيل من **schön** هو **schöner** على سبيل المثال، كما تُصاغ من الكلمات التي تتألف من مقطع صوتي واحد يحتوي على أحد الحروف الصوتية **a** أو **o** أو **u** بإجراء تحويل عليها إلى **ä** أو **ö** أو **ü** على التتالي، فإسم التفضيل من **alt** هو **älter**، ومن **groß** هو **größer** ومن **jung** هو **jünger**. أما صيغة "الأفعل" على الإطلاق فيتم الحصول عليها بإضافة **...ste** للصفة، فهي **schönste** للصفة **schön**، وهي **größte** للصفة **groß**، وهي **jüngste** للصفة **jung**، كما تصاغ صيغة "الأفعل" بوضع حرف الجر **am** متبوعة بالصفة المصاغة على وزن "الأفعل". فالأصغر تعني **am kleinsten**، والأكبر تعني **am größten**، والأسمن تعني **am dicksten** ولمقارنة شخصين أو شيئين يتم استخدام **als**:

Mein Bruder ist kleiner als ich. أخي أقصر مني.

أما لمفاضلة شخصين أو شيئين فيتم استخدام **wie**:

Mein Bruder ist so groß wie ich. أخي يماثلني في الطول.

وعند استخدام هاتين الصيغتن كصفة فإنه تجري عليهما نفس القواعد التي تجري على أداة التعريف وعلى الصفة في الحالات الأخرى:

Ich möchte gern einen größeren und schnelleren Wagen.
أرغب في سيارة أكبر وأسرع.

Ich gehe mit meinem schönsten Kleid ins Theater.
سأذهب إلى المسرح بأحلى أثوابي.

- هل لاحظت أن الأسماء التي تنتهي بـ **...heit** أو **...keit** أو **...ung** أو **...schaft** هي كلمات مؤنثة وأن الحصول على صيغة الجمع منها يتم بإضافة **...en** لها؟

- مر معنا سابقاً أنه لصياغة الإسم المصغر تتم إضافة **...chen** أو **...lein** للإسم، وتتغير الأحرف الصوتية فيه **a** إلى **ä** أو **o** إلى **ö** أو **u** إلى **ü** أو **au** إلى **äu**، أخيراً فإن أداة تعريف الإسم المصغر هي الحيادي دائماً بغض النظر عن أداة تعريفه قبل التصغير:

Paar	Pärchen	حبيبان	زوج
Weile	Weilchen	لحيظة، مدة قصيرة	مدة
Wurst	Würstchen	نقينقة	سجق
Stunde	Stündchen	سويعة	ساعة
Haus	Häuschen	بيت صغير	منزل
Frau	Fräulein	آنسة في مقتبل العمر	سيدة
Rock	Röckchen	تنورة قصيرة	تنورة

3 Die Monate und die Wochentage:

3 أيام الأسبوع، والأشهر:

Die Wochentage:

1.3 أيام الأسبوع:

Montag	الإثنين
Dienstag	الثلاثاء
Mittwoch	الأربعاء
Donnerstag	الخميس
Freitag	الجمعة
Samstag	السبت
Sonntag	الأحد

Die Monate:

2.3 الأشهر:

Januar	يناير / كانون الثاني
Februar	فبراير / شباط

März	مارس/ آذار
April	أبريل/ نيسان
Mai	مايو/ أيار
Juni	يونيو/ حزيران
Juli	يوليو/ تموز
August	أغسطس/ آب
September	سبتمبر/ أيلول
Oktober	أكتوبر/ تشرين الأول
November	نوفمبر/ تشرين الثاني
Dezember	ديسمبر/ كانون الأول

أما كتابة تاريخ يوم ما فتتم كالتالي:

Heute ist Montag, der dritte März.

اليوم هو الإثنين، الواقع في الثالث من آذار/ مارس.

والسؤال عن تاريخ يوم ما كما يلي:

Welches Datum haben wir morgen? أي تاريخ سيكون الغد؟

4 Verben mit Präpositionen:

4 الأفعال المتبوعة بأحرف جر للتعدي:

Er interessiert sich für Sport. هو يهتم بالرياضة.

ويمكن عادة الإستغناء عن ذكر الإسم تجنباً للتكرار، فيمكن القول مثلاً:

Ich interessiere mich auch dafür. أنا أهتم بها أيضاً.

Sie denkt an ihre Ferien. إنها تفكر في العطلة.

Ich denke auch daran. وأنا أفكر فيه أيضاً.

إذا كان حرف الجر يبدأ بحرف صوتي فإنه توضع **r** بعد **da**:

Sie sprechen über ihre Arbeit. إنهم يتحدثون عن عملهم.

Sie sprechen darüber. إنهم يتحدثون عنه.

Er beschäftigt sich mit seinen Briefmarken.
هو يشغل نفسه بطوابعه البريدية.

36. Lektion [زِكْسْ أُنْدْ دْرايْسِگْسْتِ لِكْتْسْيُونْ]

Das liebe Geld!

1 – Der W**ie**vielte ist h**eu**te?

2 – Der F**ü**nfzehnte.

3 – Was? Erst der F**ü**nfzehnte, ①

4 und schon w**ie**der kein Geld mehr auf dem K**o**nto! ②

5 – Das ist nicht m**ei**ne Schuld!

6 Ich h**a**be nichts Bes**o**nderes gek**au**ft. ③

ANMERKUNGEN

① تستخدم **erst** للدلالة على بداية فترة زمنية محددة، فمثلاً تعني جملة: **Er arbeitet erst seit drei Stunden.** أنه ابتدأ العمل قبل ثلاث ساعات، دون أن تعرف كم ستطول مدة عمله، أما إذا أردنا أن نقول إنه يعمل لمدة ثلاث ساعات في اليوم وحسب، فستكون الجملة:
Er arbeitet nur drei Stunden pro Tag.

② من معاني **mehr** في سياق النفي أنها تعني انعدام وجود الشيء بعد أن كان موجوداً.

Er beschäftigt sich damit. هو يشغل نفسه بها.

Was machst du mit deinem Assimil-Buch?
ماذا تفعل بكتابك "أسّيميل"؟

Was soll ich damit machen? Ich lese es natürlich.
ومالذي ينبغي علي عمله به؟ أقرؤه بالطبع.

الدرس السادس والثلاثون

المال الحبيب!

١ – أي يوم (في الشهر) هو اليوم؟
(هو الكم يكون اليوم؟)

٢ – الخامس عشر.
(الخامس عشر.)

٣ – ماذا؟ إلى الآن الخامس عشر فقط،
(ماذا؟ أولاً الخامس عشر،)

٤ ومجدداً لم يبقَ أي نقود في الحساب!
(وتماماً ثانية لا نقود مزيد على الحساب!)

٥ – هذا ليس ذنبي!
(هذا يكون لا لي دَيْني!)

٦ فأنا لم أشترِ شيئاً غير اعتيادي.
(أنا يملك العدم متميزاً مشترى.)

③ يُصاغ إسم المفعول من الأفعال النظامية بحذف **en** أو **n** من آخره وبإضافة **...ge** في أولها و **t...** في آخرها، فإسم المفعول من **machen** "يعمل" أو "يصنع" هو **gemacht**، ومن **suchen** "يبحث" فهو **gesucht** على سبيل المثال، أما صيغة الماضي من الفعل فنحصل عليها بتصريف فعل الملكية **haben** مع الفاعل وبوضع إسم المفعول **Partizip Perfekt** في آخر الجملة.

7 – Ich auch nicht!

8 Die h**a**ben s**i**cher bei der Bank **ei**nen F**e**hler gem**a**cht!

9 – Das gl**au**be ich auch! Lass uns mal n**a**ch-rechnen: ④

10 **A**lso da war die Telef**o**nr**e**chnung;

11 die war z**ie**mlich hoch,

12 weil wir so oft mit M**u**tti in H**a**mburg telefon**ie**rt h**a**ben. ⑤ ⑥

13 – Ja, und dann die Str**o**mr**e**chnung;

14 die war auch z**ie**mlich hoch,

15 weil es in den l**e**tzten M**o**naten so kalt war.

16 – Und dann h**a**ben wir dr**ei**mal in Restaur**a**nts geg**e**ssen, ⑦

17 die nicht ger**a**de b**i**llig w**a**ren. Erinnerst du dich dar**a**n? ⑧ ⑨

[**12** ... مُتّي ... تِلِفُونيرْتْ ... **14** ... تْسيمْليش ...
17 ... إرْإنِّرْسْتْ ...]

④ وضعت **das** في الصدارة للتشديد على أن ما حصل ناتج عن خطأ ما، وهذا من مرونة الألمانية التي تحافظ على مكانة الفعل في الجملة وتقدم إمكانية تغيير أجزائها الأخرى بحسب ما يريد المتحدث أن يلفت النظر إلى أهميته.

⑤ تأتي الجملة التعليلية في الألمانية كجملة ثانوية أولها أداة التعليل **weil**، ويوضع الفعل كما هي الحال في الجملة الثانوية آخر الجملة، فيما تحافظ سائر عناصر الجملة الأخرى على ترتيبها.

⑥ يُصاغ إسم المفعول من الأفعال المنتهية بـ **ieren...** بحيث ينتهي بـ **iert...** وفق قاعدة خاصة بها، فإسم المفعول من **diskutieren** هو **diskutiert**.

⑦ لأن فعل **essen** من الأفعال الشاذة فقد جاءت صيغة إسم المفعول منه **gegessen**.

٧ - ولا أنا أيضاً!
(أنا أيضاً لا!)

٨ - لقد ارتكبوا بالتأكيد خطأً ما في المصرف!
(هم يملكون مؤكد عند المصرف واحداً خطأً مرتكب!)

٩ - هذا ما أظنه أيضاً! دعنا نراجع الحساب:
(هذا أعتقد أنا أيضاً! أترك إيانا مرة بعد يحسب:)

١٠ - كان هناك فاتورة الهاتف؛
(أنا إذن هنا كان فاتورة الهاتف؛)

١١ - التي كانت عالية نسبياً،
(هي كانت بدرجة ما عالية،)

١٢ - لأننا تهاتفنا كثيراً مع أمي في هامبورغ.
(لأن نحن كذا غالباً مع أمي في هامبورغ مهاتف نملك.)

١٣ - نعم، ومن ثم فاتورة الكهرباء؛
(نعم، وثم فاتورة الكهرباء؛)

١٤ - والتي كانت بدورها عالية نسبياً،
(هي كانت أيضاً بدرجة ما عالية،)

١٥ - لأن الطقس كان بارداً كثيراً في الأشهر القليلة الماضية.
(لأن هو في الأخيرة الأشهر هكذا بارداً كان.)

١٦ - ومن ثم فقد أكلنا ثلاث مرات في المطاعم،
(وثم نملك نحن ثلاث مرات في مطاعم مأكول،)

١٧ - والتي لم تكن رخيصة البتة. هل تذكرها؟
(هي لا مستقيم رخيص كانت. تتذكر أنت نفسك على ذلك؟)

⑧ كما مر سابقاً فإن الأفعال التي تتعدى بحرف جر ما لا ضرورة لذكر الإسم إذا كان معروفاً أو مفهوماً من السياق ويستعاض عنه بـ da مضافاً إليها حرف الجر، an في حالتنا، وبوضع بينهما r لأنه يبدأ بحرف صوتي.

⑨ الرجاء الإنتباه إلى لفظ كلمة erinnerst من الملفات الصوتية، حيث ثمة توقف بسيط بعد er...، ثم يتبعها لفظ innerst....، وكونها لا تُقرأ وفق قواعد القراءة المعتادة.

18 – Ja, ich erinnere mich an die Essen.

19 Die waren wirklich ausgezeichnet.

20 Etwas teuer... aber trotzdem gut!

21 – Wir haben immer mit Scheck gezahlt, nicht wahr? ⑩

22 – Ja, das ist richtig... ⑪

23 vielleicht hat die Bank doch recht, und wir haben uns geirrt. ⑫ ⑬

Übung 1: Verstehen Sie diese Sätze?

❶ Wir sind erst eine halbe Stunde hier, und du möchtest schon wieder gehen? ❷ Lass uns doch noch etwas hier bleiben! ❸ Ich habe heute noch nichts gegessen. Ich habe den ganzen Tag gearbeitet. ❹ Er hat gestern ein neues Auto gekauft. ❺ Müssen Sie denn immer recht haben?

Übung 2: Setzen Sie die fehlenden Wörter ein!

❶ لقد اشترت زبدةً وخبزاً وجبناً.

Sie ▮▮▮ Butter, Brot und Käse ▮▮▮.

❷ هل تذكر حضرتك الأوقات الجميلة في برلين؟

▮▮▮ Sie sich ▮▮ die schöne Zeit in Berlin?

١٨ - نعم، أتذكر المأكولات (الوجبات).
(نعم، أنا أتذكر نفسي على المأكولات.)

١٩ فقد كانت ممتازة بحق.
(هي كانت حقيقة ممتازة.)

٢٠ غالية بعض الشيء... ولكنها جيدة رغم ذلك!
(شيئاً غالية... لكن رغم ذلك جيدة!)

٢١ - لقد دفعنا دائماً بالشيك، أليس كذلك؟
(نحن نملك دائماً مع شيك مدفوع، أليس حقاً؟)

٢٢ - نعم، هذا صحيح...
(نعم، هذا يكون صحيحاً...)

٢٣ ربما المصرف محق تماماً، ونحن أخطأنا.
(ربما يملك المصرف بالتأكيد حقاً، ونحن نملك نفسنا مخطئ.)

⑩ من معاني **mit** "بـ" أو "مع" أو "باستخدام" أو "بواسطة".

⑪ الدفع بواسطة الشيكات أصبح في ألمانيا هذه الأيام نادراً، يدفع المرء في المطاعم إما نقداً أو عن طريق البطاقة.

⑫ تستخدم جملة **er hat recht** بمعنى "هو محق" أو "هو مصيب"، وتكتب كلمة **recht** بحرف صغير تمييزاً لها عن **Recht** التي تعني الحق أو القانون، ويمكن صياغة عكس المعنى بإضافة **un** لكلمة **recht**، فيغدو معنى **er hat unrecht** "هو على باطل" أو "غير محق".

⑬ ينتمي فعل **sich irren** للأفعال التي ترفق بضمير منعكس، ويعني "أخطأ".

Lösung 1: Haben Sie verstanden?

❶ نحن هنا منذ نصف ساعة فقط، ومع ذلك ترغب أن تذهب مجدداً؟ ❷ دعنا نمكث بعض الوقت هنا! ❸ لم آكلْ اليوم بعدُ أيَّ شيء. إذ عملت طوال النهار. ❹ لقد إشتري بالأمس سيارة جديدة. ❺ أمِنَ الضروري أن تكون محقاً دائماً؟

❸ دائماً ما كنا ندفع في ألمانيا بواسطة الشيكات السياحية.

Wir _____ in _____ immer mit Reiseschecks _____.

❹ كانت فاتورة الهاتف لهذا الشهر عالية جداً.

Die Telefonrechnung ___ in diesem Monat sehr ____.

❺ ماذا فعلت في عطلة نهاية الأسبوع؟

Was ____ du am Wochenende ______?

❻ إتصلت (هاتفياً) بصديقتي.

Ich ____ mit meiner Freundin __________.

37. Lektion [زِيبِنْ أُنْدْ دْرايْسِگْسْتِ لِكْتْسْيُونْ]

Ein guter Tipp

1 – Mensch, Sie s**e**hen ja toll aus… so br**au**n gebr**a**nnt! ①

2 Wo k**o**mmen Sie denn her? ②

3 – Dir**e**kt von den Kan**a**rischen **I**nseln. ③

4 Dort ist das sch**ö**nste W**e**tter, das man sich d**e**nken kann! ④ ⑤

ANMERKUNGEN

① تفيد إضافة **ja** في الجمل الوصفية في التشديد على المعنى المراد.

② تتألف أداة الإستفهام **woher** من جزأين: **wo** و **her**، وغالباً ما تستخدمان متفرقتين شفوياً ومجتمعتين كتابياً، وتعني الجملة في حالتنا "من أين قدمتَ للتو؟"، مع أنها تعني في العادة "من أي بلد أنت؟". ونفس الأمر ينطبق على التي تتألف **wohin** من **wo** و **hin**.

③ عادة ما تُكتب الصفة بحرف صغير إلا أنها إذا ارتبطت بأسماء البلدان والمؤسسات والهيآت وإسم النسبة لبلد أو مدينة ما فتكتب بحرف كبير.

Lösung 2: Die fehlenden Wörter.

❶ hat – gekauft ❷ Erinnern – an ❸ haben – Deutschland – gezahlt ❹ war – hoch ❺ hast – gemacht ❻ habe – telefoniert.

تعلمنا صياغة الماضي باستخدام الفعل المساعد **haben** واسم المفعول من الفعل **Partizip Perfekt**، لنتذكر أن إحدى الصعوبات تكمن في وضع اسم المفعول آخر الجملة، حذارِ من نسيانه عندما تكون الجملة طويلة بعض الشيء!

الدرس السابع والثلاثون

نصيحة جيدة

١ - يا إلهي، حضرتك تبدو بصورة رائعة... برونزي إلى هذه الدرجة!
(إنسان، حضرتك ترى نعم كبير خارج... هكذا بني محروق!)

٢ - من أين تأتي (تكون) إذن حضرتك؟
(أين تأتي حضرتك إذن من؟)

٣ - من جزر الكناري مباشرة.
(مباشرة من الكناري جزر.)

٤ - هناك يوجد أجمل طقس قد يخطر على البال!
(هناك يكون الأجمل طقس، هو المرء نفسه يفكر يستطيع!)

④ بالإضافة لاستخدام أدوات التعريف المعتادة فإنها تستخدم لصياغة الجملة الموصولة، ويكون ذلك بوضعها في الجملة الثانوية للدلالة على الإسم الموصول، فقد جاءت **das** الثانية هنا في حالة النصب للتعويض عن كلمة **das Wetter**.

⑤ معنى **man** هو "إمرؤ"، وتكتب بحرف صغير، ومعنى **der Mann** "الرجل"، بحيث يمكن فهم ترجمة أغلبية الجمل التي يكون فاعلها **man** وكأنها جملة مبنية للمجهول في العربية.

5 – Herrlich! Ich beneide Sie wirklich!

6 Waren Sie schon oft dort?

7 – Ja, schon fünfmal. ⑥

8 Seit fünf Jahren verbringen wir dort unseren "Winterurlaub".

9 – Meine Frau und ich, wir wollen auch schon seit Langem dorthin; ⑦ ⑧

10 aber immer kommt irgendetwas dazwischen. ⑨

11 – Wenn Sie eines Tages doch fahren, ⑩

12 kann ich Ihnen einige gute Tipps geben.

13 – Diesen Sommer leider nicht,

14 aber vielleicht klappt's im nächsten Frühling.

15 – Sie müssen dann unbedingt ins Hotel "Meeresstrand" gehen.

AUSSPRACHE

[5 هِيرْليشْ! ... بنايْدِهْ ... 8 ... فِرْبْرِنْگِنْ ... 10 ... إرْگِنْدْ إتْڤَزْ داتْسْڤِشِّنْ. 15 ...مِيرِسْ شْتانْدْ...]

⑥ كحالة خاصة في كلمة **Mal** يكتب العدد والمعدود كمفردة مركبة، فنقول مثلاً **einmal** و **zweimal** وهكذا ...

⑦ من علامات اللباقة في الألمانية أن يقدم المرء ذكر الآخرين على نفسه.

⑧ مر معنا سابقاً أنه عند استخدام الأفعال المساعدة فلا ضرورة لذكر الفعل الرئيسي في بعض الحالات الخاصة إذا كان السياق يدل عليها، فالسياق يدل هنا على فعل **gehen** "يذهب" أو **fahren** "يسافر" أو **fliegen** "يطير" أو **reisen** "يرحل"، فتكون الجملة مثلاً:
"نحن أيضاً نريد حقيقةً السفرَ إلى هناك منذ مدة طويلة."
Wir wollen auch schon seit Langem dorthin fahren.

٥ - رائع! أنا أحسد حضرتك بحق!
(رائع! أنا أحسد حضرتك حقيقة!)

٦ - أكنت حضرتك غالباً هناك؟
(كنت حضرتك جاهزاً غالباً هناك؟)

٧ - نعم، خمس مرات (لحد الآن).
(نعم، جاهز خمس مرات.)

٨ - فمنذ خمس سنوات ونحن نقضي "إجازتنا الشتوية" هناك.
(منذ خمس سنوات نقضي نحن هناك لنا "إجازة شتوية".)

٩ - زوجتي وأنا نريد منذ فترة بعيدة أن نذهب هناك؛
(لي زوجة وأنا، نحن نريد أيضاً جاهز منذ طويل هناك؛)

١٠ - ولكن دائماً ما كان يحول شيءٌ ما دون ذلك.
(لكن دائماً يأتي أي شيء بين ذلك.)

١١ - إذا حدث وذهبت يوماً ما،
(إذا حضرتك يوماً ما فعلاً يسافر،)

١٢ - فإني أستطيع تزويد حضرتك ببعض النصائح المفيدة.
(أستطيع أنا لحضرتك بعض جيدة نصائح يعطي.)

١٣ - للأسف ليس في هذا الصيف،
(هذا الصيف للأسف لا،)

١٤ - ولكن ربما سينجح الأمر في الربيع المقبل.
(لكن ربما ينجح هو في القادم الربيع.)

١٥ - على حضرتك عندها الذهاب من كل بد إلى فندق "شاطئ البحر".
(حضرتك يجب إذن ضروري في فندق "شاطئ البحر" يذهب.)

⑨ تأتي irgend بمعنى "أي"، وتلحق بها ألفاظ للدلالة على هذا الـ "أي"، ففي حالتنا تعني irgendetwas "أي شيء".

⑩ تستخدم صيغة eines Tages في القصص والحكايا كمرادف لـ "في يوم من الأيام".

16 – Der Be**si**tzer ist ein **gu**ter Freund von mir.

17 Sie fr**a**gen nur nach W**o**lfgang H**a**nsen. ⑪

18 Und im Str**a**ndrestaur**a**nt fr**a**gen Sie nach P**e**ter Schmitt

19 und im Ca**si**no nach W**e**rner…

20 – Sind dort denn so v**ie**le D**eu**tsche?

21 – Oh, ja, das ist **ei**nes **i**hrer bel**ie**btesten F**e**rienz**ie**le. ⑫

AUSSPRACHE [21 ... بِليبْتَسْتِنْ...]

⑪ في حين يعني فعل **fragen** "يسأل" فإن إتْباعه بحرف الجر **nach** يعني "يسأل عن"، ويأتي إسم الشيء أو المكان أو الشخص بعدها في حالة الجر.

⑫ معروف أن إسبانيا وخاصة جزر الكناري وجزيرة مايوركا هي من أحب الوجهات السياحية لدى الألمان، كما أن الكثيرين منهم استقر بهم المقام فيها لتمتعها بالجو المشمس الذي يتوق إليه الأوروبيون عموماً.

Übung 1: Verstehen Sie diese Sätze?

❶ Sie sieht sehr gut aus. ❷ Das ist das beste Essen, das man sich denken kann. ❸ Wir fahren jedes Jahr dorthin. ❹ Deine Schwester hat nach dir gefragt. ❺ Sie hat erst ein Kind und möchte gern ein zweites. ❻ Sein Bruder ist ein guter Freund von mir.

Übung 2: Setzen Sie die fehlenden Wörter ein!

❶ إلى أين ستذهبون هذا الصيف؟ - نحن سنذهب إلى مايوركا.

_____ fahren Sie in diesem Sommer? – Wir fahren _____ Mallorca.

❷ نحن سنذهب أيضاً إلى هناك.

Wir fahren auch _____.

❸ من أين (تأتي) زوجتك؟ - من ميونيخ.

_____ kommt _____ Frau? – _____ München.

١٦ - فالمالك صديق جيد من أصدقائي.
(المالك يكون واحد جيد صديق من لي.)

١٧ حضرتُك تسأل عن فولف غانغ هانسن فقط.
(حضرتُك يسأل فقط عن فولف غانغ هانسن.)

١٨ وفي مطعم الشاطئ تسأل حضرتُك عن بيتر شميت
(و في مطعم الشاطئ يسأل حضرتُك عن بيتر شميت)

١٩ وفي الكازينو عن فيرنر ...
(وفي الكازينو عن فيرنر ...)

٢٠ - وهل يوجد هناك كل هؤلاء الألمان؟
(يكون هناك إذن هكذا كثير ألمان؟)

٢١ - بكل تأكيد، فهذا واحد من وجهات العطلات المفضلة لديهم.
(أوه، نعم، هذا يكون واحداً من لهم محبب أهداف العطلات.)

Lösung 1: Haben Sie verstanden?

❶ إنها تبدو بحالة جيدة للغاية. ❷ هذا هو أفضل طعام يمكن للمرء أن يتخيله. ❸ نحن نذهب هناك كل عام. ❹ لقد سألَتْ أختُك عنك. ❺ أنجبَتْ في البداية طفلاً (واحداً) وترغب في إنجاب آخرَ. ❻ أخوه (هو) صديقٌ جيدٌ من أصدقائي.

❹ وأنا أيضاً (قادم) من هناك.

Ich komme auch ________.

❺ على حضرتك مشاهدة هذا الفيلم من كل بد. فهو رائع.
Sie müssen ………… diesen Film sehen.
Er ist ………….

❻ إسأل حضرتك عن السيد هانسن. فهو صديق مقربٌ مني.
Fragen Sie ………… Herrn Hansen. Er ist …………
………… Freund ………… mir.

38. Lektion [أَخْتْ أُنْدْ دْرايْسِگْسْتِ لِكْتْسْيُونْ]

Ein Ausweg?

1 – Warum hältst du an? Was ist los? ①

2 – Ich weiß nicht mehr, wo wir sind. Ich glaube, wir haben uns verirrt. ② ③

3 – Du kennst doch den Weg! Das hast du mir jedenfalls gesagt.

4 – Ja, das habe ich auch gedacht. ④

5 Aber in dieser Schneelandschaft sieht alles ganz anders aus. ⑤

[1 … هِيلْتْسْتْ… 5 …شْنِيهْ لانْدْشافْتْ…أَنْدِرْسْ…]

ANMERKUNGEN

① تستخدم جملة **Was ist los?** في المعتاد للسؤال عن أمر يحدث على غير المتوقع.

② لا تحتاج صياغة إسم المفعول من الأفعال التي تبدأ بـ **...ver** لوضع **...ge** في بدايتها.

③ يمكن الإشارة هنا إلى الفرق بين **sich irren** "يخطئ" و **sich verirren** "يضل الطريق"، إذ إن إضافة **...ver** للفعل يبقي على معنى أساسي في الفعل وهو الضياع، ولكن تنقله إلى حالة مخصصة وهي فقدان البوصلة على الطريق: "لقد أخطأ." **Er hat sich geirrt.**
"لقد ضل الطريق." **Er hat sich verirrt.**

Lösung 2: Die fehlenden Wörter.

❶ Wohin – nach ❷ dorthin ❸ Woher – Ihre – Aus ❹ dorther
❺ unbedingt – herrlich ❻ nach – ein guter – von.

بما أن عنوان درسنا هو "نصيحة جيدة" فإن أفضل نصيحة يمكن تقديمها لحضرتك الآن هي أن تستمر في التقدم الحثيث في مذاكرة الدروس!

الدرس الثامن والثلاثون

هل من مخرج؟

(واحد مخرج؟)

١ – لماذا توقفْتَ؟ ما الذي يحدث؟
(لماذا توقفت أنت؟ ماذا يكون حدث؟)

٢ – أنا لم أعد أعرف أين نحن. أظن أننا ضللنا الطريق.
(أنا أعرف لا بعدُ، أين نحن نكون. أنا أعتقد، نحن نملك أنفسنا مضيع.)

٣ – ولكنك تعرف الطريق! فهذا ما قلته لي على أي حال.
(أنت تعرف بالتأكيد الطريق! هذا تملك أنت لي على كل حال مقول.)

٤ – نعم، هذا ما كنت أظنه على أية حال.
(نعم، هذا أملك أنا أيضاً معتقَد.)

٥ ولكنِ في هذه الطبيعة الثلجية يبدو كل شيء مختلفاً تماماً.
(لكن في هذه الطبيعة الثلجية تنظر كل شيء كامل مغاير خارج.)

④ يعتبر فعل **denken** من الأفعال الشاذة، ويعني "يفكر" أو "يظن" أو "يعتقد"، وينبغي حفظ إسم المفعول منها لأنه لا يُصاغ وفق أية من القواعد التي تعلمناها حتى الآن.

⑤ في حين يعني فعل **sehen** "يرى" أو "ينظر" فإن **aussehen** يعني "يبدو" أو "يظهر"، ولنتذكر هنا أنه في الأفعال المؤلفة من مقطعين يحافظ الفعل على موقعه في الجملة بينما يوضع المقطع الثاني في آخر الجملة.

195 • hundertfünfundneunzig

6 – Gibt es denn k**e**ine W**e**gweiser? ⑥

7 – Nein, nicht **ei**nen **ei**nzigen.

8 – Und weit und breit kein Mensch, den wir fr**a**gen k**ö**nnen! ⑦

9 – S**o**llen wir viell**ei**cht b**e**sser **u**mkehren?

10 – Es wird schon d**u**nkel. ⑧

11 – Dort kommt ein **Au**to!

12 F**a**hren wir doch **ei**nfach hinterh**e**r. ⑨

13 Es wird uns schon **i**rgendwoh**i**n f**ü**hren. ⑩

(F**o**rtsetzung folgt)

AUSSPRACHE

[**6** ...ڤيگ ڤايْزَرْ؟]

⑥ يأتي الإسم بعد تركيب **es gibt** في حالة النصب على خلاف العربية، حيث يأتي على أنه فاعل مرفوع.

⑦ توجد في الألمانية كثير من التعبيرات من هذا النوع والتي تعني بالعموم اشتمال الأمر لكل الظروف والأحوال وأنه مستقل عنها، وهنا بعض هذه التعبيرات:

Durch dick und dünn. "في السراء والضراء" أو "على الخير والشر"

Bei Licht und Schatten. "على الحلو والمر" أو "في جميع الأحوال"

Bei Wind und Wetter. "في جميع الظروف والأحوال"

٦ - أَوَلا توجد أيُّ علامات إرشاد؟
(يعطي هو إذن ولا علامات إرشاد؟)

٧ - لا، ولا حتى (علامة) واحدة.
(لا، لا واحداً فريداً.)

٨ - ولا حتى أي شخص لنسأله على مد البصر!
(وبعيد وعريض ولا إنسان، الذي نحن يسأل نستطيع!)

٩ - ربما الأفضل لنا أن نعود؟
(ينبغي نحن ربما أفضل يعود؟)

١٠ - إذ سيحل الظلام قريباً.
(هو يصبح جاهز داكناً.)

١١ - هناك سيارة قادمة!
(هناك تأتي واحد سيارة!)

١٢   فلنتعقبها ببساطة إذن.
(نسافر نحن بالتأكيد ببساطة خلف.)

١٣   وستقودنا حكماً إلى مكان ما.
(التتمة تتبع)
(هو يصبح إيانا (لنا) جاهز إلى مكان ما يقود.)
(التتمة تتبع)

⑧ تصريف فعل يصبح werden في الحاضر مع ضمير الغائب المفرد هو wird، وقد استخدم هنا كفعل تام بمعنى "ستمسي" وليس كفعل مساعد.

⑨ مع أن einfach تعني "سهل" أو "بسيط" إلا أنها تعني في مثل هذا السياق أنه لا حل لدينا سوى باللحاق بالسيارة وتسليم أمرنا للنتيجة.

⑩ مر معنا أن irgend تأتي بمعنى "أي"، وتلحق بها ألفاظ للدلالة على هذا الـ "أي"، فهنا تعني irgendwohin "إلى أي وجهة"، وتعني irgendwoher بالمقابل "من أي وجهة".

Übung 1: Verstehen Sie diese Sätze?

① Können Sie mir den Weg zum Bahnhof sagen? ② Sie sehen heute so müde aus! ③ Es wird endlich Sommer. ④ Ich sehe weit und breit keinen Wegweiser. ⑤ Die Landschaft sieht heute ganz anders aus. ⑥ Das haben wir alle gedacht; aber es war nicht so.

Übung 2: Setzen Sie die fehlenden Wörter ein!

❶ علينا أن نتوقف هنا. فأنا لم أعد أعرف أين نحن.

Wir müssen hier _____ . Ich _____ nicht mehr, _____ wir sind.

❷ لا أرى أي علامة إرشاد. (لذا) علينا أن نستفسر عن الطريق.

Ich sehe keinen _____ . Wir müssen nach _____ _____ fragen.

❸ ما الذي يحدث؟ لماذا يحل الظلام بهذا الشكل؟

Was ist _____ ? Warum _____ es so dunkel?

❹ حضرتك تعرف هذه المدينة بدون شك! فقد قلتَ حضرتك ذلك لي على أي حال!

Sie _____ doch diese Stadt! Das haben Sie mir _____ gesagt!

39. Lektion [نُويْنْ أُنْدْ دْرايسِگْسْتِ لِكْتْسْيُونْ]

Ein Ausweg? (F**o**rtsetzung)

1 – Du, der fährt **i**mmer schn**e**ller! Ich kann ihm kaum noch f**o**lgen. ① ②

ANMERKUNGEN

① في حين تعني **immer** لوحدها "دائماً" فإنها تعني عندما تتبعها صفة ما "بتزايد".

Lösung 1: Haben Sie verstanden?

❶ أيمكن لحضرتك أن تصف لي الطريق (المؤدية) إلى محطة القطار؟ ❷ تبدو حضرتك متعباً كثيراً اليوم! ❸ وجاء الصيف أخيراً. ❹ لا أرى أي علامة إرشاد على مد البصر. ❺ يبدو المشهد (الطبيعي) اليوم مختلفاً بالكلية. ❻ هذا ما اعتقدناه جميعنا. ولكن الواقع لم يكن كذلك.

❺ اليوم يبدو كل شيء مختلفاً بالكلية.

Heute ___ alles ganz anders ___.

❻ إنه يعتقد بأنه قد ضل الطريق.

Er ___, er ___ sich ___.

Lösung 2: Die fehlenden Wörter.

❶ anhalten – weiß – wo ❷ Wegweiser – dem Weg ❸ los – wird ❹ kennen – jedenfalls ❺ sieht – aus ❻ glaubt – hat – verirrt.

الدرس التاسع والثلاثون

هل من مخرج؟ (تتمة)

(واحد مخرج؟)

١ - هل ترينَ؟ إنه يزيد من سرعته! فأنا بالكاد أتمكن من اللحاق به.

(أنتِ، إنه يسافر دائماً أسرعَ! أنا أستطيع له بالكاد بعدُ يلحق.)

② في الألمانية عدد محدود من الأفعال التي يأتي الإسم بعدها مجروراً **Dativ** وفعل **folgen** منها.

2 – Er scheint den Weg gut zu kennen. ③

3 – Wo ist er denn jetzt? Keine Lichter mehr! ④

4 Das ist doch nicht möglich!

5 – Ja, das ist unheimlich. Da stimmt etwas nicht. ⑤ ⑥

6 – Vorsicht, ich glaube, da ist jemand!

7 Mein Gott, bin ich erschrocken! ⑦

8 – Guten Tag, Hände hoch! Warum verfolgen Sie mich? ⑧

9 – Warten Sie, machen Sie bitte keinen Quatsch! ⑨

10 Wir sind keine Verbrecher!

AUSSPRACHE

[2 إرْ شايْنْتْ... 5 ...أُنَّ هايْمْليشْ...]

③ يعتبر هذا التعبير مشهوراً في بناء الجملة المصدرية باستخدام فعل **scheinen**، حيث يأتي الفعل في آخر الجملة وفي المصدر.

④ تنتهي صيغة المجموع لكثير من الكلمات بـ **er...**، مثل: "ضوء" ← "أضواء" **Licht → Lichter**، "صورة" ← "صور" **Bild → Bilder**، "طفل" ← "أطفال" **Kind → Kinder**، "رجل" ← "رجال" **Mann → Männer**، "كتاب" ← "كتب" **Buch → Bücher**.

⑤ لنتذكر هنا أنه يمكن الحصول على الكثير من الصفات بوضع **...un** قبل صفة معينة، مثل **möglich → unmöglich** "ممكن" ← "غير ممكن"، أو **höflich → unhöflich** "مهذب" ← "غير مهذب"، ولكن لننتبه أن المعنى الجديد ليس عكس معنى الصفة المنفية في كل الأحوال.

⑥ صيغة **.Da stimmt etwas nicht** من الجمل التي لا ينبغي فهمها حرفياً، فحسب السياق قد تعني "ثمة سر ما" أو "يوجد مشكلة ما"، أو "نحن مقبلون على مصيبة" ...

٢ - يبدو أنه يعرف الطريق جيداً.

(هو يبدو الطريقَ جيد إلى يعرف.)

٣ - أين هو الآن إذن؟ لم تعد ثمة أضواء!

(أين يكون هو إذن الآن؟ ولا أضواء كثيرة!)

٤ هذا (أمر) غير ممكن حقيقةً!

(هذا يكون إذن لا ممكن!)

٥ - نعم، هذا أمر موحش. ثمة خطأ ما.

(نعم، هذا يكون مخيفاً. هنا يصح شيء لا.)

٦ - إنتبه، أظن أنه ثمة شخص ما هنا!

(إنتبه، أنا أعتقد، هنا يكون أحد!)

٧ يا إلهي، أنا مذعورة!

(لي إله، يكون أنا مذعور!)

٨ - يوماً سعيداً، إرفعا أيديكما إلى أعلى! لماذا تتعقبني حضرتك (تتعقبوني حضراتكم)؟

(جيداً يوماً، أيادي عالياً! لماذا يتبع حضرتك إياي؟)

٩ - إنتظر حضرتك من فضلك قبل أن ترتكب أية حماقة!

(إنتظر حضرتك، يعمل حضرتك رجاءاً ولا عبث!)

١٠ فنحن لسنا مجرمَيْن!

(نحن نكون ولا مجرمين!)

⑦ لفعل **erschrecken** إسما مفعول يختلفان حسب المعنى المراد، فعندما يستعمل متعدياً يأتي بصيغة **erschreckt**، وعندما يأتي لازماً تكون صيغته شاذة **erschrocken**، وهذا يوضحه المثالان:

"لقد أرعبني الكلب". **Der Hund hat mich erschreckt.**

"أنا مذعور". **Ich bin erschrocken.**

⑧ مر معنا أن الإسم بعد فعل **folgen** يأتي في حالة الجر، ولننتبه هنا إلى أن الإسم بعد فعل **verfolgen** يأتي في حالة النصب كمفعول به، وهذه قاعدة للأفعال المتعدية التي تبدأ بـ **...ver**.

⑨ مع أن كلمة **Quatsch** تعني قاموسياً "هراء"، إلا أنها تعني في هذا السياق "حماقة" أو "غباوة".

11 Wir h**a**ben uns nur ver**i**rrt und ged**a**cht…

12 – Ha, ha, h**a**ben Sie k**ei**ne Angst!

13 Das ist nur **ei**ne Schr**e**ckschusspist**o**le…

14 S**e**hen Sie, wir f**a**hren seit zehn Min**u**ten im Kreis

15 auf m**ei**nem Priv**a**tgrundstück, ⑩

16 und h**eu**tzutage kann man nie w**i**ssen… ⑪

AUSSPRACHE

[9 …كْفاتْشْ! **13** …شْرِكّْ شُسّْ بِسْتوْلِهْ… **15** … پْريڤاتْ گْرُنْدْ شْتوّكّْ، **16** …هُويْتْ تْسو تاگِهْ…]

⑩ قلنا إن الأفعال التي تدل على الحركة تستلزم حالة النصب للمكان الذي تتم الحركة باتجاهه، وهنا جاء إسم المكان **Privatgrundstück** في حالة الجر لأن الحركة تتم فيه وليس إليه.

⑪ لا تعطي ترجمة كلمتي **heute** "اليوم" و **zutage** "ظاهر" بالطريقة المعتادة لترجمة التعابير المؤلفة من أكثر كلمة المعنى، فتعبير **heutzutage** هنا يعني "هذه الأيام" ويستخدم كثيراً في إجراء المقارنات بين الماضي والحاضر.

Übung 1: Verstehen Sie diese Sätze?

❶ Zeigen Sie uns bitte den Weg! Wir folgen Ihnen. ❷ Es wird immer dunkler. Ich kann kaum noch die Straße sehen. ❸ Er fährt seit einer Stunde im Kreis. ❹ Sie haben sich verirrt, und sie wissen nicht mehr, wo sie sind. ❺ Sie scheint diese Person gut zu kennen.

Übung 2: Setzen Sie die fehlenden Wörter ein!

❶ سوف أريك الطريق. إلحقْ بي حضرتك من فضلك!

Ich ______ Ihnen den Weg. Folgen Sie ___ bitte!

١١	لقد ضللنا الطريق وحسب وظننا ...
	(نحن نملك إيانا (لنا) فقط مُضَلَّلون ومظنون...)
١٢ -	ها، ها، لا تخافا حضرتكما!
	(ها، ها، يملك حضرتك ولا خوف!)
١٣	فهذا مجرد مسدس خلبي ...
	(هذا يكون فقط واحدة مسدس إطلاق تخويف...)
١٤	لتعلم حضرتك بأننا ندور في حلقة مفرغة منذ عشر دقائق
	(ترى حضرتك، نحن نسافر منذ عشر دقائق في دائرة)
١٥	على قطعة الأرض التي تعود مليكتها لي،
	(على لي قطعة أرض خاصة،)
١٦	وهذه الأيام لا يمكن للمرء أن يعرف أبداً...
	(و هذه الأيام يستطيع واحد أبداً يعرف...)

Lösung 1: Haben Sie verstanden?

❶ رجاءاً أرنا حضرتك الطريق! ونحن سنلحق بحضرتك. ❷ إنها تزداد قتامة. فأنا بالكاد أستطيع أن أرى الطريق. ❸ إنه يدور في حلقة مفرغة منذ ساعة. ❹ لقد ضلوا الطريق ولم يعودوا يعرفون موضع أقدامهم. ❺ يبدو أنها تعرف هذا الشخص جيدا.

❷ حركته تغدو أبطأَ وأبطأَ. يبدو أنه متعب.

Er geht ___ langsamer. Er ___ müde ___ sein.

❸ هي مذعورة. ولكنه لم يكن خائفاً.

Sie ist ___; aber er hat ___ ___ gehabt.

❹ حضرتك ضللت الطريق. فقد سرت حضرتك في حلقة مفرغة.

Sie ___ sich ___. Sie sind im Kreis ___.

40. Lektion [فيرْتْسِگْسْتِ لِكْتْسْيُونْ]

Endstation

1 – **E**ndstation! **A**lles **au**ssteigen b**i**tte! ①

2 **A**lle **Leu**te st**ei**gen aus - bis auf **ei**nen kl**ei**nen, **a**lten Mann, ②

3 der **ei**ngeschlafen zu sein scheint. ③

4 Der B**u**sfahrer geht zu ihm und spricht ihn an: ④

AUSSPRACHE

[إِنْدْ شْتاتْسْيُونْ 1 ...آوْسْ شْتايْگِنْ...]

ANMERKUNGEN

① عند الصعود والنزول من وسيلة نقل ما فإننا نستخدم **einsteigen** و **aussteigen** على التتالي.

② يعني حرف الجر **bis** "إلى" أو "لغاية" أو "حتى"، وإذا جاء متبوعاً بحرف الجر **auf** فإن التركيب يعني "باستثناء" أو "من غير"، ويأتي الإسم بعده في حالة النصب.

❺ لاترتكبْ أية حماقة رجاءاً! فأنا لا أفهمك.

Mach bitte ______ Quatsch! Ich ______ dich nicht.

❻ هناك مشكلة ما. فأنا لم أعد أرى أية أضواء.

Da ______ etwas nicht. Ich sehe ______ ______ mehr.

Lösung 2: Die fehlenden Wörter.

❶ zeige – mir ❷ immer – scheint – zu ❸ erschrocken – keine Angst ❹ haben – verirrt – gefahren ❺ keinen – verstehe ❻ stimmt – keine Lichter.

الدرس الأربعون

المحطة النهائية

١ - المحطة النهائية! رجاءاً فلينزل الجميع!
(محطة أخيرة! كل شيئ ينزل رجاءاً!)

٢ الجميع ينزل - باستثناء رجل قصير مسن،
(جميع ناس يركب خارج - إلى على واحداً صغيراً، مسناً،)

٣ والذي يبدو أنه قد أغفا.
(الذي مغفو إلى يكون يبدو.)

٤ يذهب سائق الحافلة إليه ويخاطبه:
(سائق الحافلة يذهب إلى هو و يحدث إياه:)

③ يعني فعل **schlafen** "ينام"، بينما يعني **einschlafen** "يدخل في النوم" أو "يغفو"، وهو فعل لازم.

④ يعني فعل **sprechen** "يتكلم" أو "يتحدث"، بينما يعني **ansprechen** "يخاطب" أو "يحدث"، ويأتي الإسم بعده في حالة النصب.

5 – Hören Sie, Sie müssen **aus**steigen!

6 – Warum? Fahren Sie nicht weiter? ⑤

7 – Doch, ich fahre weiter.

8 – Das ist gut. Ich will auch weiterfahren. ⑥

9 – Das geht nicht. Hier ist Endstation.

10 – Ja, aber Sie haben gerade gesagt, dass Sie weiterfahren. ⑦ ⑧

11 – Ja... nein... gut!

12 Ich fahre nicht weiter; ich fahre zurück.

13 – Oh, das macht nichts.

14 Dann werde ich mit Ihnen zurückfahren... ⑨

⑤ تضاف weiter إلى عدد كبير من الأفعال، وتعني أن الفعل يستمر في الحدوث.

⑥ يتركب فعل weiterfahren من جزأين ولكنه كتب في تعبير واحد لأنه جاء في المصدر بسبب الفعل المساعد will، ولولا وجوده لكتبا متفرقين كالمعتاد، ولوضع الجزء الثاني منه آخر الجملة، وهذا مثال:

Ich fahre mit Ihnen weiter.

⑦ تعني gerade لوحدها "مستقيم" إلا أن اقتران فعل بها يفهمنا أن الفعل حدث للتو.

٥ - إسمع حضرتك، إذ عليك النزول!
(إسمع حضرتك، حضرتك يجب على حضرتك ينزل!)

٦ - لماذا؟ ألن تتابع حضرتك السير؟
(لماذا؟ يسافر حضرتك لا مزيد؟)

٧ - بلى، سأتابع.
(بالتأكيد، أنا يسافر مزيد.)

٨ - هذا جيد. فأنا أود أيضا أن أتابع الرحلة.
(هذا يكون جيداً. أنا يريد أيضاً يتابع السفر.)

٩ - هذا غير ممكن. فهنا المحطة النهائية.
(هذا يذهب لا. هنا يكون محطة أخيرة.)

١٠ - فهمت، ولكن حضرتك قلت للتو إنك ستتابع الرحلة.
(نعم، لكن حضرتك يملك للتو مقول، أن حضرتك رحلة يتابع.)

١١ - نعم ... لا ... حسناً!
(نعم...لا...جيد!)

١٢ لن أتابع الرحلة؛ بل سأعود (أدراجي).
(أنا أسافر لا مزيد؛ أنا أسافر القهقرى.)

١٣ - أوه، هذا لا يهم.
(أوه، هذا يعمل لاشيئاً.)

١٤ فسوف أعود مع حضرتك بطبيعة الحال...
(إذن يصبح أنا مع لكم يسافر القهقرى...)

⑧ عندما يأتي الفعل المؤلف من مقطعين في آخر الجملة، كون الجملة ثانوية أو لوجود فعل مساعد فيها أو لأنه جاء إسم مفعوله لصياغة الماضي فإنه يعاد جمع هذين المقطعين.

⑨ معروف أن المضارع في الألمانية كما في العربية يدل أيضاً على المستقبل، واستعمال فعل werden في هذه الجملة يبرز نية الراكب فيما يريد فعله إضافة للدلالة على الإستقبال.

Übung 1: Verstehen Sie diese Sätze?

① Steigen Sie bitte alle aus! ② Du musst schnell einsteigen! Der Zug fährt sofort ab. ③ Ich bin gestern angekommen und werde morgen zurückfahren. ④ Wir bleiben heute Nacht in diesem Hotel und fahren morgen früh weiter. ⑤ Ich bin heute Nachmittag im Büro eingeschlafen.

Übung 2: Setzen Sie die fehlenden Wörter ein!

① أين ينبغي علينا النزول؟

Wo müssen wir ________?

② لماذا تتوقف حضرتك؟ تابع رحلتك رجاءاً!

________ halten Sie an? ________ Sie doch bitte ________!

③ سيعود في الغد إلى المنزل.

Er ________ morgen ________ nach Hause.

④ هذا لا يهم. فنحن مازال لدينا الكثير من الوقت.

Das macht ________. Wir haben noch viel ________.

41. Lektion [آيْنْ أُنْدْ فيرْتْسِگْسْتِ لِكْتْسْيُونْ]

Beim Arzt

1 – Sie s**e**hen **a**ber schlecht aus, Frau M**ei**er!

2 – D**e**shalb bin ich zu **I**hnen gek**o**mmen, Herr D**o**ktor. ① ②

ANMERKUNGEN

① كما نلاحظ فإن أداة التعليل **deshalb** تحتل موقعها في الجملة، وقد حافظ الفعل على موقعه في المرتبة الثانية وجاء الفاعل بذلك في المرتبة الثالثة، ونفس الأمر ينطبق على **deswegen** التي تعني "لذلك" أو "من أجل ذلك".

Lösung 1: Haben Sie verstanden?

❶ رجاءاً من حضراتكم جميعاً أن تنزلوا! ❷ عليك الصعود بسرعة! فالقطار سوف ينطلق في الحال. ❸ لقد وصلتُ بالأمس وسأعود غداً (أدراجي). ❹ سوف نبقى هذه الليلة في هذا الفندق ونواصل رحلتنا غداً باكراً. ❺ لقد غفوتُ بعد ظهر هذا اليوم في المكتب.

❺
أين استقليت حضرتك (الحافلة)؟

Wo sind Sie ▨▨▨▨▨▨▨▨▨▨?

❻
لقد أكلتَ كل شيء باستثناء قطعة الجبن الصغيرة هذه؟

Du ▨▨▨▨ alles ▨▨▨ ▨▨▨ dieses kleine Stück Käse ▨▨▨▨▨▨▨▨?

Lösung 2: Die fehlenden Wörter.

❶ aussteigen ❷ Warum – Fahren – weiter ❸ fährt – zurück ❹ nichts – Zeit ❺ eingestiegen ❻ hast – bis auf – gegessen.

تعلمنا في هذا الدرس صياغة الفعل في المستقبل، وكذلك بعض الحالات للماضي لأفعال تتألف من مقطعين.

الدرس الحادي والأربعون

عند الطبيب

١ - ولكن تبدين حضرتكِ في حالة سيئة، يا سيدة ماير!
(حضرتك يرى لكن سيء خارج، سيدة ماير!)

٢ - لهذا السبب جئت إلى حضرتكَ، يا حضرة الطبيب.
(لهذا أكون أنا إلى حضرتك مأتي، سيد طبيب.)

② على الرغم من دلالة فعل **kommen** على الحركة إلا أن الإسم بعده جاء في حالة الجر لأن **zu** تستلزم ذلك.

3 – Was fehlt **I**hnen denn? ③

4 – Mir war g**e**stern **A**bend sehr schlecht.

5 Ich h**a**be mich den g**a**nzen **A**bend überg**e**ben. ④

6 – Und h**eu**te, wie geht es **I**hnen h**eu**te?

7 – B**e**sser, **a**ber ich f**ü**hle mich noch **e**twas schwach auf den B**ei**nen. ⑤

8 – H**a**ben Sie noch M**a**genschmerzen?

9 – Nein, mir ist nur **e**twas schw**i**ndlig.

10 – Tja, viell**ei**cht h**a**ben Sie g**e**stern **e**twas K**o**misches geg**e**ssen? ⑥

11 – Nein, ich h**a**be das geg**e**ssen, was **a**lle gegessen h**a**ben.

12 – Mm, so. Wann ist **I**hnen denn schlecht gew**o**rden? ⑦

[**9** ...شْفِنْدْلِگْ.]

③ تفيد **denn** في مثل هذا السياق تشديد المعنى، وقد تأخذ إجابة هذا السؤال إحدى الصيغ التالية: "لا ينقصني ولا شيء" **Es fehlt mir nichts.** "حالتي جيدة" **Es geht mir gut.** "حالتي سيئة" **Es ist mir schlecht.** "حالتي سيئة" **Mir ist schlecht.** "أنا بردان/ حرّان" **Es ist mir kalt/heiß.**

④ في حين يعني **übergeben** "تسليم" أو "تمرير" شي ما، إلا أن اقتران الفعل بضمير المنعكس الشرطي يمنحه معنى آخر بالكلية.

٣ - ومالذي تعانينه إذن؟
(ماذا ينقص لحضرتك إذن؟)

٤ - لقد ساءت حالتي الليلة الماضية كثيراً.
(لي كان أمس مساءاً كثيراً سيء.)

٥ إذ ظللتُ أتقيأ طيلة المساء.
(أنا يملك إياي كلَّ المساء يسلم.)

٦ - والآن، كيف حال حضرتكِ اليوم؟
(واليوم، كيف يذهب هو لحضرتك اليوم؟)

٧ - أفضل، ولكني ما زلت أشعر ببعض الضعف في الساقين.
(أفضل، لكن أنا أشعر إياي بعدُ شيئاً ضعيفاً على السيقان.)

٨ - أوَمازالت لدى حضرتكِ آلام في المعدة؟
(يملك حضرتك بعدُ آلام معدة؟)

٩ - لا، إنما أشعر ببعض الدوار وحسب.
(لا، لي يكون فقط شيء مدوخ.)

١٠ - حسناً، ربما تناولتِ حضرتكِ شيئاً غريباً بالأمس؟
(حسناً، ربما يملك حضرتك أمس شيئاً مضحكاً مأكول؟)

١١ - لا، فقد أكلت مما أكل منه الجميع.
(لا، أنا أملك هذا مأكول، شيء جميع مأكول يملكون.)

١٢ - مممم، حسناً. متى ساءت حال حضرتِكِ إذن؟
(مممم، هكذا. متى يكون لحضرتكِ إذن سيء يصبح؟)

⑤ تعني كلمة **etwas** كإسم لوحدها "شيء"، أما إذا اقترنت بصفة ما وجاءت كظرف فتعني بعضاً من هذه الصفة.

⑥ جاءت **etwas** وكأنها صفة، مع أن **komisch** هي صفة في العادة، وكتبت على هذا الأساس بحرف كبير وأضيف إليها **es**، وهي النهاية التي تضاف للدلالة على الإسم الحيادي في حالة النصب.

⑦ هذه هي صيغة إسم المفعول من فعل **werden**، وقد استعمل هنا كفعل تام وليس كفعل مساعد.

13 – Ich h**a**be f**e**rngesehen…

14 W**i**ssen Sie, die S**e**ndung **ü**ber "Chem**ie** in L**e**bensmitteln" ⑧

15 und dann pl**ö**tzlich…

[**15** ...پْلوتْسْليش...]

Übung 1: Verstehen Sie diese Sätze?

❶ Du siehst schlecht aus! Was hast du? ❷ Ich habe Magenschmerzen, und mir ist schwindlig. ❸ Wir haben den ganzen Samstagabend ferngesehen. ❹ Ich fühle mich plötzlich ganz schwach. ❺ Ich will das essen, was du isst. ❻ Wann sind Sie denn krank geworden?

> تعلمنا في هذا الدرس الذهاب للطبيب وتوصيف أوضاعنا الصحية لنحصل على العلاج المناسب، أرجو أن تبقوا بعافية وصحة جيدة لمتابعة مسيرة تعلم الألمانية دون منغصات! وقد تعلمنا خلال ذلك التحدث عن أمور حدثت في الماضي.

Übung 2: Setzen Sie die fehlenden Wörter ein!

❶ هل أكلتَ شيئاً فاسداً؟

Hast du vielleicht ____ ____ gegessen?

❷ مالذي أصاب حضرتك؟

Was ____ Ihnen denn?

❸ هل شاهدت حضرتك بالأمس البرنامج (التلفزيوني) عن الجامعات الألمانية؟

Haben Sie gestern ____ ____ über deutsche Universitäten ____?

❹ متى شعرت حضرتك بالدوار؟

Wann ____ Ihnen schwindlig ____?

١٣ - كنت أشاهد التلفاز ...
(أنا يملك مرئياً بعيداً...)

١٤ تعرف حضرتُكَ، البرنامج حول "المواد الكيميائية (المتضَمَّنَة) في المواد الغذائية"
(تعرف حضرتكَ، البرنامج عبر "كيمياء في المواد الغذائية")

١٥ ثم فجأة ...
(و ثم فجأة...)

⑧ مر معنا أن صيغة الجمع للأسماء التي تنتهي بـ **er...** تماثل صيغتها في المفرد، مثل **Zimmer**، وهذا ينطبق على الأسماء التي تنتهي بـ **el...** أيضاً، مثل **Mittel**، وأضيفت **n** لأن الجمع جاء مجروراً.

Lösung 1: Haben Sie verstanden?

❶ إنك تبدو في حالة سيئة! ماذا دهاك؟ ❷ لدي آلام في المعدة، وأشعر بالدوار. ❸ لقد تفرجنا مساء السبت بطوله على التلفاز. ❹ أشعر فجأة بوَهَنٍ كامل. ❺ أريد أن آكل مما تأكل. ❻ متى مرضت حضرتكَ إذن؟

❺ أتشعر حضرتك بالوهن الشديد؟

______ Sie sich sehr ______?

❻ لن يستطيع العمل اليوم. لأنه في حالة سيئة جداً.

Er ______ heute nicht ______. Ihm ist sehr ______.

Lösung 2: Die fehlenden Wörter.

❶ etwas Schlechtes ❷ fehlt ❸ die Sendung – gesehen ❹ ist – geworden ❺ Fühlen – schwach ❻ kann – arbeiten – schlecht.

بعد هذا التقدم الرائع في الدروس ستلاحظ أن الترجمة الحرفية التي رافقتك حتى الآن ستخف وستقتصر على الجمل التي قد تشكل صعوبة في الفهم.

42. Lektion

Wiederholung und Anmerkungen

1 صياغة الزمن الماضي في الألمانية:

1.1 الزمن الماضي:

توجد طريقتان لصياغة الماضي في الألمانية: الماضي البسيط والماضي المركب، وتُعتبر صيغة الماضي المركب الأكثر استخداماً في الألمانية، وهو يُشتق باستخدام أحد الفعلين المساعدين: فعل الملكية **haben** أو فعل الكون **sein**، وبإضافة الإسم المفعول **Partizip Perfekt** من الفعل المعني في آخر الجملة، أما الإسم المفعول فيشتق للكثير من الأفعال النظامية بوضع **ge...** في أوله و بحذف **en** أو **n** من آخره ووضع **t...** في آخره، وفيما يلي بعض الأمثلة:

machen	gemacht
sagen	gesagt
fragen	gefragt

Er hat viel gearbeitet.   لقد عمل كثيراً.

2.1 الأفعال التي تدل على تغيير في المكان: يُصاغ الماضي المركب للأفعال التي تدل على تغيير في المكان باستخدام فعل الكون **sein** كفعل مساعد:

Ich bin letzte Woche nach Berlin gefahren.
سافرتُ الأسبوع الفائت إلى برلين.

Sie sind zu spät gekommen.   لقد جئتَ حضرتك متأخراً.

أما فيما يتعلق بالأفعال الشاذة فستجد في آخر الكتاب قائمة بها وبأسماء المفعول، وهي غير طويلة ولكن ينبغي حفظها مع ذلك!

الدرس الثاني والأربعون

3.1 الأفعال التي تتألف من جزئين: لاحظنا أنه في الأفعال التي تتألف من جزأين أن **...ge** توضع بين جزأي إسم المفعول:

aufpassen	Er hat nicht aufgepasst.	هو لم ينتبه.
zurückfahren	Wir sind sofort zurückgefahren.	لقد عدنا على الفور.
fernsehen	Hast du gestern Abend ferngesehen?	هل تفرجت مساء الأمس على التلفاز؟

4.1 حالات خاصة لصياغة إسم المفعول:

ثمة أفعال في الألمانية لا يُشتق إسم مفعولها وفق القاعدة المذكورة أعلاه:

bezahlen	Sie haben Ihre Rechnung noch nicht bezahlt.	لم يدفعوا الحساب بعدُ.
erzählen	Er hat mir viele Geschichten erzählt.	لقد قص علي حكايات كثيرة.
vergessen	Ich habe seine Telefonnummer vergessen.	لقد نسيت رقم هاتفه.
telefonieren	Wir haben viel mit Mutti telefoniert.	تهاتفنا كثيراً مع والدتي.

ملاحظة: يشكل إسم المفعول من فعل الكون **sein** حالة شاذة من عدة نواحٍ، إذ إنه لا يدل على الحركة ولكنه يتصرف مع نفسه لصياغة الماضي منه، ويُشتقّ إسم مفعوله على غير القاعدة:

ich bin gewesen	كنتُ
du bist gewesen	كنتَ
er ist gewesen	كان

2 صياغة الزمن المضارع المستقبل:

لصياغة المضارع المستقبل يستخدم فعل **werden** كفعل مساعد ويصرف مع الفاعل ويوضع الفعل الرئيسي في المصدر في آخر الجملة:

ich werde arbeiten	أنا سوف أعمل
du wirst arbeiten	أنتَ سوف تعمل
	أنتِ سوف تعملين
er wird arbeiten	هو سوف يعمل
sie wird arbeiten	هي سوف تعمل
es wird arbeiten	هو سوف يعمل
wir werden arbeiten	نحن سوف نعمل
ihr werdet arbeiten	أنتم سوف تعملون
	أنتن سوف تعملن
sie werden arbeiten	هم سوف يعملون
	هن سوف يعملن
Sie werden arbeiten	حضرتكَ سوف تعمل
	حضرتكِ سوف تعملين

وهذه بعض الأمثلة للمضارع المستقبل:

Ich werde nach Hause gehen. سأذهب إلى البيت.

43. Lektion [دْرايْ أُنْدْ فيرْتْسِگْسْتِ لِكْتْسْيُونْ]

Die guten alten Zeiten

1 G**e**gen s**ie**ben Uhr ist Herr Kl**ei**nemann

2 von der **A**rbeit nach H**au**se gek**o**mmen.

Sie werden um 1 Uhr zu Mittag essen.

سوف يأكلون عند الواحدة ظهراً.

Was wirst du heute Nachmittag machen?

ماذا ستفعل/ ستفعلين اليوم بعد الظهيرة؟

تمرين: لاختبار ما تعلمته قم بترجمة النص الآتي (ستجد الترجمة في آخر هذا الدرس): سيذهب (بالسيارة) السيد شميت غداً إلى مكتبه عند الساعة التاسعة، ولكنه سيعود مجدداً في الحادية عشرة لأنه سيكون مجهداً كثيراً لأنْ يعمل، سوف يتناول فنجاناً آخر من القهوة وسيعود بعد ساعة ونصف مجدداً إلى مكتبه.

3 ظرف المكان: تدل **her** على الحركة باتجاه المتحدث، بينما تدل **hin** على الحركة انطلاقاً من جهة المتحدث، وهما ظرفان مكانيان يستخدمان كجزء من أحد جزأي الأفعال التي تدل على تغيير المكان، ما عدا **dahin** و **dorther** اللتان تستخدمان للتعويض عن ذكر المكان أو إسم المكان:

Woher kommt Ihre Mutter? Aus Frankreich?

من أين تأتي والدتك (للتو)؟ من فرنسا؟

Mein Vater kommt auch dorther. والدي يأتي أيضاً من هناك.

Wohin fahren Sie in Ferien? – Nach Italien?

إلى أين ستذهب حضرتك في العطلة؟ - إلى إيطاليا؟

Wir fahren auch dorthin. نحن أيضاً سنسافر هناك.

الدرس الثالث والأربعون

الأيام الخوالي
(الجيدة القديمة الأوقات)

١ حوالي الساعة السابعة عاد السيد كلاينِه مان
(ضد سبعة ساعة يكون سيد كلاينه مان)

٢ من العمل إلى المنزل.
(من العمل إلى المنزل مأتي.)

3 Er hat s**ei**ner Frau, die an der Tür auf ihn gew**a**rtet hat, ① ② ③

4 s**ei**nen M**a**ntel und s**ei**ne **A**ktentasche geg**e**ben

5 und gefr**a**gt:

6 – Ist das **A**bendessen f**e**rtig?

7 – In fünf Min**u**ten! Ich bin ger**a**de beim T**i**schdecken. ④ ⑤

8 – Woh**i**n hast du das F**e**rnsehprogramm gelegt? ⑥ ⑦

9 – Es liegt auf dem Tisch n**e**ben dem F**e**nster.

AUSSPRACHE

[7 ....تِشْ دِكّنْ. 9 ...ليگْتْ...]

ANMERKUNGEN

① يتعدى فعل **warten** بحرف الجر **auf**، ويأتي الإسم بعده منصوباً.

② لاشتقاق إسم المفعول من فعل ينتهي بـ **ten**... فإنه تضاف **t** في آخره و **ge** في أوله، فاسم المفعول من **antworten** أو **arbeiten** هو **geantwortet** أو **gearbeitet** على التتالي.

③ إذا كان الفعل يتعدى لمفعولين في العربية فإن أحدهما (الشخص) يأتي مجروراً ويأتي أولاً، بينما الآخر (الشيء) يأتي منصوباً ويذكر في الأخير، فترجمة الجملة تبعاً لهذه القاعدة "أعطى لزوجته .... معطفه وحقيبته".

④ الترجمة الحرفية لـ **Tischdecken** هي "تغطية الطاولة"، إلا أن معناها المصطلحي هو "يُعِدُّ المائدة".

⑤ إستُخدم الفعل هنا بصيغته المصدرية كإسم، ولذلك كتب بحرف كبير، ويعامل معاملة الإسم الحيادي وأداة تعريفه **das**، وتعني صيغة المصدر مقرونة بحرف الجر **bei** "أثناء..." أو "عند..."، وأضيفت **m...** له اختصاراً لأداة التعريف **dem**.

٣ وقد أعطى زوجته، التي كان تنتظره عند الباب،
(هو يملك لزوجته، هي عند الباب عليه منتظر يملك،)

٤ معطفه وحقيبته
(له معطفاً وله حقيبة ملفات معطى)

٥ وسأل:
(ومسؤول:)

٦ - هل العشاء جاهز؟
(يكون طعام المساء جاهزاً؟)

٧ - في غضون خمس دقائق! فقد بقي تجهيز الطاولة فقط.
(في خمس دقائق! أنا أكون مستقيم عند تغطية الطاولة.)

٨ - أين وضعتِ (مجلة جدول) برامج التلفاز؟
(إلى أين تملكين أنتِ برنامج التلفاز موضوع؟)

٩ - هي على الطاولة بجوار النافذة.
(هو مستلقٍ على الطاولة جانب النافذة.)

⑥ ربما تجدر الإشارة هنا إلى تقليد ثقافي في أغلب الدول الأوربية، وهو وجود مجلة أسبوعية تشمل البرامج التلفزيونية على المحطات التي يمكن استقبالها.

⑦ يدل فعل legen على حدوث الوضع مرفقاً بالحركة، أي أثناء الوضع، ولذا استخدمت أداة الإستفهام wohin، ولذا استخدم حرف الجر auf وجاء الإسم بعده منصوباً، أما إذا استقر الأمر وانتهت الحركة فيتم استخدام فعل liegen، ويتم السؤال باستخدام wo، ويأتي الإسم بعد auf في حالة الجر:
Wohin legst du das Messer? "أين تضع السكين؟"
Ich lege das Messer auf den Tisch. "أضع السكين على الطاولة."
Wo liegt das Messer? "أين توجد السكين؟"
Das Messer liegt auf dem Tisch. "توجد السكين على الطاولة."

الدرس الثالث والأربعون

10 Ich hole es dir sofort. ⑧
11 Dann hat sich Herr Kleinemann in den Sessel ⑨
12 vor den Fernsehapparat gesetzt,
13 seine Beine von sich gestreckt und gerufen: ...?
14 – Na? Was hat Herr Kleinemann gerufen?
15 Falls Ihnen die richtige Antwort nicht auf der Zunge liegt, ⑩
16 drehen Sie das Buch herum und Sie finden die Lösung:
17 – ⑪Wohin hast du meine Pantoffeln gestellt?

(AUSSPRACHE)

[10 ...هُولْ... 15 ...تْسُنْݣَهْ... 16 ...لَوزُنْݣْ
17 ...پانْتُوفِلْ...]

⑧ ذكرنا أنه عند وجود فعل يتعدى لمفعولين فإنه يقدم ذكر الشخص الذي يأتي مجروراً على الشيء الذي يأتي منصوباً، أما إذا تمت الإستعاضة عن الشخص والشيء بضمائرَ فإنهما يذكران بطريقة معاكسة، أي الضمير العائد على الشيء أولاً ثم الضمير العائد على الشخص.

١٠ سوف آتيك بها على الفور.
(أنا أحضر هو لك فوراً.)

١١ ثم جلس السيد كلاينِه مان على الكرسي
(ثم يملك نفسه سيد كلاينه مان في الكرسي)

١٢ أمام التلفاز،
(أمام جهاز التلفاز مجلوس،)

١٣ ومدد ساقيه وصاح: ...؟
(له ساقاه من نفسه ممدود ومصاح: ...؟)

١٤ – هيا؟ بم صاح السيد كلاينِه مان؟

١٥ إذا لم تكن الإجابة الصحيحة على طرف لسان حضرتك،

١٦ فاقلب حضرتك الكتاب وستجد الحل:

١٧ – أين وضعتِ حذائَيَّ المنزلِيَّيْن؟

⑨ يدل فعل **setzen** على حدوث الجلوس مرفقاً بالحركة، أي أثناء الجلوس، ولذا جاء الإسم بعد حرف الجر **in** منصوباً، ويتم السؤال باستخدام **wohin**:
"أين يجلس (الآن)؟" **Wohin setzt er sich?**
للأسف لا تعطي العربية الدلالة الكاملة بأن فعل الجلوس يحدث أثناء التلفظ بالجملة!

⑩ تعتبر **falls** من الأدوات لتكوين الجملة الشرطية وهي تماثل **wenn** من حيث المعنى والإستخدام، حيث توضع في بداية جملة الشرط، وتأتي الجملة الثانوية كجواب للشرط.

⑪ يدل فعل **stellen** على حدوث الأمر مرفقاً بالحركة، ولذا استخدمت أداة الإستفهام **wohin**، ولذا يستخدم حرف الجر **auf** ويأتي الإسم بعده منصوباً، أما إذا استقر الأمر وانتهت الحركة فيتم استخدام فعل **stehen**، ويتم السؤال باستخدام **wo**، ويأتي الإسم بعد **auf** في حالة الجر: "أضع المزهرية على الطاولة." **Ich stelle die Blumenvase auf den Tisch.**
"المزهرية موضوعة على الطاولة."
Die Blumenvase steht auf dem Tisch.
أنظر الدرس السادس والعشرين!

Übung 1: Verstehen Sie diese Sätze?

❶ Wann bist du nach Hause gekommen? – Gegen Mitternacht. ❷ Er hat eine Stunde auf seine Frau gewartet. ❸ Ich kann jetzt nicht kommen. Ich bin gerade beim Kochen. ❹ Falls Sie die richtige Antwort nicht finden, rufen Sie mich. ❺ Ich werde Ihnen helfen.

Übung 2: Setzen Sie die fehlenden Wörter ein!

أتمم ما يلي من فضل حضرتك باستخدام الأفعال "setzen" و "stellen" و "legen" وأداة التعريف والضمائر لمناسبة.

❶ أين وضع السيد هوبر دراجته؟ - في القبو.

Wohin ▮▮▮▮ Herr Huber sein Fahrrad ▮▮▮▮▮▮▮▮▮? – In ▮▮▮ Keller.

❷ أين وضعت حضرتك الصحيفة؟ - على الطاولة.

Wohin ▮▮▮▮▮ Sie die Zeitung ▮▮▮▮▮▮? – Auf ▮▮▮ Tisch.

Übung 3: Setzen Sie die fehlenden Wörter ein!

أتمم ما يلي من فضل حضرتك باستخدام الأفعال "sitzen" و "stehen" و "liegen" وأداة التعريف والضمائر لمناسبة.

❶ أين هي (توجد) سيارتك؟ - قِبَلَ المرآب.

Wo ▮▮▮▮▮ dein Wagen? – Vor ▮▮▮ Garage.

❷ أين هي (توجد) رسائلي؟ - على مكتبك.

Wo ▮▮▮▮▮▮ meine Briefe? – Auf ▮▮▮▮▮▮ Schreibtisch.

❸ أين أنت جالس؟ - في الصف الخامس.

Wo ▮▮▮▮▮ du? – In ▮▮▮ fünften Reihe.

Lösung 1: Haben Sie verstanden?

❶ متى أتيت إلى المنزل؟ - عند منتصف الليل. ❷ لقد انتظر زوجته مدة ساعة. ❸ لا يمكنني أن آتِيَ الآن. فأنا مشغولة بالطهي. ❹ إذا لم تعثر حضرتك على الجواب الصحيح، فنادِني حضرتك. ❺ سوف أساعد حضرتك.

❸ أين وضعت القطة الصغيرة؟ - في قفتها.
Wohin ______ du die kleine Katze ________? –
In ______ Korb.

❹ أين علي أن أجلس؟ - بجانبي على اليمين.
Wohin soll ich mich ________? – Rechts neben
_____.

Lösung 2: Die fehlenden Wörter.

❶ hat – gestellt – den ❷ haben – gelegt – den ❸ hast – gesetzt – ihren ❹ setzen – mich.

Lösung 3: Die fehlenden Wörter.

❶ steht – der ❷ liegen – deinem ❸ sitzt – der.

قد يحتاج الأمر لبعض التركيز بخصوص الأفعال التي تدل على حدوث الفعل وتصفه أثناء الحركة وبين تلك التي تصف الواقع بعد انتهاء الحركة واستقرار الأمور.

ستلاحظ أننا بدأنا نقلل كثيراً من الترجمة المعجمية الحرفية اعتباراً من الآن وصاعداً وذلك اعتماداً على الرصيد الذي استطعت أن تجمعه مع الوقت.

44. Lektion [فيرْ أُنْدْ فيرْتْسِگْسْتِ لِكْتْسْيُونْ]

Lieber Christian!

1 Seit fast **ei**nem M**o**nat hast Du nichts mehr von mir geh**ö**rt.

2 Inzw**i**schen ist viel gesch**e**hen. Ich war sehr besch**ä**ftigt. ①

3 Vor gut zwei W**o**chen h**a**be ich mich bei **ei**nem Z**i**rkus bew**o**rben. ② ③ ④

4 Ich h**a**be die St**e**lle bek**o**mmen

5 und sof**o**rt beg**o**nnen zu **a**rbeiten. ⑤

6 Was war ich froh!

7 M**ei**ne b**e**ste N**u**mmer (du weißt schon: "der K**o**pfstand")

AUSSPRACHE

[ليبرْ كْريسْتْيانْ **1** ...نِشْتْسْ... **3** ...تْسيرْكوسْ بِڤورْبِنْ.]

ANMERKUNGEN

① إستعمل الإسم المفعول لفعل **beschäftigen** هنا كصفة مع فعل الكون في الماضي، لنتذكر أن هذا الفعل لا يدل على حركة، وينبغي أن يُصاغ ماضيه مع فعل الملكية!

② يستعمل حرف الجر **vor** للزمان والمكان بمعنى "قبل" أو "أمام" أو "قبالة"، ويأتي الإسم بعده مجروراً.

③ يتعدى فعل **bewerben** بحرف الجر **um**، ويأتي الإسم بعده منصوباً:

Er bewirbt sich um diese Stelle. "إنه يتقدم لهذه الوظيفة."

Er hat sich um diese Stelle beworben. "لقد تقدم لهذه الوظيفة."

الدرس الرابع والأربعون

عزيزي كريستيان!

١ منذ حوالي الشهر لم تسمعْ (أنت) مني (شيئاً) البتة.
(منذ تقريباً واحد شهر تملك أنت لاشيء بعدُ من لي مسموع.)

٢ لقد حدثت في هذه الأثناء أمور كثيرة. فقد كنت مشغولاً للغاية.
(في تلك الأثناء...)

٣ فقد تقدمتُ قبل حوالي أسبوعين بطلبٍ للحصول على وظيفة في سيرك.
(من جيد إثنين أسابيع...)

٤ وقد حصلت على الوظيفة

٥ وبدأتُ العمل من فوري.

٦ كم كنتُ سعيداً!
(ماذا كان أنا فرحاً!)

٧ فقد نال عرضِيَ المفضل (كما تعلم: "الوقوف على الرأس")

---

④ تعني كلمة **gut** لوحدها "جيد"، أما عند ورودها مقرونة بمسافة أو بزمن فتعني ما يقارب، وقد تكون أطول أو أقصر من المسافة أو الزمن المذكورَيْن.

⑤ ثمة بعض الأفعال التي تستعمل في صياغة الجملة المصدرية، وفعل **beginnen** هو أحدها: "لقد بدأت بالهطول." **Es beginnt zu regnen.**
"لقد ابتدأ بتعلم الألمانية قبل ثلاثة أسابيع."
Er hat vor drei Wochen begonnen, Deutsch zu lernen.

8 hat den Z**u**schauern sehr gut gef**a**llen. ⑥

9 Sie h**a**ben viel gekl**a**tscht,

10 und ich bin schnell ber**ü**hmt gew**o**rden.

11 **A**ber vor drei T**a**gen ist **e**twas Schr**e**ckliches pass**ie**rt. ⑦

12 Ich bin mit dem Kopf in **ei**nen r**o**stigen N**a**gel gef**a**llen,

13 und die W**u**nde hat sich so stark entz**ü**ndet, ⑧

14 dass ich m**i**ndestens **ei**ne W**o**che nicht **a**rbeiten kann.

15 Man hat mich fr**i**stlos entl**a**ssen. ⑨ ⑩

16 Kann ich ein W**ei**lchen zu Dir k**o**mmen?

17 Bis bald! V**ie**le l**ie**be Gr**ü**ße

18 Dein P**e**ter

[**11** ...شْرِكْلِشِسْ... **13** ...إِنْتْسُونْدِتْ، **14** ... مِنْدِسْتِنْس... **16** ...ڤايْلْخِنْ...]

⑥ يعني فعل **fallen** "يقع" أو "يسقط"، واسم مفعوله **gefallen**، ويصاغ الماضي منه مع الفعل المساعد **sein** لأنه يدل على الحركة، أما معنى **gefallen** فهو "يعجب" ويأتي الإسم بعده مجروراً، واسم فاعله **gefallen** أيضاً، ويصاغ الماضي منه مع الفعل المساعد **haben** لأنه لا يدل على الحركة: "وقع الطفل في الماء." **Das Kind ist ins Wasser gefallen.**
"لقد أعجبني الفيلم." **Der Film hat mir gut gefallen.**

⑦ جاءت **etwas** وكأنها صفة، مع أن **schrecklich** هي صفة في العادة، وكتبت على هذا الأساس بحرف كبير وأضيف إليها **es**، وهي النهاية التي تضاف للدلالة على الإسم الحيادي في حالة الرفع، لأن فعل **passieren** لازم.

⑧ لا تُضاف **...ge** للأفعال التي تبدأ بالجزء **...ent** عند صياغة إسم المفعول منها.

٨ إعجاب الجمهور الغامر.

٩ لقد صفق بحرارة،

١٠ وأصبحت مشهوراً بسرعة.

١١ ولكن قبل ثلاثة أيام وقع شيء فظيع.

١٢ لقد وقعت رأسي على مسمار صدئ،

١٣ وقد التهب الجرح بشكل كبير لدرجة

١٤ أنني لم أكن لأستطيع العمل لأسبوع كامل على الأقل.
(أن أنا على الأقل واحدة أسبوعاً لا يعمل يستطيع.)

١٥ وبذا فقد فُصِلتُ دون سابق إنذار.

١٦ هل يمكنني أن آتي لعندك لفترة من الوقت؟

١٧ إلى اللقاء! (تقبل) تحياتي القلبية

١٨ المخلص لك بيتر

⑨ إسم المفعول لفعل **entlassen** هو نفسه **entlassen**، ويعني "الفصل من العمل".

⑩ تعني كلمة **los** لوحدها "سائب"، ولكنها إذا أضيفت لكلمة أخرى حولتها لصفة تفيد عدم وجود هذا الإسم، فكلمة **Frist** تعني "مدة" وعندما أضيفت **los** لها أصبحت تعني "بدون مدة" أي "فوراً".

Übung 1: Verstehen Sie diese Sätze?

① Haben Sie schon etwas von Ihrem Mann gehört? ② Seit ein paar Wochen ist nichts Besonderes geschehen. ③ Der Abend gestern hat allen sehr gut gefallen. ④ Dieses Haus kostet mindestens dreihunderttausend Mark/Euro. ⑤ Ich habe mich vor drei Wochen um diese Stelle beworben, und ich habe immer noch keine Antwort.

Übung 2: Setzen Sie die fehlenden Wörter ein!

① لقد تلقيت رسالة حضرتك بالأمس ورددت على الفور.

Ich ____ Ihren Brief gestern ____ und ____ sofort ____.

② لقد أعجب العرض المسرحي المشاهدين. لقد صفقوا طويلاً.

Das Theaterstück ____ den Zuschauern gut ____. Sie ____ lange ____.

③ لقد أفلست الشركة. تمت إقالة جميع الموظفين.

Die Firma ____ Bankrott ____. Man ____ alle Angestellten ____.

④ هم يسكنون (يقيمون) منذ عام في فرانكفورت.

Sie wohnen ____ ____ ____ in Frankfurt.

45. Lektion [فونْفْ أُنْدْ فيرْتْسِگْسْتْ لِكْتْسْيُونْ]

Neues Leben (nach Kurt Tucholsky) ①

1 Berlin, den 31. Dezember 1920

AUSSPRACHE

[(... كورْتْ توخُولْسْكي) 1 ...دِتْسِمْبِرْ...]

Lösung 1: Haben Sie verstanden?

❶ هل سمعتِ حضرتكِ شيئاً من زوجِكِ؟ ❷ لم يحدث شيء مميز منذ بضعة أسابيع. ❸ نالت أمسية الأمس إعجاباً كبيراً من الجميع. ❹ ثمن هذا البيت ثلاثمائة ألف يورو على الأقل. ❺ تقدمت قبل ثلاثة أسابيع بطلبٍ لشَغْل هذه الوظيفة، و (لكني) لم أتلقَّ أي رد لحد الآن.

❺ لقد سافر قبل شهرين إلى فرنسا.

Er ___ ___ ___ ___ nach Frankreich gefahren.

❻ لقد كنا في الأسبوع الأخير مشغولين جداً.

Die letzte Woche waren wir sehr ___.

Lösung 2: Die fehlenden Wörter.

❶ habe – bekommen – habe – geantwortet ❷ hat – gefallen – haben – geklatscht ❸ hat – gemacht – hat – entlassen ❹ seit einem Jahr ❺ ist vor zwei Monaten ❻ beschäftigt.

الدرس الخامس والأربعون

حياة جديدة (وفقاً ل كورت توخولسكي)

١ برلين، 31 كانون الأول/ديسمبر 1920

ANMERKUNGEN

① كورت توخولسكي (1890-1935): مؤلف وصحفي ومفكر سياسي ألماني ناقد، كان ممن حذروا من صعود النازية واضطر للهرب من ألمانيا بسببها، أنهى حياته بالإنتحار بعدما أُحرقت كتبه وأُسقطت عنه الجنسية الألمانية.

2 Berl**i**n, den 31. Dez**e**mber 1921

3 Berl**i**n, den 31. Dez**e**mber 1922

4 (**a**bends im Bett) ②

5 Von m**o**rgen ab fängt ein n**eu**es L**e**ben an. ③

6 G**e**stern h**a**be ich z**u**fällig D**o**ktor B**e**rgmann

7 auf der Str**a**ße getr**o**ffen. ④

8 Er hat **ei**nen **o**rdentlichen Schreck bek**o**mmen

9 und l**ei**se gefr**a**gt:

10 "Was m**a**chen Sie denn, l**ie**ber Freund?

11 H**a**ben Sie **e**twas mit der L**e**ber?"

12 Ich soll in den n**ä**chsten T**a**gen zu ihm k**o**mmen. ⑤

13 Nat**ü**rlich g**e**he ich hin.

14 Ich weiß schon, was er mir s**a**gen will,

15 und er hat auch ganz recht.

16 So geht das nicht mehr w**ei**ter.

AUSSPRACHE

[**6** ...تْسوفِلِّگْ... **8** ...أُورْدِنْتْلِشِنْ... **13** ناتّوورْلِشْ...]

② لنتذكر هنا أن إضافة **s...** للأيام أو الأوقات تفيد التكرار، أي المقصود كل مساء، أو كل وقت، مثل **morgens** "صباحياً"، **mittags** "كل ظهيرة"، **nachmittags** "كل عصر"، **abends** "مسائياً"، **nachts** "ليلياً".

③ إسم المفعول من فعل **anfangen** هو **angefangen**، أي أنه فعل شاذ، وهو من الأفعال التي تفيد في تكوين الجملة المصدرية:
"لقد ابتدأ بالعمل عند التاسعة."

Er hat um neun Uhr angefangen zu arbeiten.

④ إسم المفعول من فعل **treffen** هو **getroffen**، أي أنه فعل شاذ أيضاً:
"لقد قابل صديقته في المقهى."

Er hat seine Freundin im Café getroffen.

٢ برلين، 31 كانون الأول/ديسمبر 1921

٣ برلين، 31 كانون الأول/ديسمبر 1922

٤ (في الفراش ليلياً)
(أمسيات في السرير)

٥ إعتباراً من الغد سوف تبدأ حياة جديدة.

٦ بالأمس التقيت دكتور بيرج مان مصادفة

٧ في الطريق.

٨ أصابه الذهول بحق
(هو يملك واحداً نظامياً خوفاً يتلقى)

٩ وسأل بهدوء:

١٠ "ماذا تفعل إذن حضرتك، يا عزيزي؟

١١ أعندك شيء في الكبد؟"

١٢ علي أن آتي إليه في غضون الأيام القليلة القادمة.

١٣ بطبيعة الحال سوف أذهب هناك.

١٤ (فأنا) أعرف مسبقاً مالذي يريد أن يقوله لي،

١٥ وهو محق بالكلية.

١٦ لايمكن أن تستمر الأمور على هذه الشاكلة.

⑤ لنتذكر هنا مجدداً الأفعال المساعدة **Modalverben**، يتم تصريف هذه الأفعال تبعاً للفاعل وتحتل موقعها في الجملة في المرتبة الثانية بينما يوضع الفعل الرئيسي للجملة في المصدر وفي آخر الجملة، وفعل **sollen** هو أحدها، ويستخدم عند صياغة الأوامر أو النصائح والتوصيات التي تُنقل عن طرف ثالث:
"لقد قال الطبيب إنه عليه أن يقلل من التدخين ومن شرب الخمر."
Der Doktor sagt, er soll weniger trinken und rauchen.

17 **A**lso von m**o**rgen ab hört mir das mit dem Bier bei Tisch auf. ⑥

18 **E**mmy darf nicht mehr so fett k**o**chen. ⑦

19 Ich st**e**he früh um sechs auf und f**a**nge w**ie**der an, ⑧

20 r**e**gelmäßig zu t**u**rnen.

21 ("W**ie**der" – d**e**nke ich d**e**shalb,

22 weil ich es mir schon so oft v**o**rgenommen h**a**be.) ⑨

23 In drei M**o**naten bin ich ein **a**nderer Kerl. ⑩

24 Schlank, eleg**a**nt, ges**u**nd:

25 (F**o**rtsetzung folgt)

AUSSPRACHE

[**19** ...شْتيهِ... زِخْسْ... **20** رِيگِلْ مِسِّگ... **23** ....
كِيرْلْ. **24** ...،إِلِگَنْتْ،...]

⑥ مع أن فعل **hören** لوحده يعني "يسمع" إلا أن وجود الجزء **auf** يقلب معناه إلى "يتوقف" أو "يكف عن"، وهو من الأفعال التي تفيد في تكوين الجملة المصدرية:

"لقد كفت (السماء) عن المطر." **Es hat aufgehört zu regnen.**

١٧   فاعتباراً من الغد سوف أتوقف عن تناول الجعة مع الطعام.

١٨   وينبغي أن تمتنع إيمي عن الطهي الدسِم بهذا الشكل.

١٩   وسوف أستيقظ باكراً في السادسة وأبدأ مجدداً،

٢٠   بممارسة الرياضة بانتظام.

٢١   ("مرة أخرى" – أظن لأنني،

٢٢   قد عاهدت نفسي على ذلك مرات عديدة.)

٢٣   سأغدو إنساناً آخرَ في غضون ثلاثة أشهر.

٢٤   نحيفاً، أنيقاً ومعافىً:

٢٥   (التتمة تتبع)

⑦ لنتذكر هنا أن الفعل المساعد **dürfen** يستعمل في صياغة الجمل القانونية للدلالة على المسموح أو وفق نصيحة ما: "يمكنها اليوم الخروج مع أصدقائها." **Sie darf heute Abend mit Freunden ausgehen.**
وإذا ورد في حالة النفي فيستعمل للدلالة على الممنوع أو المحظور:
"لا ينبغي له أن يشرب القهوة." **Er darf keinen Kaffee trinken.**

⑧ يعني فعل **aufstehen** "نهض" ويستخدم كمقابل لفعل **aufwachen** الذي يعني "إستيقظ"، ولأنه يدل على تغيير الموضع ويشتمل على الحركة فإنه يأتي مع فعل الكون لصياغة الماضي منه:
"لقد استيقظت في السادسة، ولكني نهضت عند العاشرة."
Ich bin um 6 Uhr aufgewacht, aber ich bin erst um 10 Uhr aufgestanden.

⑨ هذه صيغة معروفة في التعبير عن أمر يريد المتحدث إنجازه ويتعهد بالإلتزام به، ومن الناحية القواعدية فإن هذه أحد طرق صياغة الجملة المصدرية:
"أخذت على نفسي ألا أعمل اعتباراً من الغد."
Ich nehme mir vor, ab morgen nicht mehr zu arbeiten.

⑩ تعني كلمة **Mensch** "إنسان" في اللغة الرسمية والعلمية، أما كلمة **Kerl** فلها نفس المعنى وتستعمل بين الشبان أو لوصف الشبان في اللغة المحكية وغير الرسمية.

Übung 1: Verstehen Sie diese Sätze?

① Wir haben gestern zufällig unseren Lehrer auf der Straße getroffen. ② Von morgen ab werde ich nicht mehr rauchen. ③ Sie steht morgens um sieben Uhr auf und geht abends um elf Uhr ins Bett. ④ Er hat sich vorgenommen, morgen früh aufzustehen. ⑤ Hast du wieder angefangen, regelmäßig zu turnen?

Übung 2: Setzen Sie die fehlenden Wörter ein!

❶ يبدأ الفيلم في الثامنة، وينتهي في العاشرة والنصف.

Der Film … um acht Uhr …, und er … um halb elf ….

❷ سوف أستيقظ أبْكَرَ اعتباراً من الغد.

… morgen … werde ich früher ….

❸ سأل بهدوء: "ومالذي تفعله حضرتك؟"

Er … leise …: "Was … … …?".

❹ أعرف مسبقاً مالذي تريد حضرتك أن تقوله لي.

Ich … schon, … Sie mir sagen ….

❺ أخذنا العهد على أنفسنا بعدم التدخين اليوم.

Wir … uns …, heute nicht zu ….

46. Lektion [زِكْسْ أُنْدْ فيرْتْسِگْسْتْ لِكْتْسْيُونْ]

Neues Leben (Fortsetzung)

1 Von **ü**bermorgen ab wird **a**lles ganz **a**nders. ①

ANMERKUNGEN

① تعني **anders** من حيث المبدأ "مختلف" وأتت هنا كحال بعد الفعل.

Lösung 1: Haben Sie verstanden?

❶ إلتقينا أمس أستاذَنا مصادفة في الشارع. ❷ لن أدخن اعتباراً من الغد. ❸ هي تنهض كل صباح في السابعة وتذهب كل مساء في الحادية عشر إلى السرير. ❹ لقد أخذ على نفسه عهداً بأن يستيقظ غداً باكراً. ❺ هل عدت للتدرب بانتظام؟ / هل بدأت مجدداً بالتدرب بانتظام؟

لا ينبغي لحضرتك الذهاب إلى هناك. ❻

Sie ______ nicht dorthin gehen.

Lösung 2: Die fehlenden Wörter.

❶ fängt – an – hört – auf ❷ Von – ab – aufstehen ❸ hat – gefragt – machen Sie denn ❹ weiß – was – wollen ❺ haben – vorgenommen – rauchen ❻ dürfen.

توخولسكي

كان كورت توخولسكي (1935-1890) صحفياً وكاتباً ألمانياً ذا جذور يهودية انخرط في السياسة، وكان قد حذر في وقت مبكر من استقواء اليمين السياسي ومن تهديدات الخطر النازي.

الدرس السادس والأربعون

حياة جديدة (تتمة)

١ إعتباراً من بعد غد سيغدو كل شيء مختلفاً بالكلية.

2 **A**lso erst mal w**e**rde ich die Biblioth**ek au**f-
räumen.

3 Dann m**a**che ich nicht mehr **ü**berall d**ie**se
kl**ei**nen Sch**u**lden, ②

4 und die **a**lten bez**a**hle ich **a**lle ab.

5 Ich will w**ie**der j**e**den S**o**nntag ins Mus**e**um
g**e**hen, ③

6 das kann mir ja nichts sch**a**den. ④

7 **O**der l**ie**ber j**e**den zw**ei**ten S**o**nntag –

8 den **a**nderen S**o**nntag w**e**rden wir **Au**sflüge
m**a**chen.

9 Man kennt ja sein **ei**genes Land nicht mehr.

10 Man kommt **e**ben zu nichts. Das hört jetzt auf. ⑤

11 Denn die H**au**ptsache ist bei **a**lledem: ⑥

12 Man muss sich den Tag r**i**chtig **ei**nteilen.

13 Energ**ie**! H**o**ppla! Das wird ein L**e**ben!

AUSSPRACHE

[**2** ...آوْفْ رُويْمِنْ. **5** ...موزِيّوُمّْ... **8** ...آوسْ
فْلوُوگْ... **9** ...آيْگِنِسْ... **11** ...هاوْپْتْ ساخِهْ...
13 إينِرْگي! هُوپْلا!...]

② تأتي كلمة **Schulden** بصيغة الجمع وتعني "الديون"، وإذا أتت بصيغة المفرد **Schuld** فإنها تعني "الذَّنْب" أو "المعصية"، وقد تأتي كصفة **schuld** مع فعل الكون فتعني "مذنب".

③ معنى **jede** "كل" وتستعمل كصفة أو كظرف، وتأخذ نفس نهاية أداة التعريف التي تدل على موقعها الإعرابي.

٢ إذ سوف أرتب المكتبة أولاً.

٣ ثم إنني لن أرتب على نفسي كل هذه الديون الصغيرة،

٤ وسأسدد تلك القديمة جميعها.

٥ وأريد أن أذهب مجدداً كل أحد إلى المتحف،

٦ بالطبع هذا لن يضرني في شيء.
(هذا يستطيع لي نعم ولا شيء يضر.)

٧ أو بالأحرى كل ثاني يوم أحد بالتناوب –

٨ أما الأحد الآخر فسوف أعمل فيه نزهات.

٩ إذ لم يعد المرء يعرف بلده.

١٠ والمرء لا يتمكن بهذا من إنجاز أي شيء. (ينبغي ل) هذا (أن) يتوقف الآن.

١١ إذ إن الشيء الأساسي في كل هذا:

١٢ على المرء أن يقسم يومه بشكل صحيح.

١٣ طاقة! عزيمة! هكذا ستغدو الحياة!

④ فعل **schaden** من الأفعال التي تتعدى بالمجرور، وكما هي الحال في كثير من الأفعال فإنه يشتق من مصدرها الإسم، فكلمة **Schaden** تعني "ضرر" وهي نفسها في حال الجمع "أضرار".

⑤ تعني **eben** كصفةٍ "مستوٍ"، وإذا جاءت في معرض الكلام فإنها تعني "بهذا" أو "هكذا".

⑥ تعني **Haupt** لوحدها "رأس" أو "زعيم"، وتضاف إلى كثير من الكلمات لتعني الرئيسي من هذه الكلمة، فمثلاً **Hauptbahnhof** تعني "محطة القطارات الرئيسية" و **Hauptpost** تعني "البريد المركزي".

14 **A**nmerkung **ei**ner Fl**e**dermaus:

15 "Wir w**e**rden ja s**e**hen! ⑦

16 Ich w**e**rde n**ä**chstes Jahr w**ie**der vorb**ei**-fliegen!" ⑧

AUSSPRACHE

[14 ...فْليدِرْ ماوْسْ: 16 ...فَرْبايْ فْليگِنْ!]

Übung 1: Verstehen Sie diese Sätze?

❶ In einem Jahr wird alles ganz anders. ❷ Wir werden keine Schulden mehr haben und jeden Sonntag einen Ausflug machen. ❸ Die Hauptsache ist, dass wir gesund sind. ❹ Kommen Sie doch morgen Nachmittag bei mir vorbei. ❺ Wir können ins Museum gehen oder einen Spaziergang machen. ❻ Habt ihr endlich euer Zimmer aufgeräumt? ❼ Ihr könnt ja eure eigenen Sachen nicht mehr finden!

Übung 2: Setzen Sie die fehlenden Wörter ein!

❶ سوف أعاود الذهاب إلى حمام السباحة كل إثنين.

Ich _____ wieder _____ _____ ins Schwimmbad gehen.

❷ مررنا اليوم في الصباح بمنزل حضرتك، ولكننا لم نرَ حضرتك.

Wir _____ heute Morgen an Ihrem Haus _____, aber wir _____ Sie nicht _____.

❸ هذا لن يضرَّ مطلقاً!

Das kann nichts _____!

❹ عليه السفر إلى كاسل مرة كل شهرين.

Er muss _____ _____ _____ nach Kassel fahren.

١٤ ملاحظة خفاش:

١٥ "سوف نرى بالتأكيد!"

١٦ سوف أمر في العام المقبل!"

⑦ المقصود هنا أن صاحب الوعد لن يكون قادراً على الإيفاء بوعده، ويمكن بالتقريب فهمه بمعنى المثل العامي "غداً يذوب الثلج ويبان المرج" أو بيت الشعر: ستُبْدي لكَ الأيامُ ما كنتَ جاهلاً * ويأتيكَ بالأخبارِ من لم تزوِّدِ.

⑧ تضاف **vorbei** لبعض الأفعال كجزء ثان لها، وتفيد عندها معنى "مروراً بِـ"، فمثلاً: "طوال اليوم تمر قطارات أمام نافذتي."

Den ganzen Tag fahren Züge an meinem Fenster vorbei.
Ich bin gestern bei dir vorbeigekommen.   "مررتُ البارحة بك."

Lösung 1: Haben Sie verstanden?

❶ في سنة واحدة سيصبح كل شيء مختلفاً تماماً.   ❷ لن يكون لدينا المزيد من الديون وسنقوم كل يوم بنزهة.   ❸ الشأن الأهم هو أننا بصحة جيدة.   ❹ مُرَّ حضرتك بي غداً بعد الظهر.   ❺ يمكننا أن نذهب إلى المتحف أو نتمشى.   ❻ هل نظفتم غرفتكم أخيراً؟   ❼ لم يعد باستطاعتكم حتى العثور على أغراضكم الشخصية!

❺ هل تقسم يوم حضرتك بشكل صحيح؟

…… Sie sich Ihren Tag richtig …?

❻ سوف أسدد الشهر المقبل جميعَ ديوني الصغيرة.

Nächsten Monat …… ich alle meine kleinen …… …….

47. Lektion [زِيبِنْ أُنْدْ فيرْتسِگسْتِ لِكْتْسْيُونْ]

Drei Szenen einer Ehe ①

1 – Jetzt sind wir erst **ei**ne W**o**che verh**ei**ratet,

2 und du kommst schon so spät nach H**au**se!

3 – Sei nicht b**ö**se! ② ③

4 Ich h**a**be nur den L**eu**ten in der Kn**ei**pe erz**ä**hlt,

5 wie gl**ü**cklich ich mit dir bin. ④

6 – Ich h**a**lte das nicht l**ä**nger aus! ⑤

7 Ich g**e**he zu m**ei**ner M**u**tter zur**ü**ck!

8 – Zu spät! D**ei**ne M**u**tter hat **e**ben **a**ngerufen.

9 Sie hat sich mit d**ei**nem V**a**ter gez**a**nkt

10 und ist zu d**ei**ner Gr**o**ßmutter zur**ü**ckgegangen.

AUSSPRACHE

[دْرايْ سْتْسِينِنْ آيْنِرْ إيهِ 1 ...فِرْهَيْراتِتْ، 4 ...لُويْتِنْ... 9 ... گِتْسانْكْتْ]

ANMERKUNGEN

① **Ehe** "الزواج"، **Hochzeit** "حفل الزفاف"، **Ehepaar** "الزوجان"، **Ehefrau** "الزوجة"، **Ehemann** "الزوج".

② **Sei** هي صيغة فعل الأمر **Imperativ** من فعل الكون للمخاطب المفرد.

Lösung 2: Die fehlenden Wörter.

❶ werde – jeden Montag ❷ sind – vorbeigegangen – haben – gesehen ❸ schaden ❹ jeden zweiten Monat ❺ Teilen – ein ❻ bezahle – Schulden – ab.

الدرس السابع والأربعون

ثلاثة مشاهد من الزواج

١ – نحن متزوجان الآن منذ أسبوع فقط،
٢ وأنتَ تأتي إلى البيت متأخراً هكذا!
٣ – لا تغضبي!
٤ فقد حكيْتُ للناس في الحانة،
٥ عن مدى سعادتي معكِ وحسب.
٦ – أنا لم أعدْ لِأَحتمل هذا!
٧ سأعود إلى والدتي!
٨ – لقد تأخر الوقت! فقد اتصلت أمكِ للتو.
٩ فقد تشاجرت مع والدِكِ
١٠ وعادت لعند جدتكِ.

③ تستخدم **böse** كحال **Er ist sehr böse.** "هو غاضب للغاية."، أو كصفة **Das ist ein böser Junge.** "هذا فتى سيئ."

④ لاحظ أن فعل الكون جاء في آخر الجملة الثانوية!

⑤ فعل **halten** هو من الأفعال الشاذة، ويعني "يمسك بـ"، وباتصاله بـ **aus** يعني "يتحمل": "إنها لا تتحمل هذا." **Sie hält das nicht aus.**
"إنها لم تعد تتحمله." **Sie hat ihn nicht mehr ausgehalten.**

11 – War**u**m erz**ä**hlst du über**a**ll,

12 dass du mich geh**ei**ratet hast, weil ich so gut k**o**che? ⑥

13 Ich weiß doch nicht mal, wie man Sp**ie**gel**ei**er brät! ⑦

14 – Weißt du was B**e**sseres?

15 **I**rgendeinen Grund muss ich doch **a**ngeben! ⑧

AUSSPRACHE

[13 ...شْپيگِلْ آيِرْ بْرَاتْ!   15 إيرْگِنْدْ آيْنِنْ...]

⑥ **heiraten** "يتزوج"، **sich verheiraten** "إقترن"، **verheiratet sein** "متزوج": "لقد اقترنا قبل أسبوعين."

Sie haben sich vor zwei Wochen verheiratet.

Sie haben vor zwei Wochen geheiratet. "تزوجا قبل أسبوعبن"

Übung 1: Verstehen Sie diese Sätze?

❶ Sie sind erst einen Tag hier und kennen schon fast die ganze Stadt. ❷ Warum kommst du immer so spät? ❸ Seien Sie bitte nicht böse, aber ich habe in der Kneipe erzählt, dass Sie viele Schulden haben. ❹ Hunde und Katzen zanken sich mit Vergnügen. ❺ Er ist seit zwanzig Jahren mit ihr verheiratet. ❻ Sie ist seit zwanzig Jahren mit ihm verheiratet.

Übung 2: Setzen Sie die fehlenden Wörter ein!

❶ منذ متى وحضرتك متزوج؟ – منذ ثلاثة أشهر وحسب.

Wie lange sind Sie schon ....? – ..... drei Monate.

١١ - لماذا تتحدث في كل مكان،

١٢ أنك قد تزوجتني لأنني أطهو الطعام بشكل جيد؟

١٣ أنا لا أعرف حتى كيف للمرء أن يقليَ البيض!

١٤ - أوَ تعرفين شيئاً أفضلَ؟

١٥ إذ علي أن أقدم سبباً ما!

⑦ **braten** "يحمِّر" أو "يقلي" أو "يشوي"، أما **Braten** فتعني الوجبة ذاتها من "الشواء" أو من "المقلي"، أما **kochen** فتعني "يطبخ" أو "يغلي": "هلا عملت لنا القهوة من فضلك؟" **Kochst du uns einen Kaffee, bitte?** تنبه للفرق بين **kochen** "يطبخ" و **Kuchen** "كعكة" و **Küche** "مطبخ"!

⑧ مع أن **irgendeinen** جاءت في الصدارة إلا أنها جاءت منصوبة بسبب الفعل **angeben**.

Lösung 1: Haben Sie verstanden?

❶ حضرتك (هم) هنا منذ يوم واحد (ويعرفون) وتعرف المدينة بأكملها تقريباً. ❷ لماذا تأتي دائماً في وقت متأخر جداً؟ ❸ من فضلك لا تغضب حضرتك، فقد حكيتُ في الحانة أن على حضرتك ديوناً كثيرةً. ❹ تتشاحن الكلاب والقطط باستمتاع. ❺ هو متزوج بها منذ عشرين عاماً. ❻ هي متزوجة به منذ عشرين عاماً.

❷ رجاءاً من حضرتك خفض صوت المذياع! لم أعد أستطيع تحمل هذا.

____ Sie bitte das Radio leiser! Ich ____ es nicht mehr ____.

❸ لقد أكلنا للتو. أنت أتيت متأخراً.

Wir haben ____ gegessen. Du kommst ____ ____.

❹ لماذا تتحدث في كل مكان بأن زوجتك تطبخ جيداً؟

Warum ____ Sie ____, dass Ihre Frau gut ____?

48. Lektion [أَخْتْ أُنْدْ فيرْتْسِگْسْتِ لِكْتْسيُونْ]

Wer ist schuld daran? ①

1 **A**nne und Ralf überl**e**gen lange, ②

2 was sie **i**hrem **O**nkel **A**rthur zum Geb**u**rtstag sch**e**nken k**ö**nnen. ③

3 Er lebt seit dem Tod s**ei**ner Frau all**ei**n und zur**ü**ckgezogen ④

AUSSPRACHE

[...شولْدْ... 2 ... گبورْتْسْ تاگ...شِنْكِنْ... 3 ...
تْسورِوّكْ گِتْسُوگِنْ]

ANMERKUNGEN

① كما ذكرنا من قبل فإنه لا توجد في الألمانية جملة إسمية، ولصياغة ما يقابلها يُستخدم فعل الكون، فنقول مثلاً:

Ich bin schuld daran. "أنا المذنب في ذلك."

Das ist meine Schuld. "هذ ذنبي."

5 هل لدى حضرتك أي سبب، أم أن حضرتك هكذا دائماً؟

Haben Sie ________ Grund, oder sind Sie immer so?

6 لقد اتصل زوج حضرتكِ للتو وسأل كيف للمرء أن يقلي البيض.

________ Mann hat eben ________ und ________, wie man ________ brät.

Lösung 2: Die fehlenden Wörter.

1 verheiratet – Erst 2 Stellen – kann – aushalten 3 eben – zu spät 4 erzählen – überall – kocht 5 irgendeinen 6 Ihr – angerufen – gefragt – Spiegeleier.

الدرس الثامن والأربعون

من هو المذنب في ذلك؟

١ آنّة ورالف يفكران مطولاً،

٢ فيما يمكنهما أن يهديا عمَّهما آرثر في عيد ميلاده.

٣ فهو يعيش منذ وفاة زوجته وحيداً منزوياً

② مع أن الفعل الرئيسي هنا هو **legen** إلا أنه لا يُفصل عن جزئه الآخر **über**، ولا يحتاج إسم مفعوله لإضافة **ge**، وهو بنفس معنى فعل **nachdenken** الذي يتعدى بدوره بحرف **über** ويحتاج إسم مفعوله لإضافة **ge**:
"لقد فكر ملياً في هذه المشكلة."

Er hat lange über dieses Problem nachgedacht.

Ich denke über dieses Problem nach. "أفكر في هذه المشكلة."

③ هذه طريقة أخرى لصياغة جملة صلة الوصل، حيث استخدمت **was** كأداة وصل وليس أداة التعريف، وقد جاءت في الحالة النصب مع معرفة أن لها صيغة وحيدة لا تتغير ولا يُعرف منها حالتها الإعرابية.

④ إستخدم إسم المفعول **zurückgezogen** كحال وليس لصياغة الماضي المركب، حيث يعني **ziehen** لوحده "يسحب".

4 und sieht k**ei**nen M**e**nschen mehr.

5 Schl**ie**ßlich k**au**fen sie ihm **ei**nen Papag**ei**

6 und l**a**ssen ihn an s**ei**ne Adr**e**sse sch**i**cken. ⑤

7 Das W**o**chenende dar**au**f f**a**hren sie zu Bes**u**ch zu ihm. ⑥ ⑦

8 Der V**o**gel ist n**i**rgends zu s**e**hen. ⑧

9 Zu**e**rst w**a**gen sie nicht zu fr**a**gen; ⑨

10 **a**ber nach **ei**niger Zeit ⑩

11 k**ö**nnen sie **i**hre Fr**a**ge nicht mehr zur**ü**ckhalten: ⑪

⑤ من الإستخدامات الهامة لفعل **lassen** الذي يعني من حيث الأساس "ترك" أنه عندما يستخدم كفعل مساعد يدل على حصول الفعل بواسطة طرف آخر، ففي الجملة قام كل من آنّة ورالف بإرسال الببغاء ولكن شخصاً ما هو الذي فعل ذلك، كمثال لذلك نقول:

Lassen Sie bitte die Türe offen! "أترك الباب مفتوحاً من فضلك!"

Sie lässt sich ein Kleid machen. "إنها تخيط ثوباً لنفسها."

مع أنها لم تخِط الثوب بنفسها، وقد تمت الخياطة من قبل خياط.

Er lässt sich die Haare schneiden. "إنه يحلق شعره."

مع أن الحلاق هو الذي قام بقص الشعر وليس الشخص نفسه.

٤ ولم يعد يقابل أي إنسان.
(ويرى ولا إنساناً أكثر.)

٥ في النهاية اشتريا له ببغاءاً

٦ وأرسلاه على عنوانه.

٧ سيذهبان في الأسبوع التالي لزيارته.
(نهاية الأسبوع على ذلك يسافرون هم إلى زيارة إليه.)

٨ لم يكن الطير لِيُرى في أي مكان.
(الطير يكون ولا في أي مكان إلى يرى.)

٩ لم يجرؤا في البداية على السؤال؛

١٠ ولكن بعد بعض الوقت

١١ لم يعودا قادرين على كبح سؤالهما:

⑥ هذه طريقة مشهورة للحديث عن مخطط في فترى قادمة، فنقول **die Woche darauf** بمعنى "الأسبوع الذي يلي"، أو **das Jahr darauf** بمعنى "السنة التي تلي".

⑦ في حين تعني **Besuch** لوحدها "زيارة، تعني **zu Besuch** "للزيارة" أو "كزيارة".

⑧ تفيد **nirgends** أو **nirgendwo** معنى "ولا في أي مكان"، كما تعني **anderswo** "في مكان ما" أو "في مكان آخر".

⑨ يستخدم فعل **wagen** في صياغة الجملة المصدرية كما هو واضح في الجملة.

⑩ تستخدم **einige** بمعنى "بضع"، وتتغير نهايتها تبعا للحالة الإعرابية ولجنسها أو فيما إذا كانت مفردة أو جمعاً كما هي الحال مع أدوات التعريف تماماً.

⑪ يفيد **halten** معنى "يمسك" وهو من الأفعال الشاذة، واسم مفعوله **gehalten**، بينما يفيد **zurückhalten** معنى "أحجم عن" أو "إمتنع أن".

12 – Wo ist der Papag**ei**, den wir dir gesch**i**ckt h**a**ben? ⑫

13 – W**e**lcher Papag**ei**? Ach, der d**i**cke, gr**ü**ne V**o**gel? ⑬

14 Den h**a**be ich zum M**i**ttagessen gebr**a**ten.

15 – Gebr**a**ten? Bist du verr**ü**ckt?

16 Das war ein V**o**gel, der spr**e**chen k**o**nnte!

17 – So? War**u**m hat er dann nichts ges**a**gt?

⑫ جاءت أداة التعريف **den** كأداة وصل لتعوض عن الببغاء المذكر **der Papagei** في حالة النصب، وفيما يلي أمثلة للمؤنث والحيادي والجمع: "أين القطة التي أهديتك إياها؟"

Wo ist die Katze, die ich dir geschenkt habe?

"أين الكتاب الذي أعرتك إياه؟"

Wo ist das Buch, das ich dir geliehen habe?

"أين تذاكر السفر التي اشتريناها؟"

Wo sind die Fahrkarten, die wir gekauft haben?

Übung 1: Verstehen Sie diese Sätze?

❶ Die Karte, die Sie uns geschickt haben, ist sehr schön. ❷ Wo ist das Bier, das ich mir gerade geholt habe? ❸ Der Brief, den ich heute bekommen habe, ist von meinem Vater. ❹ Warum überlegen Sie so lange? Das ist doch ganz einfach! ❺ Die Kinder sind nirgends zu sehen; und sie waren vor zwei Minuten noch im Garten. ❻ Welchen Vogel möchtest du? Den grünen oder den gelbblauen?

Übung 2: Setzen Sie die fehlenden Wörter ein!

❶ في الأول بعث لها عشرين وردة، ثم جاء بنفسه.

…… hat er ihr zwanzig Rosen ……, und …… ist er …… …… .

❷ هل فكرت حضرتك بحق؟

…… Sie wirklich gut …… ?

١٢ - أين هو الببغاء الذي أرسلناه إليك؟

١٣ - أي ببغاء؟ أوه، ذلك الطير الأخضر السمين؟

١٤ لقد شويته لطعام الغداء.

١٥ - شويته؟ هل أنت مجنون؟

١٦ هذا كان طيراً يستطيع أن يتكلم!

١٧ - هكذا؟ ولِمَ لَمْ يقُلْ أي شيء إذن؟

⑬ تستخدم **welcher** للسؤال عن "أي" للمذكر، و **welche** للمؤنث و **welches** للمحايد و **welche** للجمع، وتتغير نهايتها تبعا للحالة الإعرابية كما هي الحال مع أدوات التعريف تماماً.

Lösung 1: Haben Sie verstanden?

① البطاقة التي كنت قد أرسلتها حضرتك لنا جميلة جداً. ② أين الجعة التي أحضرتها لنفسي للتو؟ ③ الرسالة التي وصلتني اليوم هي من والدي. ④ لماذا تفكر حضرتك هكذا مطولاً؟ الأمر غاية في البساطة! ⑤ الأطفال غير موجودين في أي مكان؛ مع أنهم كانوا لدقيقتين خلتا في الحديقة. ⑥ بأي طير ترغب؟ الأخضر أم الأصفر المزرق؟

❸ أي شيءٍ ستهديني في عيد ميلادي؟

Was _____ du mir zum _____ _____?

❹ منذ وفاة والديه يعيش خارج البلاد.

Seit _____ _____ seiner Eltern _____ er im Ausland.

❺ أي معطف هو لحضرتك؟ دع حضرتك أحدَهم يحضره!

_____ Mantel gehört Ihnen? _____ Sie ihn bringen!

6 لماذا لم تسألْني حضرتك؟ - أنا لم أجرؤ على ذلك.

Warum haben Sie .... nicht ....? – Ich .... es nicht .....

49. Lektion

Wiederholung und Anmerkungen

1 Konjugation von Verben

1 تصريف الأفعال ومعانيها:

1.1 تحول e إلى i، أو e إلى ie أو a إلى ä:

يترافق تصريف بعض الأفعال مع الضمير الثاني **du** والثالث **er / sie / es** المفردَيْن بتغيير حرف العلة:

e → i

nehmen → ich nehme, du nimmst, er nimmt…

geben → ich gebe, du gibst, er gibt…

essen → ich esse, du isst, er isst…

e → ie

sehen → ich sehe, du siehst, er sieht…

lesen → ich lese, du liest, er liest…

befehlen → ich befehle, du befiehlst, er befiehlt…

a → ä

halten → ich halte, du hältst, er hält…

gefallen → ich gefalle, du gefällst, er gefällt…

anfangen → ich fange an, du fängst an, er fängt an…

laufen → ich laufe, du läufst, er läuft…

إسم المفعول لهذه الأفعال هو على التتالي:

genommen, gegeben, gegessen, gesehen, gelesen, befohlen, gehalten, gefallen, angefangen, gelaufen.

وكما نلاحظ فهي شاذة.

Lösung 2: Die fehlenden Wörter.

❶ Zuerst – geschickt – dann – selbst gekommen ❷ Haben – überlegt ❸ wirst – Geburtstag schenken ❹ dem Tod – lebt ❺ Welcher – Lassen ❻ mich – gefragt – habe – gewagt.

الدرس التاسع والأربعون

2.1 تعدد معاني الأفعال باختلاف الأجزاء التي تتألف منها:

مرت معنا حتى الآن كثير من الأفعال التي لها معنى ما، وقد أشرنا إلى أن اتصالها بأحرف جر معينة يجعل منها أفعالاً جديدةً ذات معانٍ جديدة للغاية، ففعل **halten** مثلاً يعني "يمسك"، بينما **anhalten** يعني "يوقف"، و **zurückhalten** يعني "يتحفظ" أو "تلقف" أو "يجمح"، و **aushalten** يعني "يتحمل"، و **behalten** يعني "يحتفظ"، و **erhalten** يعني "يتلقى"، أما زلت تعرف ما هي صيغة إسم المفعول لهذه الأفعال؟ تذكر أن الأفعال التي اتصلت بها الأجزاء **...an** أو **...zurück** أو **...aus** قابلة للفصل بين جزأيها، بينما التي اتصل بها **be** أو **er** غير قابلة للفصل! ستجد الإجابة في نهاية الدرس كالمعتاد.

2 Präpositionen mit Dativ oder Akkusativ

2 أحرف "الجر" التي تجر والتي تنصب:

2.1 Präpositionen mit Dativ

1.2 أحرف "الجر" التي تجر:

تأتي أسماء الأمكنة بعد أحرف "الجر" في حالة الجر عندما تدل الحالة على السكون وانعدام الحركة ويكون السؤال عنها بـ **wo** "أين"، ويمكن التعبير عن الحالة في العربية بجملة إسمية:

Die Wolke hängt über dem Haus. الغيمة (معلقة) فوق البيت.

Die Katze sitzt auf dem Dach. القطة جالسة على السقف.

Das Mädchen steht am (an dem) Fenster.
الفتاة واقفة أمام النافذة.

Das Auto steht hinter dem Haus. السيارة واقفة خلف المنزل.

2.2 Präpositionen mit Akkusativ

2.2 أحرف "الجر" التي تنصب:

تأتي أسماء الأمكنة بعد أحرف "الجر" في حالة النصب عندما تدل الحالة على الحركة وتغيير المكان (في بعض الأحيان مجازياً) ويكون السؤال عنها بـ **wohin** "إلى أين"، ولا يمكن التعبير عن الحالة في العربية بجملة إسمية:

Der Junge geht ins (in das) Bett. يذهب الفتى إلى السرير.

Die Maus läuft unter das Bett. تجري الفأرة تحت السرير.

Wir gehen heute Abend ins Kino.
سنذهب اليوم مساءاً إلى السينما.

Kommst du mit ins Café? هل ستأتي معنا إلى المقهى؟

3 Infinitivsätze mit zu

3 الجملة المصدرية باستخدام zu:

هل تذكر بعض الجمل والأفعال التي نوهنا إليها خلال الدروس السابقة، والتي تستخدم فيها أداة الجر **zu** لصياغة الجملة المصدرية؟ فيما يلي بعض هذه الأمثلة مجدداً:

Wir versuchen, pünktlich zu kommen.
سنحاول القدوم على الموعد.

50. Lektion [فِرْنْفْتْسِگْسْتِ لِكْتْسْيُونْ]

Verkäufer sein ist nicht leicht ①

1 – Was w**ü**nschen Sie? Kann ich **I**hnen vielleicht h**e**lfen?

AUSSPRACHE

[فِرْكُويْفِرْ...]

Er beginnt um acht Uhr zu arbeiten.	هو يبدأ العمل في الثامنة.
Es scheint zu regnen.	يبدو أنها (س) تمطر.
Ich hoffe, dich bald wiederzusehen.	
	آمل أن أراك مجدداً عما قريب.

لاحظ أن zu توسطت جزأي الفعل المؤلف من جزأين.

anders: ذكرنا أن anders تعني "مختلف" من حيث المبدأ وقد تأتي كحال بعد الفعل، وقد تأتي كصفة عندما تسبق الإسم، فنقول مثلاً **eine andere Frau** أي "إمرأة أخرى" أو **ein anderer Mann** أي "رجل آخر"، وعندما تأتي كإسم فإنها تعني تأتي **der Andere** "الآخر" أو **die Andere** "الأخرى" أو **das Andere** "الآخر" أو **die Anderen** "الآخرون".

jede: تفيد jede معنى "كل" وتستعمل كصفة قبل الإسم مثل **jeder Mann** أي "كل رجل" أو **jede Frau** أي "كل امرأة" أو **jedes Kind** أي "كل طفل"، وقد تأتي كظرف زمان ويأتي الإسم بعدها في حالة النصب، وتضاف إليها نهاية الظرف حسبما إذا كان مؤنثاً أو مذكراً أو حيادياً، فنقول **jede Sekunde** أي "كلّ ثانية" أو **jedes Wochenende** أي "كل نهاية أسبوع" أو **jeden Tag** أي "كلّ يوم".

4 أجوبة الفقرة 2.1:
angehalten, zurückgehalten, ausgehalten, behalten, erhalten.

> الدرس الخمسون

أن تكون بائعاً ليس بالأمر الهين

١ - ماهو طلب حضرتك؟ ربما يمكنني مساعدة حضرتك؟

(ANMERKUNGEN)

① **Verkäufer** يمكن صياغة الإسم من كثير من الأفعال، فكلمة "بائع" صيغت من فعل "يبيع" **verkaufen**، ونحصل على المؤنث منه بإضافة in... للمذكر، أي **Verkäuferin**، أما "يشتري" فمعناه **kaufen**.

2 – Ja, ich h**ä**tte gern ein T**a**schentuch. ②
3 – Ein **ei**nziges T**a**schentuch?
4 Sie m**ei**nen wohl ③
5 **ei**ne Gesch**e**nkpackung T**a**schentücher?
6 – Nein, nein, ich m**ö**chte ein sch**ö**nes, gr**o**ßes T**a**schentuch
7 für m**ei**ne M**u**tter.
8 – Na gut, wenn Sie w**o**llen…
9 An w**e**lche F**a**rbe h**a**ben Sie denn ged**a**cht? ④
10 – Mm, an nichts Best**i**mmtes. K**ö**nnen Sie mich nicht ber**a**ten? ⑤
11 – Sie ber**a**ten? Selbstverst**ä**ndlich!
12 Hier h**a**be ich zum B**ei**spiel ein r**o**tes aus r**ei**ner S**ei**de und hier …
13 – Rot? Ja rot, das ist hübsch. Rot steht m**ei**ner M**u**tter sehr gut. ⑥
14 – Steht ihr gut? Na denn, umso b**e**sser! N**e**hmen Sie es?

AUSSPRACHE

[**10** ...بِشْتِمْتِسْ. **11** ...سِلْبْسْتْ فِرْشْتِنْدْلِشْ! **12** ...رايْنِرْ زايْدِهْ...]

② هذه صيغة **Konjunktiv II** من فعل الكون **haben**، وهي تستخدم كثيراً في الجمل الرسمية والتي تدل على اللباقة، كما تستخدم في صياغة جمل التمني التي لا يمكن تحققها.

③ إنتبه كي لا يختلط ضمير الملكية للمتكلم المفرد في حالة النصب **meinen** مع الفعل **meinen** الذي يعني "يقصد" أو "يفكر" أو "يعتقد"، والإسم منه **Meinung** أي "الرأي" أو "الإعتقاد".

④ يتعدى فعل **denken** "يفكر" بحرف **an**، ولذلك يبدأ السؤال "بماذا تفكر؟" بهذا الحرف. "أنا أفكر فيك وحسب." **Ich denke nur an dich.**

٢ – نعم، أود الحصول على منديل جيب.

٣ – منديل واحد فقط؟

٤ حضرتك تقصد بالتأكيد

٥ علبة هدية مناديل جيب؟

٦ – لا، لا، أريد منديل جيب كبيراً وجميلاً

٧ لأمي.

٨ – حسناً، حسناً، كما تريد ...

٩ وما اللون الذي خطر ببال حضرتك؟

١٠ – مم، لا على التحديد. ألا يمكن لحضرتك أن تقدم لي المشورة؟

١١ – تقديم المشورة لحضرتك؟ بالطبع!

١٢ هنا لدي، على سبيل المثال، واحدٌ أحمرُ مصنوعٌ من حريرٍ خالصٍ وهنا ...

١٣ – أحمر؟ نعم أحمر، إنه جميل. الأحمر يليق بأمي كثيراً.

١٤ – يليق بها؟ إذن، هذا ما نريده! فلتأخذه حضرتك؟

⑤ معنى فعل **raten** هو "ينصح" ويأتي الإسم بعده في حالة الجر، ويفيد في تكوين الجملة المصدرية: "أنصح حضرتك بالمغادرة مبكراً."

Ich rate Ihnen, früh loszufahren.

أما فعل **beraten** فيعني "يقدم المشورة"، ويتعدى من غير حرف جر: "عمَّ تبحث حضرتك؟" هل يمكنني تقديم المشورة لحضرتك؟

Was suchen Sie? Kann ich Sie beraten?

⑥ يتعدى فعل **stehen** أيضاً بالمجرور عندما يأتي بمعنى "يناسب" أو "يليق".

"هذا الثوب يناسب حضرتكِ كثيراً" **Das Kleid steht Ihnen gut.**

15 – Ich d**e**nke ja.
16 W**e**lches W**a**schmittel k**ö**nnen Sie mir daf**ü**r empf**e**hlen? ⑦
17 – Das W**a**schmittel ist eg**a**l; ⑧
18 **a**ber Sie d**ü**rfen es nur
19 in l**au**warmem **o**der k**a**ltem W**a**sser w**a**schen. ⑨
20 – Ach so? Man kann es nicht in der W**a**sch-maschine w**a**schen?
21 Das ist zu **u**npraktisch. ⑩
22 V**ie**len Dank, aber ich n**e**hme es doch nicht! Auf W**ie**dersehen!
23 So, **e**ndlich mal Deutsch gespr**o**chen,
24 und ich h**a**be mich verst**ä**ndlich gem**a**cht!

[**16** ...إمْپْفيلِنْ؟ **19** ...لاوْ قارْمِمْ ...كَلْتِمْ...]

⑦ يتعدى فعل **empfehlen** أيضاً بالمجرور.

⑧ تعني **egal** "لا يهم"، وتأتي في جمل من قبيل: "هذا لا يهم." **Das ist egal.** "هذا لا يعنيني." أو "الأمر عندي سيان." **Das ist mir egal.**

⑨ إذا لم تستخدم أداة التعريف فإن نهايتها المفترضة تضاف للصفة، فهنا أضيفت نهاية أداة تعريف المؤنث المجرور **...er** للصفة **rein**، كما أضيفت نهاية أداة تعريف المحايد المجرور **...em** للصفة **kalt** أو **lauwarm**.

⑩ هل تتذكر أنه يمكننا صياغة المنفي لكثير من الصفات بإضافة لها **...un**؟ مثل **praktisch** "عملي" **unpraktisch** "غير عملي"، أو **glücklich** "محظوظ" **unglücklich** "غير محظوظ".

Übung 1: Verstehen Sie diese Sätze?

❶ Können Sie mir bitte helfen? – Selbstverständlich. ❷ Soll ich den blauen oder den roten Pullover nehmen? Was raten Sie mir? ❸ Das ist ganz egal. Beide sind sehr schön. ❹ Wer hat Ihnen diesen Arzt empfohlen? ❺ Haben Sie daran gedacht, die erste Lektion zu wiederholen? ❻ Ich hätte gern ein großes Stück Kuchen und eine Tasse Kaffee.

١٥ - أعتقد ذلك.

١٦ أي مسحوق غسيل يمكنك أن تنصحني به؟

١٧ - مسحوق الغسيل سيان؛

١٨ ولكن على حضرتك أن

١٩ تغسله في ماء فاتر أو بارد وحسب.

٢٠ - هكذا إذن؟ لا يمكن للمرء غسله باستخدام الغسالة الآلية؟

٢١ هذا غير عملي على الإطلاق.

٢٢ شكراً جزيلاً، ولكني أفضل ألا آخذه! إلى اللقاء!

٢٣ هكذا، أخيراً تحدثت الألمانية،

٢٤ واستطعت التعبير عن نفسي بوضوح!

Lösung 1: Haben Sie verstanden?

الدرس الخمسون

❶ هل يمكن لحضرتك مساعدتي؟ - بالطبع. ❷ هل ينبغي لي أن آخذ السترة الزرقاء أم الحمراء؟ بِمَ تنصحني حضرتك؟ ❸ هذا لا يهم. فكلاهما جميلتان جداً. ❹ من الذي نصح حضرتك بهذا الطبيب؟ ❺ هل فكرت حضرتك بمراجعة الدرس الأول؟ ❻ أود الحصول على قطعة كبيرة من الكعكة وكوب من القهوة.

Übung 2: Setzen Sie die fehlenden Wörter ein!

❶ هل تبحث حضرتك عن شيء معين؟ هل يمكنني مساعدة حضرتك؟

Suchen Sie etwas ________? Kann ich ____ helfen?

❷ هل فكرت بفرشاة أسنان حضرتك؟

Haben Sie __ ____ Zahnbürste ______?

❸ أنا أنصحك بهذا المطعم بصدق.

Ich kann ___ dieses Restaurant wirklich ________.

❹ (اللون) الأخضر يليق بأخي. أنا أفضل ارتداء (اللون) الأزرق.

Grün ____ _____ Bruder. Ich trage _____ Blau.

❺ هو يريد منديلاً أبيضَ صغيراً.

Er möchte ein ______ _____ Taschentuch.

❻ لقد تحدثت حضرتك اليوم كثيراً بالألمانية، وعبرت حضرتك عن نفسك بشكل جيد.

Sie ____ heute viel Deutsch ________, und Sie haben sich gut __________ gemacht.

51. Lektion [آيْنْ أُنْدْ فوْنفْتْسِگْسْتِ لِكْتْسْيُوْنْ]

Erinnern Sie sich auch daran? ①

1 – Erinnerst du dich an die **Fu**ßball**we**lt-meisterschaft? ②

AUSSPRACHE

[... إرْإنِّرْنْ ... 1 ... قْلْتْ مايْسْتِرْشافْتْ؟]

Lösung 2: Die fehlenden Wörter.

❶ Bestimmtes – Ihnen ❷ an Ihre – gedacht ❸ dir – empfehlen ❹ steht meinem – lieber ❺ kleines weißes ❻ haben – gesprochen – verständlich.

المرحلة الثانية:

وصلنا هنا إلى نهاية مرحلة التعلم السلبية، حيث اكتفينا حتى الآن بمطالبتك بالقيام بقراءة وفهم النصوص وحسب، إعتباراً من الدرس التالي ستبدأ المرحلة الفعالة والنشطة في التعلم، والتي ستتطلب منك بحدود خمسة أو عشرة دقائق أطول مما سبق يومياً (لكل درس).

المسألة بسيطة للغاية، فما عليك سوى الإنتهاء من الدرس رقم 50 بالطريقة المعتادة ثم العودة إلى الدرس رقم 1، من الآن فصاعداً، في كل مرة تنهي فيها درساً جديداً عليك العودة إلى درس سابقٍ مشارٍ إليه في المرحلة الثانية.

إستمع إلى درس المرحلة الثانية مرة أخرى، ثم اقرءه بصوت مرتفعٍ.
غطِّ النص الألماني وأعِدْ ترجمته مجدداً من اللغة العربية.
فهذه هي أفضل وسيلة للتقدم ولترسيخ الذي تعلمته في نفس الوقت.
أنت انتقلت الآن من المرحلة السلبية إلى مرحلة إبداعية، حيث سوف تتحدث وتفكر باللغة الألمانية كل يوم، سوف تتفاجأ من مدى السهولة التي ستبدو عليها الدروس الأولى!

الموجة الثانية: فعل حضرتك اليوم الدرس 1!

الدرس الحادي والخمسون

هل تذكر حضرتك هذا أيضا؟

١ – هل تتذكر كأس العالم بكرة القدم؟
(يتذكر أنت إياك على بطولة العالم لكرة القدم؟)

ANMERKUNGEN

① أما زلت تذكر كيفية لفظ كلمة **erinnerst**؟

② تذكر حضرتك أيضاً الإختصار "**WM**" لـ "كأس العالم".

2 – Und ob ich mich dar**a**n er**i**nnere! ③

3 – Alg**e**rien hat uns geschl**a**gen,

4 und ich hab 'nen K**a**sten Bier verl**o**ren. ④

5 – Mit wem hast du denn gew**e**ttet? ⑤

6 – Mit **ei**nem Franz**o**sen. Am **A**nfang war er ganz zufr**ie**den,

7 und dann hat er sich f**ü**rchterlich **ü**ber das Spiel Fr**a**nkreich - BRD **au**fgeregt. ⑥

8 – Ich kann's verst**e**hen. Ich h**a**be mich auch dar**ü**ber ge**ä**rgert. ⑦

9 – Weißt du noch, wie sie mit dem T**o**rwart gesch**i**mpft h**a**ben:

10 – "Sie sind kein Monsi**eu**r…" Das war trotz **a**llem k**o**misch! ⑧

③ تستخدم **ob** عادة لصياغة الجملة الإستفهامية الثانوية، مثل:
"أتساءل فيما إذا كان مريضاً." **Ich frage mich, ob er krank ist.**
أو لصياغة الجملة الثانوية التي تترك مجال الإحتمالات مفتوحاً، مثل:
"نحن لا نعرف فيما إذا كانوا سيأتون."
Wir wissen nicht, ob sie kommen.

④ يحدث كثيراً في الكلام المحكي أن تُسْقَط **e** من **es** أو **ei** من أداة تنكير الإسم أو **e** من نهاية تصريف الفعل مع الضمير **ich**:
Ich hab 'nen Kasten Bier verloren = Ich habe einen...

⑤ يأتي الإسم بعد **mit** مجروراً، لذا تحولت أداة الإستفهام **wer** إلى **wem**:
"مع من يلعب بيتر؟" **Mit wem spielt Peter?**

٢ - طبعاً أتذكر!
(و إذا أنا إياي على ذلك أتذكر!)

٣ - حيث غلبتنا الجزائر،
(الجزائر تملك إيانا مضروب،)

٤ - وأنا خسرت صندوق جعة.

٥ - ومع من كنت قد تراهنت؟

٦ - مع (شخص) فرنسي. كان في البداية راضياً تماماً،

٧ - ثم غضب بشكل فظيع بسبب مباراة فرنسا - ألمانيا.

٨ - أستطيع أن أتفهم ذلك. فقد انزعجت أنا أيضاً بسبب ذلك.

٩ - أما زلت تذكر كيف وبخوا حارس المرمى:

١٠ - "أنت لست سيداً ..." لقد كان هذا-على الرغم من كل شيء-مضحكاً!
("حضرتك يكون ولا سيد..." هذا كان رغم الكل مضحكاً!)

---

⑥ كما تعلمنا حتى الآن فإن كثيراً من الكلمات تعود إلى جذور مشتركة: **fürchterlich** "مروع" أو "مخيف"، **die Furcht** "الخوف"، **fürchten** "يخاف" وهو يتعدى بحرف **vor**، ويأتي الإسم بعده مجروراً: "أخشى أن يفوتنا القطار." **Ich fürchte, wir verpassen den Zug.**

⑦ للفعلين **sich aufregen** و **sich ärgern** نفس المعنى وكلاهما يتعدى بحرف **über**، ويأتي الإسم بعدهما منصوباً.

⑧ ربما لاحظت وجود العديد من الكلمات ذات الأصول الفرنسية التي حافظت على كتابتها ولفظها في الألمانية، مثل: **Monsieur** "سيد" أو **Portemonnaie** "محفظة نقود" أو **Restaurant** "مطعم".

11 – Er hat sich offiziell entschuldigen müssen. ⑨ ⑩

12 – Was hat er eigentlich gemacht? Ich hab's vergessen.

13 – Ich weiß es auch nicht mehr. Auf alle Fälle war's ein Skandal.

14   Beim Endspiel war ich schon klüger.

15   Ich habe um zwei Kästen Bier gewettet, dass wir verlieren; ⑪

16   und so hab ich dann hinterher wenigstens in Ruhe trinken können!

DIE LEUTE HABEN SICH ALLE FÜRCHTERLICH AUFGEREGT

Übung 1: Verstehen Sie diese Sätze?

❶ Ich bin sicher, dass wir gewinnen werden. Wir können ja wetten. ❷ Ich habe gestern mein Portemonnaie verloren. ❸ Kannst du dich noch an die letzten Ausflüge im Schwarzwald erinnern? ❹ Die Leute haben sich alle fürchterlich aufgeregt. ❺ Am Anfang ist alles sehr gut gegangen, und wir waren ganz zufrieden, aber dann hatten wir kein Glück mehr.

Übung 2: Setzen Sie die fehlenden Wörter ein!

❶ لقد اعتذر على الأقل.

Er hat sich ▒▒▒▒▒▒▒▒ ▒▒▒▒▒▒▒▒▒▒▒.

١١ - وكان عليه الإعتذار رسميا.

١٢ - مالذي فعله في الواقع؟ لقد نسيت ذلك.

١٣ - أنا لم أعد أتذكر أيضاً. في كل الأحوال كانت فضيحة.

١٤ ولكني أصبحت أكثر حكمة في المباراة النهائية.

١٥ فلقد راهنت على صندوقَيْ جعة بأننا سنخسر؛

١٦ وهكذا فإنني استطعت بعدها على الأقل أن أشرب (الجعة) مرتاح الضمير!

(وهكذا أملك أنا إذن بعد وراءها على الأقل بهدوء يشرب (الجعة) يستطيع!)

⑨ هنا ترد صيغة الماضي المركب للأفعال المساعدة لأول مرة، عليك تذكر هذه الصيغة من كل بد: "كان علينا أن نعمل." **Wir haben arbeiten müssen.** "أراد القدوم ولكنه لم يستطع."
Er hat kommen wollen, aber er hat nicht gekonnt.

⑩ يمكن التنويه هنا لصيغة إسم المفعول للأفعال المساعدة: **wollen → gewollt، können → gekonnt، dürfen → gedurft، sollen → gesollt، müssen → gemusst**

⑪ **Mit jemandem um etwas wetten.** "راهن مع شخص على شيء ما."
كما تعني **die Wette** "الرهان" و **der Wettbewerb** "المسابقة":
"أراهن مع أخي على زجاجة شامبانيا."
Ich wette mit meinem Bruder um eine Flasche Champagner.

Lösung 1: Haben Sie verstanden?

❶ أنا واثق من أننا سنفوز. يمكننا بالتأكيد المراهنة (على ذلك). ❷ فقدت بالأمس محفظة نقودي. ❸ هل تتذكر حضرتك النزهاتِ الأخيرةَ في شوارتس فالد (الغابة السوداء)؟ ❹ لقد غضب الَناس جميعهم بشكل رهيب. ❺ في البداية سار كل شيء على ما يرام، وكنا سعداء للغاية، ولكن بعد ذلك لم يحالفْنا الحظ.

❷ لم نتمكن من النوم بهدوء.
Wir haben nicht ▒▒ ▒▒▒▒ ▒▒▒▒▒▒▒▒ ▒▒▒▒▒▒▒.

❸ حضرتك راهنت على زجاجة ويسكي.
Sie haben ▒▒ ▒▒▒▒ ▒▒▒▒▒▒▒ Whisky ▒▒▒▒▒▒▒▒.

❹ هل غضبت حضرتك لهذا السبب أيضاً؟
Haben Sie sich auch ▒▒▒▒▒▒▒ ▒▒▒▒▒▒▒▒ ?

❺ هل تتذكر حضرتك الدرس الثاني؟
▒▒▒▒▒▒▒▒ Sie sich ▒▒ die zweite Lektion?

❻ أم أن حضرتك قد نسيت كل شيء؟
Oder haben Sie schon ▒▒▒▒▒ ▒▒▒▒▒▒▒▒▒▒ ?

---

52. Lektion [تْسْفَايْ أُنْدْ فِرْنْفْتْسِگْسْتْ لِكْتْسْيُونْ]

Das neue Rotkäppchen

1 **Ei**nes Ta**ge**s, als **Ro**tkäppchen schon fast er**wa**chsen war, ① ②

2 ist es **wie**der **ei**nmal zu **sei**ner **Groß**mutter ge**ga**ngen. ②

3 Unter**we**gs hat es ein **gro**ßes Stück **Sa**hnetorte ge**kau**ft,

---

AUSSPRACHE

[1 ...رُوتْ كَپْخِنْ...إِرْڤاكْسِنْ...   3 أُنْتِرْ ڤِگْسْ...]

Lösung 2: Die fehlenden Wörter.

❶ wenigstens entschuldigt ❷ in Ruhe schlafen können ❸ um eine Flasche – gewettet ❹ darüber geärgert ❺ Erinnern – an ❻ alles vergessen.

"هدف، هدف، هدف!"

كرة القدم هي الرياضة الأكثر شعبية في ألمانيا قد يصل الإعجاب بها إلى درجة الولع الحقيقي، ست ملايين ونصف المليون هو عدد الأعضاء المنتمين لأحد أندية كرة القدم الـ 27.000، وهناك نظام للدوري يتقعد ذروته منذ عام 1963 ما يسمى الدوري الألماني الإتحادي، يتم تحديد بطل ألمانيا في الدوري الألماني، على التوازي من ذلك يتابع مشجعو كرة القدم في ألمانيا بطبيعة الحال وبحماس غيرَه من البطولات الوطنية والدولية، يعتبر كل من فريق كرة القدم الوطني الألماني للإناث وللذكور على حد سواء من بين الفرق الأكثر نجاحاً في العالم.

الموجة الثانية: فعل حضرتك اليوم الدرس 2!

الدرس الثاني والخمسون

ذات القبعة الحمراء الجديدة

١ ذات يوم، عندما قاربت ذات القبعة الحمراء على النضوج،
(واحداً يوماً، عندما "ذات القبعة الحمراء" تماماً تقريباً ناضجة كانت،)

٢ كانت قد ذهبت مرة أخرى إلى جدتها.

٣ وقد اشترت في الطريق قطعة كبيرة من كعكة بالكريم،

ANMERKUNGEN

① تفيد **als** في صياغة الجملة الظرفية التي تربط حدثاً ما بحدث آخر.

② لنتذكر هنا أن أداة تعريف الإسم المصغر **Rotkäppchen** هي أداة الحيادي، ولذا عُوِّض عنه بـ **es**!

4 denn es gab k**ei**nen Wald mehr, ③

5 in dem man B**ee**ren s**a**mmeln k**o**nnte. ④ ⑤ ⑥

6 In der W**o**hnung der Gr**o**ßmutter war **a**lles in **U**nordnung. ⑦

7 Dem R**o**tkäppchen war **e**twas k**o**misch zumute. ⑧

8 **I**rgend**e**twas st**i**mmte nicht.

9 Die Gr**o**ßmutter war **i**mmer **ei**ne **o**rdentliche und s**au**bere Frau gew**e**sen. ⑨

10 H**o**ffentlich ist ihr nichts pass**ie**rt, d**a**chte R**o**tkäppchen und rief: ⑩ ⑪

11 – Gr**o**ßmutter, wo bist du denn?

12 Aus dem Schl**a**fzimmer **a**ntwortete **ei**ne t**ie**fe St**i**mme: ⑫

AUSSPRACHE

[5 ...بيرِنْ.... 7 ...كُومِشْ...]

③ هذه صيغة الماضي البسيط **Präteritum** من "يوجد" وتعني "وُجِد" ويأتي الإسم بعد منصوباً.

④ جاءت أداة التعريف **dem** للتعويض عن الإسم الموصول **Wald** مجرورة بعد **in** لأن السؤال عن مكان البحث سيكون بـ **wo**، ينبغي لنا أن نعرف أنه لا يجوز في حالة الجملة الموصولة اختصار **in dem** إلى **im**.

⑤ هذه صيغة الماضي البسيط **Präteritum** من الفعل المساعد **können**.

⑥ تجدر الإشارة هنا إلى أن كلمة **Beeren** "توت" تشمل الكثير من الفاكهة ولا تقتصر على التوت المتعارف عليه، ومنها البري ومنها المزروع، والتي كان يجمعها الأطفال هي وبعض أنواع الفطر في الغابات.

⑦ ذكرنا أنه يمكننا صياغة المنفي لكثير من الصفات بإضافة **...un** لها، كذلك يمكننا صياغة عكس بعض الأسماء بنفس الطريقة، فعكس **Ordnung** "ترتيب" هو **Unordnung** "فوضى"، وعكس **Gerechtigkeit** "عدالة" هو **Ungerechtigkeit** "ظلم".

٤ لأنه لم تعد توجد غابة،
(إذن هو وُجِدَ ولا غابة كثير،)

٥ حيث كان يمكن للمرء جمع التوت.

٦ في شقة الجدة كان كل شيء في حالة من الفوضى.

٧ شعور غريب ساور ذات القبعة الحمراء.

٨ شيء ما لم يكن على ما يُرام.
(أي شيء صحَّ لا.)

٩ فلقد كانت الجدة امرأة مرتبة ونظيفة على الدوام.

١٠ عسى لم يصِبْها مكروه، خمنت ذات القبعة الحمراء وصاحت:

١١ - أين أنتِ يا جدتي؟
(جدة، أين تكون أنت إذن؟)

١٢ فأجاب صوت خشن من غرفة النوم:
(من غرفة النوم أجاب واحدة عميق صوت:)

⑧ **Es ist mir traurig zumute.** "يساورني شعور بالحزن."
Mir ist komisch zumute. "يساورني شعور بالفرح."
"أخي يعرف كثيراً من الحكايات المضحكة."
Mein Bruder kennt viele komische Geschichten.

⑨ تسمى هذه الصيغة من الماضي **Plusquamperfekt** "الماضي البعيد"، وتتم صياغته من فعل الكون المساعد في الماضي وإسم المفعول.

⑩ **hoffentlich** هي صيغة الحال من الفعل **hoffen**، فيمكن القول:
Hoffentlich kommt er pünktlich. "عساه يأتي على الموعد."
أو: "آمل أن يأتي على الموعد." **Ich hoffe, dass er pünktlich kommt.**

⑪ كثيراً ما تستعمل صيغة الماضي البسيط **Präteritum** من فعل **denken** وهي **dachte** في السرد وفي وصف الأحداث التاريخية.

⑫ هذه صيغة الماضي البسيط **Präteritum** من فعل **antworten**.

13 – Ich bin hier im Bett, R**o**tkäppchen.

14 Schön, dass du gek**o**mmen bist! ⑬

15 Ich h**a**be schon so l**a**nge auf dich gew**a**rtet.

16 (F**o**rtsetzung folgt)

Übung 1: Verstehen Sie diese Sätze?

① Eines Tages ist er wieder einmal zu seinem Großvater gefahren. ② Ihm war komisch zumute, denn er konnte das Haus des Großvaters nicht mehr finden. ③ Es gab viele neue Straßen. ④ Als er jung war, war er ordentlich und sauber. ⑤ Später hatte er keine Zeit mehr, und alles war in Unordnung. ⑥ Dann hat er geheiratet.

Übung 2: Setzen Sie die fehlenden Wörter ein!

① في الطريق إلتقينا الكثير من الأصدقاء.

______ haben wir ______ ______ getroffen.

② هل جمعت حضرتك التوت عندما كنت صغيراً؟

Haben Sie ______ gesammelt, ______ Sie ______ waren?

③ كانت هذه الليلة ليلة اكتمال البدر؛ لم يستطع النوم.

Heute ______ war Vollmond; er ______ nicht schlafen.

④ أي شعور ساور حضرتك عندما رأيت ذلك؟

______ war Ihnen ______, als Sie das ______ ______?

١٣ - أنا هنا في السرير، يا ذات القبعة الحمراء.

١٤   حسنٌ أنكِ قد جئتِ!

١٥   فلقد انتظرتكِ لوقت طويل.
(أنا يملك تماماً هكذا طويلاً على إياك منتظر.)

١٦   (التتمة تتبع)

⑬ ثمة اختصار قواعدي واضح هنا من قبيل: ...Es ist schön, dass.

Lösung 1: Haben Sie verstanden?

❶ في يوم من الأيام سافر مرة أخرى لعند جده. ❷ ساوره شعور غريب، إذ إنه لم يعد بإمكانه أن يجد منزل الجد. ❸ كانت هناك العديد من الطرق الجديدة. ❹ عندما كان صغيراً، كان مرتباً ونظيفاً. ❺ ولكنه في وقت لاحق لم يعد لديه وقت، فغدا كل شيء في حالة من الفوضى. ❻ ثم (إنه قد) تزوج.

❺ أجاب صوت خشن، وقد خمنت: "شيء ما ليس على ما يُرام!"

Eine ▨▨▨▨ Stimme ▨▨▨▨▨▨▨▨▨, und sie ▨▨▨▨▨: "Da ▨▨▨▨▨ etwas nicht!"

ذات القبعة الحمراء

ذات القبعة الحمراء عبارة عن حكاية أوروبية أسطورية معروفة، تعود جذورها للكاتب الفرنسي تشارلز بيررولت (1628-1703)، تم تناقلها شفهياً ثم لتجد مكانها في مجموعة الأساطير الشهيرة للأخوين الألمانيين جريم بين 1812 و 1858، كان الأخوان يعقوب وفيلهلم جريم مختصَّيْن بعلوم اللغة وخبيرَيْن بثقافات الشعوب البدائية ويعتبران الأبوَيْن المؤسِّسَيْن لعلوم اللغة الألمانية، بمرور الوقت تم سرد وعرض مادة "ذات القبعة الحمراء" مراراً وتكراراً، مرات لا حصر لها تم تغيير النص بالكلية أو التوسع به كما تم استخدامه على سبيل السخرية لتوصيل رسائل أخرى.

53. Lektion [دْرايْ أُنْدْ فوْنْفْتْسِگْسْتِ لِكْتْسْيُونْ]

Das neue Rotkäppchen (Fortsetzung)

1 – Was ist los, Gr**o**ßmutter?

2 War**u**m hast du so **ei**ne **tie**fe St**i**mme?

3 – Ich h**a**be **ei**ne Gr**i**ppe und H**a**lsweh.

4 Ich bin ein w**e**nig h**ei**ser. **A**ber komm doch her**ei**n! ①

5 R**o**tkäppchen ging in das d**u**nkle Schl**a**fzimmer. ②

6 Die Gr**o**ßmutter sah ganz **a**nders aus als gew**ö**hnlich. ③

AUSSPRACHE

[**3** ... گْرِبّ أُنْدْ هَلْسْ ڤيهْ. **4** ...آيْنْ ڤِينِگْ هايْزَرْ. ...
6 ... گِڤْوونْلِشْ.]

ANMERKUNGEN

① لنتذكر هنا صيغة الأمر من فعل **kommen** عندما يكون مؤلفاً من جزأين! "أدخل!"، أدخلوا!"، "أدخل حضرتك!"

Komm herein! Kommt herein! Kommen Sie herein!

❻ حسنٌ أن حضرتك قد جئت! فأنا أنتظر حضرتك لوقت طويل!

Schön, ____ Sie ________ ____! Ich warte schon so lange ___ Sie!

Lösung 2: Die fehlenden Wörter.

❶ Unterwegs – viele Freunde ❷ Beeren – als – jung ❸ Nacht – konnte ❹ Wie – zumute – gesehen haben ❺ tiefe – antwortete – dachte – stimmt ❻ dass – gekommen sind – auf.

الموجة الثانية: فعل حضرتك اليوم الدرس 3!

الدرس الثالث والخمسون

ذات القبعة الحمراء الجديدة (تتمة)

١ - ما الذي يحدث، يا جدتي؟
(ماذا يكون سائب، جدة؟)

٢ لماذا أصبح صوتكِ خشناً؟
(لماذا يملك أنت هكذا واحدة عميقاً صوتاً؟)

٣ - أنا مصابة بالبرد وحلقي يؤلمني.

٤ صوتي مبحوح بعض الشيء. ولكن هلميّ وادخلي!

٥ دخلت ذات القبعة الحمراء إلى غرفة النوم المظلمة.

٦ بدت الجدة بصورة مختلفة كثيراً عن المعتاد.

② كما تعرف فإن كلا من **gehen** "يمشي" و **sehen** "يرى" فعلان شاذان، وعلى الرغم من تشابه وزنيهما إلا أن إسمي المفعول منهما متباينان، وهما **gegangen** و **gesehen** على التتالي، كما أن صيغة الماضي البسيط **Präteritum** منهما **ging** و **sah** على التتالي.

③ لاحظ تغير معنى الفعل **sehen** بإضافة **aus** له من "يرى" إلى "يظهر" أو "يبدو"!

7 – Gr**o**ßmutter, war**u**m hast du so gr**o**ße **O**hren?

8 fr**a**gte R**o**tkäppchen **ä**ngstlich. ④

9 – Dam**i**t ich dich b**e**sser h**ö**ren kann! ⑤

10 – Und Gr**o**ßmutter, war**u**m hast du so gr**o**ße **Au**gen?

11 – Dam**i**t ich dich b**e**sser s**e**hen kann!

12 – Ja, **a**ber Gr**o**ßmutter, war**u**m hast du **ei**nen so gr**o**ßen Mund?

13 – Dam**i**t ich dich b**e**sser k**ü**ssen kann, s**a**gte der Prinz l**a**chend, ⑥

14 sprang aus dem Bett und k**ü**sste R**o**tkäpp-chen. ⑦

15 Und wenn sie nicht gest**o**rben sind, ⑧

16 dann l**e**ben sie noch h**eu**te. ⑨

AUSSPRACHE

[**8** ...أَنْگْسْتْلِشْ. **13** ...كوّسّنْ... پْرِنْتْسْ... **14** شْپْرَنْگ...]

④ هذا أسلوب متبع كثيراً في سرد الأخبار أو الحكايات، حيث يذكر الخبر وتتبعه جملة ثانوية من قبيل: **..., sagte der Minister** "قال الوزير" أو **..., erzählte der Fahrgast** "حكى الراكب".

⑤ يمكن باستخدام **damit** صياغة الجملة التفسيرية، حيث تأخذ **damit** الموقع الأول ثم يتبعها الفاعل ويأتي الفعل في آخر الجملة كما هي الحال في الجملة الثانوية.

Übung 1: Verstehen Sie diese Sätze?

❶ Er sprang schreiend aus der Badewanne. Das Wasser war zu heiß. ❷ Gib mir bitte meine Brille, damit ich dich besser sehe. ❸ Mein Großvater ist vor drei Jahren gestorben. ❹ Haben Sie heute mehr Arbeit als gewöhnlich? ❺ Sie ging in die Küche und sah nach dem Essen. ❻ Er fragte sie ängstlich: "Darf ich Sie küssen?"

٧ - جدتي، لماذا أُذناك كبيرتان هكذا؟

٨ سألت ذات القبعة الحمراء متوجسة.

٩ - حتى أستطيع أن أسمعكِ بشكل أفضل!

١٠ - جدتي، لماذا عيناك كبيرتان هكذا؟

١١ - حتى أستطيع أن أراكِ بشكل أفضل!

١٢ - نعم، ولكن جدتي، لماذا لديك مثل هذا الفم الكبير؟

١٣ - حتى أستطيع أن أقبّلكِ بشكل أفضل، قال الأمير ضاحكاً،

١٤ قفز من السرير وقبَّل ذات القبعة الحمراء.

١٥ وإن لم يكونا قد لقيا حتفهما،

١٦ لكانا يعيشان إلى اليوم.

⑥ تفيد إضافة **d** لمصدر الفعل في صياغة إسم الفاعل **Partizip Perfekt II**، وعندما تأتي هذه الصيغة كما هي الحال هنا فإنه يمكن مقارنتها بالحال في العربية.

⑦ هذه صيغة الماضي البسيط **Präteritum** من فعل **springen**، وهو من الأفعال الشاذة كما هو واضح.

⑧ هذه صيغة الماضي البسيط **Präteritum** من فعل **sterben**، وهو من الأفعال الشاذة كما هو واضح، ويتصرف مع الفعل المساعد **sein** لصياغة الماضي منه.

⑨ هذه جملة معهودة لختام الأساطير والحكايات في الألمانية، وكذلك قصص الأخوان جريم، كما أن جملة **Es war einmal** تمثل بدايتها.

Lösung 1: Haben Sie verstanden?

❶ قفز صارخاً من حوض الإستحمام. لقد كان الماء ساخناً للغاية. ❷ أعطني نظارتي رجاءاً حتى أراك بشكل أفضل. ❸ توفي جدي قبل ثلاث سنوات. ❹ هل لدى حضرتك عملٌ اليوم أكثر من المعتاد؟ ❺ ذهبَتْ إلى المطبخ وألقَتْ نظرةً على الطعام. ❻ سألها بحذر: "هل يمكنني أن أقبّل حضرتَكِ؟"

Übung 2: Setzen Sie die fehlenden Wörter ein!

❶ لا يمكنها التحدث تقريباً. إن صوتها مبحوح.
Sie .... fast nicht .... Sie ist ....

❷ عيناها جميلتان وزرقاوان وكبيرتان.
Sie hat schöne ....

❸ أنا لا أفهمك. أذناي تؤلماني.
Ich .... dich nicht. Ich habe ....

❹ هو يجلس في الصف الأول حتى يتمكن من الإستماع بشكل أفضل.
Er setzt sich in die erste Reihe, ... besser ..... kann.

❺ متى توفِّيَ موزارت؟ هل تعلم حضرتك هذا؟
Wann ist Mozart .... ? ...... Sie das?

54. Lektion [فيرْ أُنْدْ فوْنفْتْسِگْسْتْ لِكْتْسْيُونْ]

Ist Ihnen so was schon mal passiert?

1 – Wor**ü**ber l**a**chen Sie, b**i**tte schön? ①

2 – **Ü**ber Sie! ②

3 – **Ü**ber mich?

① للسؤال في جملة فعلها يتعدى بحرف جر معين فإن السؤال يبدأ بـ **wo** مضافاً إليها حرف الجر هذا، وإذا كان هذا الحرف يبدأ بحرف صوتي فإنه توضع بينهما **r**، "إنهم يتحدثون عن عملهم." **Sie sprechen von ihrer Arbeit.**
"عمَّ يتحدثون؟" **Wovon sprechen sie?**
"أنا أضحك من الفيلم." **Ich lache über den Film.**
"ممَّ تضحك؟" **Worüber lachst du?**

إنه لا يعوزه طول لسان بحق! ❻

Er ist ▮▮▮▮▮▮▮▮ nicht auf ▮▮▮ ▮▮▮▮ gefallen!

Lösung 2: Die fehlenden Wörter.

❶ kann – sprechen – heiser ❷ große blaue Augen ❸ verstehe – Ohrenweh ❹ damit er – hören ❺ gestorben – Wissen ❻ wirklich – den Mund.

الموجة الثانية: فعل حضرتك اليوم الدرس 4!

الدرس الرابع والخمسون

هل حدث لحضرتك شيءٌ كهذا مرة ما؟

١ - ممَّ تضحكين حضرتُكِ، من فضلِكِ؟

٢ - من حضرتِكَ!

٣ - مني أنا؟

② يأتي الإسم بعد über منصوباً Akkusativ، وثمة بعض الأفعال التي تتعدى به مثل "يتكلم" reden أو "يضحك" lachen.

4 – Ja, **ü**ber wen denn sonst?

5 – Und war**u**m, wenn ich fr**a**gen darf?

6 – Sie m**a**chen **i**mmer so ein l**a**nges Ges**i**cht! ③

7 – Ein l**a**nges Ges**i**cht, ich?

8 – Ja, Sie sind **i**mmer schl**e**chter L**au**ne. ④

9 Sie sind ein r**i**chtiger M**ie**sepeter. ⑤

10 – **A**lso das! Das hat mir noch n**ie**mand ges**a**gt.

11 – Nein? W**i**rklich nicht? Na, dann wird's ja h**ö**chste Zeit! ⑥

12 L**ä**cheln Sie doch mal ein b**i**sschen! ...

13 Ja, so! So ist es schon b**e**sser.

14 – M**ei**nen Sie das ernst? ⑦

AUSSPRACHE

[**6** ... گزِخْتْ! **8** ...لاوْنِهْ. **9** ...ميزهْ پيتِرْ. **11** ...
هوخْسْتِ تْسايْتْ!]

③ هذا تعبير مجازي للدلالة على الإمتعاض والتذمر.

④ يمكن قول ما معناه "أنا في مزاج سيئ أو جيد" باستخدام التعبير التالي: **Guter oder schlechter Laune sein.** حيث أضيفت للصفتين "جيد" **gut** و "سيئ" **schlecht** النهاية **er**...، وهي نهاية المضاف للإسم المؤنث **Laune**.

٤ - نعم، ممَّن (سوى حضرتِكَ) إذن؟

٥ - ولماذا، إذا كان لي أن أسأل؟

٦ - وجه حضرتك عابس دائماً!
(حضرتك يعمل دائماً هكذا واحداً طويلاً وجهاً!)

٧ - وجهي عابس، أنا؟

٨ - نعم، حضرتك دائماً في مزاج سيئ.
(نعم، حضرتك يكون دائماً سيئ المزاج.)

٩ حضرتك ذو مزاج متقلب بحق.
(حضرتك يكون دائماً واحد صحيح بيتر سيء.)

١٠ - هكذا إذن! هذا ما لم يقله لي أحدٌ من قبلُ.

١١ - لا؟ حقاً؟ حسناً، فقد آن الأوان أخيراً لذلك!
(لا؟ فعلاً لا؟ هيا، إذن يصبح هو نعم أعلى وقت!)

١٢ فلتبتسم حضرتكَ ولو قليلاً! ...
(إبتسم حضرتكَ إذن مرة واحد قليل! ...)

١٣ نعم، هكذا! هكذا أفضل بالفعل.

١٤ - هل حضرتكِ جادةٌ بهذا؟

⑤ يستخدم تعبير **Miesepeter** للإشارة إلى ذلك الشخص المتقلب والكثير الإحتجاج في مجموعة ما، والذي يتسبب في إفساد الكثير من مخططاتها وانقسامها بحيث غالباً ما تفقد مقوماتها كمجموعة متناسقة.

⑥ هذا تعبير مشهور للدلالة على أن الوقت قد حان أخيراً لحدوث الأمر، ويُصاغ من صيغة الأفعل من إسم التفضيل من **hoch**، أي "الأعلى" **am höchsten**، تذكر أن صيغة أفعل تُصاغ بإضافة **...er** للصفة وقلب **o** إلى **ö**، وهذا مثال ذلك:
"جبل فيلد بيرج هو الأعلى في سلسلة جبل شفارتس فالد."
Der Feldberg ist der höchste Berg im Schwarzwald.

⑦ تأتي كلمة **ernst** كصفة بمعنى "جدي" وكإسم **Ernst** بمعنى "الجد"، كما أن **Ernst** إسم شائع للذكور.

15 Sie m**a**chen sich nicht **ü**ber mich l**u**stig? ⑧

16 – **A**ber nein, vers**u**chen Sie's n**o**chmal!

17 S**e**hen Sie dort in den Sp**ie**gel! ⑨

18 – Ja, das ist ja w**i**rklich b**e**sser!

19 Auf der r**e**chten S**ei**te noch **e**twas mehr ...

20 ja, gut, und jetzt links...

21 – Halt! Ich kann nicht mehr **au**fhören...

22 – Gut! Pr**i**ma! M**a**chen Sie w**ei**ter! ⑩

23 – Ha! Ha! Ha! Ha!

AUSSPRACHE

[17 ... شْپيگِل!]

Übung 1: Verstehen Sie diese Sätze?

❶ Woran denken sie? – An die Mittagspause. ❷ Er kann nicht mehr aufhören zu lachen. ❸ Warum kommen Sie so spät, wenn ich fragen darf? ❹ Auf der rechten Seite sehen Sie den Rhein und auf der linken das neue Industriegebiet. ❺ Meine Mutter ist eine fantastische Frau. Sie ist immer guter Laune!

Übung 2: Setzen Sie die fehlenden Wörter ein!

❶ أضاع محفظة نقوده. هو في مزاج سيئ.

Er ___ sein Portemonnaie ___. Er ist ___ Laune.

❷ ممَ ضحكتَ، إذا جاز للمرء أن أسأل؟

___ hast du gelacht, ___ man fragen darf?

❸ إبتسم حضرتك من فضلك قليلاً! فوجه حضرتك جادٌ هكذا دائماً.

___ Sie bitte ein bisschen! Sie machen immer ein so ernstes ___.

١٥ حضرتكِ لا تسخرين مني؟
(حضرتكِ تعملين إياكِ لا عبر إياي مرح؟ ...)

١٦ - بالطبع لا، حاول حضرتكَ ذلك مرة أخرى!

١٧ هل ترى حضرتك هناك في المرآة!

١٨ - نعم، هذا أفضل بحق!

١٩ أكثر بعض الشيء على الطرف الأيمن...

٢٠ نعم، حسنا، والآن الأيسر...

٢١ - كفى! فأنا لم أعد أستطيع التوقف...

٢٢ - حسن! رائع! تابع حضرتكَ!

٢٣ - ها! ها! ها! ها!

⑧ "يسخر من أحد أو من شيء."
Sich über jemanden oder etwas lustig machen.
"لا تسخر حضرتك من لكنتي!"
Machen Sie sich nicht über meinen Akzent lustig!

⑨ هل عرفت الآن معنى إسم مجلة **der Spiegel**؟ وهي مجلة إخبارية مشهورة في ألمانيا.

⑩ تضاف **weiter** إلى عدد كبير من الأفعال، وتعني أن الفعل يستمر في الحدوث.

Lösung 1: Haben Sie verstanden?

❶ بماذا تفكر (هي)؟ - في استراحة الغداء. ❷ لم يعد يستطيع التوقف عن الضحك. ❸ لماذا جئت حضرتك هكذا متأخراً، إذا جاز لي أن أسأل؟ ❹ على الجانب الأيمن ترى حضرتك الراين وعلى الأيسر المنطقة الصناعية الجديدة. ❺ أمي امرأة رائعة. فهي دائماً في مزاج جيد!

❹ سوف يغادر القطار بعد دقيقتين. لذا حان الوقت للركوب أخيراً.
Der Zug fährt __ ____ Minuten. Es wird ______ ____ einzusteigen.

❺ مع من تحدثتَ حضرتك للتو؟ لقد كنت حضرتك جاداً للغاية.

_____ _____ haben Sie gerade _____? Sie waren so _____.

❻ هل تسخر مني، أم أنك قصدت ذلك جاداً؟

Machst du dich _____ _____ lustig, oder _____ du das ernst?

55. Lektion [فِوْنْفْ أُنْدْ فِوْنْفْتْسِگْسْتِ لِكْتْسْيُونْ]

Der Engel mit Schuhen ① ②

1 Ein Pr**ie**ster best**e**llte **ei**nmal bei **ei**nem bekannten Maler

2 ein gr**o**ßes Bild für s**ei**ne K**i**rche. ③

3 Nach **ei**nigen W**o**chen war das Bild f**e**rtig.

4 Es war ein M**ei**sterwerk. ④

5 Der Pr**ie**ster war beg**ei**stert und l**o**bte den M**a**ler in den H**i**mmel. ⑤

6 Pl**ö**tzlich st**u**tzte er jed**o**ch,

AUSSPRACHE

[دِر إِنْگَلْ مِتْ شوهِنْ **1** آيْنْ پْريسْترْ بِشْتِلْتِ... **2** ... كيرْخِهْ. **4** ...مايْسْترْ ڤيرْكْ. **5** ...بِگايْسْتِرْتْ أُنْدْ لُوبْتِهْ... **6** پْلوتْسْلِشْ شْتُتْسْتِهْ...]

ANMERKUNGEN

① مع أن **mit** تعني "مع" أو "بـ" في العموم إلا أنه يمكن ترجمته في كثير من الأحيان "ذو".

② المفرد من "حذاء" هو **Schuh**، والجمع "أحذية" **Schuhe**، وأضيفت **n** كعلامة على حالة الجر.

Lösung 2: Die fehlenden Wörter.

❶ hat – verloren – schlechter ❷ Worüber – wenn ❸ Lächeln – Gesicht ❹ in zwei – höchste Zeit ❺ Mit wem – gesprochen – ernst ❻ über mich – meinst.

الموجة الثانية: فعل حضرتك اليوم الدرس 5!

الدرس الخامس والخمسون

الملاك ذو الأحذية

١ ذات يوم طلب قِسٌّ من رسامٍ معروفٍ

٢ لوحةً كبيرةً لكنيسته.

٣ بعد بضعة أسابيع أصبحت اللوحة جاهزةً.

٤ لقد كانت تحفةً فنيةً.

٥ كان القِسُّ مندهشاً وبلغ عنان السماء بمدح الرسام.
(القِسُّ كان متعجباً ومدح الرسام إلى السماء.)

٦ ولكنه اندهش فجأة،

③ إنتبه من فضلك للفرق بين لفظ **Kirche** التي تعني "كنيسة" وبين **Kirsche** التي تعني "كرزة"!

④ تستخدم كلمة **Werk** للتعبير عن معمل أو ورشة، وبإضافتها إلى كثير من الكلمات فإنها تكتسب معانِيَ كثيرة، مثل **Kunstwerk** "عمل فني"، أو **Meisterwerk** "تحفة فنية" مع الإنتباه إلى أن كلمة **Meister** لوحدها تعني "معلم" أو "مشرف".

⑤ جاءت أداة تعريف كلمة **Himmel** في حالة النصب **den** لأن المقصود فيها الرفع وهو ما يشتمل على الحركة:
Jemanden oder etwas in den Himmel heben oder **loben.**

7 trat **u**ngläubig näher an das Bild heran und m**u**rmelte: ⑥

8 – Ich tr**au**e m**ei**nen **Au**gen nicht! ⑦

9 Das ist doch nicht möglich! Der **E**ngel hat Schuhe!

10 – **A**ber ja, s**a**gte der Maler. War**u**m denn nicht?

11 – Was h**a**ben Sie sich denn dab**ei** ged**a**cht?

12 – H**a**ben Sie jem**a**ls **ei**nen **E**ngel mit Schuhen ges**e**hen? ⑧

13 – Nat**ü**rlich nicht!

14 Und Sie, h**a**ben Sie schon mal **ei**nen ohne Schuhe ges**e**hen? ⑨

(AUSSPRACHE)

[7 ...أُنْگَلْئِيگْ ناهِرْ...مُرْمِلْتِهْ: 10 ...مالْرْ...]

Übung 1: Verstehen Sie diese Sätze?

❶ Sie bestellte eine Tasse heiße Schokolade und Schlagsahne. ❷ Er traut niemandem außer sich selbst. ❸ Warum hast du das gesagt? Was hast du dir dabei gedacht? ❹ Das Konzert war ausgezeichnet. Alle Leute waren begeistert. ❺ Nach einigen Monaten hatte der Maler das Bild fertig, und der Priester lobte ihn.

٧ دنا مقترباً من اللوحة مكذِّباً عينيه وتمتم قائلاً:
(داسَ غير مؤمن أقرب على الصورة قريب وتمتم:)

٨ - أكاد لا أصدق عينيَّ!

٩ فهذا غير معقول بكل تأكيد! الملاك يرتدي حذاءَيْن!

١٠ - بكل تأكيد، رد الرسام. ولمَ لا؟

١١ - مالذي دار عندئذٍ في خلَدِ حضرتكَ؟
(ماذا يملك حضرتكَ إياك إذن عندئذٍ مفكر؟)

١٢ - هل رأيت حضرتكَ في حياتكَ ملاكاً ذا أحذية؟

١٣ - بالطبع لا!

١٤ وحضرتكَ، هل حدث ورأيت حضرتكَ واحداً بدون أحذية؟

⑥ فعل **nähertreten** يتألف من جزأين، ومعناه "يقترب من" أو "يدنو من"، وفي الجملة جاء بصيغة **näher herantreten**، أي "دنا مقتربا" وجاء الإسم بعد **an** منصوباً لوجود الحركة.

⑦ فعل **trauen** أو **vertrauen** من الأفعال التي يأتي مفعولها في حالة الجر، أما المصدر **das Vertrauen** فيعني "الثقة".

⑧ تفيد كلمة **jemals** إضفاء صيغة الإنكار على السؤال، فيكون المعنى "هل سبق لحضرتك ورأيت....؟".

⑨ تعني كلمة **mal** لوحدها "مرة"، وهي اختصار لكلمة **einmal**، وتستخدم كثيراً للتشديد على معنى الجملة باستخدام "هلاّ" بالعربية:
"هلا قلت مالذي تفعله هنا؟" **Sag mal, was machst du da?**
وقد تأتي **einmal** بمعنى "ذات يوم" أو "في يوما ما":
"لقد كان زوجي في يوم من الأيام." **Er war einmal mein Mann.**

Lösung 1: Haben Sie verstanden?

❶ (هي) طلبَتْ كوباً من الشوكولاته الساخنة بالكريمة المخفوقة. ❷ إنه لا يثق بأحد سوى بنفسه. ❸ لماذا قلت هذا؟ مالذي دار عندئذ في خلَدِك؟ ❹ كان الحفل الموسيقي رائعاً. كل الناس كانوا مشغوفين. ❺ بعد عدة أشهر أنهى الرسام اللوحة، وأشاد القسُّ به.

Übung 2: Setzen Sie die fehlenden Wörter ein!

❶ هل حدث ورأيت حضرتك مرةً ملاكاً؟
　　Sie schon mal einen Engel　　　?

❷ مالذي دار عندئذٍ في خلَدِه؟ فهذا غير معقول البتة.
Was　　er sich　　　　? Das ist ja
　　　　.

❸ من أين طلبت حضرتك هذه اللوحة؟ - من رسام معروف.
Wo　　　Sie das Bild　　　　? – 　　
　　　　　　.

❹ لا تدخل حضرتك هذا المسجد بالأحذية.
Gehen Sie nicht 　　　　　 in diese Moschee.

56. Lektion

Wiederholung und Anmerkungen

1 Das Imperfekt und das Perfekt

1 الماضي البسيط والماضي التام:

يستخدم "الماضي البسيط" **Präteritum** في وصف أحداث تمت في الماضي وغالباً تمت وانتهت، وكثيراً ما يستعمل في السرد وفي وصف الأحداث التاريخية، بينما يستعمل الماضي المركب في السرد وفي الحياة اليومية المحكية غير المكتوبة.

فيما يلي مثال لتصريف فعل نظامي **suchen** "يبحث" ولفعل شاذ **gehen** "يذهب":

ich	suchte	ging
du	suchtest	gingst
er / sie / es	suchte	ging

❺ الفيلم رائع. إنه لوحة فنية بحق.

Der Film ist ________. Er ist ein richtiges ________.

❻ وحضرتك، هل سبق لحضرتكَ أن قابلتَ ملاكاً بدون أحذية؟

Und Sie, haben Sie jemals ________ ________ ________ Schuhe getroffen?

Lösung 2: Die fehlenden Wörter.

❶ Haben – gesehen ❷ hat – dabei gedacht – unmöglich ❸ haben – bestellt – Bei einem bekannten Maler ❹ mit Schuhen ❺ fantastisch – Meisterwerk ❻ einen Engel ohne.

الموجة الثانية: فعل حضرتك اليوم الدرس 6!

الدرس السادس والخمسون

wir	suchten	gingen
ihr	suchtet	gingt
sie	suchten	gingen
Sie	suchten	gingen

لاحظ أن تصريف الماضي البسيط **Präteritum** مع كل من الضمير الأول **ich** والثالث **er/sie/es** هو نفسه ولا ينتهي بـ **t...**، كما يمكن ملاحظة تغير الأحرف الصوتية أثناء تصريفها وأن هذا التغير ليس دائماً هو نفسه عند صياغة إسم المفعول، فالماضي من **sprechen** "يتحدث" هو **er sprach** واسم مفعوله هو **gesprochen**، سترى في آخر الكتاب قائمة بالأفعال الشاذة.

2 Die Konstruktion zweier Infinitive

2 بنية المصدرين المضاعفين:

لصياغة الماضي المركب لفعلٍ ما مع الأفعال المساعدة **können**، **wollen**، **müssen**، **sollen**، **dürfen**، **lassen** فإن الجملة ستحتوي على مصدرين مزدوجين، وهذه بعض الأمثلة:

Er hat schon gehen müssen. كان يجب عليه بالفعل أن يذهب.

Wir haben nicht kommen können. لم نستطعْ أن نأتي.

Sie haben mich rufen lassen.
لقد اتصلت حضرتك بي (بواسطة شخص آخر).

3 Die Satzstellung im Deutschen

3 ترتيب الكلمات في الألمانية:

لننظر مجدداً إلى ترتيب الكلمات في الجملة الثانوية، ففي جملة:
Ich hoffe, dass du morgen kommen wirst. "أتمنى أن تأتي في الغد."
أخذت أداة الربط **dass** الموضع الأول ثم احتل الضمير **du** الموقع الثاني، وجاء الفعل **werden** متصرفاً مع هذا الضمير في آخر الجملة **wirst**، بينما جاء الفعل الأساسي **kommen** في المصدر، فيما يلي بعض الأمثلة التوضيحية:

57. Lektion [زِيبِنْ أُنْدْ فوْنفْتْسِگْسْتِ لِكْتْسْيُونْ]

Wie der Vater, so die Söhne

1 Ein **a**lter, r**ei**cher G**ei**zhals ①

2 h**a**tte in s**ei**nem Testam**e**nt beschl**o**ssen, ②

3 dass j**e**der s**ei**ner drei S**ö**hne

AUSSPRACHE

[...زوونِهْ 2 ...بِشْلُسِّنْ،]

ANMERKUNGEN

① تعني **Geiz** "بُخْل" والصفة منه **geizig** "بخيل".

Ich bleibe im Bett, weil es draußen zu kalt ist.
سوف أبقى في السرير لأن الطقس بارد في الخارج.

Kommen Sie etwas näher, damit ich Sie besser sehen kann.
هلا اقتربت حضرتك أكثر كي أراك عن كثب.

Sie wissen nicht, ob er kommt.
إنهم لا يعرفون فيما إذا كان سوف يأتي.

Kannst du mich mitnehmen, wenn du morgen ins Büro fährst?
هل يمكنك اصطحابي غداً عندما تذهب إلى المكتب (بالسيارة)؟

Als er klein war, trug er keine Schuhe.
عندما كان صغيراً لم يكن يرتدي أحذيةً.

أرجو أن تتذكر أنك الآن في المرحلة الثانية وأنك قد أنهيت أول مجموعة سباعية من دروسها بنجاح تام، ألا يبدو الأمر سهلاً؟

الآن وقد أحرزت حضرتك بعض التقدم فإنه سيظهر تنبيه عن الموجة الثانية اعتباراً من الدرس التالي بالألمانية:

Zweite Welle: Aktivieren Sie heute Lektion ... !

الموجة الثانية: فعل حضرتك اليوم الدرس 7!

الدرس السابع والخمسون

من شابَهَ أباهُ فما ظلم

١ قرر أحد البخلاء الأغنياء المسنين
(واحد مسن، غني بخيل)

٢ في وصيته
(كان في له وصية مقرر،)

٣ أن على كل واحد من أبنائه الثلاثة

② هذه صيغة الماضي البعيد من فعل **beschließen**، تُصاغ من فعل الكون المساعد في الماضي **hatte** وإسم المفعول **beschlossen**، تذكر أن معنى **schließen** هو "يغلق" وأن إسم مفعوله **geschlossen**.

4 t**au**send Mark/**Eu**ro in sein Grab w**e**rfen s**o**llte,

5 um **e**twas zu **e**rben. ③

6 Am Tag der Be**e**rdigung trat nun der **Ä**lteste als **E**rster ④

7 an das Grab des V**a**ters und ließ s**eu**fzend

8 **ei**nen T**au**sendm**a**rk/-**eu**roschein hin**ei**nfallen.

9 Daraufh**i**n kam der Zw**ei**te

10 und warf l**a**ngsam und w**i**derwillig

11 t**au**send Mark/**Eu**ro in G**e**ldstücken hin**ei**n.

12 Sie kl**a**ngen auf dem Sarg wie R**e**gen auf **ei**nem Bl**e**chdach. ⑤

13 Als L**e**tzter ersch**ie**n der J**ü**ngste. ⑥

14 R**u**hig n**ä**herte er sich dem Grab.

15 Dort **a**ngekommen schrieb er vor **a**ller **Au**gen

16 **ei**nen Scheck **ü**ber dr**ei**tausend Mark/**Eu**ro aus ⑦

AUSSPRACHE

[**6** ... بِإرْ دِگُنْگ ... **7** ... سُو يْفْتْسِنْدْ ... **10** ... ڤارْف... **11** ...هِنايْنْ. **12** ...سارْگ...]

③ يتم بواسطة **um** و **zu** صياغة الجملة التعليلية أو التفسيرية، وهي جملة ثانوية مصدرية تبدأ بـ **um** وتنتهي بالفعل في صيغة المصدر بعد **zu**:

Er arbeitet, um Geld zu verdienen. "إنه يعمل ليحصل على النقود."

④ تأتي **als** بمعنى حرف التشبيه "ك":

Sie arbeitet als Verkäuferin. "هي تعمل كبائعة."

Er ging als Letzter nach Hause. "كان آخرَ المغادرين إلى البيت."

٤	أن يُلْقِيَ ألفَ يورو في قبره
٥	قبل أن يرث شيئاً.
	(حول شيء إلى يرث.)
٦	لذلك فقد تقدم كبيرهم يوم الجنازة في الأول
٧	من قبر الأب وترك
٨	ورقة ذات الألف يورو تسقط وهو يتنهد.
٩	ثم جاء الثاني
	(بالتالي جاء الثاني)
١٠	ورمى ببطء وعلى مضض
١١	ألف يورو من القطع المعدنية في القبر.
١٢	لقد تردد صوت تساقطها على النعش كصوت المطر على سطح من الصفيح المعدني.
١٣	في الأخير ظهر الأصغر.
١٤	واقترب من القبر بهدوء.
	(هادئاً إقترب هو نفسه للقبر.)
١٥	عندما وصل هناك حرر على مرأىً من الجميع
	(هناك وصل كتب هو أمام لجميع أعين)
١٦	شيكاً مصرفياً بمبلغ ثلاثة آلاف يورو

⑤ الماضي من فعل klingen هو klangen، وهو فعل شاذ ويأتي بمعنى "طن" أو "رن" أو كصفة عن "وقْع الكلام"، في حين يعني klingeln "يرن" ويستخدم في سياق رنين الهاتف أو الجرس.

⑥ الماضي من فعل erscheinen هو erschien، ويعني "ظهر"، بينما يعني فعل scheinen "يبدو"، والماضي منه هو schien، ويفيد في تشكيل الجملة المصدرية.

⑦ يمكن التعبير عن تحرير شيك بفعل schreiben أو ausschreiben.

الدرس السابع والخمسون

17 und ließ ihn r**u**hig ins Grab fl**a**ttern.

18 Dann stieg er l**a**ngsam in die Gr**u**be ⑧

19 und s**a**mmelte die zw**ei**tausend Mark/**Eu**ro s**ei**ner Br**ü**der ein…

AUSSPRACHE

[**17** ...فْلاتِّرْنْ. **18** ... گْروبِهْ]

⑧ الماضي من فعل **steigen** هو **stieg**، ويعني "صعد"، ولكن ورود كلمة **Grube** أفهمتنا أن المعنى هو نزل، لاحظ ورودها في حالة النصب للدلالة على الحركة!

Übung 1: Verstehen Sie diese Sätze?

❶ Sie haben gestern beschlossen, heute zu Hause zu bleiben. ❷ Eine alte, reiche Frau hat jedem ihrer Söhne eine Million Mark/Euro hinterlassen. ❸ Alle Leute waren schon in der Kirche. Als Letzter erschien der Priester. ❹ Der Polizist näherte sich ruhig dem Auto. Dort angekommen schrieb er vor aller Augen einen Strafzettel aus. ❺ Seufzend und widerwillig bezahlte der Autofahrer zwanzig Mark/Euro.

Übung 2: Setzen Sie die fehlenden Wörter ein!

❶ إنه لطيف للغاية مع السيدة الغنية المسنة على أمل أن يرث شيئاً يوماً ما.

Er ist sehr ____ zu der ____ ____ Frau, ____ eines Tages etwas ____ erben.

❷ جاء الأكبر سناً في الأول بينما جاء الأصغر كالمعتاد آخرَ الجميع.

Der ____ kam ____ Erster, und der ____ wie immer ____ Letzter.

١٧ وتركه يتهاوى مرفرفاً بهدوء في القبر.

١٨ ثم إنه نزل في الحفرة ببطء

١٩ وجمع الألفي يورو التي رماها أخواه...
(وجمع ألفي يورو التي لأخويه...)

WIE DER VATER, SO DIE SÖHNE

Lösung 1: Haben Sie verstanden?

❶ لقد قرروا بالأمس أن يَبْقَوْا اليومَ في المنزل. ❷ لقد خَلَّفَتْ امرأةٌ مسنةٌ غنيةٌ لكلِّ واحد من أبنائها مليون يورو. ❸ كان جميع الناس موجودين في الكنيسة. في الآخر ظهر القس. ❹ إقترب الشرطي من السيارة بهدوء. وصل هناك وكتب مخالفةً على مرأىً من الجميع. ❺ متنهداً وعلى مضض دفع السائق عشرين يورو.

❸ أكتبْ لي حضرتك من فضلك شيكاً مصرفياً بقيمة ألف يورو!

___ Sie mir bitte einen Scheck ___ tausend Mark/Euro ___!

❹ يوم امتحانه آلَمَتْهُ معدتُه بشدة.

___ ___ seiner Prüfung hatte er starke ___.

❺ لدى كل أخٍ من إخوتي سيارة كبيرة، ولدى كل أختٍ من أَخَواتي دراجة هوائية.

..... meiner Brüder hat ein ..... Auto, und ..... meiner Schwestern hat ein Fahrrad.

❻ لقد قررَتْ ألا تدخن بعد اليوم.

Sie ...., nicht mehr ....

58. Lektion [أَخْتْ أُنْدْ فوْنفْتْسِگْسْتْ لِكْتْسْيُونْ]

Gemüse auf einem Spaziergang

1 (H**eu**te d**ü**rfen Sie st**o**ttern;

2 und Sie m**ü**ssen sog**a**r st**o**ttern, wenn Sie l**a**chen w**o**llen!)

3 – Kennt ihr schon die W**i**tze von den **E**rbsen, M**ö**hren und Tom**a**ten? ① ②

4 – Nein! Die hast du uns noch nicht erz**ä**hlt. Los! Erz**ä**hl doch mal!

5 – **A**lso: Zwei **E**rbsen g**e**hen spaz**ie**ren. ③

AUSSPRACHE

[گمُوزه... **1** شْتَتّرْنْ؛ **3** ... قِتْسِهْ ...إرْبْسِنْ، مُورِنْ أُنْدْ تُماتِنْ؟]

ANMERKUNGEN

① لاحظ أن الخضروات المذكورة كلها مؤنث! وأن كلمة نكتة مذكرة!

Lösung 2: Die fehlenden Wörter.

❶ nett – alten reichen – um – zu ❷ Älteste – als – Jüngste – als ❸ Schreiben – über – aus ❹ Am Tag – Magenschmerzen ❺ Jeder – großes – jede ❻ hat beschlossen – zu rauchen.

Zweite Welle: Aktivieren Sie heute Lektion 8!

الدرس الثامن والخمسون

خضارٌ أثناء التمشي

(خضارٌ على واحدٍ تمشية)

١ (بإمكان حضرتك اليوم أن تتلعثم،

٢ بل على حضرتك أن تتلعثم إذا أردت أن تضحك!)

٣ – هل تعرفون النكات عن البازلاء والجزر والطماطم؟

٤ – لا! إنك لم تحْكِها لنا بعدُ. هيّا! فلتحكها!

(لا! هي تملك أنتَ إيانا بعدُ لا حكَيْتَ. هيا! إحْكِ إذن مرة!)

٥ – إسمعوا: كانت حبتان من البازلاء تسيران في نزهة.

(إذن: إثنتان بازلاء تذهبان تتمشيان.)

② كمتعلم جديد للغة الألمانية ستجد اختلافات في تسميات بعض الخضار والفواكه تعود إلى الإختلافات الجغرافية بين البلدان الناطقة بالألمانية، بل وفي بعض الأحيان داخل البلد نفسه، فمثلاً يطلق على المشمش **Aprikose** في ألمانيا و **Marille** في النمسا، وعلى البندورة **Tomate** في ألمانيا و **Paradeiser** في النمسا، وعلى الجزر **Möhren** في ألمانيا و **Karotte** في النمسا، وعلى البطاطا **Kartoffel** في ألمانيا و **Erdäpfel** في النمسا.

③ يتكون فعل **spazierengehen** تنزه من جزأين، الأول **gehen** وهو الذي يتصرف مع الفاعل، والثاني **spazieren** وهو ثابت يأتي في آخر الجملة، والماضي منه **spazierengegangen**، وبالطبع مع فعل الكون **sein**.

6 Da sagt pl**ö**tzlich die **ei**ne zur **a**nderen: ④

7 V**o**rsicht, da ist **ei**ne Tr**e**ppe, -pe, -pe, -pe, -pe…

8 – Ha, ha, ist das k**o**misch! Wo hast du den denn her? ⑤

9 – W**a**rtet 'mal! Der mit den M**ö**hren ist noch b**e**sser:

10 Zwei M**ö**hren fl**ie**gen zum Mond.

11 Da sagt pl**ö**tzlich die **ei**ne der b**ei**den: ⑥

12 V**o**rsicht, da kommt ein H**u**bschrapp, ⑦

13 -schrapp, -schrapp, -schrapp…

14 – Ha, ha, ha, ha… Gut, dass ich k**ei**ne M**ö**hre bin!

15 Und wie ist der mit den Tom**a**ten?

16 – Den erz**ä**hle ich euch ein **a**nderes Mal, ⑧

17 wenn ihr euch **e**twas erh**o**lt habt.

18 Ihr lacht euch sonst ja tot.

[**7** فَورْزِخْتْ، **10** ...فْليگِنْ... **11** ...بايْدِنْ:]

④ إدماج حرف الجر **zu** مع أداة تعريف الإسم المؤنث الذي يليها في حالة الجر **der** يعطي **zur**، ولنتذكر هنا أن **der** هو أداة تعريف المؤنث المفرد **die** في حالة الجر!

٦ فقالت إحداهما للأخرى فجأة:
(هنا تقول فجأة الواحدة للأخرى:)

٧ إنتبهي، أمامنا درج، ج، ج، ج، ج...

٨ - ها، ها، هذا مضحك! من أين لك بهذه الطرفة؟
(ها، ها، يكون هذا مضحكاً! من تملك أنت إياه إذن أين؟)

٩ - إنتظروا لحظة! الطرفة عن الجزرة أفضل:

١٠ طارت جزرتان إلى القمر.

١١ فقالت إحداهما فجأة:
(هنا تقول الواحدا الإثنتين:)

١٢ إنتبهي، أمامنا
(إنتباه! هنا يأتي واحد طائرة مروحية،)

١٣ طائرة مر، مر، مر...

١٤ - ها، ها، ها، ها ... حسنٌ أني لست جزرة!

١٥ وكيف هي الطرفة عن الطماطم؟

١٦ - هذه سأحكيها لكم في وقت آخر،
(هذا أحكي أنا لكم واحد آخر مرة،)

١٧ بعد أن تهضما ما حكيت لكم بعض الشيء.
(إذا أنتم شيئاً إستجممتم تملكون.)

١٨ وإلا فمؤكد أنكم ستموتون من الضحك.

---

⑤ هل تذكر أنه يمكن في الكلام المحكي الفصل بين جزأي أداة الإستفهام **woher** إلى **wo** و**her**؟

⑥ تعني **die beiden** "كلا" أو الإثنين" وتتغير أداة تعريفها وفقا للحالة الإعرابية، وقد جاءت هنا في حالة المضاف الجمع **Genitiv Plural**.

⑦ تعني كلمة الطائرة المروحية **Hubschrauber**.

⑧ ضمير الملكية للمخاطب الجمع في حالتي الجر والنصب هو **euch**، ولذلك ينبغي تمييز ذلك تبعاً للحالة الإعرابية.

Übung 1: Verstehen Sie diese Sätze?

❶ Es gibt Menschen, die viel Witz haben und andere, die keinen haben. ❷ Können Sie gut Witze erzählen? ❸ Habt ihr euch in den Ferien gut erholt? ❹ Esst nicht so viel vor dem Essen, ihr habt sonst keinen Hunger mehr. ❺ Haben Sie das Ende verstanden? ❻ Plötzlich haben die beiden Frauen laut gelacht und gerufen: "Vorsicht, hinter Ihnen steht ein dicker Stier!"

Übung 2: Setzen Sie die fehlenden Wörter ein!

❶ أنا أُفَضِّل أن آتِيَ في وقت آخر، عندما يكون لديكم وقت أكثر.

Ich komme lieber ... ..., wenn ihr mehr ... habt.

❷ لم تحدثْنا حضرتك بعدُ عما حدث لك يوم أمس.

Sie haben ... noch nicht erzählt, ... Ihnen ... passiert ist.

❸ إنها تهطل بغزارة. لحسن الحظ أني في المنزل.

Es ... in Strömen. ..., ... ich schon zu Hause bin.

❹ فجأة تقول إحداهُما للأخرى: "حضرتكِ جميلة جداً بحق!"

... sagt die eine ... anderen: "Sie sind ... ...!"

59. Lektion [نُويْنْ أُنْدْ فوِنْفْتْسِگْسْتْ لِكْتْسْيُونْ]

Was halten Sie davon? ①

1 – Schl**a**fen Sie gern l**a**nge? K**ö**nnen Sie **o**hne **A**rbeit l**e**ben? ②

ANMERKUNGEN

① هذه صيغة معروفة للسؤال عن رأي شخص بخصوص مسألة ما.

Lösung 1: Haben Sie verstanden?

❶ هناك أناس لديهم الكثير من (حس) الفكاهة وآخرون لا. ❷ هل عند حضرتك قدرة جيدة لحكي النكات؟ ❸ هل تعافيتم بشكل جيد خلال العطلة؟ ❹ لا تأكلوا كثيراً قبل الأكل، وإلا فلن تكونوا جائعين عندها. ❺ هل فهمت حضرتك النهاية؟ ❻ فجأة ضحكت المرأتان بصوت عالٍ وصاحتا: "إنتباه، وراء حضرتك ثور ضخم!"

❺ علينا أن نستعجل، وإلا فإن المحلات ستغلق.

Wir müssen uns beeilen, _____ _________ die Geschäfte.

❻ هل تمشيت حضرتك يوم الأحد؟

Sind Sie __ _______ _________ ________?

Lösung 2: Die fehlenden Wörter.

❶ ein anderes Mal – Zeit ❷ uns – was – gestern ❸ regnet – Gut, dass ❹ Plötzlich – zur – wirklich sehr schön ❺ sonst schließen ❻ am Sonntag spazieren gegangen.

Zweite Welle: Aktivieren Sie heute Lektion 9!

الدرس التاسع والخمسون

ما رأي حضرتك بهذا؟

(ماذا تمسك حضرتك من هذا؟)

١ – هل تحبذ حضرتك النوم طويلاً؟ هل يمكن لحضرتك العيش من دون عمل؟

② هل تذكر أن "أحبذ" هو إسم التفضيل من **gern** "بمودة"؟ **lieber** "أحب النوم." **Ich schlafe gern.** "أحبذ النوم." **Ich schlafe lieber.**

2 – R**u**hen Sie sich gern aus,

3 und sind Sie ganz zufr**ie**den, wenn Sie nichts tun? ③

4 – Dann d**e**nken Sie viell**ei**cht, Sie sind ein n**eu**er M**e**nschenschlag

5 und die f**o**lgenden Spr**i**chwörter sind nicht von **I**hnen erf**u**nden, ④

6 nicht wahr?

7 – **A**ber t**äu**schen Sie sich nicht,

8 es gab auch schon fr**ü**her L**eu**te wie Sie,

9 und die h**a**ben die traditionell**e**n Spr**i**chwörter

10 ganz **ei**nfach zu **i**hren G**u**nsten ver**ä**ndert. ⑤

11 – Zum B**ei**spiel s**a**gten sie nicht: "**A**rbeit hält ges**u**nd", s**o**ndern: ⑥

AUSSPRACHE

[**3** ...تْسوفْريدِنْ... **5** ...شْپْرِخْ ڤورْتِرْ... **7** ...تُويْشِنْ...
10 ...فِرْأَنْدِرْتْ.]

③ إذا لم تكن أداة الشرط **wenn** مرتبطة بفعل في الماضي فإنها تعني "إذا" أو "إن" أو "لو"، أما إذا ارتبطت بالمضارع فإنها تعني "عندما" وقد تفيد التكرار.

④ يُصاغ إسم الفاعل بإضافة **d** لمصدر الفعل، ويمكن استخدامه في الجملة كصفة تسبق الإسم، وتُضاف له النهاية المناسبة للحالة الإعرابية.

⑤ يأتي فعل **verändern** بمعنى"تبدل" أو "تغير"، كما يأتي مع الضمير المنعكس **sich**، ويعني "تغير" أيضاً:

"لقد تغير صديقي كثيراً في السنوات الأخيرة."

Mein Freund hat sich in den letzten Jahren sehr verändert.

أما فعل **ändern** فيأتي بمعنى "بدل" أو "غير":

"لقد غير رأيه." **Er hat seine Meinung geändert.**

لننتبه هنا أنه لتبديل النقود من عملة إلى أخرى يستخدم فعل **wechseln**!

"بدلت نقوداً من عملة إلى أخرى." **Ich habe Geld gewechselt.**

٢ - هل تحبذ حضرتك أخذ قسط من الراحة،
(يرتاح حضرتك نفسه ودي خارج،)

٣   وهل تكون حضرتك راضياً إن لم تفعل شيئاً؟

٤ - لذلك لربما اعتقدت حضرتك أنك من سلالة بشرية جديدة

٥   وأن الأمثال التالية ليست من اختراع حضرتك،

٦   أليس كذلك؟

٧ - ولكن لا تنخدع حضرتك،
(لكن ينخدع حضرتك نفسه لا،)

٨   فلقد وُجِدَ سابقاً أناس مثل حضرتك أيضاً،

٩   وقد غيروا الأمثال التقليدية

١٠   بكل بساطة لمصلحتهم.
(كلياً بساطة إلى لهم مصلحة يغير.)

١١ - فعلى سبيل المثال، لم يقولوا: "العمل يبقيك بصحة جيدة"، وإنما:
(إلى المثال قالوا هم لا: "عمل يبقي صحي"، إنما:)

تأتي **sondern** بمعنى "وإنما" وتكون مسبوقة بجملة منفية: "أنا لا أُدعى ⑥
مارتين وإنما هورست." Ich heiße nicht Martin, sondern Horst.

12 "Arbeit macht krank", und legten sich dann auf die faule Haut. ⑦

13 – Und sie sagten nicht:

14 "Was du heute kannst besorgen, ⑧

15 das verschiebe nicht auf morgen", ⑨ ⑩

16 sondern: "Morgen ist auch ein Tag",

17 und gingen ins Kino oder ganz einfach ins Bett.

18 Also dann: bis morgen!

Übung 1: Verstehen Sie diese Sätze?

❶ Gehen Sie gern ins Kino, oder sehen Sie lieber zu Hause fern? ❷ Wissen Sie, wer die pasteurisierte Milch erfunden hat? ❸ Mein Großvater ist ganz zufrieden, wenn er mit einer Zigarre auf der Gartenbank sitzt. ❹ Heute Nachmittag werde ich mich ausruhen. ❺ Haben Sie schon die Karten für das Theater besorgt?

Übung 2: Setzen Sie die fehlenden Wörter ein!

❶ لا تخادع حضرتك نفسك! فالأمر أصعب مما تظن.

▮▮▮▮▮▮▮ Sie ▮▮▮▮ nicht! Das ist ▮▮▮▮▮▮▮ als Sie ▮▮▮▮▮▮.

❷ أنا أكون سعيداً عندما أعود مجدداً إلى المنزل.

Ich bin ▮▮▮▮▮▮▮▮▮, ▮▮▮▮ ich wieder ▮▮ ▮▮▮▮▮ bin.

❸ هل يمكن لحضرتك تصريف ليرات سورية إلى يورو؟

Können Sie mir syrische Pfund in Euro ▮▮▮▮▮▮▮▮?

❹ إنه غالباً ما يبدل رأيه.

Er ▮▮▮▮▮▮ oft seine Meinung.

١٢ "العمل يجعلك مريضاً"، ومن ثم استرخوا للكسل.
("عمل يجعل مريضاً"، واستلقَوْا نفسهم ثم على الكسول الجلد.)

١٣ - كما أنهم لم يقولوا:

١٤ "لا تؤجل عمل اليوم
(ماذا أنت اليوم تستطيع تدبير،)

١٥ إلى الغد,"
(هذا أجِلْ لا على غد،)

١٦ وإنما قالوا: "الأَيَّامُ حُبْلَى وَالأُمُورُ عَوَانٌ،"
(إنما: "غد يكون أيضاً واحد يوم،")

١٧ ثم إنهم ذهبوا إلى السينما أو ببساطة إلى السرير.

١٨ بهذا المعنى نقول: "إلى اللقاء في الغد!"

⑦ هذا تعبير مشهور للدلالة على أن المرء لا يفعل شيئاً:
Sich auf die faule Haut legen.

⑧ يأتي فعل **besorgen** بمعنى "يؤمن" أو "يقدم" أو "يفعل".

⑨ يُستخدم فعل **verschieben** بمعنى "يُؤجل" ويأتي في سياق تأجيل المواعيد: "يجب علي للأسف تأجيل موعدنا."
Ich muss leider unsere Verabredung verschieben.

⑩ لاحظ وتنبه للفرق بين **der Morgen** "الصباح" و **morgen** "غداً"!

Lösung 1: Haben Sie verstanden?

❶ هل تحبِّذ حضرتك الذهاب إلى السينما أم تفضل مشاهدة التلفاز في المنزل؟ ❷ هل تعرف حضرتك مَنْ اخترع الحليب المبستر؟ ❸ يكون جدي في غاية السعادة عندما يجلس على مقعد الحديقة ويمسك سيجاراً. ❹ سوف أستريح ظهر هذا اليوم. ❺ هل أمَّنت حضرتك التذاكر للمسرحية؟

❺ سوف أشتري صباح الغد ورقَ جدران جديداً وأغير غرفة نومي تماماً.

_______ _____ werde ich mir eine neue Tapete besorgen und mein Schlafzimmer ganz __________.

❻ لا، نحن لم نعد نسكن في شارع أدالبرت وإنما في شارع فرايلي غرات.

Nein, wir wohnen ______ _____ in der Adalbertstraße, ________ in der Freiligrathstraße.

60. Lektion [زِكْتْسِگْسْتِ لِكْتْسْيُونْ]

Der kleine Blonde und sein roter Koffer ①

1 – Er**i**nnerst du dich noch an den kl**ei**nen Bl**o**nden
2 mit dem r**o**ten K**o**ffer, d**a**mals in Amsterd**a**m?
3 – Ja, er ist uns **ü**berallhin gef**o**lgt. ②
4 – Als wir in St**u**ttgart in den Zug **ei**nstiegen, ③
5 saß er in **u**nserem Abt**ei**l.
6 – Ja, und er h**a**tte s**ei**nen gr**o**ßen, r**o**ten K**o**ffer auf dem Schoß

AUSSPRACHE

[**3** ...أوْبِرال هينْ... **5** ...أبْتايْلْ.]

ANMERKUNGEN

① تشير **der** إلى أن الموصوف مذكر، ونلاحظ هنا استخدام صفة **blond** "أشقر" كإسم كتب بحرف كبير، بحيث يمكن القول **ein Blonder**، حيث نرى أن الإسم انتهى بـ **er**، وهي النهاية التي تدل على المذكر المفرد المرفوع.

Lösung 2: Die fehlenden Wörter.

❶ Täuschen – sich – schwerer – denken ❷ zufrieden – wenn – zu Hause ❸ wechseln ❹ ändert ❺ Morgen früh – verändern ❻ nicht mehr – sondern.

Zweite Welle: Aktivieren Sie heute Lektion 10!

الدرس الستون

الأشقر القصير وحقيبته الحمراء

١ – أما زلت تتذكر ذلك الأشقر القصير
(يتذكر أنت إياك بعدُ على الصغير أشقراً)

٢ ذا الحقيبة الحمراء، حينها في أمستردام؟
(مع للأحمر حقيبة، حينها في أمستردام؟)

٣ – نعم، لقد تعقبنا في كل مكان.

٤ – عندما صعدنا القطار في شتوتغارت،

٥ جلس في مقصورتنا.

٦ – نعم، وكانت حقيبته الحمراء الكبيرة في حضنه،

② يُصَرَّف فعل **folgen** مع فعل الكون **sein** المساعد لأنه يدل على الحركة، ولذلك أضيفت **hin** لكلمة **überall**.

③ تُستخدم **als** في صياغة الجملة الشرطية وتأتي بمعنى "عندما" إذا كانت مرتبطة بفعل في الماضي.

7 und ließ ihn nicht **ei**ne Sek**u**nde los. ④

8 – Und als wir in Fr**a**nkfurt **u**msteigen m**u**ssten,

9 stieg er auch um.

10 – Und er saß w**ie**der im s**e**lben Abt**ei**l wie wir ⑤

11 und s**a**gte kein Wort.

12 – Ja, und ich fr**a**gte ihn **ei**nmal, ob er **ei**nen Keks m**ö**chte,

13 aber er sch**ü**ttelte nur den Kopf.

14 – Und dann sind wir in Amsterd**a**m **au**sgestiegen,

15 und er ging w**ie**der h**i**nter uns her… bis zum **Au**sgang. ⑥

16 – Und dort n**a**hmen wir ein T**a**xi.

17 – Er **a**ber blieb am **Au**sgang st**e**hen,

18 halb verd**e**ckt von s**ei**nem gr**o**ßen, r**o**ten K**o**ffer und w**i**nkte. ⑦

19 – Ja, so war's!

[**7** ...سِكُنْدِهْ لَوسْ. **8** ...أُمْ شْتايْگِنْ... **9** شْتيگْ... أُمْ. **13** ...شْوتِّلْتِ... **14** ...آوْسْ گِشْتيگِنْ، **15** ... آوْسْ گانْگْ.]

④ مرت **los** معنا ونعرف أنها تعني لوحدها "سائب"، كما مر معنا فعل **fahren** ويعني "يسافر"، أما مزج الكلمتين في فعل يتألف من جزأين فيعني "يغادر" أو "ينطلق".

⑤ تستخدم **selb** بمعنى نفس، وتضاف لها أداة التعريف المناسبة في البداية **der** أو **die** أو **das**، لنحصل على **derselbe** أو **dieselbe** أو **dasselbe**، كما تضاف النهاية الملائمة للحالة الإعرابية في آخرها:
"نحن نسكن في نفس العمارة."
Wir wohnen im selben (= in demselben) Haus.

٧ ولم يتركها ولا حتى ثانيةً واحدةً.

٨ - وعندما كان علينا تبديل القطار في فرانكفورت،

٩ بدله أيضاً.

١٠ - عاد وجلس في نفس المقصورة معنا
(وهو جلس مجدداً في نفس المقصورة مثل نحن)

١١ ولم يقل ولا كلمة.

١٢ - نعم، وسألته مرة إذا كان يرغب في الحصول على البسكويت،

١٣ لكنه هز رأسه وحسب.
(لكن هو هز فقط الرأس.)

١٤ - ثم نزلنا في أمستردام،

١٥ وقد تبِعَنا مجدداً ... حتى المخرج.

١٦ - حيث استقلينا سيارة أجرة.
(وهناك أخذوا نحن واحد سيارة أجرة.)

١٧ - ولكنه بقي متسمراً عند المخرج،
(لكن هو بقي على المخرج واقفاً،)

١٨ وهو نصف مختفٍ بحقيبته الحمراء الكبيرة، وقد لوح (لنا).

١٩ - نعم، هكذا كان!

⑥ معنى **Ausgang** هو "مخرج" ومعنى **Eingang** هو "مدخل" وتستخدمان في الأماكن العامة والمحطات والملاعب...

⑦ لوح أو "أشار" من معناني **winken**.

20 Und seit J**a**hren fr**a**ge ich mich,

21 was er wohl in s**ei**nem r**o**ten K**o**ffer h**a**tte… ⑧

⑧ تأتي **was** بمعنى "مالذي" وتستخدم مثل الإسم الموصول، ويوضع الفعل كما في أي جملة ثانوية في آخر الجملة.

Übung 1: Verstehen Sie diese Sätze?

① Als ich sie fragte, ob sie etwas essen möchte, schüttelte sie nur den Kopf. ② Sie sind in Frankfurt eingestiegen und in Hamburg ausgestiegen. Sie mussten nicht umsteigen. ③ Der Mann von Frau Meier trägt immer denselben Hut. ④ Wir wohnen seit zehn Jahren in derselben Wohnung. ⑤ Sie blieben stehen, um einem Taxi zu winken. ⑥ Das Kind hat plötzlich die Hand seiner Mutter losgelassen und gesagt: "Ich kann allein laufen".

Übung 2: Setzen Sie die fehlenden Wörter ein!

① هل ثمة مكان شاغر في هذه المقصورة، من فضلك؟

Ist in diesem ______ noch ___ ______ frei, bitte?

② لا يوجد رحلة مباشرة. على حضرتك تبديل (القطار) في بون.

___ ____ keine direkte Verbindung. Sie müssen in Bonn __________.

③ إركب من فضل حضرتك! سينطلق القطار حالاً.

________ Sie bitte ___! Der Zug _____ gleich ___.

④ أتساءل ماذا يفعل الرجل هناك.

___ _____ ____, ___ der Mann dort macht.

⑤ إنها تسافر دائماً بحقيبتها السوداء الصغيرة.

Sie verreist immer mit ihrem ________, __________ Koffer.

٢٠ وأنا أتساءل منذ سنوات،

٢١ مالذي كان يا ترى فى حقيبته...

SIE BLIEBEN STEHEN, UM EINEM TAXI ZU WINKEN

Lösung 1: Haben Sie verstanden?

❶ عندما سألتُها عما إذا كانت ترغب أن تأكل شيئاً، هزت رأسها وحسب. ❷ لقد ركبوا (القطار) في فرانكفورت ونزلوا في هامبورغ. لم يكنِ عليهم تبديل (القطار). ❸ يرتدي زوج السيدة ماير دائماً نفس القبعة. ❹ نحن نسكن منذ عشر سنوات في نفس الشقة. ❺ لقد توقفوا كي يلوحوا لسيارة أجرة. ❻ ترك الطفل يد أمه فجأة وقال: "أنا أستطيع المشي لوحدي".

❻ نزل الجميع لأن الحافلة تعطلت.

Alle ____ ____, weil der Bus ____ ____ hatte.

Lösung 2: Die fehlenden Wörter.

❶ Abteil – ein Platz ❷ Es gibt – umsteigen ❸ Steigen – ein – fährt – los ❹ Ich frage mich, was ❺ kleinen, schwarzen ❻ sind ausgestiegen – eine Panne.

Zweite Welle: Aktivieren Sie heute Lektion 11!

61. Lektion [آيْنْ أُنْدْ زِكْتْسِگْسْتْ لِكْتْسْيُونْ]

Kein Wunder!

1 – Guten Morgen! Was ist denn mit dir los?

2 Hast du schlecht geschlafen?

3 – Ja, das kann man wohl sagen! Ich fühle mich hundselend. ①

4 – Du hast wohl 'nen Kater, was? ②

5 Was hast du denn gestern Abend gemacht? Gesteh'!

6 – Ich war auf einer Party bei Freunden.

7 Wir haben das Semesterende gefeiert.

8 Gestern früh hatten wir die letzte Prüfung.

9 – Was für eine Prüfung war das denn?

10 Deutsche Wirtschaft.

11 Wir mussten einen Bericht über die Arbeitslosigkeit schreiben ③

12 und Lösungen finden…

AUSSPRACHE

[كايْنْ ڤُنْدِرْ! 3 ...هُنْدْسْ إيلِنْدْ. 5 ... گِشْتيهْ! 11 ... أرْبايْتْسْ لُوزِگّايْتْ...]

ANMERKUNGEN

① تتألف هذه الكلمة من **Hunde** "كلاب" و **elend** "بؤس"، ولا وجود لكلمة **hundselend** في القاموس، وقد استخدمت كحال.

② مع أن المعنى الأساسي لكلمة **Kater** هو "الهر"، إلا أنها تستخدم مجازاً بمعنى الصداع الخاص الناتج عن فرط الشرب "الخُمار".

الدرس الحادي والستون

لا عجب!

١ - صباح الخير! ما خَطْبُك؟
(...ماذا يكون إذن مع لك مُفلِت؟)

٢ هل نمت بشكل سيئ؟

٣ - نعم، يمكن قول ذلك!
أشعر بالبؤس.

٤ - مؤكد أن لديك صداعاً، أليس كذلك؟

٥ ومالذي فعلته الليلة الماضية؟ إعترف!

٦ - كنت في حفلة عند أصدقاء.

٧ لقد احتفلنا بنهاية الفصل الدراسي.

٨ صباح أمس كان امتحاننا الأخير.
(أمس باكر ملكنا نحن الأخير إمتحان.)

٩ - وأي امتحان كان ذلك؟
(ماذا من أجل واحدة إمتحان كان هذا إذن؟)

١٠ الإقتصاد الألماني.

١١ كان علينا كتابة تقرير عن البطالة

١٢ وإيجاد حلول...

③ مر معنا أن إضافة **los** لاسم معين تحوله لصفة وتضفي عليه معنى بدون، فكلمات مثل: **Arbeit** و **Kinder** و **Heimat** تصبح **arbeitslos** "عاطل عن العمل" و **kinderlos** "بدون أطفال" و **heimatlos** "بدون وطن" على التتالي، أما الإسم منها فيتحصل بإضافة ما يحولها إلى إسم، وهنا هو **-keit**، أي **Arbeitslosigkeit** "البطالة"...

13 – Um Gottes Willen! Hast du da was schreiben können?

14 – Ehrlich gesagt, nicht sehr viel. ④

15 – Kein Wunder!

16 Die Regierung weiß ja auch nicht, was sie tun soll. ⑤

17 – Ja, deshalb haben wir gestern Abend auch einen Brief ⑥

18 an den Wirtschaftsminister geschrieben,

19 in dem wir ihm unsere Dienste anbieten. ⑦

[AUSSPRACHE]

[14 إِيرْلِشْ... 18 ... فِرْتْشافْتْسْ مِنِسْتِرْ...]

Übung 1: Verstehen Sie diese Sätze?

① Was ist denn mit Ihnen los? Sind sie krank? ② Können Sie uns helfen? Wir wissen nicht, was wir machen sollen. ③ Meinem Mann geht es nicht gut. Ich glaube, er hat einen Kater. ④ Gestern früh habe ich einen Wirtschaftsbericht geschrieben. ⑤ Die Regierung findet keine Lösung für das Problem der Arbeitslosigkeit.

١٣ - يا إلهي! وهل استطعت أن تكتب شيئاً؟

١٤ - بصراحة، ليس كثيراً.

(صريح مَقول، لا كثير جداً.)

١٥ - لا عجب!

١٦ إذ حتى الحكومة لا تعرف أيضاً ماذا تفعل.

(الحكومة تعرف نعم أيضاً لا، ماذا هي يفعل ينبغي.)

١٧ - نعم، لذلك كتبنا البارحة رسالةً أيضاً

١٨ إلى وزير الاقتصاد،

١٩ عرضنا فيها خدماتنا عليه.

④ تعني كلمة **Ehre** لوحدها "الشرف" أو "السمعة"، بينما تعني **ehrlich** "مخلص" أو "أمين"، لنتذكر أن بداية الرسائل تبدأ في العادة بجملة **Sehr geehrte Damen und Herren**، والتي تعني "السيدات والسادة المحترمون"!

⑤ هذه طريقة معهودة للتعبير عن حيرة المرء بخصوص أمر معين:

"لا أعرف ما يمكنني فعله." **Ich weiß nicht, was ich tun soll.**

"إنه لا يعرف بم يجيب." **Er weiß nicht, was er antworten soll.**

⑥ تعني **deshalb** "لذلك" ولها موقع في الجملة ولذلك جاء الفعل بعدها ليحافظ على موقعه في المرتبة الثانية.

⑦ جاءت كلمة **Brief** المذكرة منصوبة بسبب الفعل **schreiben**، وعُوِّض عنها بأداة الوصل المجرورة **in dem**.

Lösung 1: Haben Sie verstanden?

❶ ما خَطْبُ حضرتك؟ هل حضرتك مريض؟ ❷ هل يمكن لحضرتك مساعدتنا؟ فنحن لا نعرف مالذي علينا فعله. ❸ زوجي ليس على ما يرام. أظن أن عنده صداع السُّكر. ❹ كتبتُ صباح الأمس تقريراً اقتصادياً. ❺ لا تجد الحكومة أي حل لمشكلة البطالة.

Übung 2: Setzen Sie die fehlenden Wörter ein!

❶ ما خَطْبُك ؟ ألن تأتي إلى حفلة فريتس؟

Was ist … … …? … du nicht … die Party von Fritz?

❷ بصراحة، ليست لدي أي رغبة في الذهاب إلى هناك.

… …, ich habe keine Lust, dorthin … … .

❸ هل تستطيع حضرتك السباحة؟

… Sie schwimmen?

❹ هو عاطل عن العمل منذ عام.

Er ist … einem Jahr … .

❺ أستطيع أن أتكلم الإنجليزية فقط. لذا فأنا أفضل البقاء في العطلة في إنكلترا.

Ich … nur Englisch … . … bleibe ich in den Ferien … in England.

62. Lektion [تْسْڤايْ أُنْدْ زِكْتْسِگْسْتْ لِكْتْسْيُونْ]

Ein glücklicher Zufall

1 – Entsch**u**ldigen Sie! Was tr**i**nken Sie da?

2 Ein **A**lsterwasser? Was ist denn das? ①

3 – Das ist Bier gem**i**scht mit Limon**a**de:

4 halb Bier, halb Zitr**o**nenlimon**a**de.

5 – Ach so! Bei uns in M**ü**nchen heißt das "R**a**dler".

ANMERKUNGEN

① مشروب منعش من مزيج عصير الليمون والجعة، وقد تتباين طرق صناعته من منطقة إلى أخرى في ألمانيا.

❻ لقد أكلْتُ أكثر من اللازم. أشعر بالبؤس (الغثيان).

Ich habe __ ____ ________. Ich fühle mich __________.

Lösung 2: Die fehlenden Wörter.

❶ mit dir los – Kommst – auf ❷ Ehrlich gesagt – zu gehen ❸ Können ❹ seit – arbeitslos ❺ kann – sprechen – Deshalb – lieber ❻ zu viel gegessen – hundselend.

البطالة

وصل معدل البطالة في ألمانيا في عام 2016 إلى 6.1٪، لم يسجل مثل هذا المعدل المنخفض كما في عام 2016 منذ إعادة توحيد ألمانيا في عام 1990، وعلى سبيل المقارنة فقد كانت قبل عشر سنوات في عام 2006 عند 10.8٪، وتختلف معدلات البطالة من إحدى دول الإتحاد إلى الأخرى، ففي ولايات مدينة برلين وبريمن كانت البطالة في عام 2016 الأعلى، كما أنها كانت الأدنى في جنوب ألمانيا، أي في بافاريا وبادن-فورتمبيرغ.

Zweite Welle: Aktivieren Sie heute Lektion 12!

الدرس الثاني والستون

مصادفة سعيدة

١ – عذراً من حضرتك! مالذي تشربه حضرتك؟

٢ جعة بالليمون؟ وما هذا بالضبط؟
(واحد ماء آلستر؟ ماذا يكون إذن هذا؟)

٣ – هذا جعة ممزوجة مع عصير الليمون:

٤ النصف جعة، والنصف (الآخر) عصير الليمون.

٥ – هكذا إذن! عندنا في ميونيخ يسمى "رادلر".

6 – Aha, Sie sind **a**lso M**ü**nchner? ②

7 Wohl zum **e**rsten Mal in H**a**mburg, was? ③

8 – Ja, so ist es, obw**o**hl m**ei**ne M**u**tter H**a**mburgerin ist. ④

9 **A**ber mein V**a**ter ist ein **e**chter B**a**yer ⑤

10 und hasst **a**lles, was n**ö**rdlich von B**a**yern liegt…

11 Und Sie? Sind Sie von hier?

12 – Ja, ich bin w**a**schechter H**a**mburger

13 und k**e**nne die Stadt wie m**ei**ne W**e**stentasche. ⑥

14 – Na, dann k**ö**nnen Sie mir bestimmt s**a**gen,

15 was man an **ei**nem tr**au**rigen S**o**nntagm**o**rgen hier m**a**chen kann?

AUSSPRACHE

[13 …ڤِسْتِنْ تاشّْهْ. **15** …تْراوْرِگِنْ…]

② تذكر أنه تتم صياغة إسم النسبة بالنسبة لبلد أو مدينة ما بإضافة **er** إلى إسمها وبكتابة الصفة بحرف كبير!

Berlin, Berliner, Deutsch, Deutscher, Hamburg, Hamburger, München, Münchner, Österreich, Österreicher, Schweiz, Schweizer, Wien, Wiener.

توجد حالات تشذ عن هذه القاعدة مثل:

Bayern, Bayer, Sachsen, Sachse.

③ لا يمكن ترجمة كلمة **wohl** دائماً بمعنى وحيد، إذ إن معناها يتبدل بحسب السياق، ومعناها في هذه الجملة أن السائل يتوقع معرفة الجواب ولا ينتظره من المسؤول:

Morgen hast du wohl keine Zeit? "مؤكد ليس لديك وقت في الغد؟"

Das ist wohl das Auto deines Vaters? "مؤكد هذه سيارة أبيك؟"

٦ - آها، حضرتك من ميونيخ إذن؟
(آها، حضرتك إذن ميونيخي؟)

٧ مؤكد أنها المرة الأولى لحضرتك في هامبورغ، أليس كذلك؟
(مؤكد للأولى مرة في هامبورغ، ماذا؟)

٨ - نعم، تماماً، على الرغم من أن والدتي من هامبورغ.
(نعم، هكذا يكون هو، على الرغم لي والدة هامبورغية تكون.)

٩ إلا أن والدي بافارِيٌّ أصيلٌ
(لكن لي والد يكون واحد حقيقي بافاري)

١٠ ويكره كل ما يقع شمال بافاريا ...

١١ وحضرتك؟ هل حضرتك من هنا؟

١٢ - نعم، أنا من هامبورغ حتى النخاع
(نعم، أنا أكون حقيقي غسيل هامبورغي)

١٣ وأعرف المدينة عن ظهر قلب.
(وأعرف المدينة مثل لي جيب معطف.)

١٤ - حسناً، إذن بالتأكيد يمكن لحضرتك أن تقول لي
(إذن، إذن يستطيع حضرتك لي مؤكد يقول،)

١٥ مالذي يمكن للمرء عمله هنا في صباح يوم أحد كئيب؟

④ تعني **obwohl** "على الرغم"، وتستخدم بصيغة الجملة الثانوية بحيث يأتي الفعل في آخرها، أما إذا ابتدأت الجملة بهذه الأداة فإن الجملة الأساسية ستبدأ بالفعل: "على الرغم من أنها تمطر فسأخرج للنزهة."
Obwohl es regnet, gehe ich spazieren.

⑤ تعني هذه الكلمة "حقيقي" أو"أصيل" أو "طبيعي"، وتستخدم كمضاد لكلمة "صناعي" أو مزور"، أما **waschecht** فتعني أن الغسل لن يغير من ألوان المادة المغسولة لكونها طبيعية وحقيقية، وتستعمل كصفة للبشر للدلالة على شدة انتمائهم والتزامهم بالتقاليد.

⑥ يمكن ترجمة هذا التعبير أيضاً بـ "أعرفه كما أعرف راحة كفي".

16 – Klar! Schon mal was geh**ö**rt von Sankt P**au**li,

17 dem **a**lten H**a**fenviertel? ⑦

18 – Ja, **a**ber das ist doch das Vergn**ü**gungsv**ie**rtel, ⑧

19 wo nur nachts was los ist, **o**der nicht? ⑨

20 – Nee, nee, s**o**nntagm**o**rgens ist da F**i**schmarkt; ⑩

21 – das m**ü**ssen Sie ges**e**hen h**a**ben.

22 – K**o**mmen Sie, ich begl**ei**te Sie,

23 – ich h**a**be auch ger**a**de nichts zu tun,

24 – und **au**ßerdem kann ich dort gleich Fisch für h**eu**te **A**bend **ei**nkaufen… ⑪

AUSSPRACHE

[**16** ...سانْكْتْ پاوْلي، **17** ...هافِنْ فيرْتِلْ؟ **18** ...
فِرْگْنوِگُنْگْسْ فيرْتِلْ، **20** نِي، نِي،... **22** ...بِگْلايْتِنْ...]

⑦ تعني **Hafen** لوحدها "المطار" أو الميناء" كما تعني **Viertel** لوحدها "الحي" أو "ربع"، بينما تعني **Hafenviertel** "منطقة المطار" أو منطقة "الميناء"، وأداة تعريفها كما هي الحال في الكلمات المركبة هي أداة الكلمة الأخيرة أي **das**:

"لقد سمعت بسانكت باولي، بمنطقة (أعني) الميناء القديمة."

Ich habe von St. Pauli, (von) dem alten Hafenviertel gehört.

Übung 1: Verstehen Sie diese Sätze?

❶ Er hat sich ein neues Auto gekauft, obwohl er kein Geld hatte. ❷ Haben Sie schon mal etwas von dieser Person gehört? ❸ Ich bin letztes Jahr zum ersten Mal nach Berlin gefahren. ❹ Sonntagmorgens sind normalerweise alle Geschäfte geschlossen. ❺ Sie kommen wohl aus der Schweiz? ❻ Dann können Sie mir bestimmt zeigen, wie man Müsli macht? – Klar, mit Vergnügen!

١٦ - بالطبع! هل سمعت عن سانت باولي،
١٧ منطقة الميناء القديم؟
١٨ - نعم، ولكن هذه منطقة الحي الترفيهي
١٩ الذي يعج بالحركة ليلاً وحسب، أليس كذلك؟
٢٠ - لا، لا، فصباح كل (يوم) أحد يوجد سوق السمك؛
٢١ - لابد لحضرتك من رؤيته.
(هذا يجب حضرتك مرئي يملك.)
٢٢ - هيا، سأرافق حضرتك،
٢٣ - فليس لدي اللحظة أي شيء آخر أقوم بعمله،
(أنا يملك أيضاً مستقيم ولا شيء إلى يعمل،)
٢٤ - إضافة لذلك فإني أستطيع هناك شراء السمك من أجل مساء اليوم ...

⑧ تطلق كلمة **Vergnügen** على الأماكن التي تقصد بهدف التسلية وتمضية الأوقات الممتعة.

⑨ هل تذكر معنى **was ist los?** "مالذي يحدث؟" أو **Dort ist etwas los.** "هناك دائماً شيئ يحدث".

⑩ هذه طريقة لنفي الكلام بطريقة بعيداً عن الرسميات، إذ يقال **nee** عوضاً عن **nein**.

⑪ تأتي **außerdem** بمعنى "علاوة على ذلك" أو "بالإضافة لذلك" أو "على الرغم من ذلك".

Lösung 1: Haben Sie verstanden?

❶ لقد اشترى (لنفسه) سيارة جديدة، على الرغم من أنه لم يكن لديه نقود. ❷ هل سبق لحضرتك وسمعتَ شيئاً عن هذا الشخص؟ ❸ ذهبتُ العام الماضي لأول مرة إلى برلين. ❹ صباح كل أحد تكون كل المحلات التجارية مغلقة في العادة. ❺ مؤكد أن حضرتك من سويسرا؟ ❻ إذن يمكن لحضرتك بالتأكيد أن تريني كيفية عمل الحبوب؟ - بالتأكيد، بكل سرور!

Übung 2: Setzen Sie die fehlenden Wörter ein!

❶ كانت والدته من هامبورغ ووالده من ميونيخ.

Seine Mutter war .... und sein Vater ....

❷ إنه (مواطن) أصيل من بافاريا و يعرف بافاريا عن ظهر قلب.

Er ist ein .... und kennt ...... wie seine ....

❸ هل يفتح سوق السمك أيام الأحد في الصباح؟

Ist der Fischmarkt .... geöffnet?

❹ إنها لن ترافقه، على الرغم من أنه ليس لديها ما تفعله.

Sie .... ihn nicht, ... sie nichts zu ... hat.

❺ دعنا نذهب إلى حي الميناء. فهناك حركة كثيرة على الدوام.

Komm, wir gehen ... . Dort ist ..... viel ... .

❻ تقع فرايبورغ إلى الشمال من بازل.

Freiburg .... von Basel.

63. Lektion

Wiederholung und Anmerkungen

1 Die Bedeutung von "als", "wenn", "wann"

1 معنى "عندما" أو "إذا أو لو" أو "متى":

1.1 عندما الشرطية **als**:

تستخدم **als** عند الحديث عن شيء حدث مرة واحدة في الماضي واقترن بحدث آخر:

Lösung 2: Die fehlenden Wörter.

❶ Hamburgerin – Münchner ❷ echter Bayer – Bayern – Westentasche ❸ sonntagmorgens ❹ begleitet – obwohl – tun ❺ ins Hafenviertel – immer – los ❻ liegt nördlich.

سوق السمك

زيارة سوق السمك الأسطوري في هامبورغ أمر لا بد منه لكل من يزور هامبورغ! صباح كل أحد يلتقي متسكعو الليل وأولئك الذين يستيقظون في الصباح الباكر في أقدم سوق في هامبورغ: البداية في الصيف عند الساعة 5:00 وتغلق الأبواب عند الساعة 9:30، على سبيل الذكر لم تعد الأسماك منذ فترة طويلة محور السوق! إذ بكل معنى الكلمة يتم تداول كل شيء تقريباً مما يمكن أن يباع ويجد من يشتريه، من الدواجن الحية مروراً بقطع الأثاث القديمة والفواكه والخضروات والأجبان واللحوم وصولاً إلى النباتات والملابس وكل شيء مستَغرَب: لكل شخص ثمة شيء ما يجذبه!

Zweite Welle: Aktivieren Sie heute Lektion 13!

الدرس الثالث والستون

Als ich gestern nach Hause gekommen bin, war ich sehr müde.

عندما عدت البارحة إلى البيت كنت متعباً كثيراً.

Als er vier Jahre alt war, hatte er die Masern.

عندما كان في الرابعة من عمره أُصيبَ بمرض الحصبة.

2.1 عندما الشرطية أو كلما wenn:

تستخدم wenn عند الحديث عن شيء يحدث في الحاضر أو في المستقبل وقد يتكرر أكثر من مرة واحدة في الماضي وتكرر اقترانه بحدث آخر:

Wenn ich am Abend nach Hause komme, bin ich immer sehr müde.

كلما أعود مساءاً إلى البيت أكون دائماً متعباً كثيراً. (كلما عدت إلى البيت في المساء شعرت بالتعب الشديد.)

Wenn wir in Frankfurt ankommen, müssen wir unsere Freunde anrufen.

كلما وصلنا (عندما نصل) إلى فرانكفورت علينا الإتصال بأصدقائنا.

Die Leute gehen spazieren, wenn das Wetter schön ist.

يخرج الناس للنزهة عندما يكون الجو جميلاً.

3.1 متى wann:

تستخدم wann كأداة استفهام بشكل مباشر أو غير مباشر بواسطة جملة ثانوية، سواءاً في الحاضر أو في المستقبل أو في الماضي:

Wann kommen Sie in Frankfurt an?

متى (سوف) تصل حضرتك إلى فرانكفورت؟

Können Sie mir sagen, wann der Zug nach Heidelberg abfährt?

هل يمكن لحضرتك أن تقول لي متى (سوف) يغادر القطار المتجه إلى هايدلبيرغ؟

2 Infinitivsatz mit "um" und "zu" oder mit "damit"

2 صياغة الجملة المصدرية باستخدام um و zu أو باستخدام damit:

1.2 باستخدام um و zu:

تُصاغ الجملة المصدرية التفسيرية أو السببية باستخدام um و zu عندما تشترك كلا الجملتين الرئيسية والثانوية بنفس الفاعل:

Ich arbeite, um Geld zu verdienen. أنا أعمل للحصول على النقود.
Er kommt, um mit uns zu sprechen.

هو (سوف) يأتي للتحدث معنا.

2.2 باستخدام damit:

تُصاغ الجملة التفسيرية باستخدام damit عندما يكون فاعلا الجملتين الرئيسية والثانوية متباينين:

Komm näher, damit ich dich besser verstehe.

إقترب حتى أفهمك بشكل أفضل.

Die Kinder spielen draußen, damit die Mutter in Ruhe schlafen kann.

يلعب الأطفال في الخارج كي تستطيع أمهم النوم بهدوء.

3 Temporale Adverbien

3 الظروف الزمنية:

تُحدد الظروف damals و früher و vor kurzem و gerade زمنَ حدثٍ ما في الماضي:

Damals, als wir in Frankfurt wohnten, gab es keine U-Bahn.

حينما كنا نسكن في فرانكفورت، لم يكن ثمة مترو أنفاق.

Früher war alles ganz anders.   في السابق كان كل شيء مختلفاً.

Ich habe ihn vor Kurzem gesehen.   لقد رأيته قبل وهلة.

Ich habe ihn gerade gesehen.   لقد رأيته للتو.

كما تُحدد الظروف gleich و sofort و bald و später زمنَ حدثٍ ما في المستقبل:

Ich komme gleich.   سأصل في الحال.

Er wird bald kommen.   سيأتي عاجلاً.

Später wirst du dich darüber freuen.   سوف تسعد بذلك لاحقاً.

كما تُستخدم الظروف danach و vorher و hinterher للدلالة على حدوث أفعال في أزمانٍ متتابعةٍ:

Ich mache zuerst meine Übungen, danach werde ich Fußball spielen.

سأقوم أولا بعمل تمريناتي ثم سألعب كرة القدم.

Ich werde Ihnen das Geld geben, aber vorher muss ich mit Ihrem Vater sprechen.

سأعطي حضرتك النقود ولكن قبل ذلك سأتحدث مع والد حضرتك.

64. Lektion [فيرْ أُنْدْ زِكْتْسِگْسْتِ لِكْتْسْيُونْ]

Der Auserwählte ①

1 – Na, wie war denn gestern **A**bend der Empfang ②
2 beim Gener**a**ldirektor?
3 – Och, **a**nfangs ganz **a**ngenehm. ③ ④
4 Es gab Champ**a**gner und **ei**ne M**e**nge L**eu**te.
5 – Ja, ja, es h**a**ben nicht **a**lle das Glück, ⑤
6 s**o**lche **Ei**nladungen zu bek**o**mmen! ⑥

AUSSPRACHE

[دِرْ آوْس إِرْڤَالْتِهْ **1** ...إِمْپْفانْگ **2** ... گِنِرالْ دِيرِكْتُورْ؟
4 ...شامْپانْيِرَ...]

ANMERKUNGEN

① لفعل **auserwählen** معانٍ عديدة مثل "يختار" أو "يصطفي" أو "يجتبي" أو "يقرب"، وتُطلق في السياق الديني على الأنبياء، وترتبط بمعنى "النخبة"، إذ تعني **das auserwählte Volk** "الشعب المختار"، وتعني **eine auserwählte Speise** "الوجبة المفضلة"، وفي حين تعني **wählen** "ينتخب" فإن **auswählen** تعني "ينتقي".

"على أي سترة وقع اختيارك؟"

Welchen Pullover hast du ausgewählt?

Kommen Sie bitte hinterher zu mir!

رجاءاً من حضرتك أن تأتي إلي بعد ذلك!

Zweite Welle: Aktivieren Sie heute Lektion 14!

الدرس الرابع والستون

المختار

١ – حسناً، كيف كان حفل الإستقبال ليلة الأمس

٢ عند المدير العام؟

٣ – أوه، في البداية لطيفاً جداً.

٤ كان هناك الشمبانيا والكثير من الناس.

٥ – نعم، نعم، فليس الجميع محظوظ هكذا

٦ ليحظى بهكذا دعوة!

② تُطلق كلمة **Empfang** على حفلات الإستقبال أو على قسم الإستقبال في الشركات والفنادق، بينما يعني فعل **empfangen** "إستقبل" أو "إستلم"، كم يدعى مرسل الرسالة **Absender**، ومستَقبِلُها **Empfänger**:

"لقد استقبلني بحفاوة." **Er hat mich freundlich empfangen.**

"إستلمتُ رسالتك البارحة." **Ich habe deinen Brief gestern empfangen.**

③ يمكن التعبير عن "في البداية" بنفس التعبير **am Anfang** أو بظرف بمعنى "بدايةً" **anfangs**.

④ تعني **Ganz** لوحدها "كامل" أو "كل"، وعندما تأتي كحال **ganz** فإنها تعني "بالكلية".

⑤ ترتيب عناصر الجملة هنا مغاير للمعتاد للتشديد على المعنى، إذ إن **alle** هو الفاعل ولذلك تم تصريف فعل الملكية معه **haben**.

⑥ تطلق **solche** بمعنى هكذا، وتتغير نهايتها بحسب الإفراد و الجمع أو التذكير و التأنيث وحسب موقعها الإعرابي.

7 – Glück? Was heißt hier Glück? Warte, wie's **wei**tergeht.

8 Sp**ä**ter beim **E**ssen h**a**tte ich als T**i**sch-partnerin ⑦

9 die Schw**e**ster des Gener**a**ldirektors.

10 Man hat mich **a**nscheinend für sie **ei**ngeladen.

11 – Siehst du! Ich w**u**sste ja gleich, du bist ein **Au**serwählter!

12 – Mach dich r**u**hig **ü**ber mich l**u**stig!

13 Du hast sie nicht ges**e**hen und nicht geh**ö**rt…

14 W**ä**hrend des g**a**nzen **E**ssens hat sie sich bekl**a**gt: ⑧

15 wie all**ei**n sie ist, wie gem**ei**n die L**eu**te sind, ⑨

16 und wie tr**au**rig das L**e**ben ist.

17 – Na, und was hast du ihr empf**o**hlen? ⑩

18 – Nichts.

19 Ich h**a**be mich so schnell wie m**ö**glich auf Franz**ö**sisch empf**o**hlen. ⑪

AUSSPRACHE

[7 گْلوّك؟]

⑦ تعني **der Partner** أو **die Partnerin** لوحدها الشريك أو الشريكة، وتعني **Tischpartner** جاري على الطاولة أو جليسي.

⑧ تستعمل **während** كظرف زمان ويأتي الإسم بعدها في حالة الإضافة **Genitiv**.

٧ - حظ؟ عن أي حظ تتحدث؟
إنتظر لتسمع بقية القصة.

٨ في وقت لاحق كانت شقيقة المدير العام

٩ جليسي على الطعام.

١٠ على ما يبدو فقد دعيت من أجلها.

١١ - أرأيت! كنت أعرف من البداية أنك من المصطفين!

١٢ - إسخر مني كما يحلو لك!

١٣ أنت لم ترها ولم تسمعها ...

١٤ فقد اشتكت خلال الأكل:

١٥ كم هي وحيدة، كم هم خبثاء الناس،

١٦ وكم هي حزينة الحياة.

١٧ - حسناً، وبماذا نصحتها؟

١٨ - لم أفعل.

١٩ وقد أوصيت نفسي باللغة الفرنسية بأسرع ما يمكن.

⑨ تأتي **gemein** بعدة معانٍ، فمن معانيها "مشترك" أو "عمومي" أو "خبيث"، وهذا يتضح عادة من السياق، ومنها تُصاغ كلمة **Gemeinschaft** التي تعني "أمة" أو "جماعة" أو "جمعية":

"أنت لئيم." أو "أنت خبيث." **Du bist gemein.**

"لا شيءَ يجمعنا بهم." **Wir haben nichts mit ihnen gemein.**

⑩ فعل **empfehlen** من الأفعال التي يأتي مفعولها في حالة الجر، وهو فعل شاذ، ويعني "ينصح" أو "أوصى"، فيما يعني **sich empfehlen** "إستأذن منصرفاً".

⑪ تعبير عامي شائع يقصد به ترك لقاء جماعي دون استئذان أو موافقة الحاضرين أو عمل أي اعتبار لهم.

Übung 1: Verstehen Sie diese Sätze?

❶ Anfangs war das Wetter sehr schön, aber dann begann es zu regnen. ❷ Es haben nicht viele Leute das Glück, eine solche Reise machen zu können. ❸ Dieser Mann ist anscheinend sehr reich. ❹ Während der ganzen Reise habe ich an dich gedacht. ❺ Warum hast du keinen Absender auf deinen Brief geschrieben? ❻ Als Tischpartner hatte ich gestern Abend den Bruder meines Chefs.

Übung 2: Setzen Sie die fehlenden Wörter ein!

❶ كيف كان إذن الفيلم الذي شاهدته حضرتك أمس؟

___ ___ denn ___ ___, ___ Sie gestern gesehen haben?

❷ أوه، في البداية جيداً إلى حد بعيد، ولكن النهاية كانت حزينة جداً.

Och, ___ ganz gut, aber das Ende ___ ___ ___.

❸ لا تتذمر حضرتك دائماً! أكثِرْ حضرتك من الذهاب إلى السينما!

___ Sie sich nicht immer! ___ ___ ___ öfters ins Kino!

❹ ماذا تريد أن تأكل حضرتك؟ هل اخترت حضرتك شيئاً؟

___ ___ ___ ___? ___ ___ schon etwas ___?

❺ يوم الأحد حفل استقبال عند آل كريمر. أَمدعوٌّ حضرتُك أيضاً؟

Am ___ ist ein ___ bei Krämers. ___ ___ auch ___?

❻ لقد سخروا كلهم مني.

Lösung 1: Haben Sie verstanden?

❶ في البداية كان الطقس لطيفاً جداً، ولكنها بدأت تمطر بعد ذلك. ❷ كثير من الناس غير محظوظين بحيث يستطيعون القيام بمثل هذه الرحلة. ❸ على ما يبدو فإن هذا الرجل غني جداً. ❹ خلال الرحلة بطولها كنت أفكر فيك. ❺ لماذا لم تكتب عنوان المرسِل على رسالتك؟ ❻ كان شقيق مديري جليسي على الطاولة الليلة الماضية.

… … … alle … … lustig ….

Lösung 2: Die fehlenden Wörter.

❶ Wie war – der Film, den ❷ anfangs – war sehr traurig ❸ Beklagen – Gehen Sie lieber ❹ Was wollen Sie essen? Haben Sie – ausgewählt ❺ Sonntag – Empfang – Sind Sie – eingeladen ❻ Sie haben sich – über mich – gemacht.

Zweite Welle: Aktivieren Sie heute Lektion 15!

65. Lektion [فوْنفْ أُنْدْ زِكْتْسِگْسْتِ لِكْتْسْيُونْ]

Und Sie, sind Sie schon einmal einem Nationalisten begegnet? ① ②

1 Man sagt, dass **Lie**be und Hass **na**he beieinander st**e**hen.

2 Gilt das auch für V**a**terlandsl**ie**be und V**a**terlandshass? ③

3 Viell**ei**cht k**e**nnen Sie die f**o**lgende Gesch**i**chte schon,

4 oder viell**ei**cht k**e**nnen Sie sog**a**r Herrn K.?

5 – Herr K. hielt es nicht für n**ö**tig, in **ei**nem bestimmten Land zu l**e**ben. ④

6 Er s**a**gte: "Ich kann über**a**ll hungern".

7 **Ei**nes T**a**ges **a**ber ging er durch **ei**ne Stadt, ⑤

8 die vom Feind des L**a**ndes bes**e**tzt war, in dem er l**e**bte.

[...ناتْسْيُونالِسْتِنْ... 1 ...بايْ آيْنْ أَنْدِرْ... 5 ...هيلْتْ...]

ANMERKUNGEN

① تُستخدم كلمة **Nationalisten** للدلالة على أولئك الذين يعلون من شأن الإنتماء والحس القومي، ويجعلونه معياراً ومرجعاً في تقييم الأمور والأشخاص ومواقفهم.

② من معاني **begegnen** "صادف" أو "إلتقى"، وهو من الأفعال التي يأتي مفعولها مجروراً.

Ich bin meinem Freund begegnet. "صادفت صديقي."

وماضيه يُصاغ مع فعل الكون لوجود الحركة، أي مثل فعل **treffen** الذي يماثله في المعنى ولكن مفعوله منصوب، ويصرف مع فعل الملك:

Ich habe meinen Freund getroffen. "قابلت صديقي."

الدرس الخامس والستون

وحضرتك، هل حدث وأن قابلت حضرتك قومياً؟

١ يقال إن الفارق بين الحب والكراهية صغير جداً.

٢ هل يسري هذا على محبة أو كراهية الوطن أيضاً؟

٣ لربما أن حضرتك تعرف القصة التالية،

٤ أو لربما تعرف حضرتك السيد ك.؟

٥ - فالسيد ك. لم يكن يرى ضرورة أن يعيش المرء في بلد معين.

٦ وقد قال: "قد أموت جوعاً في أي مكان".

٧ ولكنه كان يسير في يوم من الأيام عبر مدينة

٨ كانت محتلة من قبل عدو البلد الذي كان يعيش فيه.

---

③ يُستخدم فعل **gelten** كثيراً في صياغة الجمل القانونية، وهو من الأفعال الشاذة: "قطعة العشرة يورو هذه لم تعد صالحة."
Dieser alte Zehneuroschein gilt nicht mehr.

ويتعدى بحرف **für** الذي ينصب الإسم الذي بعده:
"هذه المادة القانونية تسري على الأجانب فقط."
Diese Bestimmung gilt nur für Ausländer.

④ تعني **nötig** عند استخدامها كصفة "ضروري":
Etwas für nötig halten.
"إعتبار أمر ما ضرورياً."
"لا أظن أن ثمة مدعاة لدعوته."
Ich halte es nicht für nötig, ihn einzuladen.

⑤ تعني جملة **ich gehe durch die Stadt/den Garten** إما "المرور عبر المدينة أو الحديقة" أو "التنزه فيهما"، أما عبور الشارع فيعني
über die Straße gehen.

9 Da kam ihm ein f**ei**ndlicher Offiz**ie**r entg**e**gen ⑥

10 und zwang ihn, vom B**ü**rgersteig hin**u**nter-zugehen. ⑦

11 – Herr K. m**a**chte Platz,

12 und in demselben **Au**genblick bem**e**rkte er,

13 dass er d**ie**sen Mann h**a**sste und nicht nur d**ie**sen Mann,

14 s**o**ndern das g**a**nze Land, zu dem der Offiz**ie**r geh**ö**rte. ⑧

15 – "W**o**durch bin ich in d**ie**sem **Au**genblick Nationalist gew**o**rden?"

16 fr**a**gte er sich.

17 "Weil ich **ei**nem Nationalisten beg**e**gnet bin",

18 war die **ei**nzige **A**ntwort, die er f**i**nden k**o**nnte.

19 (Nach Bert Brecht) ⑨

[9 ...أفْتَسيرْ...]

⑥ تعني **entgegen** لوحدها "نحو" أو "عكس"، وتُستخدم كجزء ثانٍ لكثير من الأفعال، لتضفي عليها معنى "عكس" أو "ضد" الفعل، ويأتي الإسم بعدها مجروراً: "يجري الطفل نحو أمه."

Das Kind läuft seiner Mutter entgegen.

⑦ يعني فعل **zwingen** "يجبر"، وهو من الأفعال الشاذة، ويُستخدم في صياغة الجملة المصدرية: "للأسف أنا مضطر لترك هذا البيت."

Ich bin leider gezwungen, dieses Haus zu verlassen.

Übung 1: Verstehen Sie diese Sätze?

❶ Wir sind auf der Straße unserem Nachbarn begegnet. ❷ Diese Bestimmung gilt für Franzosen, aber nicht für Deutsche. ❸ Sie hielten es nicht für nötig, ihren Wagen abzuschließen. Aber als sie zurückkamen, war ihr Wagen nicht mehr da. ❹ Er wollte seine Frau pünktlich vom Zug abholen, aber als er am Bahnhof ankam, kam sie ihm schon entgegen.

dreihundertdreißig • 330

٩   عندها جاءه ضابط من العدو

١٠ وأجبره على النزول من الرصيف.

١١ - السيد ك. أتاح له الطريق،

١٢ وفي نفس اللحظة أدرك،

١٣ أنه يكره هذا الرجل ولكن ليس هذا الرجل وحسب،

١٤ ولكن كامل البلد، الذي كان ينتمي إليه الضابط.

١٥ - "ما الذي جعلني أغدو قومياً في هذه اللحظة؟"

١٦ تساءل.

١٧ "لأنني التقيت بقوميٍّ"،

١٨ كان الجواب الوحيد الذي كان بإماكنه أن يجده.

١٩ (تبعاً لبيرت بريخت)

⑧ إنتبه لعدم الخلط بين إسم المفعول من فعل hören وبين فعل gehören! يعني فعل gehören "يخص" أو "يعود لـ"، وقد يتعدى بحرف الجر zu أو بنفسه، وفي الحالتين يكون مفعوله مجروراً:
Er gehört zu dieser Gruppe.   "إنه ينتمي لهذه المجموعة."
Das Buch gehört meiner Freundin.   "الكتاب لصديقتي."

⑨ برتولت بريخت (1898–1956) هو شاعر وكاتب ومخرج مسرحي ألماني. يعد من أهم كتاب المسرح في القرن العشرين. كما أنه من الشعراء البارزين، تعتبر قصصه عن السيد ك. ذات أثر تعليمي وتربوي.

Übung 2: Setzen Sie die fehlenden Wörter ein!

❶ هل ترى حضرتك بحق ضرورة فعل هذا؟

___ ___ ___ wirklich ___ ___, das zu tun?

❷ يجبر الوضع الاقتصادي السيئُ الناسَ أن يعيشوا بقناعةٍ أكثر.

Die schlechte Wirtschaftslage ___ ___ ___, bescheidener ___ ___.

❸ هل تنتمي حضرتك لجماعة سياسية؟

___ ___ ___ einer politischen Gruppe?

❹ نحن نفضل أن نذهب إلى البيت عبر الغابات على أن نذهب عبر المدينة.

Wir ___ lieber ___ den Wald als ___ die Stadt ___ ___.

❺ كان يكره الكلاب والقطط طوال حياته. وكان بالمقابل يحب الخيول كثيراً.

Er ___ sein ganzes Leben Hunde und Katzen. Pferde dagegen ___ ___ sehr.

66. Lektion [زِكْسْ أُنْدْ زِكْتْسِگْسْتِ لِكْتْسْيُونْ]

Nehmen Sie nicht alles wörtlich! ①

1 Wenn Ihnen zum **Bei**spiel ein Bek**a**nnter sagt: ②

ANMERKUNGEN

① تفيد إضافة **-lich** لكثير من الكلمات صياغة الصفة أو الحال أو ظرف الزمان منها، وقد تستدعي صياغتها تحويل الأحرف الصوتية **a** و **o** و **u** إلى **ä** و **ö** و **ü** على التتالي: **Sinn → sinnlich, Mensch → menschlich, Tag → täglich, Wort → wörtlich.**

Lösung 1: Haben Sie verstanden?

❶ لقد التقينا بجارنا في الشارع. ❷ ينطبق هذا الحكم على الفرنسيين، وليس على الألمان. ❸ لم يرَوْا أنه من الضروري إقفال سيارتهم. ولكن عندما عادوا لم تعد سيارتهم موجودة في مكانها. ❹ كان يريد أن يُقِلَّ زوجتَه في الوقت المحدد من القطار، ولكن عندما وصل إلى المحطة كانت هي التي جاءت إليه.

❻ عندما أصبح (كان) عمرُه ستين سنة أصبح مديراً عاماً.

___ ___ sechzig ___ ___ ___, ___ er Generaldirektor ___.

Lösung 2: Die fehlenden Wörter.

❶ Halten Sie es – für nötig ❷ zwingt die Leute – zu leben ❸ Gehören Sie zu ❹ gehen – durch – durch – nach Hause ❺ hasste – liebte er ❻ Als er – Jahre alt war, ist – geworden.

Zweite Welle: Aktivieren Sie heute Lektion 16!

الدرس السادس والستون

لا تفهمنَّ كلَّ شيءٍ حرفياً!

١ إذا قال شخص تعرفه لحضرتك على سبيل المثال:

② ذكرنا سابقاً أنه يمكن استعمال إسم المفعول كصفة، وقد تستعمل هذه الصفة كإسم فتكتب بحرف كبير وتتبع نهايتها بما يناسب الحالة الإعرابية من تذكير أو تأنيث أو جمع أو إفراد أو تعريف أو تنكير: **ein Bekannter → der Bekannte, eine Bekannte → die Bekannte, ein Bekanntes → das Bekannte, die Bekannten.**

2 – "Jetzt sind Sie aber ins Fettnäpfchen getreten", ③ ④

3 sehen Sie nicht kritisch Ihre Schuhe an, ⑤

4 sondern überlegen Sie lieber, was Sie gerade gesagt haben.

5 Oder wenn ein Freund beim Mittagessen sagt:

6 – "Das ist alles für die Katz'", ⑥

7 essen Sie ruhig weiter,

8 geben ihm aber vielleicht einen guten Rat

9 oder ein Beruhigungsmittel.

10 Und falls einmal ein Autofahrer, ⑦

11 den Sie gerade rechts überholt haben, ⑧

12 bei der nächsten roten Ampel aussteigt

13 und Sie fragt, ob Sie einen Vogel haben,

14 denken Sie nicht lange nach,

③ يستخدم هذا المثل لتنبيه من فعل أمراً سيئاً على الرغم من أنه كان يقصد العكس، ويمكن مقابلته بالمثل العربي "أراد أن يكحلها فأعماها".

④ يعني treten لوحده "داس"، وهو فعل شاذ، ويُصاغ ماضيه مع الفعل المساعد sein للدلالة على الحركة مع تغيير المكان، ويتعدى بنفسه ويأتي مفعوله منصوباً، أو يتعدى بحرف in أو auf:

Er hat ihn in den Bauch getreten. "ركله بقدميه على بطنه."
Er ist auf die Bremse getreten. "وضع قدمه على الفرامل."

⑤ تعني Kritik "نقد"، والصفة منه kritisch "ناقد" أو "حرج":

Das ist ein kritischer Mensch. "هذا شخص ناقد، أو بصير."
Das ist eine kritische Situation. "هذه حالة حرجة أو صعبة."

⑥ تستخدم هذه الجملة للتعبير عن ضياع كل المجهود دون جدوى، ويعود هذا التعبير للقرن الخامس عشر، حيث كان يطلب بيطار من زبائنه وضع الأجرة في كيس، وكان يحدث أن لا يدفع بعضهم الأجرة فكان يقول هذا للقطة إلى أن أشرفت قطته على الهلاك من الجوع.

٢ - "لكن حضرتَك الآن وضعتَ قدمَك في زبدية السمن"،

٣ فلا تنظر إلى حذاء حضرتِك نظرة ريبةٍ،

٤ وإنما يُفَضَّلُ من حضرتك إعادةُ النظر فيما قُلْتَ للتو.

٥ أو عندما يقول صديق على الغداء:

٦ - "هذا كله سيذهب أدراج الرياح"،

("هذا كله من أجل القطة"،)

٧ فتابِعْ حضرتك الأكلَ بهدوء،

٨ ولكن حاول حضرتُك إعطاءه نصيحةً جيدةً

٩ أو مُسَكِّناً.

١٠ وفي حال حصل أنَّ سائقَ سيارةٍ،

(وإذا مرة واحد سائق سيارة،)

١١ كنت حضرتُك قد تجاوزته للتو من جهة اليمين،

(الذي حضرتك للتو يمين تجاوز يملك،)

١٢ نزل من سيارته عند الإشارة المرورية الحمراء التالية

(عند الجديدة الحمراء إشارة المرور يترجل)

١٣ وسأل حضرتَك فيما إذا كان لدى حضرتِك عصفورٌ،

(وإياك يسأل، إذا حضرتك واحداً عصفورٌ يملك،)

١٤ فلا تُفَكِّرْ حضرتُك مطولاً،

⑦ يماثل معنى واستخدام **falls** الأداة الشرطية **wenn**:

Falls du keine Zeit hast, sag mir dann Bescheid, bitte!

"إن لم يكن عندك وقت فأرجو إعلامي."

⑧ توجد أفعال في الألمانية تتألف من جزأين، إلا أنه لا يمكن فصل بعض هذه الأفعال إلى الجزأين اللذين يتألف منهما الفعل، فمثلا يتألف فعل **überholen** من الفعل **holen** ومن حرف الجر **über**، ولكن لا يمكن فصلهما عن بعضهما، وهو يعني "تجاوز".

15 s**o**ndern fr**a**gen Sie ihn l**ie**ber,

16 ob er nicht aus **ei**ner M**ü**cke **ei**nen Elef**a**nten macht.

17 (F**o**rtsetzung folgt)

Übung 1: Verstehen Sie diese Sätze?

① Wenn Sie mir noch einmal sagen, dass ich einen Vogel habe, werde ich niemals mehr mit Ihnen sprechen. ② Sehen Sie mich nicht so kritisch an! Ich habe Ihnen die Wahrheit gesagt. ③ Ich habe gestern einen Bekannten getroffen, den ich seit zehn Jahren nicht mehr gesehen hatte. ④ Du kannst den Lastwagen jetzt nicht überholen. Es kommen zu viele Autos entgegen. ⑤ Frage ihn doch, ob er nicht noch einmal darüber nachdenken will.

Übung 2: Setzen Sie die fehlenden Wörter ein!

❶ لماذا تنظر إلي بريبةٍ هكذا! ألا يعجبك ثوبي؟

___ siehst du mich so ___ an? ___ dir mein Kleid nicht?

❷ رجاءاً من حضرتك الإنعطاف نحو اليسار عند الإشارة الضوئية القادمة!

Fahren Sie bitte an der nächsten ___ ___!

❸ كل هذا كان (ضاع) هباءاً منثوراً، إذ إني قد مرضت.

___ ___ ___ ___ ___ ___, denn ich bin krank geworden.

❹ هل تعرف حضرتك فيما إذا كان زوجي مازال في المكتب؟

___ ___, ___ mein Mann noch im Büro ist?

❺ إذا رأيتَه حضرتُك فقل له، من فضلك، أن عليه الإتصال بي.

___ ___ ___ ___, sagen Sie ihm bitte, dass er ___ ___ soll.

١٥ ولكن يفضل لحضرتِك أن تسألَهُ

١٦ لماذا يعمل من الحبة قبةً.

١٧ (التتمة تتبع)

Lösung 1: Haben Sie verstanden?

❶ إذا قلتِ لي حضرتُك مرة أخرى بأنه لدي عصفور فإني لن أكلمك أبداً. ❷ لا تنظر حضرتُك إلي هكذا بريبةٍ! فقد قلت لحضرتك الحقيقة. ❸ إلتقيت بالأمس صديقاً لم أَرَهُ منذ عشر سنوات. ❹ لا يمكنك الآن تجاوز الشاحنة. هناك سيارات كثيرة تأتي بالإتجاه المعاكس. ❺ هلا سألته فيما إذا كان لا يريد إعادة التفكير بهذا الشأن.

❻ هل فكرت حضرتك حقاً في هذا الموضوع؟

Haben Sie .... nachgedacht?

Lösung 2: Die fehlenden Wörter.

❶ Warum – kritisch – Gefällt ❷ Ampel links ❸ Das war alles für die Katz' ❹ Wissen Sie, ob ❺ Wenn Sie ihn sehen – mich anrufen ❻ wirklich darüber.

Zweite Welle: Aktivieren Sie heute Lektion 17!

67. Lektion [زِيبِنْ أُنْدْ زِكْتْسِگْسْتِ لِكْتْسْيُونْ]

Nehmen Sie aber bitte auch ab und zu etwas wörtlich!

1 – "Du hast doch nicht die Spagh**e**ttisoße mit dem H**a**ckfleisch,

2 das ganz h**i**nten im **u**ntersten Fach im K**ü**hlschrank war, gem**a**cht? ①

3 Das war für die Katze!"

4 **A**lso in d**ie**sem Fall g**ie**ßen Sie die S**o**ße am b**e**sten sof**o**rt weg, ② ③

5 falls Sie sie noch nicht geg**e**ssen h**a**ben,

6 **o**der g**e**ben Sie sie der K**a**tze!

7 Sie sind überar**a**rbeitet.

8 Ihr Kan**a**rienvogel ist w**e**ggeflogen,

9 und **I**hre K**i**nder w**ei**nen j**ä**mmerlich.

10 Es kl**i**ngelt an der Tür. Es ist die Frau von gegen**ü**ber.

11 – Sie fragt: "H**a**tten Sie nicht **ei**nen kl**ei**nen, g**e**lben V**o**gel?"

ANMERKUNGEN

① تستخدم **hinten** كظرف مكان بمعنى "وراء" أو "خلف"، بينما تأتي **hinter** كحرف جر بمعنى "خلف":

Dort hinten ist die Post. "البريد هناك في الخلف."

Die Post ist hinter dem Bahnhof. "يقع البريد خلف محطة القطار."

الدرس السابع والستون

ولكن يرجى من حضرتك أيضاً أن تفهم الأمور من حين لآخر حرفيا!

١ – "أتمنى ألا تكون قد عملت صلصة المعكرونة من اللحم المفروم

٢ الذي كان في آخر الرف السفلي في الثلاجة؟

٣ إذ إنه من أجل القطة!"

٤ إذن في هذه الحالة من الأفضل أن تهرق حضرتك الصلصة على الفور،

٥ إذا لم تكن حضرتك قد أكلتها،

٦ أو أن تقدمها للقطة!

٧ حضرتك مُجْهَد.

٨ فعصفور الكناري الخاص بحضرتك قد طار،

٩ وأطفال حضرتك يبكون بكاءاً يدعو للرثاء.

١٠ جرس الباب يرن. إنها المرأة من الشقة المقابلة.
(...إنها المرأة من الطرف المقابل.)

١١ – إنها تسأل: "ألم يكن لدى حضرتك عصفور أصفر صغير؟"

② يعني فعل **gießen** لوحده "يصب" أو "يسكب"، بينما تفيد إضافة **weg** له معنى "أهرق"، كما تفيد إضافة **weg** لكثير من الأفعال "التخلص من...": "إنه يرمي أحذيته، لأنها عتيقة جداً."
Er wirft seine Schuhe weg, sie sind zu alt.

③ هل تتذكر كيفية صياغة "الأفعل"؟
"الأفضل أن نرحل على الفور." **Am besten gehen wir sofort.**
"الأفضل أن تنام بعض الوقت."
Am besten schläfst du erst einmal ein wenig.

12 Dieses Mal haben Sie keinen Grund, böse zu werden. ④

13 – Antworten Sie lieber mit einem freundlichen Lächeln: "Doch!"

14 Und Ihre Nachbarin wird Sie bitten, zu ihr zu kommen,

15 um den Vogel, der verschreckt auf einer Vorhangstange

16 im Wohnzimmer sitzt, einzufangen. ⑤

17 Genug der guten Ratschläge! ⑥

18 Ab jetzt verlassen wir uns ⑦

19 auf Ihren gesunden Menschenverstand. ⑧

Übung 1: Verstehen Sie diese Sätze?

① Meine Nachbarn sind gestern weggefahren und haben mir ihren Kanarienvogel gegeben. ② Kannst du mir bitte beim Tischdecken helfen? Du findest die Teller ganz oben im Schrank. ③ Seine Kinder haben jämmerlich geweint, als er das Haus verlassen hat. ④ Sie haben keinen Grund sich aufzuregen. Das ist alles nur halb so schlimm! ⑤ Meine Freundin hat mich gebeten, mit ihr ins Kaufhaus zu kommen, um ein Kleid für sie auszuwählen.

١٢ ما من سبب للغضب لدى حضرتك هذه المرة.
١٣ - يُفضلُ لحضرتك الإجابة بابتسامة ودودة: "بلى!"
١٤ وجارة حضرتك سوف ترجو من حضرتك أن تأتي إليها،
١٥ لالتقاط العصفور الخائف الذي يقف على عمود الستارة
١٦ في غرفة المعيشة.
١٧ كفى نصائح مفيدة!
١٨ من الآن سنعتمد
١٩ على الحس السليم.

④ لكلمة **böse** معانٍ عدة تدور حول الغضب، وغالباً ما تستخدم كصفة مع فعل الكون أو فعل أصبح: "لا تغضب!" **Sei nicht böse!**
"لقد غضب بسبب تأخري." **Durch meine Verspätung wurde er böse.**

⑤ يعني **fangen** لوحده "يصطاد"، بينما يعني **einfangen** "يمسك بقبضته": "حضرتك تحتاج لوقت طويل حتى تمسك العصفور الصغير."
Sie brauchen viel Zeit, um den kleinen Vogel einzufangen.

⑥ إنتبه هنا إلى أن جمع كلمة **der Rat** "نصيحة" هو **die Ratschläge** "نصائح"!

⑦ معنى فعل **verlassen** هو "يترك"، بينما يتغير معناه إلى "يعتمد على" إذا جاء مع الضمير المنعكس الشخصي وتعدى بحرف الجر **auf**:
"أنا (سوف) أعتمد عليك." **Ich verlasse mich auf dich.**

⑧ تعني كلمة **Menschenverstand** "الحس المشترك"، بينما تعني **Verstand** أو كلمة **Vernunft** لوحدها "العقل" أو الفهم".

Lösung 1: Haben Sie verstanden?

❶ لقد سافر جيراني بالأمس وأعطَوْني عصفورهم الكناري. ❷ رجاءاً، هل يمكنك مساعدتي في إعداد المائدة؟ ستجد الأطباق في أعلى الخزانة. ❸ لقد بكى أطفاله بكاءاً يدعو للرثاء عندما غادر المنزل. ❹ ليس لدى حضرتك أي سبب للإنفعال. فهذا كله ليس بهذا السوء! ❺ طلبت مني صديقتي أن آتي معها إلى المتجر لاختيار ثوب لها.

Übung 2: Setzen Sie die fehlenden Wörter ein!

❶ أين كان اللحم المفروم المخصص للقطة؟ - في آخر الرف السفلي في الثلاجة.

Wo ___ das ___ für ___ Katze? – Ganz ___ im ___ Fach im ___.

❷ ماذا أفعل بالصلصة التي لم تعد صالحة؟ - يفضل لحضرتك أن ترميها / أن تهرقها.

Was ___ ich mit ___ ___, die ___ ___ gut ist? – Sie ___ / ___ sie ___ ___ weg.

❸ لماذا تبكي الأطفال بكاءاً يدعو للرثاء؟ - لأن عصفور الكناري قد طار.

Warum ___ die Kinder ___? – Weil der ___ ___ ist.

❹ من (الذي) يقرع جرس الباب؟ - الجارة هي التي تقرع جرس الباب.

___ ___ an der Tür? – ___ ___ klingelt an der Tür.

68. Lektion [أَخْتْ أُنْدْ زِكْتْسِگْسْبْ لِكْتْسْيُونْ]

Der öffentliche Fernsprecher (I) ① ②

1 – Oh, Mist! Ich h**a**be vergessen, **O**nkel Kurt **a**nzurufen. ③

ANMERKUNGEN

① تعني **Fern** لوحدها "بعيد" وتعني **Sprecher** لوحدها "متكلم"، بينما تطلق **Fernsprecher** على الهاتف.

❺ أين (يقف) العصفور الأصفر الصغير؟ - إنه يقف على عمود الستارة في غرفة المعيشة.

Wo sitzt ___ ___, ___ Vogel? – Er sitzt ___ ___ ___ im Wohnzimmer.

❻ على ماذا سنعتمد اعتباراً من الآن؟ - على حس حضرتك السليم!

___ ___ wir uns ab jetzt? – Auf ___ ___ ___!

Lösung 2: Die fehlenden Wörter.

❶ war – Hackfleisch – die – hinten – untersten – Kühlschrank ❷ mache – der Soße – nicht mehr – werfen/gießen – am besten ❸ weinen – jämmerlich – Kanarienvogel weggeflogen ❹ Wer klingelt – Die Nachbarin ❺ der kleine, gelbe – auf der Vorhangstange. ❻ Worauf verlassen – Ihren gesunden Menschenverstand.

Zweite Welle: Aktivieren Sie heute Lektion 18!

الدرس الثامن والستون

الهاتف العمومي (I)

١ - أوه، يا للعنة! لقد نسيت أن أهاتف العم كورت.

② "الهاتف العمومي" **Fernsprecher** هو مصطلح عفا عليه الزمن لكلمة "الهاتف"، تعود جذوره إلى اللغة المؤسساتية وهو نادراً ما يستخدم اليوم.

③ تعني **Mist** معجمياً "الزبالة"، ولكنها تستخدم مجازياً بمعانٍ أخرى:

Mach keinen Mist! "لا ترتكب حماقة!"

Dein Zimmer ist ein reiner Misthaufen. "غرفتك قذرة كثيراً."

2 Halt 'mal bitte an! Dort drüben ist eine Telefonzelle.

3 — Muss das sein? Wir sind schon so spät dran... ④

4 Und ausgerechnet Onkel Kurt!

5 Der redet immer stundenlang am Telefon. ⑤

6 — Ich weiß ja, aber's muss sein! Ich hab's ihm versprochen, und

7 wer weiß, wie lange er noch lebt...

8 — Also gut! Aber mach es bitte so kurz wie möglich! ⑥

9 — Das verstehe ich nicht! Ich kriege keine Verbindung. ⑦

10 Da kommt immer:

11 "Kein Anschluss unter dieser Nummer...".

12 Da wird doch nichts passiert sein? ⑧

13 — Nein, natürlich nicht!

DER ÖFFENTLICHE FERNSPRECHER

④ جملة **spät dran sein** شائعة للتعبير عن التأخير، مثلها مثل:
Verspätung haben أو **zu spät kommen**.

٢ توقف قليلاً من فضلك! هناك على الطرف الآخر كشك هاتف.

٣ - هل هذا ضروري؟ فنحن متأخرين جداً في الواقع...

٤ وبالذات العم كورت!

٥ فهو يتحدث دائما بالساعات الطوال على الهاتف.

٦ - أنا أعلم بالتأكيد، ولكن لا بد مما لا بد منه! لقد وعدته، و

٧ من يدري كم أمامه من الوقت ليعيش...

٨ - حسناً! ولكن أرجوك الإختصار قدر الإمكان!

٩ - أنا لا أفهم هذا! لماذا لا أحصل على اتصال.

١٠ يتردد دائماً:

١١ "لا يوجد مشترك تحت هذا الرقم ...".

١٢ عسى ألا يكون قد حدث شيء؟

١٣ - لا، بالطبع لا!

⑤ يأتي فعل reden بنفس معنى فعل sprechen أي "يتحدث" أو "يتكلم"، ولكن تستخدم الأولى بالمعنى غير الرسمي للكلام، وتعني Rede "الخطاب".

⑥ تستخدم كل من so و wie في صياغة جمل من قبيل: بأسرع ما يمكن، بأفضل ما يمكن... "سيأتي بأسرع ما يمكن."
Er kommt so schnell wie möglich.

⑦ لفعل kriegen معنيان متباينان جداً، فهو يأتي بمعنى bekommen "يحصل على" أو "يتلقى"، كما يأتي بمعنى "يحارب".
Er kriegt kein Geschenk. "لن يحصل على هدية."

⑧ مر معنا أن doch تفيد تأكيد معنى ما، أما إذا جاءت في سياق النفي كما في هذه الجملة فإنها تفيد الأمل بألا يحدث الفعل الذي يليها:
Es wird doch morgen nicht regnen. "عساها لا تمطر في الغد."
Er wird doch nicht kommen. "عساه لن يأتي."

الدرس الثامن والستون

14 Du musst nur 089 (null acht neun) **vo**rwählen. ⑨

15 Wir sind hier schon **au**ßerhalb von **Mü**nchen. ⑩

16 – Ach ja! Hallo, **O**nkel Kurt? Ja, ich bin's. Ich **wo**llte nur schnell…

17 – Ach **Ki**ndchen, das ist ja schön, dass du **a**nrufst.

18 **Heu**te **Mo**rgen bin ich mit dem Hund spaz**ie**ren geg**a**ngen,

19 weißt du, es ging mir **e**twas **be**sser als gew**ö**hnlich,

20 und da h**a**be ich Frau **Be**cker, die Frau,

21 die dir **i**mmer die Pfeffer**mi**nzbonbons geschenkt hat,

22 wenn du in den **Fe**rien hier warst, auf der Straße getr**o**ffen und…

23 – **O**nkel Kurt, ich **wo**llte nur…

24 (**Fo**rtsetzung folgt)

Übung 1: Verstehen Sie diese Sätze?

❶ Wenn Sie von außerhalb telefonieren, müssen Sie vorwählen. ❷ Er ist mit seinem Hund spazieren gegangen und hat auf der Straße seine Nachbarin getroffen. ❸ Ich habe heute Morgen einen Brief von meiner Bank gekriegt, in dem sie mir schreiben, dass ich kein Geld mehr auf meinem Konto habe. ❹ Machen Sie bitte so schnell wie möglich! Ich bin sehr spät dran. ❺ Hinter uns fährt die Polizei. Die werden uns doch nicht anhalten wollen?

١٤   عليك أن تدخل 089 (صفر ثمانية تسعة) وحسب.

١٥   فنحن هنا بالفعل خارج ميونيخ.

١٦ - من أجل هذا! مرحبا، العم كورت؟ نعم، أنا هو. أردت فقط بسرعة أن...
(آه نعم! ...أنا هو...)

١٧ - صغيري، إنه شيء جميل أن تتصل.

١٨   ذهبت هذا الصباح للنزهة مع الكلب،

١٩   هل تعلم أن حالي كانت أفضل قليلاً من المعتاد،

٢٠   وقابلت أثناءها السيدة بيكر على الطريق،

٢١   تلك المرأة التي كانت دائماً تعطيك سكاكر النعناع

٢٢   عندما كنت هنا في العطل...

٢٣ - العم كورت، أردت فقط أن...

٢٤   (التتمة تتبع)

⑨ يعني فعل **wählen** لوحده "ينتخب"، وعند الحديث عن الهاتف يعني "إدخال الرقم المطلوب"، ولكن لإدخال الرمز المحلي **Vorwahlnummer** أو الدولي يستخدم فعل **vorwählen**.

⑩ يستخدم الظرفان **außerhalb** و **innerhalb** للدلالة على الزمان والمكان، ويأتي الإسم بعدهما في حالة الإضافة.

Lösung 1: Haben Sie verstanden?

❶ إذا كنت حضرتك تتصل من الخارج، فإنك تحتاج لإدخال مفتاح المنطقة أولاً.   ❷ لقد ذهب للنزهة مع كلبه وقابل جارته في الطريق.   ❸ تلقيت هذا الصباح رسالة من مصرفي كتبوا لي فيها أنه لم يعد لدي نقود في حسابي.   ❹ إستعجل حضرتك قدر المستطاع! فأنا متأخر جداً في الواقع.   ❺ الشرطة تسير وراءنا. عساهم لا يريدون أن يوقفونا؟

Übung 2: Setzen Sie die fehlenden Wörter ein!

❶ لقد نسيت أن أشتري سكراً وملحاً.

___ ___ ___, Zucker und Salz ___ ___.

❷ أنا أعلم أنك لا تحب فعل ذلك. ولكن لا بد من ذلك.

___ ___, dass du das nicht gern machst. Aber ___ ___ ___.

❸ يريد الإتصال بعمه، لكنه لا يحصل على اتصال.

___ ___ seinen Onkel ___, aber ___ ___ keine Verbindung.

❹ أمس كان أفضل حالاً من المعتاد بقليل.

Gestern ___ ___ ___ etwas ___ ___ ___.

❺ هل تذكر الرجل الذي أعطاك الدراجة؟

Erinnerst du dich an den Mann, ___ ___ das Fahrrad ___ ___?

69. Lektion [نُويْنْ أُنْدْ زِكْتْسِگْسْتْ لِكْتْسْيُونْ]

Der öffentliche Fernsprecher (II)

1 – H**a**llo! Sie da dr**i**nnen! Be**ei**len Sie sich mal ein b**i**sschen! ① ②

2 Das ist **ei**ne **ö**ffentliche Telef**o**nzelle!

[1 ...! بِآيْلِنْ...]

ANMERKUNGEN

① إنتبه للفظ فعل **beeilen** إذ تلفظ **be** مع استراحة قصيرة جداً ثم تلفظ **eilen.**

❻ من هناك؟ - هذا أنا، آنّهْ.

___ ___ ___? – ___ ___´___, Anne.

❼ نحن لا نعرف كم من الوقت يمكننا البقاء.

___ ___ ___, ___ ___ wir bleiben können.

Lösung 2: Die fehlenden Wörter.

❶ Ich habe vergessen – zu kaufen ❷ Ich weiß – es muss sein ❸ Er will – anrufen – er kriegt ❹ ging es ihm – besser als gewöhnlich ❺ der dir – geschenkt hat ❻ Wer ist da? – Ich bin's ❼ Wir wissen nicht, wie lange.

أكشاك الهاتف - من مخلفات الماضي

أكشاك الهاتف عبارة عن كبائن عمومية مزودة بهاتف، كانت تعمل سابقاً باستخدام النقود المعدنية، أما الآن فغالباً ما تعمل باستخدام بطاقات الهاتف، وقد تناقصت أهميتها مع توسيع شبكة الإتصالات الأرضية المحسنة وتزايد أعداد الهواتف النقالة، وقد اختفت في كثير من الأماكن من المشهد العام، لكنها مازالت منتشرة حالياً في محطات السكك الحديدية والمطارات.

Zweite Welle: Aktivieren Sie heute Lektion 19!

الدرس التاسع والستون

الهاتف العمومي (II)

١ - يا هذا! حضرتك في الداخل! هلا استعجلت حضرتك بعض الشيء!

٢ فهذا كشك هاتف عمومي!

② ثمة طرق كثيرة للتعبير عن كون المرء في عجلة من أمره:

Ich beeile mich, weil ich einen Termin habe.

Ich bin in Eile.

Ich habe es eilig.

3 – Du, **O**nkel Kurt, es tut mir leid, **a**ber ich muss jetzt **au**flegen. ③

4 Da dr**au**ßen w**a**rten L**eu**te…

5 – Die k**ö**nnen w**a**rten!

6 Ich h**a**be in m**ei**nem L**e**ben auch oft w**a**rten m**ü**ssen.

7 **Ei**nmal stand ich bei 15 Grad K**ä**lte **ei**ne St**u**nde vor **ei**ner Telef**o**nzelle. ④

8 Das war d**a**mals,

9 als sich noch nicht **a**lle ein T**e**lefon l**ei**sten k**o**nnten und… ⑤

10 – H**a**llo! Sie da! Jetzt reicht's **a**ber! ⑥

11 Sie sind nicht all**ei**n auf der Welt.

12 Es gibt noch **a**ndere L**eu**te, die telefon**ie**ren w**o**llen.

13 – Hörst du, **O**nkel Kurt?

14 Die L**eu**te dr**au**ßen r**e**gen sich **i**mmer mehr auf.

15 Ich muss jetzt w**i**rklich Schluss m**a**chen. ⑦

16 **A**lso dann tschüss! Ich r**u**fe dich w**ie**der an.

17 Uff! Das war nicht **ei**nfach.

18 – **A**ber glaubst du, es war w**i**rklich n**ö**tig,

19 die Telef**o**nzelle halb **ei**nzureißen?

③ يعود فعل **auflegen** لعهد الهواتف الأرضية حيث كان على المتصل وضع السماعة على جهاز الهاتف لإنهاء المحادثة، ويستخدم للبدء بالمكالمة أو لتلقيها **abnehmen** أو **abheben**.

④ لنتذكر هنا الأفعال التي تدل على الحركة وأن الإسم بعدها يأتي منصوباً! عند تصريف هذه الأفعال في الماضي فإنه يتم تغيير حرف العلة فيها:
stehen – ich stehe → ich stand "يقف"
sitzen – ich sitze → ich saß "يجلس"
liegen – ich liege → ich lag "يستلقي"

⑤ يعني فعل **leisten** لوحده "يستطيع"، وتعني **Leistung** "الإستطاعة"، بينما يعني "يستطيع الحصول على" عندما يضاف إليه الضمير المنعكس.

٣ - يا عم كورت، أنا آسف، ولكن علي الآن إنهاء المكالمة.
٤ هناك أشخاص ينتظرون في الخارج...
٥ - يمكنهم الإنتظار!
٦ فقد كان علي أيضاً أن أنتظر في كثير من الأحيان في حياتي.
٧ ذات مرة وقفت أمام كشك هاتف لمدة ساعة عند درجة 15 تحت الصفر.
٨ لقد كان هذا في زمن بعيد،
٩ عندما لم يكن بإمكان كل شخص أن يكون لديه هاتف و...
١٠ - أنت يا هذا! هذا يكفي بالفعل!
(مرحباً! حضرتك هنا! الآن يكفي هذا لكن!)
١١ فحضرتك لست وحدك في العالم.
١٢ هناك أشخاص آخرون يريدون إجراء مكالمات هاتفية.
١٣ - هل سمعت يا عم كورت؟
١٤ الناس في الخارج يزدادون غضباً.
(الناس في الخارج يغضب إياه دائماً أكثر على.)
١٥ علي الآن إنهاء المكالمة من كل بد.
١٦ إذن وداعاً! سأتصل بك مجدداً.
١٧ أف! لم يكن ذلك بالأمر السهل.
١٨ - ولكن هل تعتقد أنه كان حقاً من الضروري،
١٩ تحويل كشك الهاتف إلى شبه حطام؟
(كشك الهاتف نصف قوض؟)

⑥ لفعل **reichen** معانٍ عديدة منها "يكفي" و "يناول": "حسبي!" أو "لا أطمع بالمزيد!" **Es reicht mir!**
"ناولني السكر من فضلك!" **Reich mir bitte den Zucker!**

⑦ تعني **Schluss** لوحدها "إغلاق"، ويمكن باستخدام فعل **machen** معها الحصول على معنى "أنهى".

Übung 1: Verstehen Sie diese Sätze?

1 Wir essen lieber drinnen, draußen im Garten ist es zu kalt. 2 Wir haben uns sehr beeilt, um nicht zu spät zu kommen. 3 Er hat einmal eine halbe Stunde vor einer Telefonzelle gewartet, und als sie endlich frei war, hat er bemerkt, dass er kein Geld hatte. 4 Er kann sich kein Auto leisten. Das Benzin ist zu teuer. 5 Glauben Sie, Sie sind allein auf der Welt?

Übung 2: Setzen Sie die fehlenden Wörter ein!

1 لقد تأخر بنا الوقت كثيراً. علينا أن نستعجل.

Wir sind … … … . Wir müssen … … .

2 الجو في الداخل دافئٌ جداً، ولكنه في الخارج قارس.

… ist es sehr warm, aber … ist es eiskalt.

3 هل تريد مشروباً آخر من الجعة؟ - لا شكراً! فقد شربت ثلاثةً: وهذا يكفي!

… Sie … … …? – Nein danke! … … schon drei …: Das …!

4 ليس لدي ما يكفي من المال. لا أستطيع تحمل نفقات ذلك.

… … … … … . Ich kann mir das nicht … .

5 لقد وقف ساعة أمام بابها. ثم مضى.

Er … eine Stunde … ihrer Tür. Dann … er … .

6 رجاءً لا تغضب حضرتك! ! سأنهي الأمر فوراً.

… … … bitte nicht …! Ich … sofort … .

Lösung 1: Haben Sie verstanden?

❶ نفضل أن نأكل في الداخل، الجو في الهواء الطلق في الحديقة باردٌ جداً. ❷ إستعجلنا كثيراً حتى لا نأتِيَ متأخرين. ❸ ذات مرة انتظر نصف ساعة أمام كشك هاتف، وعندما أصبح في الأخير فارغاً لاحظ أنه لم يكن معه نقود. ❹ إنه لا يمكنه تحمل نفقات سيارة. فالبنزين غالٍ للغاية. ❺ هل تعتقد حضرتك أنك وحدك في العالم؟

Lösung 2: Die fehlenden Wörter.

❶ sehr spät dran – uns beeilen ❷ Drinnen – draußen ❸ Wollen – noch ein Bier – Ich habe – getrunken – reicht ❹ Ich habe nicht genug Geld – leisten ❺ stand – vor – ging – weg ❻ Regen Sie sich – auf – mache – Schluss.

الإتصالات

يتم في الإتصالات الهاتفية التفريق بين المكالمات المحلية والمكالمات بعيدة المدى والمكالمات الدولية، لإجراء المكالمات الدولية ولإرسال الرسائل النصية القصيرة من الهاتف المحمول توجد بطاقات رخيصة مدفوعة مسبقاً والتي يمكن طلبها عبر الإنترنت أو شراؤها في العديد من محلات التسوق وفي أكشاك بيع الصحف، قبل إجراء المكالمات الهاتفية أو إرسال الرسائل النصية أو الدخولِ إلى الشبكة العنكبوتية يتم شحن البطاقات الهاتفية المسبقة الدفع أولاً بالنقود، فيما يلي بعض المصطلحات الهامة: الهاتف المحمول، الشبكة العنكبوتية، إرسال رسالة بالبريد الإلكتروني أو رسالة نصية قصيرة لشخص ما.

Zweite Welle: Aktivieren Sie heute Lektion 20!

70. Lektion

Wiederholung und Anmerkungen

1 Aufbau deutscher Sätze

1 بناء الجمل وترتيب عناصر الجملة في الألمانية:

لنتأمل الجملة التالية من أجل معرفة المزيد من التفاصيل حول بناء الجملة في اللغة الألمانية:

تستخدم **als** عند الحديث عن شيء حدث مرة واحدة في الماضي واقترن بحدث آخر:

Als er sah, dass es nichts mehr zu sehen gab, nahm er sein Fahrrad, das er auf dem Bürgersteig gelassen hatte, und fuhr nach Hause.

عندما رأى أنه لم يعد يوجد شيءٌ للمشاهدة، أخذ دراجته التي كان قد وضعها على الرصيف وعاد أدراجه نحو البيت.

1.1 Das Verb des Nebensatzes

1.1 الفعل في الجملة الثانوية:

إذا قُدِّمت الجملة الثانوية على الجملة الرئيسية فإنه يعكس وضع الفاعل والفعل في الجملة الثانوية، وكما جرت العادة يوضع الفعل في آخر الجملة الثانوية:

Als er sah, nahm er sein Fahrrad.   عندما رأى، أخذ دراجته.

1.2 Eine Kommaregel

2.1 قواعد التعامل مع الفاصلة:

دائماً ما يتم فصل الجملة الرئيسية عن الجملة الثانوية بواسطة الفاصلة، وعندما توجد عدة جمل ثانوية كما في هذا المثال فإنه توضع فاصلة بعد كل واحدة منها:

Er nahm sein Fahrrad, das er auf dem Bürgersteig gelassen hatte, und fuhr nach Hause.

أخذ دراجته التي كان قد وضعها على الرصيف وعاد أدراجه نحو البيت.

الدرس السبعون

تتجلى أكبر صعوبات تعلم اللغة الألمانية في وضعية الماضي المركب أو المصدر، إذ على المرء الإنتظار حتى نهاية الجملة ليكتشف لاحقاً المعنى المراد كون الفعل لم يُذكر حتى ذلك الحين، فعلى سبيل المثال عند كتابة:

Ich bin mit meiner Freundin, die ich seit zehn Jahren kenne, dieses Jahr zum ersten Mal…

أنا مع صديقتي، التي أعرفها منذ عشر سنوات، هذا العام للمرة الأولى...

تبقى الإحتمالات مفتوحة على مصراعيها إلى حين ذكر الفعل في الأخير:

Ich bin mit meiner Freundin, die ich seit zehn Jahren kenne, dieses Jahr zum ersten Mal in die Ferien gefahren.

لقد ذهبت هذه السنة لأول مرة في العطلة مع صديقتي التي أعرفها منذ عشر سنوات.

2 Infinitivsatz mit zu

2 الجملة المصدرية باستخدام zu:

تحدثنا عدة مرات عن وجود بعض الأفعال في الألمانية التي تستخدم في صياغة الجملة المصدرية، فمنها بسبب وجود أحد الأفعال المساعدة **wollen** أو **können** أو **sollen** أو **dürfen** أو **müssen**:

Ich muss gehen. علي أن أذهب.

Er kann nicht kommen. هو لن يستطيع القدوم.

أما النوع الثاني فبسبب استخدام **zu**، فيما يلي بعض الأمثلة التي تبين ذلك، مع التنبيه على أن توضع **zu** بين جزأي الفعل في آخر الجملة عندما يتكون هذا الفعل من جزأين:

Ich habe vergessen, das Radio auszumachen.
لقد نسيت إطفاء المذياع.

Er versucht, sein altes Auto zu verkaufen.
هو يحاول بيع سيارته القديمة.

Sie hat Angst, ihn wiederzusehen. هي تخاف أن تراه مجدداً.

Er hat mir versprochen, seine Schulden zu bezahlen.
لقد وعدني بدفع ديونه.

3 "Es" am Beginn eines Satzes

3 الجمل التي تبدأ بـ es:

تستخدم **es** في بداية الجمل التي يكون فاعلها ضمير الغائب المفرد أو الجمع ويكون هناك فاعل حقيقي في الجملة:

Es gehen jetzt alle.

Alle gehen jetzt.

الكل يذهب الآن.

Es wird der Tag kommen, wo sie darüber nur noch lachen.

Der Tag wird kommen, wo sie darüber nur noch lachen können.

سوف يأتي ذلك اليوم عندما سيضحكون من ذلك وحسب.

4 Adverbien und Präpositionen für Orte

4 الظروف وحروف الجر المكانية:

ثمة تشابه كبير في استخدام ظروف المكان وحروف الجر المكانية مع أنها مختلفة بعض الشيئ عن بعضها:

Mein Hausbesitzer wohnt in der Wohnung unter mir.
مالك شقتي يسكن في الشقة التي تحتي.

Er wohnt unten und ich wohne oben.
هو يسكن تحت وأنا أسكن فوق.

71. Lektion [آيْنْ أُنْدْ زِيبْتْسِگْسْتِ لِكْتْسْيُونْ]

Klein-Fritzchen ①

1 – Wir w**o**llen **I**hnen h**eu**te **ei**ne d**eu**tsche Per-s**ö**nlichkeit v**o**rstellen,

[كْلاَيْنْ فْرِتْسْخِنْ 1 ... پِرْسُو ونْلِشْكَايْتْ...]

Er steht vor der Tür.	هو واقف عند الباب.
Er steht davor.	هو واقف أمامه.

عندما يستخدم ظرف المكان مع الأفعال التي ترافقها أو تدل على الحركة فإنه ينبغي إضافة حرف جر يسبق الظرف أو إضافة **hin** إليه:

Die Post ist dort drüben.	البريد هناك في الطرف المقابل.
Gehen wir hinüber.	لنمضِ إلى هناك على الطرف المقابل.
Wir essen draußen.	سوف نأكل في الخارج.
Wir gehen nach draußen. oder: Wir gehen hinaus.	
	سوف نذهب إلى الخارج.
Drinnen ist es warm.	هنا في الداخل الجو دافئ.
Ich gehe hinein.	سأذهب إلى الداخل.
Mein Wagen steht dort.	سيارتي مركونة هناك.
Ich stelle meinen Wagen dorthin.	سأركن سيارتي هناك.
Mein Vater ist oben.	والدي فوق.
Gehen Sie nach oben! oder Gehen Sie hinauf!	
	إذهب حضرتك إلى أعلى!

Zweite Welle: Aktivieren Sie heute Lektion 21!

الدرس الحادي والسبعون

فريتسخن الصغير

١ - نريد اليوم أن نقدم لحضراتكم شخصيةً ألمانيةً،

(ANMERKUNGEN)

① لنتذكر أن صياغة إسم التصغير تتم بإضافة **chen**... له، وهنا للتحبب.

2 deren Name sowohl den Jungen als auch den Alten geläufig ist. ② ③ ④

3 Warten Sie! Sie werden gleich selbst sehen, wer das ist. ⑤

4 Na, wo ist er denn gerade? Ach ja, natürlich, in der Schule... ⑥

5 Der Lehrer fragt die Kinder in der Deutschstunde:

6 – Na, Kinder, welche deutschen Vornamen kennt ihr denn so?

7 – "Hannes", sagt sofort die kleine Erika,

8 die immer die Schnellste ist.

9 – "Sehr gut" lobt sie der Lehrer,

10 – "aber der richtige Name ist Johannes". ⑦

11 "Achim" ruft dann ein anderer Schüler.

AUSSPRACHE

[2 ... گِلْويْفِگ... 10 ...يُهانِّسْ.]

② **deren** هو الضمير الموصول الذي يدل على المؤنث والجمع، أما بالنسبة للمذكر أو الحيادي فهو **dessen**:

"الرجل الذي هربت زوجته البارحة لا يجد حذاأيه المنزليين."

Der Mann, dessen Frau gestern weggelaufen ist, findet seine Pantoffeln nicht.

"الأشخاص الذين تبدأ أسماؤهم بحرف **K** يتفضلوا بالقدوم إلى الشباك رقم 6."

Personen, deren Namen mit K beginnen, kommen bitte an Schalter 6.

③ كتبت كل من **Jungen** و **Alten** و **Schnellste** بأحرف كبيرة لأنها لم تأتِ هنا كصفةٍ وإنما كأسماء بمعنى للشبان وللكبار، لنتذكر هنا أن **jung** و **alt** و **schnell** صفات بمعنى يافع ومسن وسريع على التتالي!

٢ إسمها مألوف لكل من الشبان والكبار على حد سواء.

٣ إنتظر حضرتك! سوف ترى حضرتك فوراً بنفسك من يكون هذا.

٤ حسناً، أين هو إذن الآن؟ أوه، بالطبع، في المدرسة...

٥ المعلم يسأل الأطفال في حصة الألماني:

٦ – حسناً يا أطفال، ما هي أسماء العَلم الألمانية التي تعرفونها؟

٧ – "هانس" تقول إيريكا الصغيرة،

٨ وهي الأسرع (بين التلاميذ) دائماً.

٩ – "جيد جداً" يشيد المعلم بها،

١٠ – ولكن الإسم الصحيح هو "يوهانس".

١١ "آخيم" يصيح بعدها تلميذ آخر.

④ تستخدم **sowohl** بمعنى "كِلا" أو "على حد سواء" أو "لكليهما معاً" أو "أيضاً": "إنه أطول (وكذلك) وأسمن مني أيضاً."

Er ist sowohl größer als auch dicker als ich.

⑤ تعني **selbst** "نفس" وغالباً ما تستخدم بالكلام المحكي:

"أنا أقوم بفعل ذلك بنفسي." **Ich mache das selbst.**

"أنا بنفسي أقوم بفعل ذلك." **Ich selbst mache das.**

⑥ مع أن **gerade** تعني "مستقيم" إلا أنها تعني في هذه الصيغة "للتو" أو "الآن".

⑦ تأتي **richtig** أساساً بمعنى "صحيح"، ولكنها في مثل هذه الحالات تعني "كامل" أو "دقيق" أو"حق":

"هذه ليست الطريق الموصِلة." **Das ist nicht der richtige Weg.**

"الساعة مضبوطة." **Die Uhr geht richtig.**

12 – "Ja, aber das heißt Joachim" verbessert ihn der Lehrer.

13 Daraufhin meldet sich stürmisch Klein-Fritzchen. ⑧ ⑨ ⑩

14 Der Lehrer ruft ihn auf und fragt ihn lächelnd: ⑪

15 "Na, welchen Vornamen kennst du denn, mein Junge?"

16 – "Jokurt", antwortet Fritzchen strahlend. ⑫ ⑬

AUSSPRACHE

[12 ...يُواخيمْ... 13 ...شْتوّرْمِش... 14 ...لْخّلْنْدْ:
16 "يُوگورْتْ"...شْتْرالِنْدْ.]

Übung 1: Verstehen Sie diese Sätze?

❶ Können Sie mir bitte Ihren Freund vorstellen? ❷ Die Mütter, deren Kinder drei Jahre alt sind, melden sich bei Frau Braun. ❸ Der alte Mann, dessen Haus vorgestern abgebrannt ist, sitzt jetzt auf der Straße. ❹ Ich habe heute alles gewusst, was mich der Lehrer gefragt hat. Er hat mich gelobt. ❺ Ist Ihnen dieser Ausdruck nicht geläufig? ❻ Nicht so stürmisch, Kinder, ich bin nicht mehr die Jüngste!

١٢ - "نعم، ولكن هذا يدعى يُواخيم" صححها له المعلم.

١٣ عقب ذلك رفع فريتسخن الصغير أصبعه بصخب.

١٤ ناداه المعلم وسأله مبتسماً:

١٥ "حسنا، أيَّ إسم عَلم تعرف يا بني؟"

١٦ - "يوكورت" أجاب فريتسخن مبتهجاً.

⑧ أصل معنى **melden** هو "يخبر"، وباستخدامه مع الضمير المنعكس يصبح معناه "يسجل نفسه" أو "يتقدم إلى"، ويستخدم عند استخدام الهاتف:
"لا أحدَ يرد." **Es meldet sich niemand.**

⑨ تعني **Sturm** "عاصفة"، وتعني **stürmisch** "بصخب" أو "بعنفوان".

⑩ فريتسخن (أيضاً: فريتسخن الصغير) هو شخصية وهمية في النكات الألمانية، غالباً ما تكون أجوبته مهينة أو فاضحة لمُحاوره.

⑪ مر معنا سابقاً أن صياغة إسم الفاعل من الفعل تتم بإضافة حرف **d** إلى مصدره، وأنه يستخدم كصفة، ولذلك فإنه تضاف إليه أيضاً النهايات التي تستلزمها حالته الإعرابية وكونه مذكراً أو مؤنثاً أو حيادياً أو مفرداً أو جمعاً، فنقول مثلاً: "الطفل المبتسم." **das lächelnde Kind**
"طفل مبتسم." **ein lächelndes Kind**

⑫ كما في العربية فإن الجواب أو المُقال يوضع بين معقوفتين "".

⑬ كما تذكر فإن إسم العم الذي مر معنا في درس سابق (68) كان كورت، وقد تنبه الطفل إلى أن المعلم قد أضاف لكل إسم ذكره له التلاميذ المقطع "يو"، فما كان منه إلا وأن بادر بإضافته لهذا الإسم، ومكمن الفكاهة أن اللبن يدعى في الألمانية **Joghurt**، ولفظ الكلمتين متقارب للغاية يعود للفرق البسيط بين مخرجي الحرفين **k** و **g**.

Lösung 1: Haben Sie verstanden?

❶ هلا قمتَ حضرتك بالتعريف بصديقك من فضلك؟ ❷ على أمهات الأطفال الذين تبلغ أعمار أطفالهن ثلاث سنوات تسجيل أنفسهن عند السيدة براون. ❸ الرجل العجوز الذي احترق منزله بالأمس يفترش الطريق الآن. ❹ عرفتُ اليوم كل شيء سألني المعلم عنه. وقد أشاد بي. ❺ هل هذا المصطلح مألوف لدى حضرتك؟ ❻ ليس بهذا الزخم يا أطفال، فأنا لم أعدْ صغيرةً!

Übung 2: Setzen Sie die fehlenden Wörter ein!

❶ أياً من الشخصيات الألمانية تعرف حضرتُك؟

_____ _____ _____
kennen Sie?

❷ لديها كلٌ من الجنسية الفرنسية والألمانية على حد سواء.

Sie hat _____ die französische _____ _____ die deutsche Staatsangehörigkeit.

❸ رجاءاً أن تمري حضرتكِ بنا! لا يمكن لزوج حضرتكِ أن يفعل ذلك عنكِ.

Kommen Sie doch bitte _____ vorbei! _____ _____ _____ _____ _____ _____ _____.

❹ عمتي (خالتي) إيريكا، هل لديكِ شوكولاته؟ - هذا يعني: هل لديكِ شوكولاته من فضلكِ؟

Tante Erika, _____ _____ Schokolade? – _____ _____: _____ _____ bitte Schokolade?

72. Lektion [تْسْڤايْ أُنْدْ زِيبْتْسِگْسْتِ لِكْتْسْيُونْ]

Quark und Schwarzbrot

1 – **Ü**brigens, da wir ger**a**de von Joghurt spr**e**-chen, ①

AUSSPRACHE

[كْڤارْكْ أُنْدْ شْڤارْتْسْ بْرُوتْ]

❺ لقد انتظرت لمدة ساعة على المقعد. نودي على رقمي في الآخر.

___ ___ eine Stunde auf der Bank ___. ___ ___ meine Nummer als Letzte ___.

❻ تقول مبتهجةً: أنا أحبكما كليكما معاً!

___ sagt sie: ___ ___ euch alle beide!

Lösung 2: Die fehlenden Wörter.

❶ Welche deutsche Persönlichkeit ❷ sowohl – als auch ❸ selbst – Ihr Mann kann das nicht für Sie machen ❹ hast du – Das heißt: Hast du ❺ Ich habe – gewartet – Man hat – aufgerufen ❻ Strahlend – Ich liebe.

Zweite Welle: Aktivieren Sie heute Lektion 22!

الدرس الثاني والسبعون

كوارك والخبز الأسود

١ – وبالمناسبة، بما أننا نتحدث عن اللبن،

ANMERKUNGEN

① يأتي الكثير من الأفعال في الألمانية مع حروف جر محددة، ففعل **sprechen** يتعدى بحرف **von** ليعني "يتحدث عن" أو بحرف **über** ليعني " يتحدث حول":

Ich spreche von meiner Mutter.	"أنا أتحدث عن أمي."
Er spricht über seine Arbeit.	"إنه يتحدث عن عمله."

2 muss ich an "Quark" d**e**nken. Weißt du, was "Quark" ist? ②

3 – Selbstverst**ä**ndlich weiß ich, was "Quark" ist.

4 Wer kennt nicht w**ei**ßen K**ä**se

5 und K**ä**sekuchen mit oder **o**hne Ros**i**nen?

6 – Umso b**e**sser! Ich wusste nicht, dass das so bek**a**nnt ist.

7 – Na, hör mal!

8 Quark geh**ö**rt gen**au** so wie Schw**a**rzbrot und Gem**ü**sesäfte

9 zum Th**e**ma "Ges**ü**nder **e**ssen - l**ä**nger l**e**ben" **o**der so **ä**hnlich, ③

10 und du musst w**i**rklich taub und blind sein,

11 wenn du in D**eu**tschland dar**a**n vorb**ei**gehen kannst… ④

12 Die B**i**o-L**ä**den schi**e**ßen ja bei euch wie P**i**lze aus der **E**rde. ⑤ ⑥

13 – Ja, das ist, Gott sei Dank, wahr! Und ich bin sehr froh dar**ü**ber! ⑦

[**4** ...كَازِهْ **5** ...رُزِينِن؟ **8** ... گِمُوزِ زِفْتِهْ **9** ... أَنْلِيشْ، **12** ...بِيُو-لَادِنْ شِيسِّنْ... پِلْتْسِه...]

ANMERKUNGEN

② مادة **Quark** من مشتقات الحليب، وتقارب ما يعرف في البلاد العربية باللبأ أو القشطة أو الجبن القريش.

③ تعني **ähnlich** "شبيه" ويأتي الإسم بعدها مجروراً:
"أخت حضرتك تشبهك كثيراً."
Ihre Schwester sieht Ihnen sehr ähnlich.
Das sieht dir ähnlich. "هذا طبق الأصل أنت."
أما **oder so ähnlich** فتعني "أو ما شابه."

٢   فينبغي علي التفكير بال "كوارك". هل تعرف ما هو ال "كوارك"؟

٣ - بطبيعة الحال أعرف ما هو ال "كوارك".

٤   فمن ذا الذي لا يعرف الجبنة البيضاء

٥   وكعكة الجبن مع أو بدون الزبيب؟

٦ - هذا أفضل! إذ لم أكن أعلم أنه معروف لهذه الدرجة.

٧ - حسناً، أنصت لي!

٨   فالكوارك ينتمي تماماً مثله مثل الخبز الأسود وعصائر الخضار

٩   إلى مسألة "تغذَ بشكل صحي أكثر - تعِشْ أطول" وما شابهها،

١٠   وعليك أن تكون أصم وأعمى بحق،

١١   لو تمكنت من المرور عليها مرور الكرام في ألمانيا...

١٢   فمحلات (الأغذية) العضوية تنتشر انتشار النار في الهشيم.

١٣ - نعم، هذا صحيح، والحمد لله! وأنا سعيد جداً بذلك!

④ لفعل vorbeigehen معنى حقيقي "يمر بـ" أو "يجتاز" وآخر مجازي "يتجاهل".

⑤ يقصد بمحلات Bio-Läden محلات متخصصة ببيع المنتجات الطبيعية الخالية من المواد الكيميائية.

⑥ يقصد بـ Pilz الفطر، وتستخدم هذه الجملة بسبب نموها وانتشارها السريع.

⑦ مر معنا أن darüber عبارة عن حرف الجر über، و da التي تدل على الإسم الذي يدور الحديث عنه، وهو يكون منصوباً في حال ذُكِر: "أنا سعيد لما قلته لي. Ich bin froh über das, was du mir gesagt hast".

14 **A**ber **ei**gentlich d**a**chte ich an **e**twas ganz **a**nderes. ⑧

15 – Oh, entsch**u**ldige. Wor**a**n denn?

16 – Ich d**a**chte an den Frosch, der in ein M**i**lchgeschäft kommt,

17 und die Verk**äu**ferin fragt ihn: "Was darf's sein?" ⑨

18 "Quak", sagt der Frosch. ⑩

⑧ يتعدى فعل **denken** بحرف **an**، ويأتي الإسم بعده منصوباً، ويُستعاض عنه بـ **woran** عند صياغة السؤال عن الأشياء أو بـ **an wen** عند صياغة السؤال عن الأشخاص: "بماذا تفكر حضرتك؟" **Woran denken Sie?** "بمن تفكر حضرتك؟" **An wen denken Sie?**

Übung 1: Verstehen Sie diese Sätze?

❶ Wir haben gestern viel von Ihnen und Ihrer Frau gesprochen. ❷ Ich musste die ganze Zeit an den Film von gestern Abend denken. ❸ Selbstverständlich können Sie bei mir vorbeikommen. Ich werde ab zehn Uhr in meinem Büro sein. ❹ Er sah so arm und traurig aus. Ich konnte nicht an ihm vorbeigehen. Ich habe ihm fünf Mark/Euro gegeben. ❺ Der Arzt hat mir "Benozidim" oder so etwas Ähnliches gegeben. ❻ Die Video-Läden schießen wie Pilze aus der Erde.

Übung 2: Setzen Sie die fehlenden Wörter ein!

❶ كثيراً ما يتم التحدث في الوقت الحاضر عن "وجود المواد الكيميائية في الأغذية".

... ... heute ... ... "Chemie in Lebensmitteln".

❷ أنا لا أعرف ما هو "الكوارك".

... ..., ... "Quark" ... .

١٤ ولكني في الواقع كنت أفكر بشيء آخرَ تماماً.

١٥ - أوه، آسف. وبماذا إذن؟

١٦ - فكرت بالضفدع الذي جاء إلى متجرٍ لبيع الألبان

١٧ فسألته البائعة: "مالذي يمكنني فعله لك؟"

١٨ فقال الضفدع "كواك".

⑨ يمكن ترجمة هذه الجملة أيضاً:

"مالذي تريده حضرتك؟" **Was wollen Sie?**

"مالذي ترغب به حضرتك؟" **Was wünschen Sie?**

⑩ هذه طرفة قديمة غالباً ما تُروى من الأطفال، "قواق" هو صوت يحاكي نقيق الضفدع أو الصوت الذي تصدره البطة، والفعل منه هو "ينقنق"،ويتم لفظ إسم منتج الحليب "كوارك" تقريباً بنفس الشكل، لذلك يبدو كما لو أن الضفدع كان يريد شراء هذه المادة الغذائية من محل الألبان.

Lösung 1: Haben Sie verstanden?

❶ تحدثنا بالأمس كثيراً عن حضرتك وعن زوجتك. ❷ كان علي طوال الوقت أن أفكر في فيلم مساءِ أمسِ. ❸ بالطبع يمكن لحضرتك أن تمر بي. سأكون في مكتبي اعتباراً من العاشرة. ❹ لقد بدا فقيراً وحزيناً للغاية. أنا لم أتمكن من تجاوزه. أعطيته خمسة يورو. ❺ لقد أعطاني الطبيب "بينوتسيديم" أو شيئاً من هذا القبيل. ❻ تنتشر محلات الفيديو انتشار النار في الهشيم.

❸ كان عليها أن تفكر طوال الوقت بالكعكة التي في الفرن.

Sie musste die ganze Zeit ___ ___ ___ im Ofen ___.

❹ يدعى الشارع "كرويتس هيردي فيغ" أو شيئاً من هذا القبيل.

___ ___ ___ "Kreuzhirdiweg" ___ ___ ___.

❺ عندما دخل الضفدع، سألته البائعة: "مالذي يمكنني فعله لك؟"

Als ___ ___ eintrat, fragte ___ die Verkäuferin: "___ ___'___ ___?"

73. Lektion [دْرايْ أُنْدْ زِيبْتْسِگْسْتِ لِكْتْسْيُونْ]

Bitte anschnallen! ①

1 – Wir bitten Sie, sich wieder anzuschnallen! ②

2 Es handelt sich nur um eine Sicherheitsmaßnahme, ③

3 es besteht keinerlei Grund zur Beunruhigung. ④

4 – "Jetzt ist es also passiert", dachte er sofort.

5 Normalerweise hatte er keine Angst vorm Fliegen. ⑤

[2 ...زِخَرْهايْتْسْ ماسْنامِهْ، 3 ...بِأُونْرووِگُنْگْ.]

① غالباً ما تستخدم صيغة المصدر دون ذكر الفاعل في الجمل التي تحوي تعليمات عامة، مثل **Ziehen** "إسحب"، **Drücken** "إضغط"، **Nicht hinauslehnen** "لا تستند إلى الخارج"، وصيغة الجملة الكاملة هنا هي: **Legen Sie die Sicherheitsgurte an!** "ضع حضرتك حزام الأمان!"

② يتعدى فعل **bitten** بحرف **um**، ويأتي الإسم بعده منصوباً، كما يمكن صياغة الجملة المصدرية باستخدام **zu**:

Ich bitte Sie, mich zu entschuldigen. "أرجو من حضرتك أن تعذرني."

Ich bitte Sie um Geduld. "أرجو حضرتك أن تصبر."

❻ إذا كنت تريد حضرتك أن تعيش بصحة جيدة، فيجب عليك أن تأكل الجبن والخبز الأسمر.

Wenn Sie ______ ______ wollen, müssen Sie ______ und ____________ essen.

Lösung 2: Die fehlenden Wörter.

❶ Man spricht – viel von ❷ Ich weiß nicht, was – ist ❸ an den Kuchen – denken ❹ Die Straße heißt – oder so ähnlich ❺ der Frosch – ihn – Was darf's sein? ❻ gesund leben – Quark – Schwarzbrot.

Zweite Welle: Aktivieren Sie heute Lektion 23!

الدرس الثالث والسبعون

رجاءاً ربط أحزمة الأمان!

١ – نحن نرجو من حضراتكم أن تعيدوا ربط حزام الأمان!

٢ هذا هو مجرد إجراء أمني،

٣ لا يوجد أي داعٍ للقلق.

٤ – فظن على الفور أنه "الآن قد حدث ذلك بالفعل".

٥ لم يكن في العادة يخشى من الطيران.

③ يستخدم هذا التعبير بكثرة بمعنى "الأمر يتعلق بـ" أو "الأمر يدور حول":
Es handelt sich um meine Mutter. "صاحبة الشأن أمي."

④ تستخدم هذه الصيغة إما مع الإسم أو مع مصدر الفعل:
Es besteht kein Grund zur Sorge. "ما من داعٍ للقلق."
Es besteht kein Grund zum Schreien. "ما من سببٍ للصياح."
لتذكر مجدداً أن الفعل يكتب بحرف كبير لأنه استخدم كإسم.

⑤ جملة **Angst haben vor** تعني "يخاف من" ويأتي الإسم بعدها مجروراً، و **vorm** هي ناتج دمج **vor** مع أداة التعريف **dem** للحيادي في حالة الجر، وتستخدم في الكلام المحكي فقط:
Ich habe Angst vor dem Hund. "أخاف من الكلب."

6 **A**ber h**eu**te M**o**rgen h**a**tte er ein k**o**misches Gef**ü**hl geh**a**bt,

7 als er das Haus verl**ie**ß.

8 Und noch bev**o**r er beim Fl**u**ghafen **a**nkam, ⑥

9 h**a**tte er m**e**hrmals gez**ö**gert **u**mzukehren.

10 Auch nachd**e**m er ins Fl**u**gzeug **ei**ngestiegen war, ⑦

11 verl**ie**ß ihn d**ie**ses Gef**ü**hl nicht.

12 Im G**e**genteil, es w**u**rde **i**mmer st**ä**rker.

13 **E**twas lag in der Luft! **E**twas st**i**mmte nicht!

14 Dab**ei** h**a**tte er **a**llen Grund r**u**hig und gl**ü**cklich zu sein:

15 Drei W**o**chen **U**rlaub in **Au**ssicht,

16 fern von **a**llen Verpfl**i**chtungen,

17 sich um nichts und n**ie**manden k**ü**mmern m**ü**ssen… ⑧

AUSSPRACHE

[**9** … گِتْسووگِرْتْ… **12** اِمْ گِگِنْ تایْلْ،… **14** … رُووِگْ… **17** …کومِّرْنْ…]

٦ ولكن ساوره اليوم شعور غريب،

٧ عندما غادر المنزل في الصباح.

٨ وكان قبل وصوله الى المطار،

٩ قد ماطل بالتردد عدة مرات بالعودة.

١٠ بل حتى بعد أن استقل الطائرة،

١١ لم يترْكه هذا الشعورُ.

١٢ على العكس من ذلك، فقد تنامى مع الوقت.

١٣ كأن شيئاً ما كان في الأفق! شيء ما لم يكن على ما يرام!

١٤ مع أنه كان لديه كل أسباب الهدوء والسعادة:

١٥ ثلاثة أسابيع إجازة أمامه،

١٦ بعيداً عن كل الإلتزامات،

١٧ وما من التزامٍ نحو أي شيءٍ أو أي شخصٍ ...

⑥ تستخدم **bevor** في صياغة جملتين لحدثين في الماضي، ولكن أحدهما حدث قبل الآخر: "قبل أن يذهب إلى السرير كان قد أكل."

Bevor er ins Bett ging, hatte er gegessen.

لاحظ أنه تم تصريف الفعل الذي حدث قبل الآخر مع الفعل المساعد في الماضي البعيد، وذلك باستخدام صيغة **Präteritum** من الفعل المساعد وإسم المفعول **Partizip Perfekt** من الفعل.

⑦ تستخدم **nachdem** في صياغة جملتين لحدثين في الماضي، ولكن أحدهما حدث بعد الآخر: "بعد أن كان قد أكل ذهب إلى السرير."

Nachdem er gegessen hatte, ging er ins Bett.

لاحظ هنا أيضاً أنه تم تصريف الفعل الذي حدث قبل الآخر مع الفعل المساعد في الماضي البعيد، وذلك باستخدام صيغة **Präteritum** من الفعل المساعد وإسم المفعول **Partizip Perfekt** من الفعل.

⑧ يعني فعل **sich kümmern** "يعتني بـ" أو "يهتم بـ"، ويأتي الإسم بعد **um** منصوباً: "من سيعتني اليوم بالأطفال؟"

Wer kümmert sich heute um die Kinder?

18 H**i**mmel! Emmanu**e**la!

19 D**a**her kam **a**lso sein k**o**misches Gef**ü**hl!

20 Er h**a**tte die K**a**tze in den K**e**ller gesp**e**rrt,

21 weil sie ihn beim K**o**fferpacken gest**ö**rt h**a**tte… ⑨

Übung 1: Verstehen Sie diese Sätze?

❶ Warum haben Sie sich nicht angeschnallt? Es ist Pflicht, sich anzuschnallen. ❷ Nachdem Herr und Frau Meier im Hotel angekommen waren, packten sie sofort ihre Koffer aus. ❸ Bevor ich endlich nach Hause gehen konnte, hatte ich noch zwei Briefe schreiben müssen. ❹ Herr Helm geht niemals ins Restaurant; dabei hat er so viel Geld! ❺ Es bestand kein Grund plötzlich aufzustehen und zu gehen. Warum haben Sie das gemacht?

Übung 2: Setzen Sie die fehlenden Wörter ein!

❶ أرجو من حضرتك أن تضع الحزام في سيارتي.

___ ___ ___, ___ in meinem Wagen ___.

❷ الأمر يتعلق بقطة حضرتك.

___ ___ ___ ___ Ihre Katze.

❸ في العادة لم يكن يخاف من الكلاب.

___ hatte er ___ ___ ___ Hunden.

❹ بعد أن وضعت السيدة ماير البطاطا على النار، إعتنت بالطفل.

___ Frau Meier ___ ___ aufgesetzt hatte, ___ ___ ___ ___ das Baby.

❺ قبل أن يتوجه السيد ماير إلى المنزل، تناول مشروباً (من العرق) آخرَ بسرعة.

___ Herr Meier ___ ___ ___, ___ er schnell noch ___ ___ getrunken.

١٨ السماء! إيمانويلا!

١٩ من هنا خامره هذا الشعور الغريب!

٢٠ فقد حبس القطة في القبو،

٢١ لأنها أزعجته أثناء حزم الحقائب ...

⑨ من خصائص الألمانية تكوين مصطلحات جديدة بوضع كلمات مع بعضها البعض، فمعنى **der Koffer** "الحقيبة" ومعنى **packen** "يحزم"، ويصبح معنى **das Kofferpacken** كمصطلح "حزم الحقائب".

Lösung 1: Haben Sie verstanden?

❶ لماذا لم تضع حضرتك الحزام؟ إن وضع حزام الأمان إلزامي. ❷ بعد وصول السيد والسيدة ماير إلى الفندق، أفرغا حقائبهما على الفور. ❸ قبل أن أتمكن أخيراً من الذهاب إلى المنزل، كان مازال علي كتابة رسالتين. ❹ السيد هيلم لا يذهب إلى المطعم البتة. مع أن لديه الكثير من المال! ❺ لم يكن هناك أي سبب للنهوض والمغادرة فجأة. لماذا فعلت حضرتك ذلك؟

❻ إنه دائماً عابسُ الوجه هكذا! مع أن كل أسباب السعادة متوفرة لديه.

___ ___ immer ein so langes ___.
___ hat er allen ___, glücklich ___ ___.

Lösung 2: Die fehlenden Wörter.

❶ Ich bitte Sie, sich – anzuschnallen ❷ Es handelt sich um ❸ Normalerweise – keine Angst vor ❹ Nachdem – die Kartoffeln – kümmerte sie sich um ❺ Bevor – nach Hause ging, hatte – einen Schnaps ❻ Er macht – Gesicht – Dabei – Grund – zu sein.

Zweite Welle: Aktivieren Sie heute Lektion 24!

74. Lektion [فيرْ أُنْدْ زِيبْتْسِگْسْتْ لِكْتْسْيُونْ]

Vater und Sohn

1 – P**au**lchen, war**u**m hast du dir **au**sgerechnet d**ei**nen **ä**ltesten Pull**o**ver

2 mit den L**ö**chern **a**ngezogen, um in den Zoo zu g**e**hen? ①

3 – D**a**rum! ②

4 – Hör mal! Sei nicht so frech! "D**a**rum" ist k**ei**ne **A**ntwort.

5 – Geh dich schnell **u**mziehen, sonst n**e**hme ich dich nicht mit.

6 Sp**ä**ter im Zoo:

7 – V**a**ti, war**u**m st**e**hen die L**ö**wen nicht auf?

8 – Weil sie m**ü**de sind, n**e**hme ich an.

9 – V**a**ti, woz**u** h**a**ben die Elef**a**nten **ei**ne so l**a**nge N**a**se? ③

10 – Zum F**u**ttersuchen.

11 **Ü**brigens sagt man nicht "N**a**se", s**o**ndern "R**ü**ssel" bei **ei**nem Elef**a**nten.

12 – V**a**ti, war**u**m darf ich die T**ie**re nicht f**ü**ttern?

ANMERKUNGEN

① يعني **sich anziehen** "يلبس"، ويعني **sich ausziehen** "يخلع"، كما يعني **sich umziehen** "يبدل"، ويكون الضمير المنعكس **sich** منصوباً:
"أنا ألبس." **Ich ziehe mich an.**
أما إذا احتوت الجملة على مفعول آخر فإن الضمير المنعكس **sich** يكون مجروراً:
"أنا أرتدي سترتي." **Ich ziehe mir den Pullover an.**
يجب الإنتباه إلى أن **umziehen** لوحده يعني "ينتقل من مسكنه".

الدرس الرابع والسبعون

والد وولد

١ - باولي المدلل، لماذا إرتديت بالذات سترتك القديمة
٢ ذات الرقعات للذهاب إلى حديقة الحيوان؟
٣ - لهذا بالذات!
٤ - أنصت! لا تكن وقحاً هكذا! "لهذا بالذات" ليست جواباً.
٥ - إذهب وبدل ملابسك بسرعة، وإلا لن آخذك معي.
٦ في حديقة الحيوان في وقت لاحق:
٧ - أبي، لماذا لا تقف الأسود؟
٨ - لأنها متعبة، على ما أعتقد.
٩ - أبي، لماذا للفيل مثل هذا الأنف الطويل؟
١٠ - للبحث عن الغذاء.
١١ وبالمناسبة، فإن المرء لا يقول "أنف" للفيل، وإنما "خرطوم".
١٢ - يا أبي، لماذا لا يمكنني إطعام الحيوانات؟

② Warum? → Darum. Weshalb? → Deshalb. Wozu? → Dazu.
معاني أدوات الإستفهام متشابهة للغاية: "لماذا تتعلم حضرتك الألمانية؟"
Warum / weshalb / wozu lernen Sie Deutsch?
"علي أن أعمل في ألمانيا، لذلك أحتاج الألمانية."
Ich soll in Deutschland arbeiten, darum / deshalb / dazu brauche ich Deutsch.

③ عندما يتم السؤال عن سبب أمر ما باستخدام wozu فإن الجواب يكون باستخدام zu: "لماذا تتناول هذا الدواء؟ - للنوم."
Wozu nimmst du dieses Medikament? – Zum Schlafen.

13 – Weil es verb**o**ten ist.

14 Hör jetzt **e**ndlich auf mit d**ei**ner d**u**mmen Frager**ei**!

15 Nach l**ä**ngerem Schw**ei**gen:

16 – V**a**ti, war**u**m bist du h**eu**te so schl**e**chter L**au**ne?

17 – Darum!

18 – V**a**ti, du hast mir v**o**rhin ges**a**gt, dass… ④

Übung 1: Verstehen Sie diese Sätze?

❶ Sie hat sich ihr schönstes Kleid angezogen, um ins Theater zu gehen. ❷ Ich habe vorhin versucht, meinen Vater anzurufen, aber es hat sich niemand gemeldet. ❸ Ich werde es später nochmal versuchen. ❹ Ich bin heute erst um elf Uhr aufgestanden. ❺ Reden ist Silber, Schweigen ist Gold. ❻ Wozu brauchen Sie denn so viele Zehn-Pfennig/Cent-Stücke? – Zum Telefonieren.

Übung 2: Setzen Sie die fehlenden Wörter ein!

❶ هل سمعت حضرتك العاصفة الليلة الماضية؟ - نعم، ولذلك استيقظت في الساعة الثانية فجراً.

…… Sie heute Nacht das Gewitter …… ? – Ja, …… …… …… um zwei Uhr früh …… .

❷ إرْتَدِ معطفَكَ. الجو باردٌ في الخارج.

…… …… deinen Mantel …… . …… …… …… …… .

❸ لقد كان يوم أمس كله في مزاج سيئ.

Er war gestern den ganzen Tag …… …… .

❹ هل تطعم حضرتك الطيور في فصل الشتاء؟

…… …… im Winter auch …… …… ?

١٣ - لأنه ممنوع.

١٤ كفَّ الآن عن أسئلتك الغبية!

١٥ بعد صمت طويل:

١٦ - أبي، لماذا أنت اليوم في مزاج سيئ جداً؟

١٧ - لهذا بالذات!

١٨ - أبي، لقد قلت لي قبل وهلة أن ...

④ تعني **vorhin** "قبل فترة قصيرة"، كما تعني **später** أو **nachher** "لاحقاً" أو "بعد ذلك": "هيرمان مر قبل قليل من هنا، وهو سيأتي لاحقاً."
Hermann ist vorhin vorbeigekommen, er wird später wiederkommen.

Lösung 1: Haben Sie verstanden?

❶ لقد ارتدت أجمل فساتينها للذهاب إلى المسرح. ❷ لقد حاولتُ بالفعل الإتصال هاتفياً مع والدي، ولكنَّ أحداً لم يرد. ❸ سأحاول ذلك مرة أخرى في وقت لاحق. ❹ لم أستيقظ اليوم إلا في الحادية عشرة. ❺ إذا كان الكلام من فضة فالسكوت من ذهب. ❻ لماذا تحتاج حضرتك قطع عشرة سنتات بهذه الكثرة؟ - لإجراء مكالمات هاتفية.

❺ لماذا لا تعبر حضرتك الشارع عندما تكون الإشارة حمراءَ؟ - لأن هذا ممنوع.

___ ___ ___ ___ bei Rot über die Straße? – ___ ___ ___ ___.

❻ رجاءً أعذرني حضرتك لحظة. علي تبديل ملابسي.

___ ___ ___ bitte einen Augenblick. Ich muss ___ ___.

75. Lektion [فوْنْفْ أُنْدْ زِيبْتْسِگْسْتْ لِكْتْسْيُونْ]

Die Rückkehr

1 – Verz**ei**hung! K**o**mmen Sie aus d**ie**sem Haus? – Ja.

2 – W**o**hnen Sie dort? – Ja.

3 – Liegt auf der Tr**e**ppe ein d**i**cker, r**o**ter T**e**ppich

4 und hängt im Tr**e**ppenhaus ein Gem**ä**lde von C**a**spar D**a**vid Fr**ie**drich? ①

5 – Ja, so ist es.

6 – Und steht h**i**nter dem Haus ein **a**lter Nussbaum?

7 – Ja, der steht dort.

8 – Und wenn man im Herbst auf der Terr**a**sse sitzt, ②

9 muss man v**o**rsichtig sein, weil die N**ü**sse r**u**nterfallen? ③

ANMERKUNGEN

① كاسبار دافيد فريدريش (1774-1840) رسام ونحات ونقاش ألماني، يعتبر الفنان الأكثر أهمية في عصره المسمى بعصر الرومانسية الألمانية الباكر.

Lösung 2: Die fehlenden Wörter.

❶ Haben – gehört – deshalb bin ich – aufgestanden ❷ Zieh dir – an – Es ist kalt draußen ❸ schlechter Laune ❹ Füttern Sie – die Vögel ❺ Warum gehen Sie nicht – Weil es verboten ist ❻ Entschuldigen Sie mich – mich umziehen.

Zweite Welle: Aktivieren Sie heute Lektion 25!

الدرس الخامس والسبعون

العودة

١ – معذرة! هل تأتي حضرتك من هذا المبنى؟ – نعم.
٢ – هل تسكن حضرتك هناك؟ – نعم.
٣ – هل يوجد سجاد أحمر سميك على الدرج،
٤ ولوحة للرسام كاسبار دافيد فريدريخ معلقة في البهو؟
٥ – نعم، هكذا هو الأمر.
٦ – ويوجد خلف المبنى شجرة جوز معمرة؟
٧ – نعم، إنها مزروعة هناك.
٨ – وإذا جلس المرء في الخريف على الشرفة،
٩ فعليه أن يكون حذراً لأن حبات الجوز تتساقط عليه؟

② لبيان كيفية وشرح صفة حدوث فعل معين فإنه تستخدم في الألمانية **wenn** و **als** و **während** و **indem** في الجملة الثانوية:
"صعد الدرج بسرعة وذلك بتناوله درجتين دفعة واحدة."
Er ging schnell die Treppe hinauf, indem er zwei Stufen auf einmal nahm.

③ يتم في اللغة المحكية اختصار بعض الكلمات الظرفية، مثل **hinauf** و **herauf** إلى **rauf** و **hinaus** و **heraus** إلى **raus** و **hinunter** و **herunter** إلى **runter** و **herein** إلى **rein** وهكذا...

10 – Ja, das ist wahr.

11 – Und die G**a**rtentür lässt sich nur **ö**ffnen,

12 ind**e**m man sie gl**ei**chzeitig **e**twas **a**nhebt?

13 – Ja, auch das ist r**i**chtig.

14 – Ja, das war schw**ie**rig für ein Kind;

15 ich er**i**nnere mich gut dar**a**n.

16 Es ist ungl**au**blich!

17 Fast nichts hat sich ver**ä**ndert,

18 s**ei**tdem ich mit m**ei**nen **E**ltern vor gut dr**ei**ßig J**a**hren ④

19 d**ie**ses Haus verl**a**ssen h**a**be.

20 Ich h**a**be mir oft v**o**rgestellt, **ei**nes T**a**ges zur**ü**ckzukommen. ⑤

21 – **A**ber ich b**i**tte Sie, k**o**mmen Sie doch rein

22 und s**e**hen Sie sich **a**lles an!

23 – Oh, nein d**a**nke!

24 Das ist sehr fr**eu**ndlich von **I**hnen, **a**ber ich muss w**ei**ter. ⑥

④ تعني **seit** "منذ"، وتستخدم **seitdem** بنفس المعنى في الجملة الثانوية:
"منذ أسبوع." **Seit einer Woche.**
"لقد تغيرت حضرتك كثيراً منذ أن رأيتك."
Sie haben sich sehr verändert, seitdem (seit) ich Sie gesehen habe.

١٠ - نعم، هذا صحيح.
١١ - وبوابة الحديقة لا يمكن فتحها إلا
١٢ برفعها قليلا في نفس الوقت؟
١٣ - نعم، هذا صحيح أيضاً.
١٤ - نعم، كان هذا أمراً صعباً بالنسبة لطفل؛
١٥ أتذكر ذلك جيداً.
١٦ إنه أمر لا يصدق!
١٧ تقريباً لم يتغير أي شيء
١٨ منذ أن غادرت مع والدَيَّ قبل ثلاثين عاماً
١٩ هذا البيت.
٢٠ وكثيراً ما كنت أتخيل أن أعود يوماً ما.
٢١ - ولكن من فضل حضرتك، أدخل
٢٢ وألقِ نظرة على كل شيء!
٢٣ - أوه، لا شكراً!
٢٤ هذا لطف كبير من حضرتك، ولكن علي أن أتابع المسير.

⑤ لفعل **sich vorstellen** عدة معان، فإذا كان الضمير المنعكس مجروراً فإنه يعني "يتصور" أو "يتخيل". أما إذا كان الضمير المنعكس منصوباً فإنه يعني "يقدم نفسه" أو "يعرف بنفسه": "أتخيل منزلاً سأكون سعيداً فيه."
Ich stelle mir ein Haus vor, in dem ich glücklich sein werde.
"قدمت نفسي عند مديري الجديد."
Ich habe mich bei meinem neuen Chef vorgestellt.

⑥ عندما يدل المعنى على الفعل الرئيسي فقد يتم الإستغناء عن ذكره في جملة تحتوي فعلاً مساعداً: "علي أن أذهب."
"علي أن أتابع." = "علي أن أتابع طريقي."
Ich muss weiter = ich muss weitergehen.

25 Ich w**o**hne nicht sehr weit entf**e**rnt von hier. ⑦

26 Ich k**o**mme ein **a**nderes Mal w**ie**der. Auf W**ie**dersehen!

⑦ تعني **entfernt sein** "بعيد عن": "تبعد برلين عن هانوفر بحدود 300 كم."
Berlin ist von Hannover circa 300 km entfernt.
"أبعيد هذا كثيراً؟" **Ist das weit entfernt?**

Übung 1: Verstehen Sie diese Sätze?

❶ Seitdem wir uns gesehen haben, ist viel passiert. ❷ Er hat sich oft vorgestellt, ein kleines Haus mit Garten zu haben. ❸ Die Katze ist auf den Nussbaum geklettert und kann nicht mehr runter. ❹ Die Post ist nicht weit entfernt von hier. ❺ Wenn er isst, kann er nicht singen. ❻ Mein Vater und mein Bruder waschen das Geschirr ab, indem sie es in die Badewanne stellen und das Wasser laufen lassen!

Übung 2: Setzen Sie die fehlenden Wörter ein!

❶ منذ لحظة وجودك هنا وأنا أشعر بتحسن.
____ ____ hier ____, ____ es mir ____.

❷ منذ عشر سنوات لم يتغيرْ شيءٌ.
____ zehn Jahren ____ ____ nichts ____.

❸ هل يمكن لحضرتك أن تتخيل أن تكون غنياً في يوم من الأيام؟
Können Sie ____ ____, eines Tages ____ ____ ____?

❹ عندما يعود سوف يشتري السجادة الحمراء.
Wenn ____ ____, wird er ____ ____ ____ kaufen.

٢٥   فأنا لا أسكن بعيداً جداً من هنا.
٢٦   سأعود مرة أخرى. إلى اللقاء!

DIE KATZE IST AUF DEN NUSSBAUM GEKLETTERT UND KANN NICHT MEHR RUNTER

Lösung 1: Haben Sie verstanden?

❶ منذ التقينا، حدثَتْ أشياءُ كثيرة. ❷ كثيراً ما كان يتبادر لذهنه أن يمتلك منزلاً صغيراً ذا حديقة. ❸ لقد تسلقت القطة شجرة الجوز ولم تعد قادرة على النزول. ❹ مكتب البريد ليس بعيداً من هنا. ❺ عندما يأكل، فإنه لا يستطيع أن يغني. ❻ والدي وأخي يغسلان الأطباق بوضعها في حوض الحمام وصب الماء عليها!

❺ فرانكفورت ليست بعيدة عن ماينز.

Frankfurt ▓▓▓ nicht ▓▓▓ von Mainz ▓▓▓.

❻ هو يفتح الباب برفعه.

Er ▓▓▓ die Tür, ▓▓▓ er sie ▓▓▓.

Lösung 2: Die fehlenden Wörter.

❶ Seitdem du – bist – geht – besser ❷ Seit – hat sich – verändert ❸ sich vorstellen – reich zu sein ❹ er zurückkommt – den roten Teppich ❺ ist – weit – entfernt ❻ öffnet – indem – anhebt.

Zweite Welle: Aktivieren Sie heute Lektion 26!

76. Lektion [زِكْسْ أُنْدْ زِيبْتْسِگْسْتْ لِكْتْسْيُونْ]

"Onkel Christoph"

1 – Warum sitzt du denn da so traurig und allein?
2 – Ich bin nicht traurig. Ich denke nach! ①
3 – Worüber denkst du denn nach?
4 – Ich möchte so gern rüber auf die andere Seite! ②
5 – Wenn du nach drüben willst, musst du einen Übergang suchen. ③
6 – Es gibt keinen. Ich habe schon überall gesucht.
7 – Dann musst du entweder rüberspringen oder durchwaten.
8 – Hinüberspringen? Das schaffe ich niemals! ④
9 Meine Beine sind viel zu kurz.
10 Und durchwaten kann ich nicht, ⑤
11 weil ich meine Hose nicht nass machen darf.
12 Das sieht mein Vater nicht gern.

AUSSPRACHE

[أُونْكِلْ... 1 ...تْراوْرِگْ... 4 ...زايْتِهْ! 6 ...أُوّبِرْ
آلْ... 8 هِنُوّبِرْ شْپْرِنْگِنْ؟...]

ANMERKUNGEN

① يعني **nachdenken** "يفكر" ويتعدى بحرف **über** ويأتي الإسم بعده منصوباً، ويتم السؤال عنه بواسطة **worüber**.

② مر معنا سابقاً أنه عندما يدل المعنى على الفعل الرئيسي فقد يتم الإستغناء عن ذكره في جملة تحتوي فعلاً مساعداً:
"أرغب أن أذهب إلى الطرف المقابل."
Ich möchte so gern rüber = Ich möchte so gern hinübergehen.

الدرس السادس والسبعون

"العم كريستوف"

١ - لماذا أنتِ جالسة هنا هكذا حزينةً ووحيدةً؟

٢ - أنا لست حزينةً. أنا أفكر!

٣ - وبماذا تفكرين؟

٤ - أنا أتوق كثيراً للذهاب إلى الجانب الآخر!

٥ - إذا كنتِ تريدين الذهاب إلى الجانب الآخر، فعليكِ البحث عن معبر.

٦ - إلا يوجد أي معبر. لقد بحثتُ في كل مكان.

٧ - إذن يجب عليكِ إما القفز أو التَّخَوُّض.

٨ - القفز؟ هذا ما لا أستطيعه أبداً!

٩ فساقَيَّ قصيرتان جداً.

١٠ وأنا لا أستطيع التخوض،

١١ لأنه لا ينبغي لي تبليل سروالي.

١٢ هذا ما لا يود والدي أن يراه.

③ تستخدم **Übergang** عند العبور فوق نهر مثلاً، وتستخدم **Durchgang** عند اجتياز معبر على الأرض أو تحتها: "سأذهب عبر هذه الحديقة الصغيرة." **Ich gehe durch diesen kleinen Garten.**
يمكن التنويه هنا إلى أن **Durchgang verboten** تستخدم في اللوحات المرورية للدلالة على أنه يمنع اجتياز الشارع للوصول إلى الجهة الأخرى.

④ يعني فعل **schaffen** "يستطيع" أو "ينجز"، كما يعني "يخلق" أو "يصنع".

⑤ لاحظ أنه تم استخدام الأفعال المساعدة مجددا في هذا الدرس، وهي التي جرى الحديث عنها في الفقرة الثانية من الدرس الحادي والعشرين!

13 – Aha, ich glaube, ich verstehe.

14 Du meinst, ich soll dich hinübertragen?

15 – Oh, würden Sie das wirklich machen? ⑥

16 Das wäre aber nett von Ihnen!

17 – Na, dann komm schnell!

18 Setz dich auf meine Schulter und halte dich gut fest.

19 – Warten Sie! Meine Kameraden sind auch da!... ⑦

20 Kommt schnell! Er trägt uns!

21 – Du kleiner Schlaumeier! ⑧

22 Eigentlich hatte ich heute Nachmittag etwas anderes vor...

23 Na ja, wenn schon!

24 Dann stellt euch mal ordentlich in 'ne Schlange, ⑨

25 und nennt mich einfach "Onkel Christoph"!

⑥ صيغة الإحتمال **Konjunktiv II** من فعل **werden** هي **würden**، وتأتي بمعنى التمني أو الإحتمال.

⑦ كانت كلمة **Kameraden** تستخدم بهذا المعنى إلا أنها تستخدم حالياً أكثر ما تستخدم في الجيش، في حين تستخدم **Freunde** لرفقاء المدرسة.

Übung 1: Verstehen Sie diese Sätze?

❶ Wenn Sie über die Straße gehen wollen, müssen Sie warten, bis es grün ist. ❷ Er hat lange über dieses Problem nachgedacht. ❸ Ich hatte eigentlich vor, heute Abend ins Kino zu gehen. ❹ Aber jetzt muss ich zu Hause bleiben, weil mein Cousin zu Besuch kommt. ❺ Stellen Sie sich bitte in die Schlange, und warten Sie wie die anderen! ❻ Die Prüfung war zu schwierig. Ich habe sie nicht geschafft.

١٣ - آها، أعتقد أنني فهمت.

١٤ أنتِ تعنيين أنه ينبغي علي أن أحملكِ إلى الجانب الآخر؟

١٥ - أوه، وهل ستتكرم حضرتك وتفعل ذلك حقاً؟

١٦ سيكون ذلك لطيفاً من حضرتك!

١٧ - حسناً، تعالَيْ بسرعة!

١٨ إجلسي على كتفي وتمسكي جيداً.

١٩ - إنتظر! فرفاقي أيضاً هنا! ...

٢٠ تعالَوا بسرعة! إنه سيحملنا!

٢١ - أيتها الذكية الماكرة!

٢٢ في الواقع كنت أنوي بعد الظهر عمل شيء آخر ...

٢٣ حسناً، فليكن كذلك!

٢٤ إذن قفوا بالدور بانتظام،

٢٥ وادعونني ببساطة "العم كريستوف"!

⑧ تعني كلمة **schlau** كصفة "ذكي" أو "حاذق" وكلمة **Meier** من أشهر أسماء العائلات في ألمانيا والنمسا، بينما تعني **Schlaumeier** "مكار" أو "واعٍ".

⑨ "يضع نفسه في الدور." أو "ينتظم في الدور."
Sich in eine Schlange stellen.

Lösung 1: Haben Sie verstanden?

❶ إذا كنت حضرتك ترغب في عبور الشارع، فعليك أن تنتظر حتى تصبح (إشارة المرور) خضراءَ. ❷ لقد أطال التفكير بهذه المشكلة. ❸ في الواقع كنت أنوي الليلة الذهاب إلى السينما. ❹ لكن علي الآن البقاء في المنزل، وذلك لأن ابنِ عمي سيأتي لزيارتي. ❺ إنتظمْ حضرتك في الدور، وانتظرْ مثلَ الآخرين! ❻ كان الإمتحان صعباً للغاية. لم أتمكن من اجتيازه.

الدرس السادس والسبعون

Übung 2: Setzen Sie die fehlenden Wörter ein!

❶ لا ترغب أن تبلل قدميك؟ حسناً، أنا سأعبر بك إلى هناك.

Du …… deine Füße nicht …… ……? Gut, ich …… dich …….

❷ هل ترى حضرتك الكنيسة هناك على الجبل؟ كم بودي أن أذهب هناك.

…… …… die Kapelle dort oben …… dem Berg? Ich …… …… …… dort hinauf.

❸ يجب علينا أن نقف في الدور أو أن نعود في الغد.

Wir müssen …… Schlange …… oder morgen …….

❹ إنه غير قادر على القفز إلى الطرف الآخر. ساقاه قصيرتان جداً.

…… …… es nicht hinüberzuspringen. …… …… sind …… kurz.

❺ هل ستأتي حضرتك معنا إلى السينما؟ أم أن حضرتك مرتبط بشيء آخرَ؟

…… …… mit ins Kino? Oder …… …… schon etwas ……?

77. Lektion

Wiederholung und Anmerkungen

1 Plusquamperfekt

1 الماضي البعيد:

يستخدم الماضي البعيد عند وجود حدثين سبق أحدهما الآخر:

Weil er den Bus verpasst hatte, nahm er ein Taxi.
لأنه كانت الحافلة قد فاتته إستقل سيارة أجرة عمومية.

بماذا كنت تفكر حضرتك مطولاً هكذا؟ - في (شؤون) الحياة! ⓺
▓▓▓▓▓▓▓ haben Sie so lange ▓▓▓▓▓▓▓▓▓▓?
– ▓▓▓▓ ▓▓▓ Leben!

Lösung 2: Die fehlenden Wörter.

❶ willst – nass machen – trage – hinüber ❷ Sehen Sie – auf – möchte so gern ❸ entweder – stehen – wiederkommen ❹ Er schafft – Seine Beine – zu ❺ Kommen Sie – haben Sie – vor ❻ Worüber – nachgedacht – Über das.

Zweite Welle: Aktivieren Sie heute Lektion 27!

الدرس السابع والسبعون

Wir hatten schon zwei Stunden gewartet, als das Schiff endlich kam.

كنا قد انتظرنا ساعتين عندما جاء المركب أخيراً.

Nachdem er seine Arbeit beendet hatte, ging er ins Kino.

بعد أن كان قد أنهى عمله ذهب إلى السينما.

Sicher! Nachdem wir so oft darüber gesprochen hatten, konnten Sie das nicht vergessen!

بالتأكيد! فبعد أن كنا قد تكلمنا بهذه الكثرة عن هذا لم تستطع حضرتك نسيانه!

أما صياغته فتتم باستخدام أحد الفعلين المساعدين **sein** أو **haben** وإسم المفعول **Partizip Perfekt** من الفعل المستخدم (راجع الفقرة الأولى من الدرس 42!):

Sie war nach Hause gegangen.	كانت قد ذهبت إلى البيت.
Er hatte gearbeitet.	كان قد عمل.

2 Reflexivpronomen

2 الضمائر المنعكسة:

رأينا أن الضمير المنعكس قد يأتي في حالة الجر أو النصب، والقاعدة هي أنه يأتي مجروراً في حال وجود مفعول به مباشر، والسبب هو عدم اجتماع مفعولين منصوبين كما هي الحال في العربية:

Ich wasche mich.	أنا أغتسل.
Ich wasche mir die Hände.	أنا أغسل يديَّ.
Du siehst dich an.	أنت تتفرج على نفسك.
Du siehst dir einen Film an.	أنت تتفرج على فيلم.

بالنسبة للضمائر التي لا يمكن التمييز بين حالتي الجر أو النصب لأن لهما نفس الصيغة:

Er stellt sich vor.   هو يعرف بنفسه.

Er stellt sich einen Job vor, in dem er viel Geld verdienen kann.

إنه يتخيل وظيفة تدر عليه مبالغ طائلة.

Wir waschen uns.	نحن نغسل أنفسنا.
Wir waschen uns die Füße.	نحن نغسل أرجلنا.

3 Die Bedeutung von handeln

3 معاني فعل handeln:
لهذا الفعل معانٍ كثيرة، وقد يأتي مع الضمير المنعكس:

Es handelt sich hier um das Verb "handeln".
يتعلق الأمر هنا بفعل "يعالج".

Dieser Absatz handelte von dem Verb "handeln".
هذه الفقرة عالجت فعل "يعالج".

Meine Frau handelt immer unüberlegt, wenn sie handelt.
حين تتصرف زوجتي فإنها دائماً تتصرف دون تفكير.

4 Die Relativpronomen

4 الضمائر الموصولة:

فيما يلي تصريف الضمائر الموصولة في الحالات الإعرابية المختلفة (حالة المضاف لم تمر معنا بعد)

	المذكر	المؤنث	الحيادي	الجمع
المرفوع	der	die	das	die
المنصوب	den	die	das	die
المجرور	dem	der	dem	denen
المضاف إليه	dessen	deren	dessen	deren

هل لاحظت أن هذه الضمائر - باستثناء المضاف إليه والجمع المجرور - تماثل أدوت التعريف المحدد:

Der Junge, dessen Mutter einen Bonbonladen hat, hat es gut.
يا لحظ الولد الذي تملك أمه متجراً لبيع السكاكر.

Die Mutter, deren Junge viele Bonbons isst, ist die Freundin des Zahnarztes.
الأم التي يتناول إبنها السكاكر بكثرة هي صديقة طبيب الأسنان.

بنفس الأسلوب تستخدم **welcher/welche/welches** كأسماء موصولة أيضاً:

Der Mann, welchen (den) sie heiraten würde, ist noch nicht geboren.

الرجل الذي تتمنى أن تتزوجه لم يولد بعد.

تمرين بسيط:

أتمم من فضلك الضمائر الموصولة:

Der Zug, ____ ich nehmen wollte, ist schon weg. Der Freund, mit ____ ich in Ferien fahren wollte, sitzt in dem Zug. Meine Koffer, ____ ich meinem Freund gegeben habe, sind auch in dem Zug, und ich habe nicht die Adresse der Leute, bei ____ wir übernachten sollten.

القطار الذي كنت أرغب ركوبه إنطلق، الصديق الذي كنت أود الذهاب معه في الإجازة يجلس في هذا القطار، حقائبي التي أعطيتها لصديقي موجودة أيضاً في القطار وأنا ليس لدي عنوان الناس الذين كنا سنقضي الليلة معهم.

78. Lektion [أَخْتْ أُنْدْ زِيبْتْسِگْسْتِ لِكْتْسْيُونْ]

Wussten Sie schon…

1 – dass die B**u**ndesrepublik D**eu**tschland ein B**u**ndesstaat ist, ①

2 der aus s**e**chzehn L**ä**ndern best**e**ht, ②

3 – dass die B**u**ndesrepublik und die D**eu**tsche Demokr**a**tische Republ**i**k ③

AUSSPRACHE

[**1** ...بُنْدِسْ شْتَاتْ...]

ANMERKUNGEN

① إنتبه إلى الفرق المعنوي واللفظي بين **der Staat** التي تعني "الدولة" و **die Stadt** التي تعني "المدينة"!

5 Koordinierende Konjunktionen

5 بعض طرق العطف :

توجد في الألمانية طرق خاصة للعطف المقرون بالإثبات أو النفي:

sowohl... als auch	كل من...وأيضاً
weder... noch	لا ...ولا
entweder... oder	إما ...أو

حاول فهم النص التالي على ضوء أدوات العطف التي مرة معك حتى الآن:

Die Tante fragt Klein-Fritzchen, nachdem er den ganzen Geburtstagskuchen allein gegessen hat: "Fritzchen, bist du auch wirklich satt?" Worauf Fritzchen antwortet: "Satt kenne ich nicht. Entweder habe ich Hunger, oder mir ist schlecht."

حل تمرين الفقرةً 4

den – dem – die – denen

Zweite Welle: Aktivieren Sie heute Lektion 28!

الدرس الثامن والسبعون

هل كنت حضرتك تعلم...

١ - أن جمهورية ألمانيا الاتحادية هي دولة اتحادية

٢ تتكون من ستة عشر دولة،

٣ - وأن جمهورية ألمانيا الاتحادية وجمهورية ألمانيا الديمقراطية

② ألمانيا والنمسا دولتان إتحاديتان **Bundesstaat** تتألفان من ولايات متعددة **Bundesländer** ولها حكوماتها التي تستقل بالشؤون الداخلية من أمور تتعلق بالتعليم والصحة وسوق العمل وغيرها من الشؤون، بينما يعود التصرف بالميزانية العامة والشؤون الخارجية والدفاع والعلاقات الدولية للحكومة المركزية **Bundesregierung**، يعرف هذا النظام باسم **Bund** والتي تعني في الأصل اللغوي "جماعة" أو "عصبة" أو "عقد".

③ تعرف هاتان الدولتان باختصار بـ **BRD** و **DDR**.

4 mehr als v**ie**rzig J**a**hre n**e**beneinander existi**e**rten, ④

5 – dass **ei**ne M**au**er die b**ei**den d**eu**tschen St**aa**ten und Berl**i**n

6 **a**chtundzw**a**nzig J**a**hre t**ei**lte,

7 – dass sie fast so lang hielt wie der Dr**ei**ßigjährige Krieg ⑤

8 und d**o**ppelt so lang wie die W**ei**marer Republ**i**k (1919-1933), ⑥ ⑦

9 – dass Bonn w**ä**hrend d**ie**ser Zeit

10 die H**au**ptstadt der B**u**ndesrepublik war

11 und nicht Berl**i**n,

12 – dass man Fr**a**nkfurt die H**au**ptstadt des G**e**ldes nennt,

13 weil es **ü**ber die m**ei**sten Bür**o**hochhäuser verf**ü**gt, ⑧

14 und weil dort die w**i**chtigste europ**ä**ische B**ö**rse **i**hren Sitz hat, ⑨

15 – dass in M**ü**nchen beim Okt**o**berfest,

AUSSPRACHE

[**1** ...بُنْدِسْ شْتاتْ... **4** ...نيبِنْ آيْنْ آنْدِرْ... **7** ... دْرايْسِگْ يْارِگْ... **13** ...بۆرُو هُوخْ هُويْزِرْ... **14** ... أُويْرُوپْيْشِهْ...]

④ ثمة الكثير من الظروف في الألمانية من قبيل **nebeneinander** "بجانب بعض" أو **miteinander** "مع بعض" أو **hintereinander** "خلف بعض"، وهكذا...

⑤ إستمرت هذه الحرب الدينية المذهبية من 1618 حتى 1648 وذهب الملايين ضحيتها، وقعت بشكل أساسي في أواسط أوروبا وخاصة ألمانيا، ولكن باشتراك معظم القوى الأوروبية.

٤ قائمتان منذ أكثر من أربعين عاماً،
٥ - وأن جداراً قسم الدولتين الألمانيتين وبرلين
٦ لثمانية وعشرين عاماً،
٧ - وأنها استمرت مدة حرب الثلاثين عاماً تقريباً
٨ وضعف مدة استمرار جمهورية فايمار (1933-1919)
٩ - وأن بون خلال هذا الوقت
١٠ كانت عاصمة الجمهورية الإتحادية
١١ وليس برلين،
١٢ - وأن المرء كان يطلق على فرانكفورت لقب عاصمة المال،
١٣ لأنها كانت تحتوي على معظم مكاتب ناطحات السحاب،
١٤ ولأنه كانت توجد هناك سوق الأوراق المالية الأكثر أهمية في أوروبا،
١٥ - وأنه في ميونيخ خلال مهرجان أكتوبر،

⑥ تعتبر **Weimarer Republik** أول جمهورية برلمانية ديمقراطية في ألمانيا.

⑦ الحديث عن نصف أو ضعف أو ثلاثة أضعاف شيء ما يتم كالتالي:

"حجمه على النصف من" **Halb so groß wie**

"طوله على الضعف من" **Doppelt so lang wie**

"حجمه ثلاثة أضعاف" **Dreimal so groß wie**

⑧ يعني فعل **verfügen** "يملك" ويتعدى بحرف **über** ويأتي الإسم بعده منصوباً: "أنا تحت تصرفك." **Ich stehe zu Ihrer Verfügung.**

"عندي ألفا يورو في الشهر." **Ich verfüge über 2.000 Euro pro Monat.**

⑨ تصحيح: فرانكفورت هي مقر سوق الأوراق المالية الألمانية، أما أهم سوق للأوراق المالية في أوروبا فتقع في لندن.

16 das **u**ngefähr zwei W**o**chen d**au**ert,

17 rund 4 Milli**o**nen L**i**ter Bier getr**u**nken w**e**rden, ⑩ ⑪

18 – und dass z**a**hlreiche Tour**i**sten aus **a**ller Welt nach M**ü**nchen k**o**mmen, ⑫

19 um die D**eu**tschen bei d**ie**sem Unterf**a**ngen zu unterst**ü**tzen?

AUSSPRACHE

[18 ...تْسالْ رايْخِهْ...]

Übung 1: Verstehen Sie diese Sätze?

❶ Wusstest du schon, dass es mehr als 40 Jahre zwei deutsche Staaten gab? ❷ Die Bundesrepublik ist ein Bundesstaat, der aus sechzehn Bundesländern besteht. ❸ Wissen Sie, wie lange der dreißigjährige Krieg dauerte? ❹ Bayern ist doppelt so groß wie Nordrhein-Westfalen, aber Nordrhein-Westfalen hat die meisten Einwohner. ❺ In China leben rund fünfzehn Mal so viel Menschen wie in der Bundesrepublik.

Übung 2: Setzen Sie die fehlenden Wörter ein!

❶ وزن والدي على الضعف من وزني.

Mein Vater ist ……… … schwer … ….

❷ لكن وزن أختي الصغيرة لا يساوي نصف وزنك.

Meine kleine Schwester ist aber nur … … ……… … ….

❸ يطلق المرء على هامبورغ أيضا "بوابة نحو العالم".

… …… Hamburg auch "Tor zur ……".

❹ مالذي يمكنني فعله لحضرتك؟ فأنا تحت تصرف حضرتك!

… …… ich für Sie tun? … …… zu Ihrer ……………!

١٦ والذي يستمر حوالي الأسبوعين،

١٧ يتم شرب حوالي 4 ملايين لتر من البيرة،

١٨ - وأن العديد من السياح يأتون إلى ميونيخ من جميع أنحاء العالم،

١٩ لمساعدة الألمان في هذه المغامرة؟

(10) معنى **rund** "شكل دائري" أو "حوالي" أو "تقريباً":

"الكرة دائرية." **Der Ball ist rund.**

"حوالي 4000 إنسان." **Rund 4.000 Leute.**

(11) تتم صياغة المبني للمجهول **Passiv** باستخدام الفعل المساعد **werden** وإسم المفعول **Partizip Perfekt**: "تُشرَبُ كمياتُ جعةٍ كبيرةٌ."

Große Mengen Bier werden getrunken.

(12) هل لاحظت أن جميع الأفعال في هذا الدرس جاءت آخرَ الجمل لأنها تحتوي على **dass**؟

Lösung 1: Haben Sie verstanden?

(1) هل كنت تعلم أنه كان هناك دولتان ألمانيتان لأكثر من 40 عاماً؟ (2) ألمانيا هي دولة إتحادية تتكون من ستة عشر إقليماً إتحادياً. (3) هل تعرف كم استمرت حرب الثلاثين عاماً؟ (4) مساحة بافاريا على الضعف من مساحة شمال الراين-وستفاليا، ولكن شمال الراين-وستفاليا هي الأكثر اكتظاظاً بالسكان. (5) يعيش في الصين ما يقرب من خمسة عشر ضعفاً من البشر ممن يعيشون في جمهورية ألمانيا الإتحادية.

❺ لقد تحدثوا مع بعضهم البعض أكثر من ثلاث ساعات.

Sie hatten ______ ___ drei Stunden ____________ gesprochen.

❻ هل كنت حضرتك ذات مرة في مهرجان أكتوبر في ميونيخ؟

_____ Sie schon ____ Oktoberfest in München?

79. Lektion [نُوينْ أُنْدْ زِيبْتْسِگْسْتِ لِكْتْسْيُونْ]

Ein Volk, aber viele Mund- und Eigenarten ① ②

1 Obw**o**hl es nur **ei**ne geschr**ie**bene d**eu**tsche Spr**a**che gibt,

2 gibt es v**ie**le versch**ie**dene Dial**e**kte, ③

3 die mehr **o**der w**e**niger

4 von dem geschr**ie**benen Deutsch **a**bweichen.

5 Verzw**ei**feln Sie nicht gleich,

6 wenn Sie j**e**manden nicht verst**e**hen;

7 auch ein D**eu**tscher verst**e**ht nicht **i**mmer **ei**nen D**eu**tschen.

8 (Ganz zu schw**ei**gen von den **Ö**sterreichern **o**der Schw**ei**zern!) ④

AUSSPRACHE

8] ...أوسْتِرّايْخِرْنْ...شْڤايْتْسِرْنْ!]

ANMERKUNGEN

① يقصد بـ **die Mundart** أو بـ **der Dialekt** اللهجة المحلية لمنطقة ما.

② يمكن باستخدام - تجنب إعادة الكلمات، مثل:

"الألبسة الرجالية والنسائية" **Die Damen- und Herrenkonfektion**

"الآحاد وأيام العطل" **Sonn- und Feiertage**

Lösung 2: Die fehlenden Wörter.

❶ doppelt so – wie ich ❷ halb so schwer wie du ❸ Man nennt – Welt ❹ Was kann – Ich stehe – Verfügung ❺ länger als – miteinander ❻ Waren – beim.

Zweite Welle: Aktivieren Sie heute Lektion 29!

الدرس التاسع والسبعون

شعب واحد، ولكن لهجات وطبائع متعددة

١ على الرغم من وجود لغة ألمانية واحدة مكتوبة فقط،
٢ فإنه توجد العديد من اللهجات المختلفة،
٣ التي تختلف بدرجة أكثر أو أقل
٤ عن الألمانية المكتوبة.
٥ فلا تيأس على الفور
٦ إذا لم تفهم حضرتك شخصاً ما؛
٧ لأن حتى ألمانيٌّ لا يفهم ألمانياً (آخرَ) دائماً.
٨ (ناهيك عن النمساويين أو السويسريين!)

③ يماثل معنى **verschieden** "مختلفة" معنى **anders** "مغايرة":
"يرتدي اليوم حذائين مختلفين."
Er trägt heute zwei verschiedene Schuhe.
Das ist etwas anderes. "هذا شيءٌ آخر."

④ تشبه اللهجة المحكية في النمسا **Österreich** تلك المحكية في إقليم **Bayern** بايرن (أو بافاريا) جنوب شرق ألمانيا، في حين تقارب تلك المحكية في **Baden-Württemberg** بادن-فيرتم بيرج لهجة مناطق **Nordrhein-Westfalen** شمال راين-فست فالن، ولكن معروف أن الجميع يجيد التحدث بالفصحى **Hochdeutsch**، وهذا ما يسهل عملية التفاهم بين الجميع.

9 Das liegt jed**o**ch m**a**nchmal nicht nur am Dial**e**kt,

10 s**o**ndern auch an den versch**ie**denen Temperam**e**nten.

11 Die B**ay**ern sind zum B**ei**spiel nicht nur für **i**hre k**u**rzen L**e**derhosen ⑤

12 und **i**hre W**ei**ßwürste bek**a**nnt, ⑥

13 s**o**ndern auch für ihr schnell **au**fbrausendes Temperam**e**nt,

14 die Schw**a**ben für **i**hre spr**i**chwörtliche Sp**a**rsamkeit, ⑦

15 und die Westf**a**len für **i**hren D**i**ckschädel, ⑧

16 **ü**ber den man sich **ei**nerseits l**u**stig macht,

17 ihn **a**ber **a**ndererseits f**ü**rchtet.

18 Am schl**e**chtesten k**o**mmen jed**o**ch bei d**ie**sen Klisch**ee**s die Ostfr**ie**sen weg, ⑨

19 die ganz **o**ben an der N**o**rdseeküste w**o**hnen.

20 Es gibt **u**nzählige W**i**tze

21 **ü**ber **i**hre so gen**a**nnte Schw**e**rfälligkeit,

22 **a**ber wir k**ö**nnen sie **I**hnen h**eu**te l**ei**der nicht erz**ä**hlen.

AUSSPRACHE

[**9** ...دِيالِكْت، **10** ...تِمْبِرامِنْتِن. **15** ...دِكّ شادِل،
18 ...كْلِشّيس... **21** ...شْفِيرْ فِلِّكَايْت،]

⑤ "البافاريون يعيشون في بافاريا و الشوابيون في بادن-فيرتم بيرج و الفست فالن في نورد هاين فست فالن."
Die Bayern leben in Bayern, die Schwaben in Baden-Württemberg und die Westfalen in Nordrhein-Westfalen.

٩	ولكن هذا لا يعود في بعض الأحيان للهجة وحسب،
١٠	وإنما أيضاً لاختلاف الطبائع.
١١	فالبافاريون، على سبيل المثال، معروفون ليس بسراويلهم الجلدية القصيرة وحسب
١٢	والنقانق البيضاء،
١٣	وإنما أيضا بطبائعهم سريعة الغضب،
١٤	والشفابيون بتقتيرهم المأثور،
١٥	والويستفاليون بعنادهم،
١٦	الذي يتم التندر منه من جهة،
١٧	والتخوف منه من جهة أخرى.
١٨	السمعة الأسوأ وفق هذه الأحكام المسبقة هي من نصيب سكان فريزن الشرقية،
١٩	الذين يقطنون في أعلى ساحل بحر الشمال.
٢٠	هناك عدد لا يحصى من النكات
٢١	حول ما يطلق عليه البلادة،
٢٢	ولكن للأسف لن نستطيع أن نحكيها اليوم لحضراتكم.

الدرس التاسع والسبعون

⑥ عبارة عن نقانق مصنوعة بشكل أساسي من لحم الخنزير، وهي بيضاء كما يشير إسمها إلى لونها.

⑦ يعني فعل **sparen** "يوفر" أو "يقتصد"، ويعني **sparsam** "مقتصد"، ويطلق على مصارف التوفير **die Sparkasse**.

⑧ تستعمل **der Dickkopf** أو **der Dickschädel** بدرجة أقوى للدلالة على العناد.

⑨ يستخدم تعبير **gut oder schlecht wegkommen** للدلالة على من يخرج بنصيب الأسد أو يخرج بالنصيب الأسوأ.

401 • vierhunderteins

Übung 1: Verstehen Sie diese Sätze?

① Man spricht in Deutschland viele verschiedene Mundarten. ② Ein Hamburger versteht nicht immer einen Bayern, und ein Bayer versteht nicht immer einen Berliner, und ein Berliner… ③ Die Sparsamkeit der Schwaben ist sprichwörtlich. ④ Einerseits ist er ein Dickschädel, aber andererseits macht er immer, was seine Frau will. ⑤ Heute bekommst du ein besonders großes Stück Fleisch. Du bist das letzte Mal am schlechtesten weggekommen.

Übung 2: Setzen Sie die fehlenden Wörter ein!

❶ على الرغم من أنه ألماني، إلا أنه لا يفهم أهل القرية دائماً.

______ er Deutscher ist, ______ er die Leute aus dem Dorf ______ ______.

❷ إنهم معروفون بحسن ضيافتهم.

___ ___ ______ für ihre Gastfreundschaft.

❸ دائماً ما يكون حظُّ الطفل الأصغر الأسوأَ.

__ ______ kommt immer ___ ______ weg.

❹ من ناحية أولى فإني أخشى هؤلاء الناس، من ناحية أخرى أجدهم لطفاءَ كثيراً.

______ fürchte ich mich vor diesen Leuten, ______ finde ich sie sehr nett.

❺ هل سبق لحضرتك أن إرتديت بنطالاً جلدياً قصيراً؟

Haben Sie schon einmal kurze ______ getragen?

Lösung 1: Haben Sie verstanden?

❶ يتحدث الناس في ألمانيا العديدِ من اللهجات المختلفة. ❷ شخص ما من هامبورغ لا يفهم دائماً شخصاً من بافاريا، وشخص من بافاريا لا يفهم دائما شخصاً من برلين، وشخص من برلين ... ❸ إدخار (تقتير) الشفابيون هو من المأثور. ❹ من ناحية أولى فهو عنيد، ولكنه من ناحية أخرى دائماً ما يفعل ما تريد زوجته. ❺ ستحصل اليوم على قطعة لحمٍ كبيرة بشكل مخصوص. إذ إن حظك في المرة الأخيرة كان الأسوأ.

EIN HAMBURGER VERSTEHT NICHT IMMER EINEN BAYERN

❻ إنه غارق في اليأس لأنه لا يفهم شيئاً البتة.

Er ist ganz ___, weil er ___ ___.

Lösung 2: Die fehlenden Wörter.

❶ Obwohl – versteht – nicht immer ❷ Sie sind bekannt ❸ Am schlechtesten – der Jüngste ❹ Einerseits – andererseits ❺ Lederhosen ❻ verzweifelt – nichts versteht.

Zweite Welle: Aktivieren Sie heute Lektion 30!

80. Lektion [أَخْتْسِگْسْتْ لِكْتْسْيُونْ]

Der Aberglaube ①

1 – Kommen Sie! Nehmen Sie es nicht so tragisch!

2 – Sie haben gut reden! Sie haben nichts verloren! ②

3 – Na ja, Sie hatten eben Pech. Das kann jedem mal passieren. ③ ④

4 – Pech, sagen Sie?

5 Nein, wegen heute Morgen hätte ich es wissen müssen; ⑤

6 es ist meine Schuld.

7 – Seien Sie doch nicht so hart zu sich selbst!...

8 Trinken Sie noch einen kleinen?

9 – Ja, bitte! ...

10 Wissen Sie, als ich heute Morgen die Augen aufschlug, ⑥

11 sah ich über mir eine fette, schwarze Spinne.

12 – Na, nun machen Sie aber mal einen Punkt!

AUSSPRACHE

[11 ...شْپِنّه...]

ANMERKUNGEN

① في حين تعني **der Glaube** "الإيمان" أو "الإعتقاد"، ويعني فعل **glauben** "يعتقد"، ويعني **gläubig** "معتقِد" أو مؤمن"، فإن **Der Aberglaube** تعني "الإعتقاد بالخرافة".

② صيغة إسم المفعول من فعل **verlieren** هي **verloren**.

الدرس الثمانون

تصديق الخرافة

١ - تعالَ حضرتك! لا تنظر إلى الأمر بمأساوية زائدة!

٢ - الكلام لا يكلف شيئا! فحضرتكِ لم تفقدي شيئاً!

٣ - حسناً، فقد رافق حضرتَك سوءُ حظ. وهذا يمكن أن يحدث لأي شخص.

٤ - سوء حظ، تقولين حضرتكِ؟

٥ لا، فقد كان ينبغي علي معرفة هذا من الصباح؛

٦ فهذا ذنبي.

٧ - لا تقْسُ حضرتك على نفسك هكذا! ...

٨ هل تشرب قدحاً آخرَ صغيراً؟

٩ - نعم، من فضلكِ! ...

١٠ هل تعلمين، أني عندما فتحت عيني اليوم،

١١ رأيت فوقي عنكبوتاً سوداءَ ضخمةً.

١٢ - حسناً، على حضرتك الآن الكف عن هذا!

③ يمكن فهم **na ja + eben** من خلال السياق على أنها تعني "لا يهم":
"إنه لم يصل بعد." **Er ist noch nicht da.**
"لايهم، فلأنتظره." **Na ja, dann warte ich eben.**

④ تعني **das Pech** "شؤم"، وهي عكس كلمة **Glück** "حظ" أو "سعد".

⑤ صيغة **hätte** هي **Konjunktiv II** من فعل الملكية **haben**، وغالباً ما تستخدم في الجمل الشرطية (أنظر الفقرة الأولى من الدرس 84!).

⑥ يستخدم فعل **aufschlagen** بمعنى "فتح" للتعبير عن فتح العينين أو فتح كتاب.

13 Sie sind doch nicht **e**twa **a**bergläubisch? ⑦

14 – Ich? **A**bergläubisch? Nein, das w**ä**re ja noch sch**ö**ner! ⑧

15 – Na, s**e**hen Sie! **A**lso: Prost und auf b**e**ssere T**a**ge!

16 – Prost! … Das tut gut!

17 Tr**o**tzdem… ich bin s**i**cher, dass **a**lles gut geg**a**ngen w**ä**re,

18 wenn nicht d**ie**se verfl**u**chte schw**a**rze K**a**tze

19 ger**a**de vor mir die Stra**ß**e überqu**e**rt h**ä**tte,

20 und wenn h**eu**te nicht Fr**ei**tag, der Dr**ei**zehnte w**ä**re. ⑨ ⑩

AUSSPRACHE

[**14** …آبِرْ گْلُويْبِشْ؟… **19** …أوّبِرْ كْڤِيرْتْ…]

⑦ يختلف معنى **etwa** فيما إذا جاءت في سياق الإثبات أوالنفي، ففي سياق الإثبات تفيد التأكيد، وفي سياق النفي تفيد عدم الترجيح. "أنت بالتأكيد لا تريد أن تذهب بالفعل؟" **Du willst doch nicht etwa schon gehen?**

⑧ صيغة **wäre** هي **Konjunktiv II** من فعل الكون **sein**، وغالباً ما تستخدم في الجمل الشرطية (أنظر الفقرة الأولى من الدرس 84!).

⑨ معروف تشاؤم الأوروبيين من الرقم 13 خاصة إن صادف يوم جمعة، وكذلك من القطط السوداء، أما تفاؤلهم فيقترن برؤية منظف مداخن البيوت.

Übung 1: Verstehen Sie diese Sätze?

❶ Er hätte es wissen müssen; es ist seine eigene Schuld. ❷ Ich habe gestern beim Kartenspielen kein Glück gehabt. ❸ Hast du etwa mehr als fünfzig Mark/Euro verloren? ❹ Ja, leider! Aber wenn nicht Freitag, der Dreizehnte wäre, wäre das nicht passiert. ❺ Er ist sehr abergläubisch und sammelt Glückskäfer. ❻ Als ich heute Morgen die Augen aufschlug, sah die Welt ganz anders aus.

١٣ حضرتك لست ممن يؤمنون بالخرافة؟

١٤ – أنا؟ الخرافة؟ لا، فهذا ما ينقصني!

١٥ – حسناً، أرأيت! لذلك: بصحة حضرتك على الأمل بأيام أفضل!

١٦ – بصحة حضرتك! ... وهذا يُشْعِر بالإرتياح!

١٧ ولكن ... أنا على يقين من أن كل شيء كان سيكون على ما يرام،

١٨ لو أن هذه القطة السوداء اللعينة

١٩ لم تعبر الطريق أمامي،

٢٠ ولو أن اليوم لم يكن يومَ جمعة، الثالثَ عشر (من الشهر).

⑩ لاحظ أن فِعْلَيْ الجملة الشرطية الرئيسية والثانوية يأتيان برفقة **wenn** في صيغة الإحتمال **Konjunktiv**! "لو كان عندي نقود لكنت سعيداً."

Wenn ich Geld hätte, wäre ich glücklich.

Lösung 1: Haben Sie verstanden?

① كان عليه أن يعرف ذلك؛ فالخطأ خطؤه وحده. ② لم أكن البارحة محظوظاً بلعب الورق. ③ هل خسرتَ مرةً أكثر من خمسين يورو؟ ④ نعم، للأسف! ولكن لو لم يكن يومَ جمعة، والثالثَ عشرَ من الشهر، لما كان لهذا أن يحدث. ⑤ إنه يعتقد بالخرافات كثيراً ويجمع الصراصير الجالبة للحظ. ⑥ عندما فتحتُ عينَيَّ اليوم صباحاً، بدا العالم مختلفاً كثيراً.

Übung 2: Setzen Sie die fehlenden Wörter ein!

❶ توقف! لقد عبرْتَ حضرتك الشارعَ للتو والإشارة حمراء!

Halt! ___ ___ gerade bei Rot die Straße ___!

❷ أوه، لا تكن حضرتك قاسياً لهذه الدرجة؛ فهذا قد يحدث لأي شخص.

Ach, ___ Sie doch nicht so ___; das kann ___ ___.

❸ ما كان للأمر أن يكون بهذا السوء لو أنه لم يخسر كل شيء.

Es ___ ja auch nur halb so schlimm, ___ er nicht alles ___ hätte.

❹ بصحة حضرتك، ولا تحمِّل حضرتك الأمرَ أكثرَ مما يستحق!

___, und nehmen Sie's nicht so ___!

81. Lektion [آيْنْ أُنْدْ أَخْتْسِگْنْتِ لِكْتْسْيُونْ]

Die Lorelei und ihre Nachkommen

1 – Hör' mal, was hier steht: ①

2 "K**u**rzurlaub auf dem Rhein mit **a**llem Komf**o**rt…

3 Die D**eu**tsche B**u**ndesbahn und die Köln-D**ü**sseldorfer –

4 das ist wohl so 'ne Sch**i**fffahrtsges**e**llschaft – ②

[2 …كُمْفُورْ… 4 …شِفّارْتْسْ گِزِلْشافْتْ -]

ANMERKUNGEN

① يوصف المقال أو الشي المكتوب في كتاب أو على لوحة بالصيغة التالية:
Ein Artikel steht in der Zeitung. "مقالٌ مكتوبٌ في الجريدة."
Was steht dort? "مالذي مكتوب هناك؟"

❺ إنها تخشى العناكب السوداء الكبيرة.

Sie fürchtet sich ___ ___, ___ ___.

❻ لا يمكن أن ينتهي هذا الأمر على خير؛ كان ينبغي علي أن أعرف ذلك.

Das konnte nicht gut gehen; ___ ___ ___ ___ ___.

Lösung 2: Die fehlenden Wörter.

❶ Sie haben – überquert ❷ seien – hart – jedem passieren ❸ wäre – wenn – verloren ❹ Prost – tragisch ❺ vor fetten, schwarzen Spinnen ❻ ich hätte es wissen müssen.

Zweite Welle: Aktivieren Sie heute Lektion 31!

الدرس الحادي والثمانون

لوريلاي وأحفادها

١ - إستمع لما هو "مكتوب" هنا:

٢ "رحلات قصيرة على نهر الراين مع كل أسباب الراحة ...

٣ الخطوط الحديدية الفيدرالية الألمانية و شركة كولونيا دوسلدورف -

٤ هذه بالتأكيد شركة للنقل (النهري) بالمراكب -

② هل تتذكر أنه يتم في بعض الأحيان إسقاط **ei** من أداة التنكير؟ **So 'ne Art Fisch.** "نوع من أنواع السمك."

5 m**a**chen es m**ö**glich:

6 Mod**e**rne Z**ü**ge der B**u**ndesbahn br**i**ngen Sie dir**e**kt zum Rhein, ③ ④

7 nach B**a**sel **o**der D**ü**sseldorf.

8 Dort st**ei**gen Sie um auf **ei**nes der "schw**i**mmenden F**e**rienhotels"

9 mit komfort**a**blen **Au**ßenkabinen,

10 **ei**nem beh**ei**zten Schw**i**mmbad und **ei**ner r**ei**chhaltigen Sp**ei**sekarte..." ⑤

11 Klingt echt gut, nicht? Was hältst du dav**o**n?

12 – Oh ja, das w**ä**re toll!

13 Ich k**ö**nnte **e**ndlich den F**e**lsen s**e**hen, ⑥

14 auf dem die Lorel**ei** ihr l**a**nges, g**o**ldenes Haar gek**ä**mmt hat, ⑦

15 und **a**lle Sch**i**ffer, die vorb**ei**kamen, h**a**ben nur sie **a**ngesehen

16 und sind d**e**shalb g**e**gen den F**e**lsen gef**a**hren und **u**ntergegangen. ⑧

AUSSPRACHE

[**8** ...فِيرْيِنْ هُوتِلْسْ **9** ...كُمْفُورْتَابْلِنْ...]

③ كثير من الأفعال التي تدل على الحركة تتعدى بحرف معين، وفي كثير من الأحوال يمكن استخدام **zu**: "سأذهب إلى الراين." **Ich gehe zum Rhein** أو **an den Rhein**.

④ يطلق على الخطوط الحديدية الألمانية إسم **Bundesbahn** "القطار الإتحادي"، مع التذكير بأن **die Bahn** أو **der Zug** تعني "قطار".

⑤ تدعى التدفئة **die Heizung**، والفعل **heizen**، والصفة **geheizt** أو **beheizt**.

٥ تجعل هذا الأمر ممكناً:
٦ قطارات الخطوط الحديدية الفيدرالية الحديثة تأخذ حضراتكم مباشرة إلى نهر الراين،
٧ إلى بازل أو دوسلدورف.
٨ هناك تتابعون حضراتكم الرحلة على أحد "الفنادق العائمة"
٩ ذات المقطورات الخارجية المريحة،
١٠ وحمام سباحة مدفأ وقائمة طعام غنية ..."
١١ يبدو الأمر رائعاً، أليس كذلك؟ ما رأيكِ بهذا؟
١٢ - بكل تأكيد، سيكون ذلك رائعاً!
(أوه نعم، هذا سيكون رائعاً!)
١٣ أخيراً سأستطيع أن أرى الصخرة،
١٤ التي مشطت لوريلاي عليها شعرها الذهبي الطويل،
١٥ حيث إن جميع البحارة الذين مروا بها وبمجرد أن نظروا إليها،
١٦ فإنهم ولهذا السبب بالذات إصطدموا بالصخرة وغرقوا.

⑥ **könnte** هي صيغة الـ **Konjunktiv** من الفعل المساعد **können**، و **konnte** صيغة الماضي (أنظر الفقرة الأولى من الدرس 84!)

⑦ يتعلق الأمر هنا بحورية نهر الراين **Die Lorelei ist eine Rheinnixe**، مع التنبيه هنا إلى أن مسألة الحورية من الموروث الثقافي الشعبي في وسط وشمال أوروبا، وهي أرواح تعيش في المياه، أما الصخرة **Loreleifelsen** فتتموضع على الجهة اليمنى للنهر قرب **Sankt Goarshausen**.

⑧ إضافة لمعنى **untergehen** "غرق" فإنه يعني "يغرب" أيضاً: "تغرب الشمس من الغرب وتشرق من الشرق."

Die Sonne geht im Westen unter und im Osten auf.

17 Als mir m**ei**ne Gr**o**ßmutter das Ged**i**cht von H**ei**nrich H**ei**ne ⑨

18 zum **e**rsten Mal v**o**rgelesen hat,

19 h**a**be ich n**ä**chtelang dav**o**n getr**äu**mt. ⑩

20 – Ja, mein Schatz, es hat dich **o**ffensichtlich sehr be**ei**ndruckt.

21 K**ö**nntest du viell**ei**cht **au**fhören, dich zu k**ä**mmen?

[17 ...هايْنْرِخْ هايْنِهْ **20** ...بِآيْنْدْرُكْتْ.]

Übung 1: Verstehen Sie diese Sätze?

❶ Hören Sie mal, was heute in der Zeitung steht. ❷ Ein Schiff ist gegen einen Felsen gefahren und untergegangen. ❸ Wenn du endlich stillsitzen würdest, könnte ich dich kämmen. ❹ Er hat wochenlang an diesem Projekt gearbeitet. ❺ Das Resultat hat alle offensichtlich sehr beeindruckt. ❻ Der Felsen, auf dem Lorelei ihr langes, goldenes Haar gekämmt hat, befindet sich auf dem rechten Rheinufer bei Sankt Goarshausen in Hessen.*

* تصحيح: لا تقع سانت غوارس هاوزن في هيسن وإنما في راينلاند-بفالتس.

Übung 2: Setzen Sie die fehlenden Wörter ein!

❶ زوجي يُحْضِرُني كل صباح إلى المكتب.

Mein Mann .... jeden Morgen zum Büro.

❷ ما رأي حضرتك؟ - سيكون هذا رائعاً (لو حدث)!

Was .... Sie ......? – Das ....!

❸ رجاءً هل يمكن لحضرتك أن تتوقف عن الغناء؟

.... Sie bitte .... zu singen?

❹ جميع الناس الذين مروا (ب)، توقفوا للحظة.

...., ..., blieben einen Moment stehen.

١٧ عندما قرأت لي جدتي قصيدة هاينريخ هاينه،
١٨ للمرة الأولى،
١٩ حلمتُ عدة ليالٍ بذلك.
٢٠ - نعم يا عزيزتي، فالظاهر أنها قد أثرت بكِ.
٢١ هلاّ كففتِ عن تمشيط شعرك؟

⑨ **Heinrich Heine** من أهم شعراء وكتاب وصحفيي ألمانيا في القرن التاسع عشر (1797–1856).

⑩ تعني **lang** لوحدها "طويل"، وبإضافتها إلى الظروف تفيد معنى "عدة": **tagelang** "عدة ليالٍ"، **wochenlang** "عدة أيام"، **monatelang** "عدة أشهر"، **jahrelang** "عدة سنوات".

Lösung 1: Haben Sie verstanden?

❶ إستمع حضرتك لما هو مكتوب اليوم في الصحيفة. ❷ فقد اصطدمت سفينة بصخرة وغرقت. ❸ لو أنك جلست أخيراً هادئاً، لاستطعتُ أن أمشطك. ❹ لقد عمل لعدةٍ أسابيع على هذا المشروع. ❺ وقد أثرت النتيجة بالكلٍّ بشكل واضح. ❻ الصخرة التي مشطت لوريلاي شعرها الذهبي الطويل عليها تقع على الضفة اليمنى لنهر الراين بالقرب من سانت غوارس هاوزن في هيسن.

❺ لا يتوقف قطارنا في هاغن. علينا أن نبدل (القطار).

Unser Zug ______ ______ in Hagen; wir müssen ________.

❻ من أين لك أن تعرف هذا؟ - هذا كان مكتوباً صباح اليوم في الصحيفة.

______ weißt du das? – Das ______ heute Morgen in der Zeitung.

82. Lektion [تْسْڤايْ أُنْدْ أَخْتْسِگْسْتِ لِكْتْسْيُونْ]

Im Wartezimmer

1 – Mensch, guck mal! ①

2 Da sind m**i**ndestens sechs Pers**o**nen vor uns dran, ②

3 dab**ei** h**a**ben wir **u**nseren Term**i**n jetzt um halb sechs.

4 – Ja, w**o**llen wir g**e**hen **o**der bl**ei**ben?

5 – W**ie**der g**e**hen hat auch k**ei**nen Zweck; ③

6 m**o**rgen ist es s**i**cher nicht b**e**sser.

7 – **A**lso gut, s**e**tzen wir uns und l**e**sen die **a**lten Z**ei**tschriften!

8 – Hey, hier ist ein Ps**y**cho-Test! Komm, den m**a**chen wir!

AUSSPRACHE

[8 ... پْسيخُو تِسْتْ!]

ANMERKUNGEN

① يستخدم فعل **gucken** تماماً بمعنى **sehen** خاصة في ألمانيا.

Lösung 2: Die fehlenden Wörter.

❶ bringt mich ❷ halten – davon – wäre toll ❸ Könnten – aufhören ❹ Alle Leute, die vorbeikamen ❺ hält nicht – umsteigen ❻ Woher – stand.

Zweite Welle: Aktivieren Sie heute Lektion 32!

الدرس الثاني والثمانون

في غرفة الإنتظار

١ - أنظر هنا يا هذا!

٢   هناك على الأقل ستة أشخاص قبلنا في الإنتظار،

٣   مع أن موعدنا الآن في الخامسة والنصف.

٤ - نعم، هل نقرر أن نذهب أم نبقى؟
(نعم، نريد نحن يذهب أم يبقى؟)

٥ - معاودة الذهاب أيضاً ليست ذات جدوى؛

٦   بالتأكيد لن تكون الحالة أفضل بالغد.

٧ - حسناً، فلنجلس ولنقرأ المجلات القديمة!

٨ - أنت، هنا يوجد اختبار نفسي! هيا، فلنعمله!

---

② **Ich bin dran** إختصار لـ **Ich bin an der Reihe.**

③ تعني Zweck "هدف":
"ما هو الهدف من هذا الأمر؟" **Was ist der Zweck dieser Sache?**
"هذا بلا جدوى." **Das ist zwecklos.**

9 1. Fr**a**ge: Was w**ü**rden Sie m**a**chen,

10 wenn Sie F**eu**erwehrmann w**ä**ren

11 und ein kl**ei**ner J**u**nge dir**e**kt n**e**ben

12 **I**hnen **ei**nen Benz**i**nkanister **a**nzünden w**ü**rde? ④

13 a) dem J**u**ngen hinterh**e**rlaufen

14 b) **ei**nen F**eu**erlöscher s**u**chen ⑤

15 c) die Z**ü**ndschnur **au**streten ⑥

16 d) S**o**nstiges.

17 – Ich w**ü**rde die Z**ü**ndschnur **au**streten

18 und dann dem J**u**ngen hinterh**e**rlaufen.

19 – Du musst dich für **ei**nes von b**ei**den entsch**ei**den!

20 – **A**lso gut: c).

21 – 2. Fr**a**ge: Was w**ü**rden Sie m**a**chen,

22 wenn das Licht **au**sgehen w**ü**rde, ⑦

23 wenn Sie ger**a**de mit **ei**ner h**ei**ßen S**u**ppenschüssel

24 auf der Tr**e**ppe sind?

AUSSPRACHE

[**10** ...فويرْ ڤيرْ مانّ... **12** ...بِنْتْسين كانِسْترْ...

15 ...تْسوْنْدْ شْنورْ...]

④ تستخدم صيغة ال **Konjunktiv** في الجمل الشرطية التي تبدأ بـ **wenn:**
Wenn ich reich wäre, würde ich ein Auto kaufen.
لو أني كنت غنياً لاشتريت سيارة. ستلاحظ أنه كثيراً ما تستخدم صيغة ال **Konjunktiv** لفعل **würden** ويأتي الفعل كالعادة في المصدر في آخر الجملة (أنظر الفقرة الأولى من الدرس 84!).

٩ السؤال الأول: ماذا كنت ستفعل حضرتك،

١٠ لو كنت رجل إطفاء

١١ ووجد طفل صغير مباشرة

١٢ بجانب حضرتك يريد إشعال صفيحة بنزين؟

١٣ أ) مطاردة الصبي

١٤ ب) البحث عن طفاية حريق

١٥ ج) الدعس على فتيل الإشتعال

١٦ د) غير ذلك.

١٧ - سأقوم بالدعس على فتيل الإشتعال

١٨ ثم بمطاردة الصبي.

١٩ - عليك أن تقرر واحداً من الإثنين!

٢٠ - حسناً: ج).

٢١ - السؤال الثاني: ماذا كنت ستفعل حضرتك،

٢٢ لو انطفأت الأضواء،

٢٣ وكنت تحمل حضرتك للتو وعاءَ حساءٍ ساخنٍ

٢٤ وحضرتك على الدرج؟

⑤ يعني فعل **löschen** "يمحو" أو "يطفئ"، وتعني **die Feuerwehr** "المطافئ".

⑥ يعني فعل **austreten** "يدعس على"، ويعني فعل **eintreten** "يدخل"، بينما **treten** يعني "يركل": "يدوس على شيء." **auf etwas treten**.

⑦ **Das Licht geht aus.** "إنطفأ الضوء."
Ich mache das Licht aus. "سأطفئ الضوء."
(أنظر الفقرة الثانية من الدرس 84!).

25 a) l**a**ngsam w**ei**tergehen

26 b) sich s**e**tzen

27 c) den L**i**chtschalter s**u**chen.

28 – Ich gl**au**be, ich w**ü**rde mich h**i**nsetzen ⑧

29 und w**a**rten, bis die S**u**ppe kalt w**ä**re.

Übung 1: Verstehen Sie diese Sätze?

❶ Ich kann morgen leider nicht kommen; ich habe einen Termin beim Zahnarzt. ❷ An deiner Stelle würde ich nicht mehr mit ihm sprechen. Das hat keinen Zweck. ❸ Muss ich lange warten? – Es sind noch fünf Personen vor Ihnen dran. ❹ Die Feuerwehr kam sehr schnell und hat das Feuer gelöscht. ❺ Wenn das Licht jetzt ausgehen würde, würde ich die Treppe hinunterfallen.

Übung 2: Setzen Sie die fehlenden Wörter ein!

❶ أين هو مفتاح الضوء؟ - على اليسار جانب الباب.

_____ _____ _____ _____? – Gleich neben der Tür _____.

❷ هلا تفضلت حضرتك بإعطائي موعداً يوم الثلاثاء؟

Könnten Sie mir bitte _____ _____ für Dienstag geben?

٢٥ أ) المضي قدما ببطء

٢٦ ب) الجلوس

٢٧ ج) البحث عن مفتاح الضوء.

٢٨ - سأجلس على ما أظن

٢٩ وأنتظر حتى يبرد الحساء.

(التتمة تتبع)

⑧ يأتي فعل **sich setzen** بنفس معنى **sich hinsetzen**، واللذان يدلان على عملية الجلوس، ويأتي إسم المكان بعد حرف الجر منصوباً، بينما يدل فعل **sitzen** على وضعية الجلوس ويأتي إسم المكان بعد حرف الجر مجروراً:

"سأجلس على الدرجة." **Ich setze mich auf die Treppenstufe.**

"أنا جالس على الدرجة." **Ich sitze auf der Treppenstufe.**

(أنظر النقطة 6 من الدرس 43 والفقرة الثانية من الدرس 49!)

Lösung 1: Haben Sie verstanden?

❶ لن يمكنني أن آتيَ في الغد، للأسف، إذ لدي موعد عند طبيب الأسنان. ❷ لو أني كنت مكانكِ لما كلمته أبداً. فالأمر غيرُ مُجْدٍ. ❸ هل علي الإنتظار طويلاً؟ - هناك خمسة أشخاص قبل حضرتك في الدور. ❹ وصلت المطافئ بسرعة كبيرة وأطفأت النار. ❺ إذا حدث وانطفأ الضوء، فإني سأقع من على الدرج.

❸ أيَّ قطارٍ تريد حضرتك أن تأخذ؟ على حضرتك أن تختار واحداً منهما!

Welchen Zug …… …… nehmen? Sie müssen sich …… …… …… …… entscheiden!

❹ لربما جلستُ وانتظرتُ ريثما يأتي.

…… …… …… …… und warten, …… er käme.

❺ دورُ مَنْ؟ - أعتقد أن دوري قد جاء.

Wer ist ___ ___ ___? – Ich glaube, ___ ___ ___.

❻ لا تذهب إلى هناك! الأمر غيرُ مُجْدٍ.

Geh nicht dorthin! ___ ___ ___ ___.

83. Lektion [دْرايْ أُنْدْ أَخْتْسِگْسْتْ لِكْتْسْيُونْ]

Im Wartezimmer (Fortsetzung)

1 – Sieh mal, jetzt ist nur noch **ei**ne P**e**rson vor uns!

2 Das ging ja schn**e**ller, als wir d**a**chten.

3 – Na ja, wir sind auch schon **ü**ber **ei**ne Stu**n**de hier. Aber hör zu: ① ②

4 3. Fr**a**ge: Was w**ü**rden Sie m**a**chen, wenn **I**hnen Ihr Fris**eu**r

5 aus Vers**e**hen **ei**ne Gl**a**tze geschn**i**tten h**ä**tte? ③ ④

6 a) w**ei**nen b) **ei**ne Per**ü**cke verl**a**ngen ⑤

ANMERKUNGEN

① أطول من **über eine Stunde = mehr / länger als eine Stunde** ساعة، أكثر من ساعة، فوق الساعة.

② يعني **hören** "يسمعٍ"، و **zuhören** "ينصت لـ":

"إستمعت اليوم صباحاً للمذياع." **Ich habe heute Morgen Radio gehört.**

"رجاءاً إستمع حضرتك عندما أتكلم!"

Hören Sie bitte zu, wenn ich spreche!

ومن خصائص فعل **hören** أنه يعمل عمل الأفعال المساعدة، إذ يأتي الفعل في المصدر وآخر الجملة:

"أنا أستمع إياه يغني." **Ich höre ihn singen.**

Lösung 2: Die fehlenden Wörter.

❶ Wo ist der Lichtschalter – links ❷ einen Termin ❸ wollen Sie – für einen von beiden ❹ Ich würde mich hinsetzen – bis ❺ an der Reihe – ich bin dran ❻ Es hat keinen Zweck.

Zweite Welle: Aktivieren Sie heute Lektion 33!

الدرس الثالث والثمانون

في غرفة الإنتظار (تتمة)

١ – أنظر، أصبح الآن شخص واحد فقط أمامنا!

٢ لقد تم الأمر بأسرع مما كنا نظن.

٣ – حسناً، فنحن هنا أيضاً منذ أكثر من ساعة. ولكن إستمع:

٤ السؤال الثالث: ماذا كنت ستفعل حضرتك لو أن مصفف الشعر

٥ قص شعرَك بالكلية عن طريق الخطأ؟

٦ أ) تبكي ب) تطلب شعراً مستعاراً

③ **die Glatze** "الصلعة"، **eine Glatze schneiden** "قص الشعر بالكلية"، فعل **schneiden** شاذ **schneiden, schnitt, geschnitten**

④ لأن الحديث يجري عن فرضية خيالية فقد استخدمت صيغة ال **Konjunktiv**: "لو حدث وقص (له) شعره."

Wenn er seine Haare geschnitten hätte.

(أنظر الفقرة الأولى من الدرس 84!).

⑤ يعتبر الطلب بفعل **verlangen** "يطلب" أو "يطالب" أكثر صرامة منه بفعل **bitten** "يرجو":

"أنا أطالب بأن تعيد حضرتك نقودي لي."

Ich verlange, dass Sie mir mein Geld zurückgeben.

7 c) ihn **o**hrfeigen d) S**o**nstiges. ⑥

8 – Ich w**ü**rde ihn **o**hrfeigen und **ei**ne Per**ü**cke verl**a**ngen.

9 – Ich h**a**be dir schon mal ges**a**gt, du musst dich entsch**ei**den!

10 – Gut, wenn das so ist, dann w**ü**rde ich nur w**ei**nen.

11 – 4. Fr**a**ge: Was w**ü**rden Sie m**a**chen,

12 wenn Sie schon mehr als **ei**ne St**u**nde beim Arzt gew**a**rtet h**ä**tten,

13 und man w**ü**rde **I**hnen pl**ö**tzlich s**a**gen:

14 "K**o**mmen Sie b**i**tte m**o**rgen w**ie**der!"

15 – **E**ntschuldigen Sie b**i**tte,

16 **a**ber der Herr D**o**ktor muss dr**i**ngend **ei**nen Pati**e**nten bes**u**chen. ⑦

17 K**ö**nnten Sie b**i**tte m**o**rgen wieder kommen?

18 – Ich w**e**rde verr**ü**ckt; das kann doch nicht wahr sein!

19 Sag schnell, was sind die drei M**ö**glichkeiten?

20 – a) nach H**au**se g**e**hen

21 b) Krach schl**a**gen

22 c) laut **a**nfangen zu st**ö**hnen.

23 – Komm, ich hab's satt! G**e**hen wir! ⑧

AUSSPRACHE

[**16** ...پاتْسِيِنْتِنْ... **21** ...كْراخْ... **22** ...شْتوونِنْ.]

⑥ مع أن **das Ohr** تعني "الأذن" و **die Feige** تعني "التينة"، إلا أن **jemanden ohrfeigen** تعني "يصفع" و **die Ohrfeige** تعني "الصفعة".

٧ ج) تصفعه د) غير ذلك.

٨ - سأصفعه وسأطلب شعراً مستعاراً.

٩ - قلت لك من قبل، عليك أن تقرر!

١٠ - حسنا، إذا كان الأمر كذلك، فإنني سوف أبكي وحسب.

١١ - السؤال الرابع: ماذا كنت ستفعل حضرتك،

١٢ لو أنك انتظرت أكثر من ساعة عند الطبيب،

١٣ ولو قيل لك فجأةً:

١٤ "رجاءاً عُدْ حضرتك غداً!"

١٥ - رجاءاً المعذرة من حضرتك،

١٦ إذ على الطبيب أن يزور مريضاً من كل بد.

١٧ فهل يمكن لحضرتك أن تعود في الغد؟

١٨ - أكاد أُجَنّ؛ فهذا غير معقول!

١٩ قولي بسرعة ما هي الإحتمالات الثلاثة؟

٢٠ - أ) تعود إلى البيت

٢١ ب) تُحْدِثُ جَلَبَةً

٢٢ ج) تبدأ بالأنين بصوتٍ مرتفعٍ.

٢٣ - هيا، فقد سئمت هذا! فلنذهب!

⑦ إنتبه لطريقة لفظ كلمة **Patienten** من الملفات الصوتية! كما عليك الإنتباه إلى أنه تضاف إليه **en-** في حالة المذكر المنصوب:

"هو يعود مريضاً." **Er besucht einen Patienten.**

"سألتُ موظفاً." **Ich fragte einen Beamten.**

⑧ ثمة فرق كبير بين استخدامات **satt**:

"لقد مللت" أو "أنا سئمت" أو "لقد ضقت ذرعاً بهذا."

Ich habe es satt = Ich habe genug davon.

"أنا شبعان." **Ich bin satt.**

Übung 1: Verstehen Sie diese Sätze?

① Sie kam schneller zurück als ich dachte. ② Wir warten schon über eineinhalb Stunden. ③ Die Lehrer dürfen die Schüler nicht ohrfeigen. ④ Einige tun es trotzdem. ⑤ Was würdest du machen, wenn ich verrückt würde? ⑥ Er muss dringend zum Zahnarzt. ⑦ Das kann doch nicht wahr sein! Ich hab's wirklich satt!

Übung 2: Setzen Sie die fehlenden Wörter ein!

❶ مالذي كنت ستفعله حضرتك، لو كان جارك عازفَ ساكسفون؟

___ ______ ___ ______, wenn Ihr Nachbar Saxofonist wäre?

❷ أين كنت ستذهب حضرتك، لو لم يعد لديك منزل؟

______ ______ ___ ______, wenn Sie kein Haus mehr hätten?

❸ مالذي كنت ستعتقده، لو أنني لم آتِ إلى المنزل لمدة أسبوع؟

___ ______ __ ______, wenn ich eine Woche nicht nach Hause käme?

Lösung 1: Haben Sie verstanden?

❶ لقد عادت بأسرعَ مما كنت أعتقد. ❷ نحن في الإنتظار منذ أكثر من ساعة ونصف الساعة. ❸ لا ينبغي للمعلم أن يصفع التلاميذ. ❹ البعض يفعل ذلك على أية حال. ❺ ماذا كنت ستفعل لو أني جننت؟ ❻ إنه بحاجة ماسة (للذهاب) إلى طبيب الأسنان. ❼ لا يمكن لهذا أن يكون صحيحاً! فلقد سئمت هذا حقاً!

❹ لو لم يكن غبياً لهذه الدرجة، لفهم بسرعة أكبر.

... er nicht so dumm ..., ... er schneller verstanden.

❺ أعذرني من فضلك، ولكن لا بد لي من التحدث مع السيد ماير.

... ... bitte, aber ich muss ... Herrn Meier sprechen.

❻ إنه يطلب مني أن أقرر حتى الغد.

... ..., ... ich mich bis morgen entscheide.

❼ نحن ننتظر رد حضرتك منذ أكثر من أسبوع.

Wir warten schon ... ... auf Ihre Antwort.

Lösung 2: Die fehlenden Wörter.

❶ Was würden Sie machen ❷ Wohin würden Sie gehen ❸ Was würdest du denken ❹ Wenn – wäre – hätte ❺ Entschuldigen Sie – dringend ❻ Er verlangt, dass ❼ über eine Woche.

Zweite Welle: Aktivieren Sie heute Lektion 34!

84. Lektion

Wiederholung und Anmerkungen

1 Konjunktiv II

1 المضارع المنصوب II:

يستخدم **Konjunktiv II** في كل من الجملتين الرئيسية والثانوية للجمل الشرطية التي تبدأ بـ **wenn**، بينما يندر استخدام **Konjunktiv I** في الكلام المحكي:

1.1 Hypothese

1.1 في الإفتراضيات:

Wenn er größer wäre, könnte er die Tür öffnen.

لو أنه كان أطولَ لاستطاع فتح الباب.

Wenn ich mehr Geld hätte, würde ich nicht arbeiten.

لو كان لدي المزيد من النقود لما عملتُ.

1.2 Ereignisse, die in der Vergangenheit nicht stattfanden

2.1 عند تناول فعاليات لم تتحقق في الماضي:

Wenn wir das gewusst hätten, wären wir früher gekommen.

لو أننا عرفنا بهذا لكنا أتينا في وقت أبكرَ.

تتم صياغة الـ **Konjunktiv II** من الأفعال الشاذة بإضافة **e-** لصيغة الماضي **Imperfekt** وتبديل الحرف الصوتي حال الضرورة إلى **Umlaut**:

Imperfekt	Konjunktiv II
ich kam	ich käme
du kamst	du käm(e)st
er kam	er käme
wir kamen	wir kämen

الدرس الرابع والثمانون

ihr kamt	ihr käm(e)t
sie kamen	sie kämen
Sie kamen	Sie kämen

Imperfekt	Konjunktiv II
ich war	ich wäre
du warst	du wär(e)st
er war	er wäre
wir waren	wir wären
ihr wart	ihr wär(e)t
sie waren	sie wären
Sie waren	Sie wären

Imperfekt	Konjunktiv II
ich hatte	ich hätte
du hattest	du hättest
er hatte	er hätte
wir hatten	wir hätten
ihr hattet	ihr hättet
sie hatten	sie hätten
Sie hatten	Sie hätten

Imperfekt	Konjunktiv II
ich konnte	ich könnte
du konntest	du könntest
er konnte	er könnte
wir konnten	wir könnten
ihr konntet	ihr könntet
sie konnten	sie könnten
Sie konnten	Sie könnten

أما من الأفعال النظامية فإن صيغة الـ Konjunktiv II تماثل صيغة الماضي Imperfekt، لذلك فإن صياغة الـ Konjunktiv II تتم باستخدام فعل werden في الـ Konjunktiv II، أي würde، ثم وضع الفعل الحقيقي في المصدر وفي آخر الجملة:

Ich würde das nicht machen, wenn ich an deiner Stelle wäre.
لم أكن لأفعلَ هذا لو أني كنت مكانك.

Sie würden das Haus kaufen, wenn sie Geld hätten.
كانوا إشتروا (سيشترون) البيت لو كان لديهم نقودٌ.

ولكن مع ذلك فإنه يتم استخدام هذه الصيغة أيضاً مع الأفعال النظامية باستثناء فعل الكون sein والملكية haben والأفعال المساعدة Modalverben:

Wenn er mehr Zeit hätte, könnte er mehr lesen.
لو كان (أن) لديه مزيدَ وقتٍ لاستطاع أن يقرأ أكثرَ.

Wenn du nicht so schreien würdest, würde ich dich besser verstehen.
لو أنك لم تصرخْ بهذا الشكل لفهمتُكَ أفضلَ.

1.3 Wünsche

3.1 عند التمني:

حيث يتم الإستغناء عن **wenn** ووضع **doch** أو **nur**:

Würde ich doch nur schon fließend Deutsch sprechen.

(حبذا) لو أني أتحدث الألمانية بسيولة.

والتي تماثل الجملة التالية في المعنى:

Wenn ich doch nur schon fließend Deutsch sprechen würde.

لو أني أتحدث الألمانية بسيولة.

2 Die Verben und ihre Vorsilben

2 الأفعال وأجزاؤها السابقة:

لنأخذ فعل **machen** على سبيل المثال:

Machen Sie bitte das Fenster auf!

رجاءاً من حضرتك أن تفتح النافذة!

Nein, nicht "zu"! "Auf", bitte!

لا، لا تغلقها! إفتحها رجاءاً!

Könnten Sie bitte das Licht anmachen?

رجاءاً من حضرتك هل تستطيع أن تشعل الضوء؟

Nein, nicht ausmachen! Anmachen, bitte!

لا، لا تطفئْه! أشعله رجاءاً!

Himmel, diese Ausländer verstehen alles falsch!

يا إلهي، فهؤلاء الأجانب (دائماً ما) يفهمون كل شيء بشكل مغلوط!

3 Die Bundesländer

3 المقاطعات الإتحادية:

فيما يلي أسماء المقاطعات الإتحادية الستة عشر التي تتشكل منها جمهورية ألمانيا الإتحادية:

Baden-Württemberg, Bayern, Berlin, Brandenburg, Bremen, Hamburg, Hessen, Mecklenburg-Vorpommer, Niedersachsen, Nordrhein-Westfalen, Rheinland-Pfalz, Saarland, Sachsen, Sachsen-Anhalt, Schleswig-Holstein, Thüringen.

4 Eine weitere Geschichte

4 قصة أخرى:

تذكر التركيب اللغوي التالي جيداً:

Woran liegt es, dass Sie so müde sind?

ما هو سبب كون حضرتك متعباً بهذا الشكل؟

Es liegt an den langen Grammatikabsätzen.

هذا يعود لفقرات القواعد اللغوية المطولة.

---

85. Lektion

Die Pessimistin und der Egoist ①

1 – Ich kann's immer noch nicht glauben.

2 Wir sitzen im Zug und die Türen werden geschlossen. ②

3 Wir fahren also wirklich endlich nach Paris.

4 – Ja, siehst du! Du bist immer so pessimistisch!

5 Hab' etwas mehr Vertrauen in mich und in die Zukunft. ③

(ANMERKUNGEN)

① يمكن الحصول على صيغة المؤنث لكثير من الأسماء بإضافة -in إلى المذكر منها، مثل:
der Egoist → die Egoistin; der Professor → die Professorin; der Lehrer → die Lehrerin، مع التنويه أن Professor تطلق على من يدرس في الجامعة و Lehrer تطلق على من يدرس في المدارس.

② مر معنا استخدامان لفعل werden، وهما لصياغة المبني للمجهول وللإستقبال، أما في هذه الجملة فقد استخدم كفعل مساعد لصياغة المبني للمجهول: "يُلَبَّسُ الطفل من قبل الأم."

Das Kind wird von der Mutter angezogen.

وأصل الجملة في العادة هو:

Die Mutter zieht das Kind an. "تلبِسُ الأُم الطفلَ."

لكن تذكر بالمقابل الفرق بينه وبين التركيب اللغوي

Es liegt mir nichts daran.
ولا تمزج بينهما! وهو يعني "هذا لا يهمني" أو "هذا الأمر لا يعني لي شيئاً".

Zweite Welle: Aktivieren Sie heute Lektion 35!

الدرس الخامس والثمانون

المتشائمة والأناني

١ - ما زلت لا أستطيع أن أصدق هذا.
٢   فنحن نجلس على متن القطار، والأبواب تُغلَق.
٣   سنذهب أخيراً بحق إلى باريس.
٤ - نعم، هل ترينَ! فأنتِ دائماً متشائمةٌ هكذا!
٥   عليكِ أن تثقي أكثر بي وبالمستقبل.

③ هذا تعبير مشهور للحديث عن الثقة بشخص معين
Ich habe Vertrauen in dich، إنتبه إلى أن الشخص موضع الثقة جاء
منصوباً! كما يمكن قول ذلك بـ ich (ver)traue dir مع الإنتباه إلى أن
الشخص موضع الثقة جاء مجروراً، أما عكس الثقة فهو
Ich misstraue dir، إذ تفيد إضافة -Miss- / miss لبعض الأفعال
أو الأسماء عكس المعنى، فعكس فعل verstehen "يفهم" هو
missverstehen "يسيئ الفهم"، وعكس das Verständnis "التفهم"
هو das Missverständnis "سوء فهم"، وعكس billigend "موافق
على السماح" هو missbilligend "غير مسامح".

6 – Du bist gut! Verg**i**ss b**i**tte nicht,

7 dass mir d**ie**se R**ei**se vor zw**a**nzig J**a**hren

8 zum **e**rsten Mal verspr**o**chen w**u**rde. ④

9 – Ja, und wie **i**mmer h**a**be ich Wort geh**a**lten.

10 – Oh, lass uns b**i**tte nicht dar**ü**ber diskut**ie**ren!

11 H**au**ptsache: Wir r**o**llen.

12 Wie l**a**nge h**a**ben wir **Au**fenthalt in Köln? ⑤

13 – Fast **ei**ne St**u**nde.

14 Wir k**ö**nnen **u**nser Gep**ä**ck in **ei**nem Schl**ie**ß-fach l**a**ssen ⑥

15 und den Dom bes**i**chtigen,

16 der gleich n**e**ben dem B**a**hnhof steht.

17 – Au ja! Ich habe n**eu**lich gel**e**sen, dass man sich be**ei**len muss,

18 wenn man ihn noch s**e**hen will.

19 Es scheint, dass er l**a**ngsam, **a**ber s**i**cher

④ تعني **Es wurde mir versprochen** "وُعِدْتُ"، وهي بصيغة المبني للمجهول، ومثل هذا كثير في الألمانية، مثل:
"حضرتُك لم تُخدَعْ بشيء."
Es wurde Ihnen nichts vorgeschwindelt.

٦ - رجاءاً لاتتحدث بهذه الثقة! من فضلك لا تنسَ

٧ أني وُعِدْتُ بهذه الرحلة للمرة الأولى

٨ قبلَ عشرين عاماً.

٩ - نعم، وكما هو الحال دائماً، فقد وفيت بوعدي.

١٠ - أوه، من فضلك دعنا من مناقشة ذلك!

١١ الأمر الأساسي: أننا نتقدم.

١٢ كم هي مدة مكثنا في كولونيا؟

١٣ - حوالي الساعة.

١٤ يمكننا أن نترك أمتعتنا في صندوق الأمانات

١٥ وزيارة الكاتدرائية،

١٦ المجاورة لمحطة القطار.

١٧ - بكل تأكيد! فقد قرأت مؤخراً أن على المرء الإستعجال بذلك

١٨ إذا كان المرء يرغب في رؤيتها.

١٩ يبدو أنه سيتم تدميرها بكل تأكيد مع الوقت

⑤ معنى **der Aufenthalt** هو "البقاء" أو "المكث" أو "الإقامة"، ومنه **die Aufenthaltsgenehmigung** "إذن الإقامة".

⑥ **das Schließfach**: صندوق أمانات آلي منتشر في المحطات وأماكن التسوق، أما **die Gepäckaufbewahrung** فهو حفظ الحقائب في مكتب متخصص بذلك، أما **aufbewahren** كفعل فيعني "يحفظ" أو "يحمي".

20 von dem Schwefeldioxid in der Luft zerstört
    wird. ⑦
21 – Na ja, bis zum Ende des Jahrhunderts
22 wird er ja wohl noch halten, oder?
23 Du und deine Grünen! ⑧
24 – Egoist! Denkst du eigentlich nie an deine Kinder?

Übung 1: Verstehen Sie diese Sätze?

❶ Sie kann es immer noch nicht glauben, dass sie endlich wirklich nach Paris fahren. ❷ Die Tür wird von dem Schaffner geschlossen. ❸ Der Dom wird von vielen Leuten besichtigt. ❹ Das wurde mir schon oft versprochen. Ich glaube nicht mehr daran. ❺ Er hat gelesen, dass man sich beeilen muss, wenn man noch Eintrittskarten für das Konzert kaufen will.

Übung 2: Setzen Sie die fehlenden Wörter ein!

❶ تُغْلَقُ الأبواب تلقائياً.

Die Türen ▨▨▨▨▨ automatisch ▨▨▨▨▨▨▨▨▨.

❷ لقد وُعِدَتْ بهذه الرحلة قبل عشر سنوات.

Diese Reise ▨▨▨▨▨ ihr vor zehn Jahren ▨▨▨▨▨▨▨▨▨.

❸ لدينا نصف ساعة توقف في فرانكفورت.

Wir haben eine halbe Stunde ▨▨▨▨▨▨▨▨▨ in Frankfurt.

❹ نحن نترك حقائبنا في صندوق الأمانات.

Wir lassen unsere Koffer in ▨▨▨▨▨ ▨▨▨▨▨▨▨▨▨.

٢٠ بسبب ثاني أكسيد الكبريت الموجود في الهواء.

٢١ - حسناً، ولكنها ستحتمل أن تبقى ماثلة حتى نهاية القرن،

٢٢ أليس كذلك؟

٢٣ أنتِ وحلفائكِ من (حزب) الخضر!

٢٤ - أناني! ألا تفكر البتة في أولادك؟

⑦ هذه جملة أخرى مبنية للمجهول: "الكاتدرائية تُدَمَّر من قبل ثاني أكسيد الكبريت." **Der Dom wird vom Schwefeldioxid zerstört.**
وهي من الجملة المبنية للمعلوم: " ثاني أكسيد الكبريت يُدَمِّر الكاتدرائية".
Das Schwefeldioxid zerstört den Dom.

⑧ المقصود بالخضر هنا الأحزاب التي تضع حماية البيئة أعلى سلم أولوياتها ومن بينهم حزب الخضر، وقد ذكرت هنا على سبيل السخرية كون هذه الأحزاب تسعى لتخفيض المواد الضارة التي تنتج عن التصنيع وتضر بالإنسان والبيئة والأبنية القديمة.

Lösung 1: Haben Sie verstanden?

❶ إنها لا تستطيع تصديقَ أنها فعلاً ستذهب أخيراً إلى باريس. ❷ يتم إغلاق الباب من قبل الجابي. ❸ تُزارُ الكاتدرائية من قبل كثير من الناس. ❹ لقد وُعِدْتُ بهذا مرات عديدة من قبل. أنا لم أعد أصدق هذا. ❺ لَقد قرأ أن على المرء الإسراع إذا كان ما يزال يرغب في شراء تذاكر لهذا الحفل.

❺ إنه لا يفكر إطلاقاً بأولاده.

Er denkt ▒▒▒▒▒▒▒ ▒▒ seine Kinder.

❻ لماذا لا تثق حضرتك بي؟

Warum haben Sie kein ▒▒▒▒▒▒▒▒▒ ▒▒ ▒▒▒▒ / ▒▒ ▒▒▒?

> ### كاتدرائية كولونيا
>
> كاتدرائية كولونيا هي كاتدرائية كاثوليكية وتعد من أعلى وأكبر المباني الكنسية في العالم، بنيت على الطراز القوطي ومسجلة على قائمة التراث العالمي لليونسكو، بمعدل 20.000 زائر يومياً تعتبر كاتدرائية كولونيا المعلم السياحي الأكثر جذباً للزوار على مستوى ألمانيا، حتى ثمانينيات القرن الماضي أضر الكبريت المنبعث من حرق الفحم ومن عوادم السيارات على شكل ما يسمى بـ "الأمطار الحمضية" بالكاتدرائية، ولكن الآن تحسن الهواء بدليل انتشار النباتات والحيوانات بوفرة على الأحجار، ولكن ومع ذلك فإن الحفاظ على كاتدرائية كولونيا يبقى تحدياً قائماً.

86. Lektion

Eigentum muss geschützt werden ①

1 – Weißt du eigentlich, dass deine Enkelkinder

2 wahrscheinlich keinen Wald mehr sehen werden?

3 – Sieh doch nicht immer alles so schwarz!

4 – Wenn die Luftverschmutzung so weiter geht wie bisher, ②

5 stirbt der Wald in den kommenden zehn bis fünfzehn Jahren. ③

6 Vor einem Jahr hat man acht Prozent kranke Bäume registriert,

7 und heute wurde festgestellt, ④

(ANMERKUNGEN)

① أداة تعريف كثير من الأسماء التي تنتهي بـ **tum**- هي **das**، جاء المبني للمجهول في هذه الجملة في صيغة المصدر **geschützt werden** "يجب أن يكون محمياً".

Lösung 2: Die fehlenden Wörter.

❶ werden – geschlossen ❷ wurde – versprochen ❸ Aufenthalt ❹ einem Schließfach ❺ niemals an ❻ Vertrauen in mich / zu mir.

Zweite Welle: Aktivieren Sie heute Lektion 36!

الدرس السادس والثمانون

ينبغي حماية (حق) الملكية

١ - هل تدرك أن أحفادك

٢ ربما لن يرَوْا شيئاً من الغابات؟

٣ - لا تنظري للأمور دائماً بهذه السوداوية!

٤ - إذا استمر تلوث الهواء كما هي الحال الآن،

٥ فإن الغابات ستنقرض على مدى عشر إلى خمس عشرة سنة القادمة.

٦ فقد تم قبل عام تصنيف ثمانية في المئة من الأشجار على أنها مريضة،

٧ واليوم تم التأكد

② **schmutzig** "ملوث"، وبنفس الطريقة **die Umweltverschmutzung** "تلوث البيئة".

③ **sterben, starb, gestorben** "يموت، مات، مَيِّت":
"لقد مات بالسرطان." **Er ist an Krebs gestorben.**

④ تأتي **feststellen** أيضاً بمعنى "إكتشف" أو "ثبت".

8 dass schon ein V**ie**rtel des W**a**ldes ruini**e**rt ist. ⑤

9 – Dann m**ü**ssen **e**ben n**eu**e M**ä**rchen geschr**ie**ben w**e**rden.

10 F**ee**n und H**e**xen k**ö**nnen auch im Industr**ie**gebiet l**e**ben!

11 – Du bist w**i**rklich unverb**e**sserlich! ⑥

12 – Nein, **a**ber ich h**a**be die N**a**se voll von d**ie**sem Ger**e**de.

13 **A**lle Welt spricht vom W**a**ldsterben, ⑦

14 und n**ie**mand denkt an die L**eu**te,

15 die f**ü**nfzig St**u**nden **o**der mehr pro W**o**che **a**rbeiten

16 und sowies**o** k**ei**nen Wald s**e**hen.

17 – Mm, und wie steht's mit d**ei**nem H**o**bby, F**i**schen? ⑧

18 Was w**ü**rdest du s**a**gen, wenn es **ei**nes T**a**ges,

19 oder s**a**gen wir b**e**sser, in **a**bsehbarer Zeit,

20 k**ei**ne F**i**sche mehr in d**ei**nem B**a**ggersee g**ä**be? ⑨

21 – Komm, jetzt mal **a**ber nicht den T**eu**fel an die Wand!

22 An m**ei**nen B**a**ggersee l**a**sse ich n**ie**manden ran! ⑩

⑤ لا يحتاج إسم المفعول للأفعال التي تنتهي بـ **-ieren** لإضافة **-ge** في بدايتها، فإسم المفعول من **ruinieren** "يهدم" هو **ruiniert** "مهدوم".

⑥ تعني **verbessern** "يحسن" أو "يصحح"، وتعني **die Verbesserung** "التحسين" أو "التصحيح"، كما أن **korrigieren** تعني "يصحح"، و **die Korrektur** "التصحيح".

٨ من أن ربع الغابات مدمر.

٩ - إذن يجب كتابة أساطير جديدة.

١٠ فالجنيات والساحرات يمكنها أيضاً أن تعيش في المنطقة الصناعية!

١١ - أنت ميؤوس منك بحق!

١٢ - لا، ولكني طفح بِيَ الكيل من هذا الكلام.

١٣ الجميع يتحدث عن انقراض الغابات،

١٤ ولا أحد يفكر في الناس

١٥ الذين يعملون خمسين ساعة أو أكثر في الأسبوع،

١٦ والذي لا تتسنى لهم رؤية الغابات على أية حال.

١٧ - مم، وماذا عن هوايتك "الصيد"؟

١٨ مالذي ستقوله، لو أنه حدث ذات يوم،

١٩ أو الأفضل أن نقول، في المستقبل المنظور،

٢٠ أنه لم تعدْ توجد أسماكٌ في بحيرتك الإصطناعية؟

٢١ - هلمي، لا تبالغي بنظرتك السوداوية!

٢٢ فأنا لا أسمح لمخلوق أن يدنُوَ من بحيرتي الإصطناعية!

⑦ يقصد بـ **alle Welt** "كل العالم" أو "كل شخص".

⑧ **Wie steht's mit...?** هذه الجمل مما ينبغي تذكره: "ماذا عن...؟" "كيف تجري الأمور بخصوص أشغالك؟"

Wie steht's mit deinen Geschäften?

⑨ **Baggersee** عبارة عن بحيرات نتجت عن الحُفَر التي تسببت بها مقالع الحجارة أو الأماكن التي استخرجت منها الرمال والحصى، يوجد في ألمانيا الكثير منها والتي تستخدم للسباحة أو صيد الأسماك.

⑩ "إنه لا يسمح لمخلوق أن يدنُوَ من جهاز تلفازه."

Er lässt niemanden an seinen Fernsehapparat ran.

23 Ach, das h**a**be ich dir **ü**brigens noch gar nicht erz**ä**hlt:

24 G**e**stern musste ich da w**ie**der fünf N**a**cktbader w**e**gjagen! ⑪

Übung 1: Verstehen Sie diese Sätze?

❶ Wenn es so weitergeht wie bisher, werden in den nächsten zwanzig Jahren alle Bäume sterben. ❷ Die Flüsse und Seen sind so verschmutzt, dass die Fische nicht mehr leben können. ❸ Es gibt immer mehr Leute, die gegen die Umweltverschmutzung kämpfen. ❹ Die gute Waldfee weiß bald nicht mehr, wo sie wohnen soll. ❺ Es wurde festgestellt, dass das Schwefeldioxid unbestreitbar schädlich ist.

EIGENTUM MUSS GESCHÜTZT WERDEN!

Übung 2: Setzen Sie die fehlenden Wörter ein!

❶ هو ينظر للأمور دائماً بسوداوية، بينما هي دائمة التفائل.

Er sieht immer ... ..., während sie immer ... ist.

❷ تم قبل عام تسجيل ثمانية في المئة كعاطلين عن العمل.

... ... wurden acht ... Arbeitslose registriert.

❸ كيف سيكون رأي حضرتك، لو لم تعُدْ توجد أسماك؟

... ..., wenn es keine Fische mehr ...?

٢٣ أوه، فأنا على فكرة لم أقل لك بعد:

٢٤ كان علي يوم أمس مطاردة خمسة من السباحين العراة!

⑪ معنى **nackt** "عارٍ"، ومعنى **baden** "يستحم" أو "يسبح"، ويطلق عليهم **Nudisten** أيضاً.

Lösung 1: Haben Sie verstanden?

❶ إذا سارت الأمور كما في السابق فإن جميع الأشجار ستموت في السنوات العشرين المقبلة. ❷ لقد أضحت الأنهار والبحيرات ملوثةً إلى درجة أن الأسماك لم تعد قادرة على العيش (فيها). ❸ هناك المزيد والمزيد من الناس الذين يكافحون ضد تلوث البيئة. ❹ لن يكون بإمكان جنية الغابة المدعاة أن تعرف عما قريب أين ينبغي لها أن تسكن. ❺ لقد تم التثبت من أن ثاني أكسيد الكبريت ضار بالإجماع.

❹ لم يسبق لي أن أحببت أكل الأسماك على أية حال.

Ich habe Fische ______ nie ____ gegessen.

❺ الجميع يتحدث عن القنبلة الذرية، ولا أحد يفكر فِيَّ وفي خوفي من العناكب.

____ ____ spricht ___ der Atombombe, und ______ denkt mehr __ mich und meine Angst ___ Spinnen.

❻ كفاك تشاؤماً! فالحياة أصلاً صعبة بما فيه الكفاية.

Mal nicht ___ ______ an die ____! ___ _____ ist so schon schwer _____.

Lösung 2: Die fehlenden Wörter.

❶ alles schwarz – optimistisch ❷ Vor einem Jahr – Prozent ❸ Was würden Sie sagen – gäbe ❹ sowieso – gern ❺ Alle Welt – von – niemand – an – vor ❻ den Teufel – Wand – Das Leben – genug.

Zweite Welle: Aktivieren Sie heute Lektion 37!

87. Lektion

Der Spaßvogel ①

1 – H**a**llo, **O**skar! Wie schön, dass du doch noch gek**o**mmen bist!

2 Wir h**a**tten schon b**ei**nahe die H**o**ffnung **au**fgegeben…

3 Gott sei Dank! Der **A**bend ist ger**e**ttet!

4 – Was für eine h**e**rzliche Begr**ü**ßung!

5 Wom**i**t h**a**be ich denn das verd**ie**nt? ②

6 – Komm, sei nicht so besch**ei**den!

7 Du weißt gut, dass wir uns **o**hne dich zu T**o**de l**a**ngweilen! ③

8 – Ah ja? Das ist das **E**rste, was ich h**ö**re!

9 Ich w**u**sste bis h**eu**te nicht,

10 dass m**ei**ne **A**nwesenheit so gesch**ä**tzt wird. ④

11 Ger**a**de g**e**stern hat man mir

12 noch das G**e**genteil zu verst**e**hen geg**e**ben.

13 Man hat mich h**ö**flich **a**ber best**i**mmt geb**e**ten, ⑤

14 den S**i**tzungssaal zu verl**a**ssen.

ANMERKUNGEN

① يطلق هذا اللقب على الشخص الذي يقوم بتسلية الآخرين.

② لفعل **verdienen** عدة معانٍ:

Er verdient 2.000 Euro pro Monat. "إنه يقبض ألفَيْ يورو في الشهر."

Er hat das nicht verdient. "إنه لم يستحق هذا."

الدرس السابع والثمانون

المهرج

١ - مرحبا، أوسكار! كم هو رائع أنك أتيت!
٢   لقد كدنا نفقد الأمل...
٣   الحمد لله! فقد أنقذنا الأمسية!
٤ - ما هذا الترحيب الحار!
٥   ماذا فعلت لأستحق هذا؟
٦ - هيا، لا تكن متواضعاً بهذا الشكل!
٧   أنت تعرف جيدا أننا نصاب بالملل القاتل بدونك!
٨ - آه نعم؟ فأنا أسمع هذا لأول مرة!
٩   لم أكن أعرف حتى اليوم
١٠   أن وجودي هو موضع تقدير لهذه الدرجة.
١١   إذ بالأمس بالذات مُنِحْتُ
١٢   شعوراً معاكساً لذلك بالكلية.
١٣   إذ طُلِبَ مني بلباقة وبتأكيد
١٤   مغادرة غرفة الإجتماع.

③ على الرغم من أن فعل sich langweilen يتألف من جزأين إلا أنهما لا يُفصَلان عن بعضهما: "مللتُ." Ich habe mich gelangweilt.

④ في حين تعني der Schatz "الكنز"، و mein Schatz "عزيزي" أو "حبيبي"، إلا أن schätzen تعني "يقدر" أو "يُقَيِّم".

⑤ bitten, bat, gebeten: "يرجو"، "رجا"، "مرجو".
"لقد طلب مني المساعدة." Er bat mich um Unterstützung.
"يرجى ترك الممر فارغاً!"
Es wird darum gebeten, den Gang frei zu halten!

15 – War**u**m das denn? Was hast du denn da w**ie**der **a**ngestellt? ⑥

16 – Nichts, ich schw**ö**re es euch!

17 Ich bin nur **e**twas **ei**ngenickt ⑦

18 und h**a**tte ansch**ei**nend **ei**nen f**ü**rchterlichen **A**lptraum,

19 an den ich mich nur noch sehr schwach er**i**nnere,

20 Gott sei Dank, denn er war w**i**rklich ents**e**tzlich.

21 Ich fand mich **ei**ngeschlossen in **ei**nem Saal **o**hne F**e**nster

22 mit v**ie**len **a**nderen Pers**o**nen,

23 d**e**ren Ges**i**chter ich nicht erk**e**nnen k**o**nnte

24 w**e**gen des d**i**chten Rauchs, der im Saal verbr**ei**tet war. ⑧

25 Und pl**ö**tzlich bek**a**m ich k**ei**ne Luft mehr,

26 und da sah ich meine Mutter, die mir winkte und mir z**u**rief:

27 "Komm, wir g**e**hen ans Meer!

28 Es ist ger**a**de **E**bbe, und wir w**e**rden Kr**e**bse s**u**chen!"

29 Und ganz zufr**ie**den bin ich r**i**chtig **ei**nge-schlafen und…

30 fing an zu schn**a**rchen…

⑥ يأتي فعل **etwas anstellen** بمعانٍ متعددة، هنا جاء بمعنى خاص هو "إرتكب خطأً" أو "إقترف ذنباً":

Sie ist bei einer Bank angestellt. "هي موظفة في مصرف."

Stell bitte das Radio an. "شغل المذياع رجاءًا."

⑦ في حين يعني **einnicken** "يغفو" أو "ينعس"، يعني **nicken** "يومئ" أو "يهز رأسه بالموافقة".

١٥ - ولماذا بربك؟ فما الذي اقترفته مجدداً؟

١٦ - لا شيء، أقسم لكم!

١٧ أنا غفوت قليلاً وحسب

١٨ وحلمت على ما يبدو بكابوس مرعب،

١٩ لا أتذكره إلا بصعوبة كبيرة جداً،

٢٠ والحمد لله، لأنه كان مروعاً بحق.

٢١ لقد وجدت نفسي محبوساً في قاعة بلا نوافذ

٢٢ مع العديد من الأشخاص الآخرين

٢٣ الذين لم أتمكن من التعرف على وجوههم

٢٤ بسبب الدخان الكثيف الذي كان منتشراً في القاعة.

٢٥ وفجأة لم أعد أتمكن من التنفس،

٢٦ عندها رأيت والدتي، التي لوحت لي، وصاحت بي:

٢٧ "دعنا نذهب إلى البحر!

٢٨ فالوقت الآن وقت جَزْر، ولنبحث عن سرطان البحر!"

٢٩ وبكل سعادة غفوتُ تماما...

٣٠ وأخذتُ أشخر ...

MAN HAT IHM HÖFLICH ZU VERSTEHEN GEGEBEN, DASS SEINE ANWESENHEIT NICHT GESCHÄTZT WIRD

BAR

⑧ يعني **wegen** "بسبب" ويأتي الإسم بعدها في حالة الإضافة:
"أفقتُ بسبب الكابوس."

Wegen des Albtraums bin ich aufgewacht.

Übung 1: Verstehen Sie diese Sätze?

① Sein Humor und seine Freundlichkeit werden von allen sehr geschätzt. ② Sie hat schon fast die Hoffnung aufgegeben, ihn jemals wieder zu sehen. ③ Er wurde sehr herzlich begrüßt, aber er wusste nicht, womit er das verdient hatte. ④ Man hat ihm höflich zu verstehen gegeben, dass seine Anwesenheit nicht erwünscht war. ⑤ Ich sah in meinem Traum in der Ferne eine Person, deren Gesicht ich nicht erkennen konnte. ⑥ Sie haben ihn gebeten, den Sitzungssaal zu verlassen, weil er so entsetzlich schnarchte.

Übung 2: Setzen Sie die fehlenden Wörter ein!

① هل حضرتك صاحب نكتة أم أنك جديٌّ دائماً؟

Sind Sie ▓▓▓ ▓▓▓▓▓▓▓▓▓▓, oder sind Sie ▓▓▓▓▓ ▓▓▓▓▓?

② هل مللت حضرتك الليلة الماضية كثيراً؟

▓▓▓▓▓ Sie sich gestern Abend ▓▓▓▓ ▓▓▓▓▓▓▓▓▓▓▓▓?

③ هل سبق لحضرتك وأن غفوت خلال اجتماع؟

▓▓▓▓ ▓▓▓ schon einmal bei einer Sitzung ▓▓▓▓▓▓▓▓▓▓▓▓▓?

④ هل حدث أن طلب أحد من حضرتك مغادرة القاعة؟

▓▓▓ man ▓▓▓ schon einmal ▓▓▓▓▓▓▓, den Saal ▓▓ ▓▓▓▓▓▓▓▓▓?

88. Lektion

Verschiedenes

1   Sichtlich schockiert erschien auf dem Polizei-
    revier

Lösung 1: Haben Sie verstanden?

❶ دعابته ولطفه يحظيان بتقدير كبير من قبل الجميع. ❷ لقد قاربت على فقدان الأمل برؤيته مرة أخرى. ❸ لقد تم استقباله بحرارة، لكنه لم يكن يعرف بماذا استحق ذلك. ❹ لقد أفهمته بلطف أن وجوده غير مرغوب به. ❺ رأيت في حلمي شخصاً عن بعد لم أستطع أن أميز وجهه. ❻ لقد طلبوا منه مغادرة قاعة الإجتماع لأنه كان يشخر بشكل رهيب.

❺ هل يمكن لحضرتك أن تقسم أنك لم تفعل شيئاً؟

▓▓▓▓▓ Sie ▓▓▓▓▓▓▓, dass Sie nichts ▓▓▓▓▓▓▓▓▓▓ ▓▓▓▓▓?

❻ هل تتذكر حضرتك الكوابيس أم تنساها على الفور؟

▓▓▓▓▓▓▓ ▓▓▓ ▓▓▓▓ an Ihre Albträume, oder ▓▓▓▓▓▓▓▓▓ ▓▓▓ sie sofort?

Lösung 2: Die fehlenden Wörter.

❶ ein Spaßvogel – immer ernst ❷ Haben – sehr gelangweilt ❸ Sind Sie – eingeschlafen ❹ Hat – Sie – gebeten – zu verlassen ❺ Können – schwören – angestellt haben ❻ Erinnern Sie sich – vergessen Sie.

Zweite Welle: Aktivieren Sie heute Lektion 38!

الدرس الثامن والثمانون

متفرقات

١ كانت الصدمة واضحة على سائح (دخل) على مركز للشرطة

2 in Fr**ie**drichshafen am B**o**densee ein **U**r-lauber ① ②

3 und präsent**ie**rte den Be**a**mten ein Brot, ③

4 in dem er beim Fr**ü**hstück **ei**nen F**i**nger gef**u**nden hatte.

5 Die Poliz**ei** ermi**tt**elte, dass das Brot in **ei**ner Gr**o**ßbäckerei

6 in H**e**chingen h**e**rgestellt w**o**rden war. ④

7 Dort hatte T**a**ge zuv**o**r ein B**ä**cker

8 bei **ei**nem **U**nfall **ei**nen F**i**nger verl**o**ren,

9 der **a**ber trotz intens**i**ver S**u**che ⑤

10 nicht wiedergefunden w**e**rden k**o**nnte.

11 Auf **i**hrer H**o**chzeitsreise ⑥

12 hat **ei**ne dr**ei**undzw**a**nzig J**a**hre **a**lte Amerik**a**nerin in Las V**e**gas

ANMERKUNGEN

① تعرف بحيرة **der Bodensee** أيضاً ببحيرة كونستانس، وتمتد عبر حدود الدول الثلاث الناطقة بالألمانية، وهي ألمانيا والنمسا وسويسرا.

② تستعمل كلمة **der Urlaub** للتعبير عن فترة الإجازات للموظفين، بينما يطلق على العطل المدرسية **Ferien**، والتي تأتي فقط في حالة الجمع.

③ **präsentieren** "يُظهر" أو "يُري" أو "يقدم"، كما أنه يمكن استعماله في جملة من قبيل:

"قريباً سوف تدفع حضرتك الثمن."

Die Rechnung wird Ihnen bald präsentiert werden.

ولكن عليك الإنتباه إلى أنه لا يستعمل مع الأشخاص، فلا يُقال **Ich präsentiere Ihnen meine Frau.**، وإنما:

"أعرف (ك) حضرتك على زوجتي." **Ich stelle Ihnen meine Frau vor.**

٢ في فريدريخس هافن (الواقعة) على بحيرة بودن سي،
٣ وقد أظهر للموظفين قطعة خبزٍ
٤ عثر فيها أثناء وجبة الإفطار على أصبع.
٥ تحريات الشرطة أظهرت أن الخبز قد أنتج في مخبز صناعي ضخم
٦ في هيخينغن.
٧ حيث فقد خبازٌ قبل أيام
٨ في حادثٍ أصبعاً،
٩ ولكنه على الرغم من البحث المكثف
١٠ لم يتم العثور عليها مرة أخرى.
١١ في رحلة شهر عسلها
١٢ ربحت سيدة أمريكية عمرها ثلاث وعشرين سنة في لاس فيغاس

④ صيغة الماضي **Perfekt** المبني للمجهول:
"صُنِع الخبز في بون." **Das Brot ist in Bonn hergestellt worden.**
وصيغة الماضي البعيد **Plusquamperfekt** المبني للمجهول:
"كان الخبز قد صُنِع في بون."
Das Brot war in Bonn hergestellt worden.
لاحظ أنه لم تُضَف **-ge** لـ **worden** كما هي الحال في صيغة إسم المفعول من فعل **werden**، وأنها توضع آخر الجملة!
"لقد سُجِنَ من قبل الشرطة."
Er ist von der Polizei verhaftet worden.
(أنظر الفقرة الأولى من الدرس 91!)

⑤ يعني **trotz** "على الرغم" ويأتي الإسم بعدها في حالة الإضافة:
"رغم الطقس السيئ فإنه يزرع الفجل."
Trotz des schlechten Wetters pflanzt er Radieschen.

⑥ تعني **die Zeit** لوحدها "الوقت" أو "الزمن"، وتعني **hoch** "عالٍ"، بينما تعني **die Hochzeit** "الزفاف".

13 mit drei D**o**llar **Ei**nsatz die Rek**o**rdsumme ⑦
14 von 1.065.358 D**o**llar gew**o**nnen.
15 Dies ist der h**ö**chste Gew**i**nn,
16 der j**e**mals im Gl**ü**cksspielerparad**ie**s Nev**a**da ⑧
17 aus **ei**nem Sp**ie**lautomaten geh**o**lt w**u**rde.
18 Die j**u**nge Frau h**a**tte **ei**gentlich schon
19 auf ihr Hot**e**lzimmer zur**ü**ckgehen w**o**llen, ⑨
20 ließ sich dann **a**ber von Fr**eu**nden überr**e**den, ⑩
21 noch ein l**e**tztes Spiel zu vers**u**chen.

⑦ إنتبه إلى أن الإسم المعدود للعملات مثل **Mark/Euro** أو **Dollar** ... لا يأتي بصيغة الجمع!

⑧ **ein Spieler** "لاعب"، **Glück** "حظ"، **ein Glücksspieler** "مقامر" أو "مُراهن".

⑨ "صعد إلى غرفته." **Auf sein Zimmer gehen.** "سأذهب إلى داخل غرفني." **Ich gehe in mein Zimmer.** تذكر أن الإسم جاء بعد كل من **auf** و **in** منصوباً لأن الفعل مترافق مع حركة!

⑩ لا يمكن فصل جزأي فعل **überreden** عن بعضهما: "لقد أقنعني أن أذهب معه إلى السينما."
Er hat mich überredet, mit ins Kino zu gehen.

Übung 1: Verstehen Sie diese Sätze?

❶ Konstanz ist eine alte Stadt am Bodensee, die heute ungefähr 70.000 Einwohner hat. ❷ Warme und kalte Getränke können aus dem Automaten geholt werden. ❸ Mein Vater war über meinen neuen Minirock sichtlich schockiert. Meinem Großvater gefiel er aber sehr gut. ❹ Ein etwa fünfundfünfzig Jahre alter Mann wurde tot auf einer Parkbank gefunden. ❺ Die Polizei ermittelte, dass er keinen festen Wohnsitz hatte. ❻ Die höchste Summe, die ich jemals im Lotto gewonnen habe, war zwölf Mark/Euro sechzig.

١٣ مقابل رهان بمبلغ ثلاثة دولارات مبلغاً قياسياً

١٤ قدره 1065358 $.

١٥ وهذا هو أعلى ربح

١٦ تم الحصول عليه لحينه في جنة المقامرين نيفادا

١٧ من آلة المقامرة.

١٨ وكانت المرأة الشابة في الواقع تريد بالفعل

١٩ العودة إلى غرفتها في الفندق،

٢٠ ثم أنه تم إقناعها من قبل الأصدقاء،

٢١ أن تجرب اللعب للمرة الأخيرة.

Lösung 1: Haben Sie verstanden?

❶ كونستانس مدينة قديمة على بحيرة بودن سي، والتي يبلغ عددها سكانها اليوم حوالي 70000 نسمة. ❷ يمكن إحضار المشروبات الساخنة والباردة من الجهاز الآلي. ❸ لقد كان والدي مصدوماً بوضوح بسبب تنورتي القصيرة الجديدة. ولكنها أعجبَتْ جدي كثيراً. ❹ تم العثور على رجل يقارب عمره خمسة وخمسين عاماً وهو ميت على مقعد في حديقة. ❺ أفادت تحريات الشرطة أن ليس لديه محلَّ إقامةٍ ثابتاً. ❻ أعلى مبلغ فزت به في حياتي في اليانصيب كان إثني عشر يورو وستين سنتاً.

Übung 2: Setzen Sie die fehlenden Wörter ein!

❶ أين بدا المصطاف الشاب مصدوماً بشكل واضح؟ - في مركز للشرطة في بلدة فريدريخسهافن.

Wo ▓▓▓▓▓▓ der ▓▓▓▓ ▓▓▓▓▓▓▓ sichtlich ▓▓▓▓▓▓▓▓▓? — ▓▓▓ ▓▓▓ ▓▓▓▓▓▓▓▓▓▓▓ ▓▓ Friedrichshafen.

❷ لماذا كان مصدوماً؟ - لأنه وجد أصبعاً في الخبز.

Warum war er schockiert? — Weil er in seinem Brot ▓▓▓▓ ▓▓▓▓▓▓ ▓▓▓▓▓▓▓▓ ▓▓▓▓▓.

❸ أين تمت صناعة الخبز؟ - تم إنتاجه في مخبز صناعي في مدينة هشينغن.

Wo ist das Brot hergestellt worden? – Es ▓▓▓ in ▓▓▓▓▓ ▓▓▓▓▓▓▓▓▓▓▓▓ in Hechingen ▓▓▓▓▓▓▓▓▓▓▓▓ ▓▓▓▓▓▓.

89. Lektion

Ein gemütliches Abendessen ①

1 – Mahlzeit! Ihr habt schon angefangen? ②

2 – Na, klar! Wer nicht kommt zur rechten Zeit,

ANMERKUNGEN

① تستخدم صفة **gemütlich** بمعانٍ عديدة، مثل "مريح"، "لطيف"، "هادئ".

❹ كم هو عمر الأمريكية؟ - عمرها ثلاث وعشرون سنة.

Wie alt ist die Amerikanerin? – Sie ___ 23 ___ ___.

❺ لماذا كانت في لاس فيغاس؟ - لقد كانت في شهر العسل.

Warum war sie in Las Vegas? – Sie ___ auf ihrer ___.

Lösung 2: Die fehlenden Wörter.

❶ erschien – junge Urlauber – schockiert – Auf dem Polizeirevier in ❷ einen Finger gefunden hatte ❸ ist – einer Großbäckerei – hergestellt worden ❹ ist – Jahre alt ❺ war – Hochzeitsreise.

Zweite Welle: Aktivieren Sie heute Lektion 39!

الدرس التاسع والثمانون

عشاء حميم

١ - وجبة شهية! لقد بدأتم بالفعل؟

٢ - بالطبع! الذي لا يأتي في الوقت المناسب،

② يستخدم تعبير **Mahlzeit** قبل البدئ في الطعام، والذي يشكل اختصاراً لجملة: **Ich wünsche Ihnen/dir eine gesegnete Mahlzeit.** "أتمنى لحضرتك/لك وجبة مباركة!" كما يستخدم تعبير **Guten Appetit**، والذي يشكل اختصاراً لجملة: **Ich wünsche Ihnen/dir Guten Appetit.** "أتمنى لحضرتك/لك شهية جيدة!" تجدر الإشارة إلى أن **Mahlzeit** تنتشر بشكل أساسي في النمسا ومنطقة بايرن الألمانية.

3 der muss nehmen, was übrig bleibt. ③

4 – Mensch, sei still! Es ist ja schließlich nicht meine Schuld,

5 wenn ich 'nen Platten habe. ④

6 Typisch!

7 Du hast natürlich den ganzen Schinken schon aufgegessen! ⑤

8 – Kommt, hört auf, euch zu streiten!

9 Es ist noch welcher in der Küche.

10 – Oh, das ist gemein!

11 Du hast mir gesagt, das wäre die letzte Scheibe.

12 – Die Letzte für dich!

13 Das ist etwas anderes. Du hast deinen Teil gehabt.

14 – Du legst für ihn immer die besten Stücke zurück! ⑥

15 Erst kommt er zu spät, und dann wird er auch noch verwöhnt.

16 – Tue nicht so, als ob du verhungern würdest! ⑦ ⑧

③ تعني übrig "الباقي"، وتستخدم كجزئ متمم لفعل bleiben:
"هل ثمة بقية من شرائح فخذ الخنزير؟"
Ist noch was von dem Schinken übrig?

④ تعني einen Platten haben أن العجلة مسوّاة بالأرض، ومعنى "العجلة" هو **der Reifen**.

٣ عليه أن يأخذ ما تبقى.

٤ - أسكتي يا هذه! فالذنب ليس ذنبي على أية حال،

٥ كون العجلة خالية من الهواء.

٦ كعادتكِ!

٧ فقد أكلتِ بالطبع كل شرائح فخذ الخنزير!

٨ - كفا عن هذا الشجار!

٩ فما زال يوجد منها في المطبخ.

١٠ - أوه، هذا لؤم!

١١ فقد قلتِ لي إنها الشريحة الأخيرة.

١٢ - الأخيرة بالنسبة لكِ!

١٣ وهذا شأن آخر. فقد أخذتِ حصتكِ.

١٤ - إنك تضعين دائماً القطع الأفضل له!

١٥ فعلى الرغم من أنه يأتي متأخراً، فإنه يحظى فوقها بالدلال.

١٦ - لا تفعلي هذا وكأنكِ ستموتين جوعاً!

⑤ يعني **essen** "يأكل"، فيما يعني **aufessen** "ينهي أكل":

"كلْ شريحة الزبدة!" **Iss dein Butterbrot!**

"أنهِ أكل شريحة الزبدة!" **Iss dein Butterbrot auf!**

⑥ من معاني **zurücklegen** "يضع جانباً" أو "يدخر" أو "قطع مسافة" أو "مال برأسه".

⑦ يعني تركيب **so tun als ob** "يتظاهر بـ"، ويأتي الفعل في حالة الـ **Konjunktiv**: "إنه يتصرف وكأنه لا يعرفنا."

Er tut so, als ob er uns nicht kennen würde.

⑧ لنتذكر أن تغير جزء من الفعل يؤدي إلى تغيير كبير في معناه، ففعل **hungern** يعني "يجوع"، بينما يعني فعل **verhungern** "يموت جوعاً".

17 Wenn ich richtig gezählt habe,

18 hast du mindestens drei Schinkenbrote,

19 einen Rollmops und zwei saure Gurken gegessen. ⑨ ⑩

20 – Mach doch mal das Fernsehen an! Es ist fünf vor acht. ⑪

21 Die Tagesschau beginnt gleich! ⑫

⑨ معنى **sauer** "حامض" هو عكس معنى **süß** "حلو".

⑩ أكلة **Rollmops** عبارة عن سمك من نوع الرنكة الأطلسي محضرة مثل المخلل بوضعها في ماء الملح والخل.

⑪ تفيد إضافة **doch mal** لفعل الأمر **Mach** أن يتم الأمر بسرعة.

⑫ يطلق على نشرة الأخبار في القناة الأولى إسم **die Tagesschau**، وتسمى الأخبار **die Nachrichten**، ويطلق عليها في النمسا **Zeit im Bild**.

Übung 1: Verstehen Sie diese Sätze?

❶ Das Restaurant, das wir gestern in der Altstadt entdeckt haben, ist sehr gemütlich und gar nicht teuer. ❷ Haben Sie noch was von dem guten Braten übrig? ❸ Ja, ich habe Ihnen etwas davon zurückgelegt. ❹ Sie tut so, als ob sie davon nichts wüsste. ❺ Machen Sie doch bitte mal das Licht aus! Vielleicht bleiben dann die Mücken draußen. ❻ Erst sagt er, er hätte keinen Hunger, und dann isst er den ganzen Kuchen auf.

Übung 2: Setzen Sie die fehlenden Wörter ein!

❶ إنهم يتصرفون، كما لو لم يكن لديهم المال.

▨▨▨ ▨▨▨ ▨▨, ▨▨▨ ▨▨ sie kein Geld hätten.

❷ إن لم تكذِّبْنا أعينُنا، فقد دخن علبتي سجائر على الأقل.

▨▨▨▨ wir richtig ▨▨▨▨▨▨▨ ▨▨▨▨▨▨, hat er ▨▨▨▨▨▨▨▨▨▨ zwei Päckchen Zigaretten geraucht.

vierhundertsechsundfünfzig • 456

١٧ إذ لو كان إحصائي صحيحاً،

١٨ فإنكِ قد أكلت على الأقل ثلاثة شرائح لحم،

١٩ والرنجة المخللة وقطعتين من مخلل الخيار.

٢٠ – هلا شغلت التلفاز! إنها الثامنة إلا خمس دقائق.

٢١ فنشرة الأخبار اليومية ستبدأ حالاً!

EIN GEMÜTLICHES ABENDESSEN

Lösung 1: Haben Sie verstanden?

❶ المطعم الذي اكتشفناه البارحة في المدينة القديمة، لطيف للغاية وغير باهظ الأسعار. ❷ هل أبقيتَ حضرتك شيئاً من الشواء اللذيذ؟ ❸ نعم، لقد أبقيتُ لحضرتك بعضاً من ذلك. ❹ إنها تتصرف، وكأنها لم تكن تعرف شيئاً عن ذلك. ❺ هلا أطفأت الضوء من فضل حضرتك! فلربما بقي البعوض على إثْر ذلك في الخارج. ❻ في البداية يقول إنه غير جائع، ثم يأتي على الكعكة بأكملها.

❸ إبن أختي مدلل كثيراً.

Das Kind ____ ____ ist sehr ____.

❹ العديد من الأطفال لا ينهون أكل وجبتهم من السبانخ.

Viele Kinder ____ ihren Spinat nicht ____.

457 • vierhundertsiebenundfünfzig

❺ لا تعطِ حضرتك شيئاً للرجل! فقد أخذ حصته.

___ ___ dem Mann nichts ___! Er hat ___ ___ gehabt.

❻ آه، الآن فهمت! فهذا شيء مختلف تماماً!

Ah, jetzt ___ ___! Das ist etwas ganz ___!

90. Lektion

Der Krimi am Freitagabend

1 – **A**lso das h**ä**tte ich nun ja w**i**rklich nicht verm**u**tet!

2 Ich h**a**be die g**a**nze Zeit die **a**lte H**au**sangestellte verd**ä**chtigt. ①

3 – Nein, die k**o**nnte es nicht gew**e**sen sein,

4 weil sie k**ei**nen Schl**ü**ssel h**a**tte.

5 – Den h**ä**tte sie sich doch bes**o**rgen k**ö**nnen! ②

6 Nichts l**ei**chter als das!

7 – Ja, **a**ber sie hat's nun mal nicht get**a**n,

8 und **au**ßerdem h**a**tte sie kein Mot**i**v.

9 – Doch, klar! Dass**e**lbe wie **a**lle **a**nderen; das Geld!

10 – Das h**ä**tte sie doch nicht gekr**ie**gt.

ANMERKUNGEN

① كون **der Angestellte** "الموظف" إسماً ضعيفاً فإنه يعامل وكأنه صفة فتضاف له **-r** لنحصل على **ein Angestellter** "موظف"، (أنظر الفقرة 7 من الدرس 83!)

Lösung 2: Die fehlenden Wörter.

❶ Sie tun so, als ob ❷ Wenn – gesehen haben – mindestens ❸ meiner Schwester – verwöhnt ❹ essen – auf ❺ Geben Sie – mehr – seinen Teil ❻ verstehe ich – anderes.

Zweite Welle: Aktivieren Sie heute Lektion 40!

الدرس التسعون

جريمةُ الجمعة مساءً

١ – في الحقيقة فأنا لم أكن لأتوقع هذا البتة!

٢ لقد نظرت كل الوقت إلى خادمة البيت المسنة بعين الريبة.

٣ – لا، فإنه لا يمكن أن تكون هي

٤ لأنه ليس عندها مفتاح.

٥ – كان بإمكانها أن تحصل عليه بالطبع!

٦ فلا شيء أسهل من ذلك!

٧ – نعم، ولكنها لم تفعلها على أية حال،

٨ وإضافة لذلك، فإنه لم يكن لديها أي دافع.

٩ – ولكن هذا واضح بطبيعة الحال! مثلها مثل الآخرين: المال!

١٠ – ولكنها لم تكن لتحصل عليه.

② لنتذكر هنا الجمل التي تحتوي على فعلين في صيغة المصدر: "كان بإمكانه تدبر أمر المفتاح."

Er hätte sich den Schlüssel besorgen können.

(أنظر الفقرة الثانية من الدرس 56!)

11 Da hätte sie sich etwas anderes einfallen lassen müssen. ③

12 – Na ja, das ist jetzt ja auch egal.

13 Wir kennen ja den wahren Schuldigen. ④

14 – Ich bin noch ganz zittrig! ⑤

15 Ich dachte, ich würde einen Herzschlag kriegen,

16 als die Hand plötzlich hinter dem Vorhang hervorkam…

17 – Ja, mir ging's auch so!

18 Sieh doch mal nach, was im ersten Programm kommt. ⑥

19 Ich brauche noch etwas zum Entspannen,

20 bevor ich ins Bett gehe.

DER KRIMI AM FREITAGABEND

Übung 1: Verstehen Sie diese Sätze?

❶ Der wahre Schuldige ist also der Chauffeur. Hättest du das vermutet? ❷ Ja, ich habe ihn von Anfang an verdächtigt. ❸ Du brauchst eine neue Sekretärin? Nichts leichter als das! Die kann ich dir besorgen! Meine Freundin sucht gerade eine Stelle. ❹ Sie dürfen ihn nicht so erschrecken. Er hätte einen Herzschlag bekommen können! ❺ Als die Sonne hinter den Wolken vorkam, wurde es sehr warm.

١١ كان عليها أن تفكر بشيء آخر.

١٢ - حسناً، فالآن لا يهم على أي حال.

١٣ ونحن نعرف الجاني الحقيقي في الواقع.

١٤ - أنا ما مازلت أرتجف بكليتي!

١٥ ظننت أنني سأصاب بنوبة قلبية،

١٦ عندما ظهرت اليد فجأة من خلف الستارة ...

١٧ - نعم، نفس الأمر حصل معي!

١٨ ألقي نظرة على ما سيُعرض في القناة الأولى.

١٩ فأنا بحاجة إلى بعض الإسترخاء،

٢٠ قبل الذهاب إلى السرير.

③ "تخطر على بالي فكرة." **Es fällt mir etwas ein.**
"سوف أعمِلُ تفكيري." **Ich lasse mir etwas einfallen.**

④ تعني Schuld لوحدها "ذنب" أو "دَيْن"، والصفة منه schuldig "مذنب"، أما نفيها أو عكسها فهو unschuldig "بريء" أو "غير مذنب".

⑤ يعني فعل zittern "يرتعش"، والصفة منه zitterig أو zittrig "مرتعش" أو "مرتجف".

⑥ عند الحديث عما يعرض في محطة معينة فإننا نقول:
Was kommt im ersten/zweiten/dritten Programm? أو باختصار:
"مالذي ستعرضه القناة الأولى/الثانية/الثالثة؟"
Was kommt im Ersten/Zweiten/Dritten?

Lösung 1: Haben Sie verstanden?

❶ وبالتالي فإن الجاني الحقيقي هو السائق. هل كنت لتظن ذلك؟ ❷ نعم، فقد شككت فيه من البداية. ❸ أنت بحاجة لسكرتيرة جديدة؟ لا شيء أسهل من ذلك! فأنا يمكنني تأمين الأمر لك! فصديقتي تبحث حالياً عن وظيفة. ❹ لا ينبغي لحضرتك تخويفه هكذا. فقد كاد أن يصاب بنوبة قلبية! ❺ عندما ظهرت الشمس من خلف الغيوم أصبح الجو حاراً كثيراً.

Übung 2: Setzen Sie die fehlenden Wörter ein!

❶ لقد تم الإشتباه به، على الرغم من أنه لم يكن لديه أي دافع.

Man ___ ihn __________, obwohl er ____ _____ hatte.

❷ مساء يوم الخميس يُبَثُّ على القناة الثانية "الملاك الأزرق".

Am ______________ kommt __ _______ ________ "Der blaue Engel".

❸ قلت لحضرتك، بأني لم أفعل ذلك.

Ich _____ _____ schon, ich ____ es nicht _____.

❹ والدي موظف لدى شركة كهرباء.

Mein Vater ist ____________ einer Elektrofirma.

91. Lektion

Wiederholung und Anmerkungen

1 Das Passiv

1 المبني للمجهول:

1.1 فعل **werden** وإسم المفعول:

يتم التعبير بصيغة المبني للمجهول عن فعل ما دون الإشارة إلى فاعله، وهو يُصاغ بتصريف فعل **werden** مع نائب الفاعل وإسم المفعول **Partizip Perfekt** للفعل الذي يأتي في آخر الجملة، وإذا أُريدَ معرفة الفاعل فإنه يُسبَق بحرف الجر **von** عندما يكون الفاعل شخصاً أو حيواناً، و بحرف **durch** عندما يكون الفاعل شيئاً، مع التنبيه إلى أن **von** تستخدم أيضاً هذه الأيام في اللغة المحكية حتى عندما يكون الفاعل شيئاً:

أُفحَصُ (أُعايَنُ) من قِبَل الطبيب. **Ich werde vom Arzt untersucht.**

❺ إنه بحاجة لشيء للشرب قبل الذهاب إلى السرير.

___ ___ noch etwas ___ ___,
___ er ___ ___ geht.

❻ ومالذي يمكننا فعله؟ ألا يخطر ببالك أي شيء؟

Was ___ wir denn ___? ___ dir nichts
___?

Lösung 2: Die fehlenden Wörter.

❶ hat – verdächtigt – kein Motiv ❷ Donnerstagabend – im zweiten Programm ❸ sagte Ihnen – habe – getan ❹ Angestellter ❺ Er braucht – zum Trinken, bevor – ins Bett ❻ können – tun – Fällt – ein.

Zweite Welle: Aktivieren Sie heute Lektion 41!

الدرس الحادي والتسعون

Das Kind wird von dem Hund gebissen.

يُعَضُّ الطفل من قبل الكلب.

Die Pakete werden von dem Briefträger gebracht.

تُجلَبُ الطرود البريدية من قبل موزع البريد.

Sie wird durch das Schreien ihres Kindes geweckt.

إنها توقَظُ بصياح طفلها.

Das Haus wird verkauft. سيُباعُ البيت.

Hier wird nicht geraucht. هنا لا يُدَخَّن.

أما الماضي المستمر فإنه يُصاغ بتصريف فعل **werden** في الماضي:

Ich wurde von einer Mücke gestochen. لُدِغتُ من قِبَل بعوضة.

Es wurde viel darüber gesprochen. لقد تُحُدِّثَ عن هذا كثيراً.

كما يُصاغ الماضي التام بتصريف فعل **werden** في الماضي مع فعل الكون **sein**، ووضع **worden** في آخر الجملة:

Er ist gestern entlassen worden. لقد أُخْلِيَ سبيله البارحة.

Er war schon lange erwartet worden. لقد تم انتظاره مطولاً.

كما يُصاغ المضارع بتصريف فعل **werden**، ووضع **werden** في آخر الجملة:

Er wird erwartet werden. سوف يتم انتظاره.

2.1 فعل الكون **sein** وإسم المفعول:

ذكرنا في البداية أنه لا توجد في الألمانية جملة إسمية، وأنها تصاغ باستخدام فعل الكون **sein** وإسم المفعول، وتدل الجملة عندئذ على حالة وليس على فعل أو حدث:

Das Haus ist verkauft. البيت مُباعٌ.

Der Arm ist gebrochen. الذراعُ مكسورةٌ.

Die Kirche war zerstört, aber sie ist wieder aufgebaut worden.
كانت الكنيسة مدمرةً ولكن أُعيدَ بناؤها.

2 Die Konjunktion als ob

2 أداة الربط **als ob:**

يتطلب تشكيل الجمل باستخدام **als ob** صياغتها في حالة النصب **Konjunktiv:**

Er tut so, als ob er der König von Frankreich wäre.
إنه يتصرف وكأنه ملك فرنسا.

Sie fährt, als ob es um Leben und Tod ginge.
هي تتصرف (تقود السيارة) وكأن المسألة مسألة حياة أو موت.

Du isst, als ob du den ganzen Tag nichts gegessen hättest.
إنك تأكل وكأنك لم تأكل شيئاً طوال اليوم.

Du isst, als hättest du den ganzen Tag nichts gegessen.

إنك تأكل وكأنك لم تأكل شيئاً طوال اليوم.

لاحظ أنه بحذف **ob** من الجملة يبقى المعنى على حاله، ولكن موضع الفعل يتعدل بحيث يوضع في بداية الجملة الثانوية.

3 Die Konjunktionen solange und während

3 أداة الربط solange و während

تأتي **während** بمعنى "خلال" أو "أثناء" ويأتي الإسم بعدها في حالة المضاف **Genitiv**، وتأتي **solange** بمعنى "طالما" أو "ما دام":

Macht keinen Unsinn, solange ich nicht hier bin!

لا ترتكبوا أية حماقة طالما أني لست هنا!

Während ich weg war, tanzten die Mäuse auf den Tischen.

أثناء غيابي رقصت الفئران على الطاولة.

Während der Tagesschau darf er nicht gestört werden.

لا ينبغي إزعاجه أثناء نشرة الأخبار.

4 Erst

4 Erst:

لـ **Erst** معانٍ واستخداماتٌ كثيرة:

1.4 بمعنى **zuerst** "بداية" أو "أولاً":

Zuerst nahm er ein Aspirin und dann, als das Kopfweh immer noch nicht besser wurde, nahm er ein zweites.

في البداية تناول حبة أسبرين واحدة، ثم أخذ الأخرى بعد أن لم يتحسن الصداع.

2.4 بمعنى **nur** "فقط" أو "وحسب":

Er hat erst ein Bier getrunken.

لقد شرب مشروب جعة واحد وحسب.

Er hat nur ein Bier getrunken.

لقد شرب مشروب جعة واحد فقط.

3.4 كصفة بمعنى erst "الأول":

Der erste Tag des Monats ist diesmal ein Donnerstag.

أول يوم في هذا الشهر هذه المرة هو الخميس.

Mein erstes Auto war ein Volkswagen.

سيارتي الأولى كانت فولكس فاجن.

4.4 معانٍ متفرقة لـ erst:

Jetzt erst recht.	الآن أكثر من أي وقت مضى / أو بالأحرى الآن.
Jetzt erst recht nicht.	من باب أولى لا.

92. Lektion

Stille Wasser sind tief ①

1 – Haben Sie vielleicht Herrn Polsky gesehen, Frau Meier?

2 Die Milch steht seit heute Morgen vor seiner Tür,

3 und er hat mir nicht gesagt, dass er wegfahren würde. ②

4 – Ja, haben Sie denn nicht gehört, was passiert ist?

5 Er wurde in aller Frühe von der Polizei abgeholt! ③

6 – Von der Polizei? Herr Polsky? Das kann ich nicht glauben!

[ANMERKUNGEN]

① يطلق هذا الوصف على أولئك الذين غالباً ما يلوذون بالصمت ولا يتكلمون مع أن لديهم الكثير مما يقولونه على عكس ما قد يتوقعه المحيطون بهم.

② من استخدامات صيغة الـ Konjunktiv أنه يستخدم عند نقل كلام شخص آخر (أنظر الفقرة الأولى من الدرس 98!)

Ich mag keine Schnecken, und erst recht keine Froschschenkel.

أنا لا أحب الحلزون، ومن باب أولى فإني لا أحب سيقان الضفادع.

Wie ich ihn liebe! Und dich erst! كم أحبه! وإياك أكثر!

Sie hat den ersten besten (oder **erstbesten) Mann geheiratet.**

تزوجت أفضل رجل أتيح لها.

Zweite Welle: Aktivieren Sie heute Lektion 42!

الدرس الثاني والتسعون

تحت السواهي دواهٍ

١ - هل حدث ورأيت السيد بولسكي، يا سيدة ماير؟

٢ الحليب موجود منذ صباح اليوم أمام باب منزله،

٣ وهو لم يقل لي فيما لو كان سيسافر.

٤ - حسناً، ألم تسمعي حضرتك بما حدث؟

٥ لقد تم القبض عليه في الصباح من قبل الشرطة!

٦ - من قبل الشرطة؟ السيد بولسكي؟ لا أستطيع أن أصدق ذلك!

③ يأتي فعل **abholen** بعدة معانٍ، مثل "جلب" أو "أحضر" أو "مر واصطحب"، بينما **holen** بمعنى "ذهب يحضر"، (أنظر الفقرة 5 من الدرس 43!): "أحضَرتُ زوجي من المكتب."

Ich habe meinen Mann vom Büro abgeholt.

وفي صيغة المبني المجهول: "أُحضِر زوجي من المكتب من قِبَلي."

Mein Mann ist von mir vom Büro abgeholt worden.

7 Er war doch immer so nett und höflich.

8 – Ja, ja, so kann man sich täuschen.

9 Stille Wasser sind tief.

10 – Jetzt erzählen Sie mal keine Märchen, Frau Meier!

11 Woher wissen Sie denn, dass er von der Polizei abgeholt wurde?

12 – Ich habe es mit eigenen Augen gesehen.

13 Sie können mir glauben.

14 Wissen Sie, ich bin heute Nacht

15 durch laute Stimmen auf dem Flur geweckt worden. ④

16 Vor der Tür von Herrn Polsky

17 standen zwei Polizeibeamte in Uniform

18 und klingelten und klopften ohne aufzuhören. ⑤

19 Und er hat sich natürlich lange nicht gemeldet, ⑥

20 aber ich wusste, dass er da war,

21 denn ich hatte am Abend vorher Musik gehört.

[ANMERKUNGEN]

④ يوجد فرق في الألمانية بين فعل "إستيقظ" عندما يتم ذاتياً أو من قبل طرف آخر: "إستيقظتُ في السادسة."
Ich bin um 6 aufgewacht.
"أيقظني حضرتك رجاءاً في السابعة والنصف!"
Wecken Sie mich bitte um halb acht!

⑤ **aufhören** "يوقف"، **ohne** "دون" وهي تأتي كجملة مصدرية مع **zu**:
"لقد غادروا المطعم دون أن يدفعوا."
Sie verließen das Restaurant ohne zu bezahlen.
"لقد أمطرت يومين بطولهما دون انقطاع."
Es regnete zwei Tage lang ohne aufzuhören.

٧   لقد كان دائماً لطيفاً ومهذباً.
٨ - حقاً؟ هكذا يمكن أن يُخدَع المرء.
٩   تحت السواهي دواهٍ.
١٠ - هلا تحدثت الآن بواقعية، السيدة ماير!
١١   من أين لحضرتكِ أن تعرفي أنه تم القبض عليه من قبل الشرطة؟
١٢ - لقد رأيت ذلك بأم عيني.
١٣   يمكنكِ أن تصدقيني.
١٤   فلتعلمي أني الليلة
١٥   قد استيقظت بسبب أصوات مرتفعة في الممر
١٦   أمام باب السيد بولسكي
١٧   وقف رجلا شرطة بزيهما الرسمي
١٨   وقرعا الجرس وطرقا الباب دون انقطاع.
١٩   وبالطبع فإنه مضى وقت طويل ولم يرد،
٢٠   مع أني كنت أعرف أنه كان موجوداً
٢١   إذ إني قد سمعت في الليلة السابقة موسيقى.

الدرس الثاني والتسعون

⑥ (أنظر الفقرة 5 من الدرس 71!) sich melden "يحضر أمام" أو "يمثل أمام" أو "يرد على الهاتف"، بينما etwas melden "يخبر" أو "يعلن عن"، أما anmelden فتعني "يخبر" أو "يسجل": "قدم لطفله طلب الإلتحاق بالمدرسة."
Er hat sein Kind in der Schule angemeldet.

22 Schließlich haben Sie gedroht, die Tür **auf**zubrechen, ⑦ ⑧

23 falls er sie nicht **ö**ffnen w**ü**rde...

24 Na, und da ist er **e**ndlich **rau**sgekommen, ⑨

25 und sie haben ihn **mit**genommen.

⑦ معنى drohen "يهدد"، ويأتي الإسم بعده (مفعوله) مجروراً:
"تهدد الشرطة سائق السيارة بمخالفة نقدية."
Die Polizei droht dem Autofahrer mit einer Geldstrafe.
"إنه يهدد أهله بألا يعود أبداً."
Er droht seinen Eltern, nie mehr wiederzukommen.

Übung 1: Verstehen Sie diese Sätze?

❶ Wissen Sie vielleicht, wo die Müllers sind? Die Zeitung liegt schon seit zwei Tagen in ihrem Briefkasten, und sie haben mir nicht gesagt, dass sie wegfahren würden. ❷ Oh, das ist aber schade! Er war doch so ein netter und höflicher Mann! ❸ Ich bin heute Nacht drei Mal durch Schreie auf der Straße geweckt worden. ❹ Sie wusste genau, dass er zu Hause war; aber er hat sich nicht gemeldet. ❺ Sie haben ihn in aller Frühe mitgenommen. Sie hat es mit eigenen Augen gesehen.

Übung 2: Setzen Sie die fehlenden Wörter ein!

❶ ماذا يوجد أمام باب السيد بولسكي؟ - الحليب.

Was steht ▒▒▒ ▒▒▒ Tür von Herrn Polsky? – ▒▒▒ ▒▒▒▒▒.

❷ مِن قِبَلِ مَن أُحضِرَ السيد بولسكي؟ - من قِبَلِ الشرطة.

Von ▒▒▒ ▒▒▒▒▒▒ Herr Polsky abgeholt? – ▒▒▒ ▒▒▒ ▒▒▒▒▒▒▒.

٢٢ في الأخير هددا بكسر الباب،
٢٣ إن لم يفتح ...
٢٤ فجأة، وعندها ظهر أخيراً،
٢٥ وأخذاه معهما.

⑧ **aufbrechen** "يفتح عنوة" أو "يكسر" أو "يرتحل"، بينما **brechen** "يكسر" أو "يتقيأ" أو "ينكث".

⑨ الفرق بين **endlich** و **schließlich**: تستخدم **endlich** عندما ننتظر حدوث شيء ما، مثل **Endlich bist du da!** "وصلت أخيراً!"، أما **schließlich**: فإنها تشير إلى نهاية فعل محدد، مثل "وأخيرا، غادر دون أن يتفوه ببنت شفة."
Schließlich ist er gegangen, ohne etwas zu sagen.

Lösung 1: Haben Sie verstanden?

❶ هل تعرف حضرتك أين هم آل موللر؟ فالصحيفة موجودة منذ يومين في صندوق بريدهم، وهم لم يقولوا لي إنهم سوف يغادرون. ❷ أوه، هذا أمر سيئ للغاية! فقد كان رجلاً لطيفاً ومهذباً للغاية! ❸ لقد تم إيقاظي هذه الليلة ثلاث مرات بسبب صراخ في الشارع. ❹ كانت تعرف تماماً أنه كان في المنزل؛ ولكنه لم يُخْطِرْ (أحداً بذلك). ❺ أخذوه في الصباح الباكر. شاهدَتْ ذلك بأم عينيها.

❸ متى تم إحضار السيد بولسكي؟ - في الصباح الباكر.

Wann ___ Herr Polsky abgeholt? – ___ ___ ___.

❹ ما الذي جعل السيدة ماير تستيقظ في الليل؟ - بسبب الأصوات الصاخبة.

___ wurde Frau Meier in der Nacht ___? – ___ ___ ___.

❺ بم هدد رجالُ الشرطة؟ - لقد هددوا بكسر الباب.

___ drohten die Polizeibeamten? – ___ ___, ___ ___ ___.

93. Lektion

Aktenzeichen XY ungelöst ①

1 – Sch**ö**nen g**u**ten **A**bend, Frau M**ei**er!

2 Was für **ei**ne ents**e**tzliche H**i**tze, nicht?

3 Na, h**o**ffentlich ist m**ei**ne Milch nicht s**au**er!

4 – Sie, Herr P**o**lsky? Ich d**a**chte, Sie w**ä**ren… ②

5 – Im Gef**ä**ngnis für **i**mmer?

6 Nein, ganz so weit ist es gl**ü**cklicherweise noch nicht! ③

ANMERKUNGEN

① **Aktenzeichen XY** عبارة عن برنامج تلفزيوني في المحطة الألمانية الثانية يهدف لملاحقة مرتكبي الجرائم بمساعدة المشاهدين.

② من معاني فعل **denken** "يفكر" أو "يعتقد" أو "يراود ذهنه"، وهو من الأفعال الشاذة، وصيغة الماضي منه **dachte** وإسم مفعوله **gedacht**، والتي تماثل تلك التي لفعل **bringen** "يجلب"، أي **brachte** و **gebracht**.

❻ – لماذا عرفت السيدة ماير أن السيد بولسكي كان في المنزل؟
سمعت موسيقى وأصواتاً.

…… …… Frau Meier, dass Herr Polsky
… …… war? – … … …… …
…… …….

Lösung 2: Die fehlenden Wörter.

❶ vor der – Die Milch ❷ wem wurde – Von der Polizei ❸ wurde – In aller Frühe ❹ Wodurch – geweckt – Durch laute Stimmen ❺ Womit – Sie drohten, die Tür aufzubrechen ❻ Warum wusste – zu Hause – Sie hat Musik und Stimmen gehört.

Zweite Welle: Aktivieren Sie heute Lektion 43!

الدرس الثالث والتسعون

رقم الملف س ع غير المحلولة

١ – مساء الخير، يا سيدة ماير!

٢ ما هذا الحَرُّ الرهيب، أليس كذلك؟

٣ أجل، آمل أن الحليب لدي لم يفسد!

٤ – هذا حضرتك، سيد بولسكي؟ ظننت أن حضرتك ...

٥ – في السجن إلى الأبد؟

٦ لا، لحسن الحظ فإن الأمر لم يصل لهذا الحد!

③ تعني **weit** لوحدها "بعيد"، وقد يتباين معناها وفق تعبيرات معروفة مثل:
So weit sind wir noch nicht. "نحن لم نصل بعد إلى هذا الحد."
Wie weit bist du? "أين بلغت؟"

7 – Da bin ich **a**ber froh!

8 Ich h**a**be mir ja gleich ges**a**gt: Das muss ein **I**rrtum sein! ④

9 Aber s**a**gen Sie mal, warum sind Sie **ei**gentlich verh**a**ftet w**o**rden?

10 – Tja, st**e**llen Sie sich vor,

11 **i**rgendj**e**mand muss

12 mich mit **i**rgendj**e**mandem verw**e**chselt h**a**ben. ⑤

13 Man hat mich für **ei**nen

14 der in "Aktenzeichen XY" ges**u**chten Verbrecher geh**a**lten. ⑥

15 Und ich muss z**u**geben, die **Ä**hnlichkeit war frapp**ie**rend. ⑦

16 – Ja, nicht wahr? Das fand ich auch!

17 Zun**ä**chst w**o**llte ich ja m**ei**nen **Au**gen nicht tr**au**en,

18 **a**ber dann habe ich m**ei**ne Schw**e**ster angerufen,

19 und sie hat mir auch gesagt, dass das s**i**cherlich Sie wären,

20 und ihr Mann und m**ei**ner und die Frau aus dem **e**rsten Stock

---

④ تعني **der Irrtum** "الخطأ" أو "الغلط"، والفعل منه **sich irren** "يخطئ"، أو **sich täuschen** "ينخدع".

⑤ **jemand** "أحد" أو "شخص"، **irgendjemand** "أي شخص" أو "شخص ما"، **irgendetwas** "شيء ما"، **irgendeiner/eine/eines** "أي واحد"/"أي واحدة"/"أي واحد": "هل ثمة أي أمل؟" "**Besteht irgendeine Hoffnung?**"

٧ – أنا سعيدة لذلك!

٨ لقد حدثتني نفسي: لا بد أن يكون الأمر خطأً!

٩ ولكن قل لي حضرتك، لماذا تم القبض على حضرتك في الواقع؟

١٠ – حسناً، تخيلي حضرتكِ،

١١ شخصٌ ما يجب

١٢ أن يكون قد شبهني بشخص ما.

١٣ لقد ظُنَّ أني أحد

١٤ المجرمين المطلوبين في برنامج "رقم الملف س ع".

١٥ وعلي الإعتراف، بأن وجه الشبه كان مدهشاً.

١٦ – نعم، أليس كذلك؟ هذا ما رأيته أنا أيضاً!

١٧ بداية لم أكن أريد أن أصدق عيني،

١٨ ولكني اتصلت بعدها بأختي،

١٩ وقالت لي أيضاً، بأن هذا هو حضرتك بكل تأكيد،

٢٠ كما أن زوجها وزوجي والمرأة من الطابق الأول

⑥ **halten für** "إعتبر" أو "رأى رأياً" أو "يظن"، ويأتي الإسم بعده منصوباً: "يظن نفسه الإنسان الأكثر ذكاءاً في الدنيا."
Er hält sich für den intelligentesten Menschen auf der Welt.
"من يظن نفسه في الواقع!" **Für wen hält er sich eigentlich?**

⑦ **ähnlich** "شبيه" أو "نظير"، يمكن صياغة الإسم من الصفات المنتهية بـ **-lich** بإضافة **-keit** في آخرها: "شبيه ← الشبه" **ähnlich → Ähnlichkeit** "لطيف أو ودود ← الصداقة أو اللطف" **freundlich → Freundlichkeit** "شخصي أو ذاتي ← شخصية" **persönlich → Persönlichkeit** لنتذكر أن الأسماء المنتهية بـ **-heit, -keit, -ung** أسماء مؤنثة!

21 waren auch ganz sicher, verstehen Sie...
22 – Ja, ja, Frau Meier, ich verstehe schon,
23 aber seien Sie das nächste Mal vorsichtiger, ⑧
24 denn so können Sie große Wellen ⑨
25 in stillen Wassern schlagen.

Übung 1: Verstehen Sie diese Sätze?

❶ Sie dachte, er wäre für immer weggegangen. ❷ Die Polizei hat Herrn Müller verhaftet? Das ist sicher ein Irrtum gewesen! ❸ Meine Schwester sieht mir sehr ähnlich. Man verwechselt mich oft mit ihr. ❹ Er musste zugeben, dass er sich geirrt hatte. ❺ Sie dachten, ich wäre im Krankenhaus? Nein, so weit ist es glücklicherweise noch nicht! ❻ Diese Nachricht hat große Wellen geschlagen.

Übung 2: Setzen Sie die fehlenden Wörter ein!

❶ إنه لطقس رهيب، أليس كذلك؟

▓▓▓ ▓▓▓ ▓▓▓ entsetzliches Wetter, ▓▓▓▓▓ ▓▓▓▓?

❷ كان يعتقد أنني لم أكن بعد في المنزل.

▓▓ ▓▓▓▓▓▓, ▓▓▓ ▓▓▓▓ noch nicht zu Hause.

❸ لماذا تم اعتقاله في واقع الحال؟

Warum ▓▓▓ er ▓▓▓▓▓▓▓▓▓▓ verhaftet ▓▓▓▓▓▓?

❹ لقد اعتُقِد أنه المجرم المطلوب (الجاري البحث عنه).

Man ▓▓▓ ihn ▓▓ einen gesuchten Verbrecher ▓▓▓▓▓▓▓▓.

vierhundertsechsundsiebzig • 476

٢١ أيضاً كانوا متأكدين تماماً، هل تفهم حضرتك ...

٢٢ - حقاً؟ يا سيدة ماير، فأنا أفهم بحق،

٢٣ ولكن كوني في المرة القادمة أكثر حذراً،

٢٤ لأنه يمكن لحضرتكِ بهذا أن تثيري مشاكلَ

٢٥ من العدم.

⑧ صيغة الأمر من فعل الكون **sein** هي **sei** "كن" و **seien Sie** كن حضرتك" و **seid** كونوا".

⑨ لا يترجم تعبير **große Wellen schlagen** حرفياً، وهو يعني مجازاً "إثارة المشاكل أو الشغب".

Lösung 1: Haben Sie verstanden?

❶ لقد ظنت أنه ذهب إلى غير رجعة. ❷ ألقت الشرطة القبض على السيد موللر؟ وهذا ما كان خطأً بالتأكيد! ❸ أختي تشبهني إلى حد بعيد. كثيراً ما يخلط المرء بيني وبينها. ❹ كان عليه أن يعترف بأنه كان مخطئاً. ❺ ظنوا أنني في المستشفى؟ لا، فالأمر ليس بهذه الدرجة لحسن الحظ! ❻ لقد أخذ هذا الخبر صدىً كبيراً.

❺ الشَّبه بين حضرتك وبين أخيك لافت للنظر.

___ ___ zwischen Ihnen und Ihrem Bruder ist ___.

❻ لقد قال لي بأن ليس عند حضرتك وقت.

___ ___ ___ ___, dass Sie keine Zeit ___.

94. Lektion

Hatschi! ①

1 – Gesundheit! Sind Sie erk**ä**ltet? ②

2 – Na, h**ö**ren Sie mal!

3 Das w**ü**rde mir ja ger**a**de noch f**e**hlen! Hatschi! ③

4 – Na **a**lso, da n**ie**sen Sie ja schon w**ie**der!

5 S**e**hen Sie, das ist s**i**cherlich der **A**nfang **ei**ner Erk**ä**ltung!

6 – Ich vers**i**chere **I**hnen, ich bin noch nie krank gew**e**sen

7 und ich h**a**be auch nicht die **A**bsicht, es zu w**e**rden. ④

ANMERKUNGEN

① تختلف المحاكاة الصوتية من لغة لأخرى، فيُعبَّر في اللغة الألمانية عن العطس مثلاً بـ **hatschi** "هاتشو"، وعن صياح الديك بـ **kikeriki** "كوكو كو كو"، وإذا تألمنا فإننا نصرخ **au** "آه" أو **aua** "أخ" أو **auweh**.

Lösung 2: Die fehlenden Wörter.

❶ Was für ein – nicht wahr ❷ Er dachte, ich wäre ❸ ist – eigentlich – worden ❹ hat – für – gehalten ❺ Die Ähnlichkeit – frappierend ❻ Er hat mir gesagt – hätten.

Zweite Welle: Aktivieren Sie heute Lektion 44!

الدرس الرابع والتسعون

هاتشو!

١ - صحة! هل تشعر حضرتك بالبرد؟

٢ - ماذا، كفي عن هذا!

٣ فهذا بالضبط ما لا ينقصني! هاتشو!

٤ - أرأيت، فحضرتك تعطس مجدداً!

٥ إنتبه حضرتك، فمؤكد أن هذه بداية نوبة من البرد!

٦ - أود أن أؤكد لحضرتكِ، أني لم أكن مريضاً قط،

٧ وليس في نيتي أن أفعلها.

② **erkälten** "يصاب بنزلة برد"، **eine Erkältung** "نزلة برد"، لننتبه إلى أنه يمكن صياغة الأسماء من بعض الأفعال بإضافة **-ung** إلى الفعل: "يعتذر ← الإعتذار" **verzeihen → die Verzeihung** "يسكن ← السكن" **wohnen → die Wohnung**.

③ هل تتذكر هذا التعبير؟: **(Na), hören Sie mal!** "يكفي هذا!" أو "فكر حضرتك بهذا!"، **Das fehlt ja noch** "هذا الذي كان ينقصني!"، **fehlen** "ينقص".

④ **die Absicht haben...** "يخطط" أو "ينوي" أو "يقصد".

8 – Na, dann haben Sie eben einen Heuschnupfen! ⑤ ⑥

9 – Einen Heuschnupfen? Ich? Das ist ja die Höhe! ⑦

10 Jetzt soll ich auch noch allergisch sein! ⑧

11 – Aber da ist doch nichts Schlimmes dran! ⑨

12 Das passiert vielen Leuten.

13 – Was gehen mich die Leute an?

14 Kümmern Sie sich um Ihre eigenen Angelegenheiten!

15 Hatschi!

16 – Gesundheit! Und ich bin sicher, dass es ein Heuschnupfen ist.

17 – Hören Sie, könnten Sie mich nicht endlich in Ruhe lassen?

18 – Aber natürlich! Wenn Sie es vorziehen, allein zu sein…

19 Ja, ja, so ist es immer.

20 Je netter man zu den Leuten ist, desto unfreundlicher werden sie! ⑩

⑤ تعني der Schnupfen لوحدها "زكام" و das Heu "حشيش يابس".

⑥ eben "إذن" أو "والحال هذه":
"سائقو الحافلات يضربون؟ إذن سأذهب والحال هذه سيراً."
Die Busfahrer streiken? Dann gehe ich eben zu Fuß.

⑦ يستخدم تعبير Das ist ja die Höhe! للدلالة على أن الأمور قد تجاوزت الحد المعقول، ويمكن ترجمته في بعض الأحيان حسب السياق إلى "لقد بلغ السيل الزبى".

⑧ إستُعمِلَ فعل sollen هنا للتعبير عن أن طرفاً آخر يدعي هذا القول:
Er soll Millionär sein. "يقولون إنه مليونير."

٨ - حسناً، فحضرتك مصابٌ إذن بحمى الدريس (إلتهاب الأنف التحسسي)!

٩ - حمى الدريس (إلتهاب الأنف التحسسي)؟ أنا؟ هذه مبالغة بالفعل!

١٠   تدعين أني مصابٌ بالحساسية أيضاً!

١١ - ولكن هذا ليس بالأمر السيء!

١٢   فهذا يحدث لكثير من الناس.

١٣ - ومالذي يعنيني من أمر الناس؟

١٤   فلتهتمي حضرتك بما يعنيك!

١٥   هاتشو!

١٦ - صحة! وأنا متأكدة من أن هذه حمى الدريس (إلتهاب الأنف التحسسي).

١٧ - فلتستمعي حضرتكِ، هلا تركتِني حضرتكِ وشأني؟

١٨ - بكل تأكيد! إذا كنت حضرتك تفضل أن تكون وحيداً ...

١٩   للأسف، فالناس دوماً هكذا.

٢٠   كلما كان المرء ألطفَ مع الناس، بقدر ما ازدادت وقاحتهم!

⑨ الأصل daran ولكنها تختصر في الكلام المحكي إلى dran، ويتم التعويض بها عن جملة، ففي هذه الجملة:
"مالأمر السيئ في هذه المسألة؟ ← مالسيئ في هذا؟"
Was ist Schlimmes an dieser Sache? → Was ist da Schlimmes dran?

⑩ لاحظ أن Je... desto تستدعيان استخدام صيغة أفعل التفضيل Komparativ:
"كلما كسبت مالاً أكثرَ صرفت أكثرَ."
Je mehr ich verdiene, desto mehr gebe ich aus.

Übung 1: Verstehen Sie diese Sätze?

① Hermann niest schon den ganzen Tag. Ich glaube, er hat sich gestern beim Schwimmen erkältet. ② Ihr Mann soll einen neuen Direktor bekommen. Stimmt das? ③ Was? Das würde ihm ja gerade noch fehlen. ④ In diesem Fall zieht er es sicher wieder vor, die Arbeit zu wechseln. ⑤ Je länger wir warten, desto kälter wird das Essen. ⑥ Ich habe die Absicht, um acht Uhr dorthin zu gehen. Glaubst du, dass das möglich ist? – Natürlich! Je früher, desto besser!

Übung 2: Setzen Sie die fehlenden Wörter ein!

❶ هلا تركته بحاله رجاءاً؟ فهو مريض.

_____ du ihn bitte _____ _____ lassen? Er ist _____.

❷ هذا الأمر لا يهمني. فلتهتم أنت بنفسك بذلك!

_____ _____ geht mich nichts an. _____ _____ selbst darum!

❸ أؤكد لحضرتك أني لم أكن أنوي إزعاج حضرتك.

Ich _____ _____, dass ich nicht _____ _____ hatte, Sie zu ärgern.

❹ كلما زاد كلام الناس، قل تفكيرهم (فيما يقولون).

_____ _____ die Leute sprechen, _____ weniger denken sie nach.

❺ إنه لم يُصَبْ من قبلُ بمرض خطير، ولكنه يعاني منذ عدة سنوات من حمى الدريس (إلتهاب الأنف التحسسي).

Er _____ nie ernsthaft krank _____, aber er hat seit Jahren _____ _____.

Lösung 1: Haben Sie verstanden?

❶ هيرمان يعطس طوال اليوم. أعتقد أنه أصيب أمس أثناء السباحة بنزلة برد. ❷ (سمعت أن) زوج حضرتكِ (سوف) يحصل على مدير جديد. فهل هذا صحيح؟ ❸ ماذا؟ فهذا بالضبط ما لم يكن ينقصه. ❹ في هذه الحالة سيفضل بالتأكيد تغيير العمل مجدداً. ❺ كلما أطلنا الإنتظار زادت برودة الأكل. ❻ كنت أنوي الذهاب إلى هناك في الثامنة. هل تعتقد أن هذا ممكنٌ؟ - بالطبع! فكلما بكرت كان ذلك أفضل!

❻ كلما تأخر المساء (السهرة)، زاد لطف الضيوف!

▆▆ ▆▆▆▆▆▆ der Abend, ▆▆▆▆▆ ▆▆▆▆▆▆ die Gäste!

Lösung 2: Die fehlenden Wörter.

❶ Könntest – in Ruhe – krank ❷ Diese Angelegenheit – Kümmere dich ❸ versichere Ihnen – die Absicht ❹ Je mehr – desto ❺ ist – gewesen – einen Heuschnupfen ❻ Je später – desto netter.

Zweite Welle: Aktivieren Sie heute Lektion 45!

95. Lektion

Ein Zeitungsbericht

Überfall auf Heidener Tankstelle geklärt ①

1 Der Überfall auf eine Tankstelle in Heiden, ②
2 bei dem der Täter 5200 Euro erbeutet hat, ist aufgeklärt. ③
3 Der Räuber hatte - wie berichtet -
4 den allein anwesenden Tankstellenpächter ④ ⑤
5 mit einem Revolver bedroht
6 und zur Herausgabe der Tageseinnahmen gezwungen. ⑥
7 Als Täter konnte jetzt ein 28-jähriger Maurer aus Heiden ermittelt ⑦
8 und in seiner Wohnung festgenommen werden.
9 Dort wurden auch der größte Teil des geraubten Geldes ⑧
10 und die Waffe gefunden.

ANMERKUNGEN

① لنتذكر هنا أنه لصياغة إسم النسبة فإنه يضاف لاسم المدينة أو البلد er... وتكتب بحرف كبير.

② هايدن هو إسم بلدة تقع في ولاية "شمال الراين-وستفاليا".

③ تعني die Beute "الفريسة" أو "الغنيمة"، والفعل منها erbeuten "غنم" أو "إقتنص"، تذكر أن إضافة -er لبعض الأفعال تجعلها متعدية بذاتها بدل أن تتعدى بأحد الأحرف!

④ تستخدم Pächter للتعبير عن نوع من التعاقدات بين الشركات وأشخاص يعملون تحت إسمها ولكنهم يديرون العمل ويعملون بأنفسهم، وهي منتشرة في محطات الوقود وسلاسل المطاعم الكبيرة.

الدرس الخامس والتسعون

تقرير صحفي

كشف حادث الإعتداء على محطة وقود هايدن

١ لقد تم الكشف عن السَّطْو على محطة للوقود في هايدن،

٢ والذي اغتنم الجاني فيه 5200 يورو.

٣ كان السارق - كما سبق وذُكِر -

٤ قد هدد مستثمر محطة الوقود الموجود لوحده

٥ بمسدس

٦ وأجبره على تسليم الوارد اليومي.

٧ كفاعلٍ أمكن الآن التحري عن عامل بناء يبلغ من العمر 28 عاماً من هايدن

٨ والقبض عليه في شقته.

٩ هناك أيضا، تم العثور على معظم الأموال المسروقة

١٠ والسلاح.

⑤ تعني **anwesend** "حاضر" أو "موجود"، كما تعني **abwesend** بالمقابل "غائب".

⑥ تعني **die Einnahme** "إيراد" أو "مصدر دخل"، كما تعني **die Ausgabe** "المصروف" أو "الإنفاق".

⑦ تأتي **als** بمعنى ك: **Er arbeitet als Verkäufer in einem Kaufhaus.** إنه يعمل كبائعٍ في متجر كبير.

⑧ **rauben** "يسرق" أو "يسلب"، **stehlen** "يسرق"، والماضي **raubte** و **stahl**، وإسم المفعول **geraubt** و **gestohlen**.

11 Als T**a**tmotiv gab der T**ä**ter an, dass er hoch versch**u**ldet sei, ⑨

12 da er zum dr**i**tten Mal verh**ei**ratet sei ⑩

13 und den gesch**ie**denen Fr**au**en für s**ei**ne vier K**i**nder ⑪

14 aus den **e**rsten b**ei**den **E**hen

15 h**o**he **U**nterhaltskosten z**a**hlen m**ü**sse. ⑫

⑨ **angeben** "ذكر" أو "أشار إلى" أو "زعم"، ويستعمل كثيراً في نقل الكلام غير المباشر، ولذلك فإنه يستخدم مع **Konjunktiv I** في الجملة الثانوية، (أنظر الفقرة الأةلى من الدرس 98!).

⑩ تأتي **da** بعدة معانٍ، مثل "هنا" أو "حين" أو "إذ" أو "لأن".

Übung 1: Verstehen Sie diese Sätze?

❶ Der Überfall auf die Sparkasse in Hannover konnte von der Polizei niemals aufgeklärt werden. ❷ Alle anwesenden Teilnehmer werden gebeten, ihre vollständige Adresse anzugeben. ❸ Er hat mir erzählt, dass er zum vierten Mal verheiratet sei und dass er sich wieder scheiden lassen wolle. ❹ Der größte Teil der geraubten Diamanten konnte unter dem Bett des Verbrechers gefunden werden. ❺ Sie hat zwei Jungen aus erster Ehe und ein kleines Mädchen aus der zweiten.

Übung 2: Setzen Sie die fehlenden Wörter ein!

❶ لقد تم الكشف عن عملية السطو على البنك الألماني في فرانكفورت.

... ... die Deutsche Bank in Frankfurt ist ... .

❷ في عملية السطو كان قد اغتنم الجناة مبلغ 200.000 €.

... ... hatten die Täter 200.000 Euro ... .

١١	كدافع ذكر الجاني أنه كان غارقاً في الديون،
١٢	لأنه كان متزوجاً للمرة الثالثة
١٣	وعليه أن يدفع لطليقاته من أجل أولاده الأربعة
١٤	من الزيجتين الأوليين
١٥	تكاليف النفقة المرتفعة.

⑪ ذكرنا أن إسم المفعول يستخدم كصفة مع فعل الكون sein، وهنا استعمل geschieden، والفعل هو sich scheiden lassen:

Sie haben sich letztes Jahr scheiden lassen.

لقد تطلقا العام الماضي. إنتبه إلى أن استخدام فعل lassen يعود لكون عملية التطليق تتم من قِبل طرف ثالث وهو القاضي.

⑫ die Kosten "النفقات" أو "التكاليف"، der Unterhalt "المعيشة"، بينما تعني die Unterhaltung "التسلية" أو "الترفيه" أو "الحديث":

Ich unterhalte mich gern mit dir. "أنا أحب التحدث معك."

"زوجي ينفق علي حالياً لأني عاطلة عن العمل."
Mein Mann unterhält mich zur Zeit, denn ich bin arbeitslos.

Lösung 1: Haben Sie verstanden?

❶ لم يمكن أبداً الكشف من قبل الشرطة عن عملية السطو على صندوق التوفير في هانوفر. ❷ يطلب من جميع المشاركين الحاضرين ذكر عنوانهم الكامل. ❸ لقد حكى لي أنه متزوج للمرة الرابعة وأنه يريد الطلاق مجدداً. ❹ تم التمكن من العثور على معظم الماس المسروق تحت سرير المجرم. ❺ لديها طفلان يافعان من زيجتها الأولى وفتاة صغيرة من (الزيجة) الثانية.

❸ لقد أجبروا أمين الصندوق على تعبئة النقود في حقيبة.

___ ___ den Kassierer ___, ___ ___ in einen ___ zu packen.

❹ في تلك الأثناء هددوا موظفي البنك الآخرين بمسدس.

Währenddessen ___ sie die anderen Bankangestellten ___ ___ Revolver ___.

❺ أشارت الشرطة إلى أن أحد الجناة ألماني، في حين أن الإثنين الآخرَيْن أجنبيان.

Die Polizei ___ ___, dass der eine Täter ein ___ ___, die beiden anderen aber Ausländer.

96. Lektion

Andere Länder, andere Sitten ①

1 – Reich mir doch b**i**tte die Wurst, L**ie**bling!

2 – Die Wurst? Ig**i**tt! Seit wann isst du denn Wurst zum Fr**ü**hstück?

3 – Ich h**a**be beschl**o**ssen, da wir nun **ei**nmal in D**eu**tschland sind, ②

4 auch wie die D**eu**tschen zu l**e**ben. ③

5 Das ist die b**e**ste Art, Land und Leute

ANMERKUNGEN

① تأتي **die Sitte** بمعنى "التقليد" أو "العادة الموروثة".

② تأتي **da** بمعنى **weil** وتستخدم كاستخدامها بحيث يوضع الفعل آخر الجملة: "كون الأمر الآن على هذا النحو." **Da es nun einmal so ist.**

بالنسبة للألماني فإن الأمر يتعلق بـ بيرند ك. البالغ من ⑥
العمر 35 عاماً.

Bei dem ▩▩▩▩▩▩ handele es sich ▩▩ ▩▩▩
35-▩▩▩▩▩▩ Bernd K.

Lösung 2: Die fehlenden Wörter.

❶ Der Überfall auf – aufgeklärt ❷ Bei dem Überfall – erbeutet
❸ Sie haben – gezwungen, das Geld – Koffer ❹ haben –
mit einem – bedroht ❺ hat angegeben – Deutscher sei
❻ Deutschen – um den – jährigen.

Zweite Welle: Aktivieren Sie heute Lektion 46!

الدرس السادس والتسعون

بلدان أخرى، تقاليد أخرى

١ - هلا مررتِ النقانق من فضلكِ، يا عزيزتي!

٢ - نقانق؟ يا للقرف! منذ متى تأكل النقانق على الفطور؟

٣ - لقد قررت بما أننا الآن في ألمانيا

٤   أن نعيش أيضاً مثل الألمان.

٥   هذه هي الطريقة الأفضل للتعرف

③ تلتزم غالبية الشعوب الأوروبية ومنها الألمان بوجبة الفطور، وهي تحتوي في العادة على أنواع من المربيات والجبنة والبيض والعسل والكثير من أنواع النقانق، وغالباً ما تترافق بشرب الحليب أو الكاكاو أو القهوة أو بعض عصائر الفواكه.

6 gründlich kennen zu lernen. ④

7 – Na, meinetwegen! Mir soll es recht sein, ⑤

8 solange du nicht von mir verlangst, das Gleiche zu tun.

9 – Übrigens schmeckt das gar nicht so schlecht!

10 Ich glaube, ich könnte mich daran gewöhnen.

11 – Das wundert mich nicht.

12 Du warst schon immer ein großer Fleischfresser. ⑥

13 Aber halte doch bitte dein Wurstbrot nicht ⑦

14 direkt unter meine Nase!

15 – Jetzt übertreibe mal nicht! So schlecht riecht das auch nicht! ⑧

16 Nebenbei bemerkt, du tätest vielleicht auch gut daran, ⑨

17 einige Sitten und Bräuche zu übernehmen.

18 – Sieh da, sieh da! Denkst du an etwas Bestimmtes?

④ هذه حالة خاصة لفعل يتألف من جزأين ولكن كلا جزأيه عبارة عن فعل kennenlernen "تعرف على":
"تعرفت البارحة على السيد شولتسه."
Ich lernte Herrn Schulze gestern kennen.

⑤ مر معنا أن wegen تعني "بسبب"، وعند وصلها بضمائر الملكية مضافاً إليها -et مثل meinetwegen فإنها تعني "لأجلي" أو "بسببي" أو "فليكن":
"ما من داعٍ لبقاء حضرتك هنا بسببي."
Meinetwegen müssen Sie nicht hier bleiben.
Gehen wir? – Meinetwegen. "هل نذهب؟" - "فليكن."

⑥ fressen "يتناول الطعام (بشراهة)" أو "يلتهم"، وعموماً ما يستخدم للحيوانات، ولكن قد يستخدم بالعامية بما يعني "يلتهم".

٦ على البلاد والناس حق المعرفة.
٧ - حسناً، فليكن! هذا بالنسبة لي سيان،
٨ طالما أنك لا تطالبني أن أفعل الشيء نفسه.
٩ - على فكرة فإن مذاقها ليس سيئاً!
١٠ أعتقد أنه يمكنني الإعتياد على ذلك.
١١ - هذا لا يدهشني.
١٢ فلقد كنت دائماً تأكل اللحوم بشراهة.
١٣ ولكن من فضلك لا تضع شطيرة نقانقك
١٤ مباشرة قرب أنفي!
١٥ - هلا كففتِ عن المبالغة الآن! فرائحتها أيضاً ليست بهذا السوء!
١٦ وبالمناسبة، لربما أحسنت الفعل
١٧ لو أنكِ تبنيتِ بعض العادات والتقاليد.
١٨ - هلا نظرتَ إلي! هل تفكر في شيء على وجه الخصوص؟

⑦ تأتي كلمة **das Brot** "الخبز" مع الكثير من المواد الغذائية التي توضع فيها أو تدهن عليها، مثل **das Wurstbrot** "شطيرة النقانق" أو **das Käsebrot** "شطيرة الجبن" أو **das Marmeladenbrot** "شطيرة المربى" أو **das Butterbrot** "شطيرة الزبدة".

⑧ يعني **riechen** "يشم"، والإسم منه **Geruch** "رائحة"، **schmecken** "يذوق"، والإسم منه **Geschmack** "طعم"، **fühlen** "يحس"، والإسم منه **Gefühl** "شعور".

⑨ **tun** "يفعل"، **tat** "فعل"، **getan** "مفعول":

Ich täte gut daran. "سأكون قد أحسنت بهذا."

Du tätest gut daran. "ستكون قد أحسنت بهذا."

19 – Nicht direkt ... aber sind dir auf unserer Fahrt
20 die vielen Blumenkästen vor den Fenstern
21 und auf den Balkons aufgefallen? ⑩
22 – Ja, das sind sie. Sie sehen wirklich wunderschön aus.
23 – Und hast du auch bemerkt,
24 wie die deutschen Fensterscheiben
25 in der Sonne blitzen? ⑪
26 – Ja, und ich habe mich gefragt,
27 ob wir unsere nächsten Fensterscheiben
28 nicht in Deutschland oder der Schweiz bestellen sollten...

⑩ مع أن fallen يعني "يسقط"، إلا أن auffallen يعني "يثير الإنتباه"، ولذلك فإن التعبير etwas fällt mir auf يعني "شيء بدا لي" أو "لاحظتُ شيئاً".

⑪ يعني فعل blitzen "يومض" أو "يبرق"، والإسم منه der Blitz "البرق".

Übung 1: Verstehen Sie diese Sätze?

❶ Würden Sie mir bitte das Salz reichen? ❷ Da wir nun einmal hier sind, haben wir beschlossen, auch davon zu profitieren. ❸ Sie hat sich gefragt, ob es nicht besser wäre, auf dem Balkon zu frühstücken. ❹ Ihm ist aufgefallen, dass die Deutschen viele Blumen vor ihren Fenstern haben. ❺ Er täte gut daran, mit Rauchen aufzuhören. ❻ Es ist schwierig, sich an die Sitten und Bräuche eines anderen Landes zu gewöhnen.

Übung 2: Setzen Sie die fehlenden Wörter ein!

❶ ما هذا الذي تأكله حضرتك؟ يا للقرف! يبدو هذا فظيعاً!

▮▮▮ ▮▮▮▮▮ ▮▮▮ denn da? ▮▮▮▮▮▮▮! Das ▮▮▮▮▮▮ ja scheußlich ▮▮▮!

١٩ - ليس بالضبط ... ولكن هل لفت انتباهكِ في رحلتنا
٢٠ أحواض الزهور الكثيرة على النوافذ
٢١ وعلى الشرفات؟
٢٢ - نعم، هي كذلك. إنها تبدو جميلة بحق.
٢٣ وهل لاحظت أيضاً
٢٤ كيف تلمع النوافذ الألمانية
٢٥ في الشمس؟
٢٦ - نعم، وكنت سألت نفسي،
٢٧ إذا كان علينا أن نشتري نوافذنا القادمة
٢٨ في ألمانيا أو سويسرا ...

ER TÄTE GUT DARAN, MIT RAUCHEN AUFZUHÖREN

Lösung 1: Haben Sie verstanden?

❶ هل تسمح حضرتك بتمرير الملح لي من فضلك؟ ❷ بما أننا موجودون الآن هنا، فقد قررنا أيضاً الإستفادة من ذلك. ❸ لقد تساءلتْ عما إذا كان ربما من الأفضل الإفطار على الشرفة. ❹ لقد لفت انتباهه أن الألمانٍ لديهم الكثير من الزهور أمام نافذاتهم. ❺ سيكون عملاً جيداً منه لو أنه أقلع عن التدخين. ❻ إنه لمن الصعب الإعتياد على أعراف وتقاليد بلد آخر.

❷ لقد قرر ألا يعود للتدخين.

▓▓ ▓▓▓ ▓▓▓▓▓▓▓▓▓▓▓, nicht mehr ▓▓ ▓▓▓▓▓▓.

❸ لا تمسك حضرتك قبعتك مباشرة أمام أنفي!

▓▓▓▓▓▓ ▓▓▓ doch Ihren Hut nicht ▓▓▓▓▓▓ ▓▓▓ ▓▓▓▓▓ ▓▓▓▓!

❹ هل تعلم حضرتك أن طعم النقانق على طعام الفطور ليست بذلك السوء؟

▓▓▓▓▓▓▓ ▓▓▓, dass ▓▓▓▓▓ zum Frühstück gar nicht so ▓▓▓▓▓▓▓▓ ▓▓▓▓▓▓▓▓?

❺ هل تفكر حضرتك في شيء محدد، أم أن حضرتك تحلم؟

Denken Sie ▓▓ ▓▓▓▓▓ ▓▓▓▓▓▓▓▓▓▓▓, oder träumen Sie?

---

97. Lektion

Die Rede des Bürgermeisters

1 – Liebe Gemeinde! Viele unter Ihnen wissen schon,

2 welch freudiges Ereignis uns heute zusammenführt. ①

3 Seit zwei Jahren beteiligt sich unser Dorf ②

4 an dem Bundeswettbewerb

ANMERKUNGEN

① الأصل هو welcher أو welche أو welches (أنظر الفقرة الأولى من الدرس 35)، وهي تلقى معاملة الصفات وأدوات تعريفها من حيث التذكير والتأنيث:
Welch freudiges Ereignis! "ما هذا الحدث السعيد!"
Welch herrlicher Tag! "ما هذا اليوم الرائع!"

❻ هل لاحظت أن هناك العديد من آلات بيع السجائر في ألمانيا؟

___ Ihnen ___, dass ___ in Deutschland ___ Zigarettenautomaten ___?

❼ لا تبالغ حضرتك! فالأمر ليس بذلك السوء!

___ ___ doch nicht! ___ schlimm ist ___ doch ___!

Lösung 2: Die fehlenden Wörter.

❶ Was essen Sie – Igitt – sieht – aus ❷ Er hat beschlossen – zu rauchen ❸ Halten Sie – direkt vor meine Nase ❹ Wussten Sie – Wurst – schlecht schmeckt ❺ an etwas Bestimmtes ❻ Ist – aufgefallen – es – viele – gibt ❼ Übertreiben Sie – So – das – nicht.

Zweite Welle: Aktivieren Sie heute Lektion 47!

الدرس السابع والتسعون

كلمة رئيس البلدية

١ - أعزائي عناصر بلديتنا! الكثيرون منكم باتوا يعلمون

٢ أية مناسبة سعيدة تلك التي تجمعنا اليوم.

٣ فمنذ سنتين تشارك قريتنا

٤ في المسابقة الوطنية الإتحادية

② يأتي الإسم في جمل من قبيل **sich beteiligen an** مجروراً.

5 "**U**nser Dorf soll sch**ö**ner w**e**rden".

6 Rund 5800 D**ö**rfer und St**a**dtteile h**a**ben sich d**ie**ses Mal

7 um die **Au**szeichnungen bew**o**rben –

8 **ei**ne nicht zu ver**a**chtende Konkurr**e**nz! ③

9 G**e**stern hat nun das B**u**ndesl**a**ndwirtschafts-minist**e**rium ④

10 die **e**ndgültigen S**ie**ger bekannt gegeben,

11 und ich bin höchst erfr**eu**t, **I**hnen m**i**tteilen zu d**ü**rfen, ⑤

12 dass **u**nser Dorf **ei**ne der dr**ei**zehn

13 G**o**ldmedaillen err**i**ngen k**o**nnte.

14 Ein Erf**o**lg, der nur durch **ei**ne b**ei**spielhafte Zus**a**mmenarbeit

15 und herv**o**rragende L**ei**stungen

16 **ei**nes j**e**den **Ei**nzelnen err**ei**cht w**e**rden k**o**nnte. ⑥

17 Ja, jeder von Ihnen hat d**a**zu b**ei**getragen,

18 und ich m**ö**chte **I**hnen **a**llen

19 daf**ü**r von g**a**nzem H**e**rzen d**a**nken. ⑦

20 L**a**ssen Sie uns auf **ei**ne gl**ü**ckliche Z**u**kunft **u**nseres D**o**rfes

③ يعني فعل **verachten** "يزدري" أو "يحتقر"،بينما يعني **achten** "يحترم" أو "يقدر"، لاحظ أن إضافة **-ver** لبعض الأفعال قد تقلب معنى الفعل في بعض الأحيان للضد!

④ تعني كلمة **das Ministerium** "الوزارة"، والجمع منها هو **die Ministerien**، إذ تتحول **-ium** إلى **-ien**، ومعنى **die Landwirtschaft** "الزراعة".

⑤ تأتي جملة **ich bin erfreut** بمعنى "أنا سعيد" وبصيغة الجملة الخبرية تقريباً، بينما جملة **ich freue mich** "أنا أُسْعَدُ" بصيغة الجملة الفعلية.

٥   "ينبغي لقريتنا أن تغدو أجمل".
٦   حوالي 5800 قرية وحياً من أحياء المدن تنافسوا هذه المرة
٧   للحصول على الجوائز -
٨   وهذه منافسة لا يستهان بها!
٩   بالأمس أعلنت وزارة الزراعة الإتحادية
١٠ عن أسماء الفائزين النهائيين،
١١ وأنا جِدُّ مسرور أن أعلم حضراتكم،
١٢ أن قريتنا تمكنت من الفوز بواحدة من الثلاثة عشر
١٣ ميدالية ذهبية.
١٤ وهذا نجاح ما كان ليتحقق إلا بالتعاون المثالي
١٥ والإنجازات الرائعة
١٦ من كل فرد.
١٧ نعم، فلقد ساهم كل واحد منكم بذلك،
١٨ وأود أن أشكركم جميعاً
١٩ من القلب على كل ما تبذلونه.
٢٠ دعونا حضراتكم نشرب نخب مستقبل سعيد لقريتنا

⑥ مر معنا أن reichen يعني "يمرر لـ"، بينما يعني etwas erreichen "يتوصل إلى" أو "يدرك هدفاً": "لقد حقق الكثير في حياته."
Er hat in seinem Leben viel erreicht.

⑦ هل تذكر أننا نوهنا لوجود بعض الأفعال التي يأتي مفعولها مجروراً؟ فعل danken "يشكر" منها، ويمكن مقارنته بتعدية فعل شكر في العربية بحرف الجر لـ "أشكر له تعاونه."
Ich danke ihm für seine Zusammenarbeit.

21 mit **ei**nem dr**ei**fachen "hipp, hipp, hurr**a**" **an**stoßen! ⑧ ⑨ ⑩

22 Hipp, hipp, hurr**a**! Hipp, hipp, hurr**a**! Hipp, hipp, hurr**a**!

23 – Na, Herr und Frau M**ü**ller, was s**a**gen Sie zu **u**nserem Erf**o**lg?

24 Ein sch**ö**nes Erg**e**bnis, nicht wahr? ⑪

25 – Ja, wir m**ü**ssen gest**e**hen,

26 wir sind sehr stolz auf **u**nsere Gem**ei**nde.

27 **A**ber **a**ndererseits, w**i**ssen Sie, sind wir auch z**ie**mlich froh,

28 dass d**ie**se g**a**nze **Au**fregung **e**ndlich vorb**ei** ist.

29 Jetzt k**ö**nnen wir **e**ndlich w**ie**der

30 die M**ü**lleimer ganz norm**a**l vor das Haus st**e**llen,

31 und die K**i**nder d**ü**rfen w**ie**der den R**a**sen betr**e**ten…

⑧ هل تتذكر صيغة الأمر للمخاطب الجمع؟ **Wir wollen anstoßen** "فلنشرب!" أو **Lasst uns anstoßen!** "دعونا نشرب!"

⑨ تعني **einfach** "بسيط" أو "مفرد" أو "وحيد"، بينما تعني **zweifach** "مزدوج" و **dreifach** "ثلاثي".

Übung 1: Verstehen Sie diese Sätze?

❶ Heute wurde von der Regierung bekannt gegeben, dass die Ölpreise im nächsten Monat erhöht werden. ❷ Tausende beteiligten sich an der Friedensdemonstration. ❸ Sie hat sich um die Stelle einer Sekretärin beworben. ❹ Wir sind höchst erfreut, Ihnen die Geburt unseres dritten Kindes mitteilen zu dürfen. ❺ Er ist mit Recht sehr stolz darauf, die Bronzemedaille gewonnen zu haben. Es war wirklich eine hervorragende Leistung. ❻ Die Fortschritte, die wir in Deutsch gemacht haben, sind nicht zu verachten, nicht wahr?

٢١ بحركة ثلاثية "هِب، هِب، هورّا"!

٢٢ هِب، هِب، هورّا! هِب، هِب، هورّا! هِب، هِب، هورّا!

٢٣ - حسناً، السيد والسيدة موللر، مالذي تقولانه عن نجاحنا؟

٢٤ نتيجة جيدة، أليس كذلك؟

٢٥ - نعم، علينا أن نعترف،

٢٦ فنحن فخوران كثيراً ببلديتنا.

٢٧ ولكن من جهة أخرى، لتعلم حضرتك، أننا أيضاً سعداء كثيراً،

٢٨ بأن كل هذه الضجة قد انتهت أخيراً.

٢٩ فأخيراً أصبح الآن بإمكاننا مجدداً

٣٠ أن نضع سلات المهملات أمام البيوت كالمعتاد،

٣١ وأصبح بإمكان الأطفال وطء العشب مرة أخرى ...

DIE REDE DES BÜRGERMEISTERS

⑩ حركة **hipp, hipp, hurra** هي تلك التي يحيي بها المحتفلون الأبطال الرياضيين أو الفرق الفائزة.

⑪ إنتبه للتشابه اللفظي بين **das Ergebnis** و **das Ereignis**، والفرق المعنوي بينهما "النتيجة" و "الحدث"!

Übung 2: Setzen Sie die fehlenden Wörter ein!

❶ تتمتع بلديتنا بالعمدة الأصغر سناً في ألمانيا.

▩▩▩▩▩▩ ▩▩▩▩▩▩▩ hat den jüngsten ▩▩▩▩▩▩▩▩▩▩▩ Deutschlands.

❷ وقد شارك الجميع في التحضير للمهرجان.

Alle ▩▩▩▩▩ ▩▩▩▩ ▩▩ den Vorbereitungen für das Fest ▩▩▩▩▩▩▩▩.

❸ يسرني جداً أن أبلغ حضرتك أنك قد فزت في مسابقتنا بالجائزة الأولى.

▩▩▩ ▩▩▩ sehr ▩▩▩▩▩▩▩, ▩▩▩▩▩ mitteilen zu ▩▩▩▩▩▩, dass Sie den ersten Preis in unserem ▩▩▩▩▩▩▩▩▩▩▩ gewonnen haben.

❹ أساس نجاحنا هو التعاون الممتاز في شركتنا.

Die Grundlage ▩▩▩▩▩▩▩▩ ▩▩▩▩▩▩▩▩ ist die gute ▩▩▩▩▩▩▩▩▩▩▩▩▩▩ in unserer Firma.

❺ فلنشرب نخب هذا!

Darauf ▩▩▩▩▩▩ wir ▩▩▩▩▩▩▩▩!

---

98. Lektion

Wiederholung und Anmerkungen

1 Konjunktiv I

1 المضارع المنصوب ا:

يستخدم **Konjunktiv I** في الكلام غير المباشر، حيث يتم تصريف الفعل في المضارع المرفوع مع ضمير المفرد الغائب بدلاً من ضمير المفرد المتكلم، وبإضافة **e-** له:

fünfhundert • 500

Lösung 1: Haben Sie verstanden?

❶ أُعلِنَ اليوم من قِبَل الحكومة أن أسعار النفط سوف تُرفَع في الشهر المقبل. ❷ الآلاف شاركوا في مسيرة السلام. ❸ لقد تقدمت بطلب لشغل وظيفة سكرتيرة. ❹ نحن سعداء للغاية لإعلام حضرتكم بمولد طفلنا الثالث. ❺ إنه فخور كثيراً وبجدارة لفوزه بالميدالية البرونزية. فقد كان أداؤه متميزاً حقاً. ❻ لا ينبغي الإستهانة بالتقدم الذي أحرزناه في (تعلم) الألمانية، أليس كذلك؟

❻ أنا لم أعد أستطيع تحمل هذا القلق مطولاً. الأمل أن ينتهي كل شيء عما قريب!

▮▮▮▮▮ ▮▮▮▮▮▮▮▮▮▮ ertrage ich nicht länger.
Hoffentlich ▮▮▮ bald alles ▮▮▮▮▮▮▮!

❼ ممنوع وطء العشب!

▮▮▮▮▮ ▮▮▮▮▮▮▮▮▮ ▮▮▮▮▮▮▮▮▮!

Lösung 2: Die fehlenden Wörter.

❶ Unsere Gemeinde – Bürgermeister ❷ haben sich an – beteiligt ❸ Ich bin – erfreut, Ihnen – dürfen – Wettbewerb ❹ unseres Erfolgs – Zusammenarbeit ❺ wollen – anstoßen ❻ Diese Aufregung – ist – vorbei ❼ Rasen betreten verboten.

Zweite Welle: Aktivieren Sie heute Lektion 48!

الدرس الثامن والتسعون

Mein Bruder sagt: "Ich habe kein Geld mehr".
يقول أخي: "أنا لم أعدْ أملك أية نقود."

Mein Bruder sagt, dass er kein Geld mehr habe.
يقول أخي إنه لم يعدْ يملك أية نقود.

	Indikativ	المضارع المرفوع	Konjunktiv I	المضارع المنصوب I
ضمير المفرد الغائب	er braucht		er brauche	
	er hat		er habe	
	er gibt		er gebe	
ضمير الجمع الغائب	sie brauchen		sie brauchen	
	sie haben		sie haben	
	sie geben		sie geben	

ولتجنب الحالات التي تتماثل فيها صيغتا المضارع المنصوب I والمضارع المرفوع فإنه يُلجَؤ إلى استخدام صيغة المضارع المنصوبII:

Sie sagen, dass Sie kein Geld haben / hätten.
حضرتك تقول إنه ليس لديك أية نقود.

2 Verben mit Präpositionen

2 الأفعال المتعدية بحرف:

denken an + Akkusativ "يفكر في":

Ich denke nur noch an die Ferien. أنا لا أفكر سوى بالإجازة.

وعندما يأتي الفعل في جملة ثانوية فإنه يتم الربط بينها وبين الجملة الرئيسية بواسطة **da** أو **dar**:

Ich denke nur noch daran, dass ich nächste Woche in die Ferien fahre.
أنا لا أفكر سوى بأني سأسافر الأسبوع القادم في إجازة.

abhängen von + Dativ "يتعلق بـ":

Es hängt von meinen Eltern ab.
الأمر يتعلق بأهلي. أو الأمر يعود لأهلي.

Es hängt davon ab, ob meine Eltern mich allein lassen.
الأمر مرتبط فيما إذا كان أهلي سيتركونني لوحدي.

sich gewöhnen an + Akkusativ "يعتاد على":

Ich habe mich an die neue Wohnung gewöhnt.
لقد اعتدت على الشقة الجديدة.

Er hat sich daran gewöhnt, jeden Morgen um 5 Uhr aufzustehen.
لقد اعتاد أن ينهض كل صباح في الخامسة.

bitten um + Akkusativ "يرجو أن" أو "يتوسل أن":

Er bittet um ihre Hand. إنه يتقدم بطلب يدها.

ولكن للسؤال عن شيء ما يستخدم **fragen nach + Dativ**:

Er fragt nach dem Weg zum Bahnhof.
هو يسأل عن الطريق إلى محطة القطارات.

sich erinnern an + Akkusativ "يتذكر":

Erinnern Sie sich an Ihre Ferien in Deutschland?
هل تتذكر حضرتك إجازتك في ألمانيا؟

Erinnern Sie sich noch daran, dass Sie erst vor einigen Monaten anfingen, Deutsch zu lernen?
هل تتذكر حضرتك أنك قد بدأت تعلم الألمانية قبل بضعة أشهر فقط؟

3 Imperfekt und Perfekt

3 الماضي البسيط والماضي التام:

بشكل عام يستخدم الفعل الماضي البسيط في الكلام المحكي وفي اللغة الرسمية المكتوبة، أما الماضي التام فيستخدم في المحادثات، ويشكل فعل الكون **sein** وفعل الملكية **haben** والأفعال المساعدة **müssen** و **sollen** و **können** ... استثناءاً بحيث يفضل الفعل الماضي البسيط، مع التنبيه أن الأمر لا يتعلق بقاعدة نحوية.

إقرأ القصة التالية وانتبه للجمل:
أنا آسف أنه كان عليك أن تنتظر فترة طويلة، ولكني سمعت قصة رائعة، إذ تم أمس ليلاً السطو على (بيت) كارل، فقد صعد رجلان عبر نافذة المطبخ وأفرغا في البداية الثلاجة بكل أريحية، وعندما أرادا أن يبدأا بالسرقة الحقيقية حضر كارل إلى المنزل.

- حسناً، إذن لم يكن الأمر على هذه الدرجة من السوء، أليس كذلك؟ - بلا، لأنه كان جائعاً كثيراً!

Zweite Welle: Aktivieren Sie heute Lektion 49!

99. Lektion

Mein lieber Matthias!

1 – Du bist sicherlich über diesen Brief sehr überrascht.

2 Möge es eine angenehme Überraschung sein! ①

3 Seit fünfzehn Jahren haben wir uns aus den Augen verloren.

4 Aber das Sprichwort "aus den Augen, aus dem Sinn"

5 trifft nicht immer zu. ②

6 Ich habe viel an Dich gedacht und mich oft gefragt,

7 was wohl aus Dir geworden ist.

8 Durch einen glücklichen Zufall habe ich gestern

9 beim Aufräumen meines Schreibtisches

10 Deine Adresse wieder gefunden.

11 Das war für mich ein Geschenk des Himmels!

12 Ich lerne nämlich gerade Deutsch, ③

13 und das macht mir sehr viel Spaß.

14 Diesen Brief schreibe ich ganz allein,

ANMERKUNGEN

① **mögen** هي صيغة الـ **Konjunktiv I** من فعل **möchten**، وتستخدم للتمني، ويأتي الفعل الأساسي في آخر الجملة، (أنظر الدرس 21!):
Möge er nicht zu spät kommen! "عساه ألا يأتي متأخراً!"
ومن استخداماته أيضاً أنه يأتي بمعنى "يرغب" أو "يحب":
Ich mag keine Wurst. "أنا لا أحب النقانق."

الدرس التاسع والتسعون

عزيزي ماتياس!

١ – بالتأكيد أنت مندهش للغاية من هذه الرسالة.

٢ عساها تكون مفاجأة سارة!

٣ فقد تفرقت السبل بنا منذ خمسة عشر عاماً.

٤ ولكن المثل "البعيد عن العين، بعيد عن الفكر"

٥ ليس صحيحاً دائماً.

٦ لقد فكرت بك كثيراً، وكثيرا ما تساءلت

٧ مالذي فعلته بك الأقدار.

٨ عبر مصادفة سعيدة وجدت بالأمس

٩ أثناء ترتيب طاولة مكتبي

١٠ عنوانك ثانية.

١١ وكانت هذه بالنسبة لي هبة من السماء!

١٢ أنا أتعلم حالياً في الواقع الألمانية،

١٣ وهذا يضفي علي الكثير من المرح.

١٤ هذه الرسالة أكتبها أنا لوحدي،

② **zutreffen** "يصدُق على" أو "ينطبق على"، وقد يتبع بحرف **auf** ويأتي الإسم بعده منصوباً: "هذا الأمر ينطبق عليه لا علي."
Das trifft auf ihn zu, aber nicht auf mich.

③ تستخدم **nämlich** لشرح شيءٍ ما ورد في جملة سابقة، ويختلف معناها حسب سياق الجملة، وتوضع بعد الفاعل والفعل:
"أنا أعرفه جيداً، إذ قضيت سنتين معه."
Ich kenne ihn gut. Ich habe nämlich zwei Jahre lang mit ihm gelebt.

15 und ich bin gesp**a**nnt wie ein kl**ei**nes Kind vor W**ei**hnachten, ④

16 ob Du auch **a**lles verst**e**hen wirst.

17 Ich m**ö**chte Dich sehr gern wieder sehen,

18 und ich fr**a**ge mich,

19 ob ich nicht viell**ei**cht sog**a**r D**ei**netwegen **a**ngefangen h**a**be, ⑤

20 Deutsch zu l**e**rnen?

21 Was meinst Du daz**u**? Lass bald von Dir h**ö**ren!

22 Sei h**e**rzlich gegr**ü**ßt

23 von D**ei**ner Patr**i**cia

24 Die **A**ntwort kommt **u**mgehend:

25 – Komm, wann **i**mmer Du willst

26 Stopp H**a**be 15 J**a**hre lang auf Dich gew**a**rtet

27 Stopp **o**hne es zu w**i**ssen Stopp

28 Dein Deutsch ist fant**a**stisch

29 Stopp Fr**eu**e mich sehr auf Dich Stopp ⑥

30 Bin **e**twas **ä**lter und d**i**cker gew**o**rden Stopp Ist das schlimm?

31 In L**ie**be

32 Dein Matth**i**as

④ **gespannt sein auf etwas** "متشوق لشيئٍ ما":
Er ist gespannt auf das Ende des Films. "إنه متشوق لنهاية الفيلم."
"إنه في غاية التوتر فيما إذا كان الأمر سينتهي على خير."
Er ist sehr gespannt, ob das gut enden wird.

⑤ مرت **meinetwegen** معنا في الفقرة 4 من الدرس 96، صيغتها مع بقية الضمائر هي: **deinetwegen, seinetwegen, ihretwegen, unsretwegen, euretwegen, Ihretwegen, ihretwegen**

١٥	وأنا متشوق مثل طفل صغير قبل عيد الميلاد،
١٦	(لمعرفة) إذا ما كنت سوف تفهم كل شيء بشكل جيد.
١٧	فأنا أرغب كثيراً أن أراك مرة أخرى،
١٨	وأنا أتساءل،
١٩	عما إذا لم أكن قد بدأت من أجلك أنت
٢٠	بتعلم اللغة الألمانية؟
٢١	ما رأيك بهذا؟ دعني أسمع أخبارك عما قريب!
٢٢	مع تحيات
٢٣	باتريشيا القلبية
٢٤	الجواب يأتي على الفور:
٢٥	- تعالي وقتما شئت
٢٦	وقف فقد انتظرتكِ لمدة 15 عاماً
٢٧	وقف دون أن أعلم وقف
٢٨	لغتكِ الألمانية رائعة
٢٩	وقفَ وأنا متشوق لكِ وقف
٣٠	لقد تقدمت بالعمر وسمنت قليلاً وقف هل هذا سيء؟
٣١	محبتي
٣٢	ماتياس

⑥ sich freuen "يسعَد" أو "يتشوق لـ"، وقد يأتي بعده إما über ويكون الأمر مرتبطاً بالحاضر أو بأمر عام، أو auf ويكون الأمر مرتبطاً بالمستقبل، ويختلف المعنى تبعاً لذلك، ويأتي الإسم بعدهما منصوباً:

Ich freue mich über dein Geschenk.   "أنا مسرور بهديتك."
Ich freue mich auf ihren Besuch.   "أنا متشوق لزيارتهم."

Übung 1: Verstehen Sie diese Sätze?

❶ Sie haben sich sehr über unsere Einladung gefreut. ❷ Die Kinder freuen sich auf Weihnachten. ❸ Ich habe schon seit Wochen nichts mehr von ihm gehört. Möge der Himmel ihn schützen! ❹ Sie hat das Radio seinetwegen leiser gestellt. ❺ Ein glücklicher Zufall hat sie wieder zusammengeführt. ❻ Alle sind gespannt, wie es weitergehen wird. ❼ Sie hatten sich viele Jahre aus den Augen verloren. Aber eines Tages haben sie sich zufällig wieder getroffen.

EIN GLÜCKLICHER ZUFALL HAT SIE WIEDER ZUSAMMENGEFÜHRT

Übung 2: Setzen Sie die fehlenden Wörter ein!

❶ لقد اندهش كثيراً من رسالتها.

Er war ... ... sehr ... .

❷ لكنه فرح بسبب ذلك كثيراً.

Aber er ... ... sehr darüber ... .

❸ لقد وجدت أثناء التنظيف قطعة ورقية من فئة ال 100 يورو.

Sie hat ... ... einen Hunderteuroschein ... .

❹ كان جميع أولادها بالنسبة لها هبةً من السماء.

Alle ihre Kinder waren für sie ... ...

Lösung 1: Haben Sie verstanden?

❶ لقد كانوا سعداءَ كثيراً بدعوتنا. ❷ الأطفال متشوقون لأعياد الميلاد. ❸ لم أسمع عنه أي شيئ منذ أسابيع. فلترْعَهُ السماء! ❹ لقد خفضتْ صوتَ المذياع من أجله. ❺ لقد جمعتهم مصادفة سعيدة مجدداً. ❻ الجميع متلهف لمعرفة كيف ستسير الأمور. ❼ لقد تفرقتٍ بهم السبل سنواتٍ عديدةً. ولكنهم ذات يوم عادوا والتقوا مجدداً مصادفة.

❺ من أجلك عملت اليوم عجة البيض. هل أنت سعيد بذلك؟

___ habe ich heute Pfannkuchen gebacken. ___ ___ ___ darüber?

❻ هذا لا ينطبق علي. لأنني أجنبية في واقع الحال.

Das ___ nicht auf mich ___. Ich bin ___ Ausländerin.

Lösung 2: Die fehlenden Wörter.

❶ über ihren Brief – überrascht ❷ hat sich – gefreut ❸ beim Aufräumen – gefunden ❹ ein Geschenk des Himmels ❺ Deinetwegen – Freust du dich ❻ trifft – zu – nämlich.

عيد الميلاد

عيد الميلاد هو أهم أعياد الكنيسة المسيحية، يُحتفل فيه بميلاد يسوع، وهو إبن الله عند المسيحيين، تتم الإحتفالات على مستوى رعايا الكنيسة والأسر وكذلك مع الأصدقاء المقربين، ولدت مريم، أم يسوع، إبنها في إسطبل قرب بيت لحم ووضعته في معلف، لذلك يعرض المسيحيون في الكنائس وفي الأماكن العامة وفي منازلهم معلفاً على صور متعددة: الطفل ووالديه، أو مع الحيوانات والرعاة، ترتبط بعيد الميلاد أيضاً أناشيد عيد الميلاد وأشجار عيد الميلاد مع الشموع والتزيينات، الكثيرون أيضاً يثمِّنون الولائم الخاصة بالمناسبة، في "ليلة عيد الميلاد"، أي عشية عيد الميلاد يوم 24 ديسمبر تحتفل العديد من الكنائس بقداسات مؤثرة للغاية، يتبادل الأقارب والأصدقاء الهدايا فيما بينهم كرمز لما أنعم الله به على البشر بميلاد يسوع، يوما ال 25 و 26 من ديسمبر هما يوما عطلة عمل رسميان في ألمانيا.

Zweite Welle: Aktivieren Sie heute Lektion 50!

100. Lektion

Trauen Sie niemandem!

1 – Sagen Sie, was ist Ihnen denn über die Leber gelaufen? ①

2 Kann ich Ihnen vielleicht irgendwie helfen?

3 – Nein, niemand kann mir helfen! Alles ist zu Ende!

4 – Na, na, nun mal langsam!

5 "Immer wenn du denkst, es geht nicht mehr,

6 kommt irgendwo ein Lichtlein her". Kennen Sie das?

7 Dieser Spruch hing bei uns zu Hause ②

8 über dem Spiegel im Badezimmer,

9 und beim Zähneputzen musste ich ihn immer ansehen.

10 So bin ich Optimist geworden, verstehen Sie?

11 Also, was ist los?

12 – Ich bin an der letzten Lektion

13 von meinem Deutschbuch angelangt.

14 – Na, wenn's weiter nichts ist!

15 Werfen Sie's in die Ecke, und freuen Sie sich!

(ANMERKUNGEN)

① هذه جملة يُفهم من مجازها حالة الغضب النفسية المتوترة للمسؤول، ومرجع ذلك أنه كان يعتقد في العصور الوسطى بمسؤولية الكبد وعصارتها عن الحالة المزاجية للإنسان وخاصة مشاعر الغضب، وأصل الجملة:
Mir / dir / ihr... ist eine Laus über die Leber gelaufen.

الدرس المئة

لاتثقن حضرتك بأحد!

١ - قل حضرتك، ما الذي دها حضرتك لتغضب هكذا؟
٢ هل أستطيع أن أقدم المساعدة لحضرتكِ؟
٣ - لا، لا يمكن لأحد أن يساعدني! فقد انتهى كل شيء!
٤ - ما هكذا، تمهلي!
٥ "كلما اعتقدتِ أن الأمور قد تعقدت،
٦ لاح بصيص أمل من مكان ما." هل تعرفين ذلك؟
٧ لقد عُلِّقَتْ هذه المقولة في بيتنا
٨ فوق المرآة في الحمام،
٩ وكان علي دائماً أن أنظر فيها عند تنظيف الأسنان.
١٠ وهكذا أصبحتُ متفائلاً، هل تفهمين حضرتكِ؟
١١ هيا، فما الذي يحدث؟
١٢ - لقد وصلت إلى الدرس الأخير
١٣ من كتابي الألماني.
١٤ - حسناً، إن لم يكن إلا هذا!
١٥ إرميه في الزاوية، وافرحي حضرتكِ!

② يعني **hängen** "يعلق"، وهو من الأفعال الشاذة وماضيه **hing** "علق".

16 – Nein, Sie verstehen mich falsch!

17 Ich habe mich jeden Tag auf die nächste Lektion gefreut,

18 und jetzt gibt's keine mehr!

19 – Na, so etwas ist mir mein Leben lang noch nicht begegnet!

20 Und ich bin weit 'rumgekommen! ③

21 Zeigen Sie mir mal das Buch!

22 Wir wollen mal sehen, ob da nichts zu machen ist!

23 – Ha, ha, lustige Bildchen...

24 Mmm, ich habe auch mal ein bisschen Deutsch in der Schule gelernt...

25 Ah, das hier verstehe ich... und das da auch!

26 – Hören Sie, das gilt nicht! ④

27 Sie sollen nicht lesen, Sie sollen mir helfen!

28 Halt! Warten Sie! Was machen Sie denn da?

29 Halt! Laufen Sie nicht weg! Mein Buch, Hilfe, mein Buch!

30 – Guten Tag! Warum weinen Sie denn so?

31 Kann ich irgendetwas für Sie tun?

32 – Nein, niemand kann mir mehr helfen! Alles ist zu Ende...

③ يعني فعل kommen لوحده "يأتي"، وبإضافة -herum له يعني "يكثر التجوال": "لقد تجول كثيراً."
Er ist viel herumgekommen.
"إنتشر هذا الخبر هذه المستجدات سريعاً."
Diese Neuigkeit ist schnell herumgekommen.

١٦ – لا، حضرتكَ أسأت فهمي!

١٧ فلقد كنت أتشوق يوماً بيوم إلى الدرس التالي،

١٨ والآن لم تعد ثمة دروس!

١٩ – حسناً، مثل هذا لم يصادفني في حياتي منذ فترة طويلة!

٢٠ مع أني سافرت كثيراً!

٢١ أرني الكتاب!

٢٢ ودعينا نرَ فيما إذا كان ثمة ما يمكن فعله!

٢٣ – ها، ها، صورة مضحكة ...

٢٤ ممم، أنا أيضاً تعلمتُ ذات يوم بعض الألمانية في المدرسة ...

٢٥ آه، هذا هنا أفهمه ... و هذا هنا أيضاً!

٢٦ – إستمع حضرتكَ، هذا لا يصح!

٢٧ إذ ليس على حضرتكَ أن تقرأ، وإنما على حضرتكَ مساعدتي!

٢٨ لحظة! إنتظر حضرتكَ! مالذي تفعله حضرتكَ؟

٢٩ توقف! لا تهرب حضرتكَ! كتابي، النجدة، كتابي!

٣٠ – نهارك سعيد! لماذا تبكي حضرتك الآن؟

٣١ هل أستطيع أن أفعل أي شيء لحضرتكَ؟

٣٢ – لا، لا يمكن لأحد أن يساعدني! فقد انتهى كل شيء ...

④ من معاني **!Das gilt nicht** أيضاً "هذا ليس عدلاً!" أو "لقد غششت."، ومصدر الفعل هو **gelten**، (أنظر الفقرة الثانية من الدرس 65!)

Übung 1: Verstehen Sie diese Sätze?

❶ Er traut niemandem, am wenigsten sich selbst. ❷ Ich weiß nicht, welche Laus ihm heute wieder über die Leber gelaufen ist. Auf alle Fälle geht man ihm besser aus dem Weg. ❸ Es ist schwierig, beim Zähneputzen zu singen. Haben Sie es schon einmal versucht? ❹ Er ist mit seinem Latein am Ende. Jetzt ist alles zu Ende! ❺ Als ich klein war, habe ich mich jeden Abend auf das Frühstück gefreut. ❻ Jetzt freue ich mich beim Frühstück auf das Abendessen.

Übung 2: Setzen Sie die fehlenden Wörter ein!

❶ النجدة! لقد هرب بمحفظة نقودي!

...... ! Er ...... mit meinem Portemonnaie ...... !

❷ لا أحد يمكنه أن يساعدنا! لقد انتهى كل شيء!

...... kann ...... helfen! .... !

❸ ولكن لا، فحضرتك تفهم كل شيء بشكل خاطئ! أنا أريد مساعدت حضرتك وحسب.

Aber nein, Sie .... !
Ich will ...... nur ....

❹ هذه غير مقبول! فلقد رأيت حضرتك بطاقاتي (ورق اللعب) في المرآة!

.... ! Sie ...... meine Karten .... !

❺ إلام تتوق حضرتك أكثر ما يكون: لعيد الميلاد أم لعيد الفصح أم لعيد ميلادك؟

.... am meisten:
...... Weihnachten, ... Ostern oder ...... Ihren Geburtstag?

Lösung 1: Haben Sie verstanden?

❶ إنه لا يثق بأحد، ولا حتى بنفسه. ❷ أنا لا أعرف مالذي دهاه اليوم مجدداً. في جميع الأحوال، فإنه يفضل تجنبه. ❸ من الصعب الغناء أثناء تنظيف الأسنان. هل حاولت حضرتك هذا ذات مرة؟ ❹ لقد وصل في تحضير مادة اللاتينية إلى الإستسلام. الآن انتهى كل شيء! ❺ عندما كنت صغيراً كنت أتطلع كل مساء إلى وجبة الفطور. ❻ أنا متشوق من الآن عند الفطور لطعام العشاء.

ES IST SCHWIERIG, BEIM ZÄHNEPUTZEN ZU SINGEN

❻ لقد وصلنا إلى نهاية كتابنا، ونأمل أن يكون قد جعل حضرتك تستمتع كثيراً!

Wir ___ am Ende ___ Buches ___, und wir hoffen, dass ___ ___ viel ___ ___ ___!

Lösung 2: Die fehlenden Wörter.

❶ Hilfe – ist – weggelaufen ❷ Niemand – uns – Alles ist zu Ende ❸ verstehen alles falsch – Ihnen – helfen ❹ Das gilt nicht – haben – im Spiegel gesehen ❺ Worauf freuen Sie sich – auf – auf – auf ❻ sind – unseres – angelangt – es Ihnen – Spaß gemacht hat.

Zweite Welle: Aktivieren Sie heute Lektion 51!

الملحق النحوي

المحتويات

1	الأسماء
2	أدوات التعريف
3	الحالات الأربع
4	التصريف
5	صياغة الجمع للأسماء
6	النفي
7	ضمائر الإشارة
8	ضمائر الملكية
9	الصفات والأحوال
1.9	الإسناد بالصفة
2.9	الصفات المستخدمة كأحوال
3.9	الصفات النعتية
4.9	الصفات المستخدمة كأسماء
10	الضمائر
1.10	الضمائر الشخصية
2.10	الضمائر المنعكسة
3.10	ضمائر الإشارة
4.10	أدوات الإستفهام
5.10	الأسماء الموصولة
6.10	أدوات التنكير
7.10	ضمائر الملكية
11	الأفعال

1.11	الأفعال (الضعيفة) النظامية
2.11	الأفعال الشاذة (القوية)
3.11	الأفعال المختلطة (الضعيفة غير النظامية)
4.11	فعل الكون، فعل الملك، فعل يصبح
5.11	الماضي التام
6.11	الأفعال المساعدة
7.11	المضارع والماضي المركب
8.11	الأفعال المستخدمة كأسماء
12	المبني للمجهول
13	الجمل الشرطية
14	بادئات الأفعال القابلة للفصل
15	الأفعال المتعدية والأفعال اللازمة
16	الأفعال المتعدية بحروف "الجر"
1.16	الأفعال المتعدية بحروف "الجر" الناصبة
2.16	الأفعال المتعدية بحروف "الجر" الجارَّة
3.16	الأفعال المتعدية بحرفي "جر" اثنين
4.16	الأفعال المتعدية بعدة حروف "جر" متباينة
5.16	الإستفهام بالأفعال المتعدية بحروف الجر
17	الإستفهام عن المكان "أين؟" أو "إلى أين؟"
18	العطف
1.18	العطف في نفس الجملة
2.18	العطف باستخدام جملة ثانوية
19	الجمل الموصولة
20	بعض التعبيرات غير الشخصية
	قائمة الأفعال غير النظامية

1 الأسماء

تعود الأسماء في اللغة الألمانية إلى واحد من ثلاثة أجناس: المذكر أو المؤنث أو المحايد، وفيما يلي بعض القواعد العامة فيما يتعلق بجنس الأسماء الألمانية، ومع ذلك فلأن هذه القواعد غير صحيحة على الدوام، فإنه من الأفضل تعلم الأسماء مع أدوات تعريفها التي تدل على جنسها: الطاولة **der Tisch** (مذكر) و **die Reise** الرحلة (مؤنث) و **das Buch** الكتاب (محايد).

بعض النصائح:

- الأسماء العائدة إلى الذكور هي مذكرة في العادة، والأسماء التي تعود إلى الإناث هي عادة مؤنثة، أما الصغار فيكونون محايدين نحوياً: الرجل **der Mann** العم **der Onkel**، المرأة **die Frau**، الجدة **die Großmutter**، الثور **der Stier**، البقرة **die Kuh**، أما الطفل **das Kind**، العجل **das Kalb**.
- أيام الأسبوع، وأسماء الشهور وفصول السنة كلها مذكرة: الأحد **der Sonntag**، مايو أيار **der Mai**، فصل الشتاء **der Winter**.
- الأشجار والفواكه والزهور هي عادة مؤنثة: البلوط **die Eiche**، والكمثرى **die Birne**، والوردة **die Rose** (ولكن الشجرة **der Baum**، والتفاحة **der Apfel**، والخوخ أو الدراق **der Pfirsich**).
- معظم أسماء الأماكن والبلدان محايدة، مع وجود بعض الإستثناءات، على سبيل المثال: سويسرا **die Schweiz**، تركيا **die Türkei**، لبنان **der Libanon**، إيران **der Iran**، العراق **der Irak**، والولايات المتحدة **die Vereinigten Staaten** (بصيغة الجمع) الخ

وقد تساعد نهاية الإسم في بعض الأحيان في تحديد جنسه.

- فالأسماء التي تنتهي بـ **-er** والتي تم اشتقاقها من فعل وتلك التي تنتهي بـ **-ling** أو بـ **-ismus** هي أسماء مذكرة:

  يطفئ **löschen** ← طفاية حريق **der Feuerlöscher**

  عزيزي **der Liebling**

  التفاؤل **der Optimismus**

- الأسماء التي تنتهي بـ **-ung**، **-heit**، **-keit**، **-schaft** هي أسماء مؤنثة:

  الشقة **die Wohnung**

  الحرية **die Freiheit**

المودة **die Freundlichkeit**

الإقتصاد **die Wirtschaft**

• الأسماء التي تنتهي بـ **-chen**، **-lein** والمصادر المستخدمة كأسماء (أنظر القسم 8.11) هي أسماء محايدة:

الفتاة **das Mädchen**

الطاولة الصغيرة **das Tischlein**

الطعام أو الوجبة **das Essen**

لاحظ أنه لم يتم شمل جميع الأسماء باللغة الألمانية.

2 أدوات التعريف

خلافا للعربية فإن للألمانية العديد من أشكال التعريف (وهي **der, die, das**) والتنكير (وهي **ein, eine, ein**)، كما توجد أدوات تعريف في حالة النفي: **kein, keine, kein**.

صيغة أداة التعريف تعتمد على حال الإسم:

• من حيث الجنس (مذكر، مؤنث أو محايد)

• ومن حيث العدد (مفرد أو جمع)

• ومن حيث الوضع الإعرابي.

تتشابه اللغتان العربية والألمانية من حيث الحالات الإعرابية، فالألمانية أيضاً لديها أربع حالات، والتي تستخدم للإشارة إلى الوضع الإعرابي للأسماء والضمائر (وبعض الكلمات المرتبطة بها) في الجملة. لمزيد من المعلومات حول الحالات أنظر الفقرة 3 والفقرة 4 التي تحتوي جدولاً كاملاً للصيغ المختلفة لأدوات التعريف.

3 الحالات الأربع

الحالات الإعرابية في اللغة الألمانية هي:

• حالة الرفع (المستخدمة للفاعل)

• حالة النصب (المستخدمة للمفعول)

• حالة الجر (المستخدمة للمفعول غير المباشر)

• حالة الإضافة (المستخدمة لإظهار حيازة أو علاقة وثيقة).

ويشار إلى كل حالة من هذه الحالات عن طريق تغيير نهاية كلمات معينة، وهو ما يسمى "التشكيل"، ففي الألمانية يمكن أن يتم "تشكيل" أداة التعريف والأسماء والضمائر والنعوت وحتى أسماء المفعول، وهذا ما يعني أنها تتخذ نهايات مختلفة حسب الحالة.

وهنا مثال مع ضمير صفة الملكية يعود على صديق مذكر:

- الرفع: صديقي لطيف. (مسند أو فاعل) **Mein Freund ist nett.**

- النصب: هو يعرف صديقي. (مسند إليه أو مفعول به مباشر) **Er kennt meinen Freund.**

- الجر: أنا أعطي الكتاب لصديقي. (مفعول به غير مباشر) **Ich gebe meinem Freund das Buch.**

- المضاف: أخت صديقي لطيفة. (حيازة / علاقة وثيقة) **Die Schwester meines Freundes ist nett.**

تستخدم اللغة الإنجليزية علامات الحالة فقط لضمائر معينة (على سبيل المثال، [الضمير المسند هو]، و[ضمير المسند إليه المباشر له أو إياه])، لذلك يتم استخدام ترتيب الكلمات عادة للإشارة إلى الحالة الإعرابية للإسم، أما في اللغة الألمانية فإن نهايات مختلفة تبعاً للحالات تسمح بترتيب أكثر مرونة بكثير للكلمات، فعلى سبيل المثال يمكن للمرء أن يقول:

أنا أعطي صديقي الكتاب. **Ich gebe meinem Freund das Buch.**

أو إذا أردنا التركيز على الكتاب:

الكتاب أعطيه لصديقي. **Das Buch gebe ich meinem Freund.**

4 التصريف

فيما يلي جميع صيغ أداة التعريف مرفقة بكلمة الطاولة **der Tisch** (مذكر)، وبكلمة الرحلة **die Reise** (مؤنث)، وكلمة الكتاب **das Buch** (محايد).

	مفرد		
	محايد	مؤنث	مذكر
حالة الرفع	das / ein Buch	die / eine Reise	der / ein Tisch
حالة النصب	das / ein Buch	die / eine Reise	den / einen Tisch
حالة الجر	dem / einem Buch	der / einer Reise	dem / einem Tisch
حالة الإضافة	des / eines Buch(e)s	der / einer Reise	des / eines Tisch(e)s

	جمع	
حالة الرفع	Tische / Reisen / Bücher	die / keine
حالة النصب	Tische / Reisen / Bücher	die / keine
حالة الجر	Tischen / Reisen / Büchern	den / keinen
حالة الإضافة	Tische / Reisen / Bücher	der / keiner

كما نرى فإن التشكيل يظهر بشكل رئيسي على أدوات التعريف، ولكن في بعض الحالات قد يتغير الإسم أيضاً:

- فالأسماء المفردة المذكرة والمحايدة تنتهي في حالة الإضافة بـ **s-** أو **es-**
- تنتهي الأسماء في الجمع المجرور بـ **n-** (باستثناء الأسماء التي تنتهي أصلاً بـ **n-** أو بـ **s-** في حالة الرفع: **die Autos, den Autos**).

فيما عدا هذه الحالات فإن معظم الأسماء لا يتم تشكيلها، ولكن مع ذلك فإنه توجد بعض الأسماء المذكرة التي تنتهي بـ **n-** أو **en-** في جميع الحالات باستثناء حالة الرفع، وتسمى هذه بـ "**n-** الأسماء المذكرة"، فمثلاً:

- **der Junge** الفتى , **den Jungen, dem Jungen, des Jungen**
- **der Präsident** الرئيس , **den Präsidenten, dem Präsidenten, des Präsidenten**

5 صياغة الجمع للأسماء

يمكن صياغة الجمع للأسماء في اللغة الألمانية بطرق متعددة، وفيما يلي بعض من هذه الطرق الأكثر شيوعاً:

- بإضافة إمالة للحرف الصوتي: الأخ **der Bruder** ← الإخوة **die Brüder**
- بإضافة إمالة للحرف الصوتي + **e-**: اليد **die Hand** ← الأيادي **die Hände**
- بإضافة **e-**: الكلب **der Hund** ← الكلاب **die Hunde**
- بإضافة **er-**: الطفل **das Kind** ← الأطفال **die Kinder**
- بإضافة إمالة للحرف الصوتي + **er-**: العجلة **das Rad**، العجلات ← **die Räder**
- بإضافة **n-**: العين **das Auge** ← العيون **die Augen**
- بإضافة **en-**: الشقة **die Wohnung** ← الشقق **die Wohnungen**
- بدون إضافة أي شيء: الغرفة **das Zimmer** ← الغرف **die Zimmer**.

عندما يواجهنا إسمٌ جديدٌ فإنه سيكون من الجيد تعلمه مع أداة تعريفه وصيغة الجمع منه!

لاحظ أنه لا توجد صيغةُ جمع لأدوات التعريف غير المحدد ein و eine و ein، إذ يظهر الإسم في الجمع لوحده فقط: رجل ein Mann، رجال Männer، ومع ذلك، فإن لأداة التعريف السلبية صيغة جمع أيضاً:
ولا (أي) رجل kein Mann، ولا أي رجل keine Männer.

6 النفي

تستخدم أداة التعريف السلبية (التنكير) kein (التي تعرِّف ما يليها بنفس طريقة ein) لنفي الأسماء التي كانت مسبوقة في الجملة الإيجابية (جملة الإثبات) بـ ein أو غير مسبوقة بأي أداة تعريف على الإطلاق:

Hier gibt es keine U-Bahn.	لا يوجد هنا قطار أنفاق.
Ich habe kein Geld.	ليس لدي مال. ليس لدي أية نقود.

أما كلمة nicht فتستخدم لنفي كل من الفعل أو الضمير أو الظرف أو الصفة:

Ich esse nicht.	أنا لا آكل.
Ich sehe ihn nicht.	أنا لا أراه.
Ich gehe nicht oft ins Kino.	أنا لا أذهب كثيراً إلى السينما.
Thomas ist nicht pünktlich.	توماس ليس دقيق المواعيد.

كما تستخدم nicht أيضاً لنفي الأسماء المسبوقة بأداة تعريف أو بضمير ملكية:

Das ist nicht die Nummer von Klaus.	هذا ليس برقم كلاوس.
Das ist nicht meine Nummer.	هذا ليس رقمي.

أما موقع nicht في الجملة فإنه يتحدد ببقية عناصرها، وهي تتبع دائماً:

- الفعل المحدود: هاري لا يعمل.

Harry <u>arbeitet</u> nicht.

- الأسماء المستخدمة كمفعول به: هو لا يقوم بعمله.

Er macht <u>seine Arbeit</u> nicht.

- الضمائر المستخدمة كمفعول به: أنا لا أصدق ذلك. .Ich glaube <u>es</u> nicht
- ظروف زمانية محددة: لماذا لا يعمل اليوم؟

Warum arbeitet er <u>heute</u> nicht?

أما في بقية الحالات فإن nicht تتقدم معظم عناصر الجملة الأخرى.

7 ضمائر الإشارة

تشير ضمائر الإشارة إلى شيء قريب نسبيا ولها عدة صيغ أيضاً في الألمانية: dieser (للمذكر)، diese (للمؤنث)، dieses (للمحايد)، diese (للجمع)، ويجب أن تتوافق ليس في الجنس والعدد مع الإسم الذي ستحل محله أو ستعدله وحسب وإنما ستأخذ نفس الحالة الإعرابية أيضاً التي كانت ستأخذها أداة التعريف:

هذا الرجل طويل بحق.
Dieser Mann ist wirklich groß.

أنا أرى هذا الرجل كثيراً (غالباً) في المحطة.
Ich sehe <u>diesen</u> Mann oft am Bahnhof.

لا تعطي هذا الرجل المزيد من البيرة!
Geben Sie <u>diesem</u> Mann kein Bier mehr!

وللإشارة إلى شيء بعيد تستخدم (ذلك، تلك)، وصيغه في الألمانية هي: jener, jene, jenes, jene، كما أنها تأخذ نهايات مثل أدوات التعريف.

هذا الرجل هو جدي وذاك الرجل جارنا.
<u>Dieser</u> Mann ist mein Großvater und <u>jener</u> Mann unser Nachbar.

ومع ذلك فإنه الأكثر شيوعا بكثير في هذه الأيام استخدام أدوات التعريف (der, die, das, die)، والتشديد على أنها ضمائر الإشارة، لذلك فإنه يتم في اللغة الألمانية اليومية تحويل أدوات التعريف التي سبق ذكرها إلى:

الرجل (ههنا) هو جدي والرجل (هناك) جارنا.
<u>Der</u> Mann (da) ist mein Großvater und <u>der</u> Mann (dort) unser Nachbar.

8 ضمائر الملكية

تصاغ ضمائر الملكية (لي، لك، له، لها، له، لنا، لهم) على نمط أداة التعريف غير المحددة ein/kein، وينبغي أن تطابق جنس (مذكر أو مؤنث أو محايد) وعدد (مفرد أو جمع) وحالة الإسم الذي تسبقه.

ويقدم الجدول التالي لمحة عامة عن ضمائر الملكية في حالة الرفع.

	ما هو الشيءالمملوك (عندما يكون الفاعل في الجملة)			
ضمير الملكية	مذكر	مؤنث	محايد	جمع
لي	mein	meine	mein	meine
لك	dein	deine	dein	deine
له	sein	seine	sein	seine
لها	ihr	ihre	ihr	ihre
له	sein	seine	sein	seine
لنا	unser	unsere	unser	unsere
لكم	euer	eure	euer	eure
لهم	ihr	ihre	ihr	ihre
الصيغة الرسمية				
لحضرتك/لحضراتكم	Ihr	Ihre	Ihr	Ihre

9 الصفات والأحوال

1.9 الإسناد بالصفة

وهي صفات تحدث للمسند إليه (الفاعل) في الجملة - بعد صيغ من أمثال **sein, werden** أو **bleiben** - وتعدل من وضعه، في اللغة الألمانية لا تتغير نهايات الأحوال الأصلية.

السيد موللر لطيف. **Herr Müller ist nett.**

إنها ستتعب (ستنعس). **Sie wird müde.**

سوف يبقى (الطقس) بارداً في الغد. **Es bleibt morgen kalt.**

2.9 الصفات المستخدمة كأحوال

إن الصفات والظروف في اللغة الألمانية هي في معظم الحالات نفس الكلمة، مع ملاحظة أنه لا يتم تشكيل الأحوال.

من فضلك لا تتحدث حضرتك بسرعة هكذا!

Sprechen Sie bitte nicht so schnell!

إنها تغني بشكل جيد للغاية! **Sie singt sehr gut!**

3.9 الصفات النعتية

هذه الصفات تسبق مباشرة الإسم الذي تقوم بتعديله وتشكيله، أما النهايات التي تتخذها فتعتمد على أمرين: 1) الجنس، والعدد وحالة الاسم الذي تعدله؛

2) فيما إذا كانت مسبوقة بأداة تعريف أم لا، فإذا لم يكن هناك أداة تعريف تدل على الجنس والعدد وحالة الإسم فإنه يجب على الصفة أن تدل على ذلك.

الرجل اللطيف der nette Mann، رجل لطيف ein netter Mann
المرأة اللطيفة die nette Frau، إمرأة لطيفة eine nette Frau
الطفل اللطيف das nette Kind، طفل لطيف ein nettes Kind
نبيذ جيد، guter Wein (مذكر مفرد مرفوع)
شوكولاته جيدة، gute Schokolade (مؤنث مفرد مرفوع)
خبز جيد، gutes Brot (محايد مفرد مرفوع)

4.9 الصفات المستخدمة كأسماء

يمكن استخدام العديد من الصفات كأسماء وذلك بكتابة الحرف الأول كبيراً ووضع أداة التعريف قبلها، وتحتفظ الصفة بالنهايات كما لو كان الإسم مازال موجوداً: العجوز (رجل) der Alte، الجميلة (امرأة) die Schöne.

10 الضمائر

1.10 الضمائر الشخصية

الرفع		النصب		الجر	
ich	أنا	mich	إياي	mir	لي
du	أنت	dich	إياك	dir	لك
er	هو	ihn	إياه	ihm	له
sie	هي	sie	إياها	ihr	لها
es	هو	es	إياه	ihm	له
wir	نحن	uns	إيانا	uns	لنا
ihr	أنتم/أنتن	euch	إياكم/إياكن	euch	لكم/لكن
sie	هم/هن	sie	إياهم/إياهن	ihnen	لهم/لهن
Sie	حضرتكم	Sie	إياكم	Ihnen	لحضرتكم

2.10 الضمائر المنعكسة

تعبر الأفعال الإنعكاسية عن نشاط يقع على الفاعل، وهذا يتم باستخدام ضمير، والذي يأخذ حالة النصب إن كان وحيداً، أما إذا كان هناك ضمير آخر فإنه يأخذ حالة الجر، وتماثل صيغتها صيغة الضمائر الشخصية في هذه الحالات باستثناء

ضمير الغائب المفرد وصيغة الخطاب الرسمية فهي **sich**:

منصوب		مجرور	
mich selbst	إياي	mir selbst	لي
dich selbst	إياكَ/ إياكِ	dir selbst	لك
sich selbst	إياه/ إياها/ إياه	sich selbst	له/ لنفسه/ لذاته
uns selbst	إيانا	uns selbst	لنا
euch selbst	إياكم/ إياكن	euch selbst	لكم/ لكن
sich selbst	إياهن/ إياهم	sich selbst	لهم/ لهن/ لذاتهم/ لذاتهن/ لنفسهم/النفسهن
sich selbst	إياكم	sich selbst	لحضرتكم/ لذاتهم/ لنفسهم

Er wäscht sich. يغسل نفسه.

Waschen Sie sich die Hände! إغسل حضرتُك يديك!

Ich möchte mir die Hände waschen. أود أن أغسل يدي.

3.10 ضمائر الإشارة

هناك العديد من ضمائر الإشارة باللغة الألمانية (هذا، ذلك، تلك، أولئك):

- الضمائر **der, die, das, die** هي مطابقة لأدوات التعريف باستثناء حالتي الإضافة والجمع المجرور:

	مفرد			جمع
	مذكر	مؤنث	محايد	
مرفوع	der	die	das	die
منصوب	den	die	das	die
مجرور	dem	der	dem	denen
مضاف	dessen	deren	dessen	deren

هل تعرف الإثنين؟ لهما تعود ملكية نصف المدينة.

Kennst du die beiden? Denen gehört die halbe Stadt.

- الضمائر: هذا **dieser** وهذه **diese**, وهذا **dieses**, وهذه للجمع **diese** وذاك وتلك وذاك وهؤلاء هي مطابقة لصيغ ضمائر الإشارة (أنظر الفقرة 7):

Dieser ist mein Freund, aber jenen dort habe ich nie gesehen.

هذا صديقي، أما ذاك هناك فلم أره من قبل قط.

• نفسه derselbe ونفسها dieselbe ونفسه dasselbe، وذلك الذي derjenige وتلك التي diejenige وذاك الذي dasjenige، يتبعها في العادة ضمير إشارة، يتم تشكيل الجزء الأول منه وكأنه أداة تعريف، بينما يتم تشكيل جزئه الثاني وكأنه صفة:

Er hat den<u>selben</u> Pullover wie du.   لديه نفس السترة كما التي لديك.

هي تسكن في نفس المبنى مثلي.
Sie wohnt in dem<u>selben</u> Haus wie ich.

أولئك الذين يأتون متأخرين جداً لن ينالوا شيئاً.
<u>Diejenigen</u>, die zu spät kommen, kriegen nichts mehr.

4.10 ضمائر الإستفهام (كلمات السؤال)

• يتم تشكيل مَن؟ Wer؟ مثل أداة تعريف المذكر، على العكس من ذلك فإنه لا يتم تشكيله ماذا؟ Was؟ وهي تستخدم في حالتي الرفع والنصب فقط:

الرفع: من حضرتك؟	Wer sind Sie?
النصب: من ترسم حضرتك؟	Wen zeichnen Sie?
ماذا ترسم حضرتك؟	Was zeichnen Sie?
الجر: لمن (تعود) ملكية السيارة الجديدة؟	Wem gehört das neue Auto?
الإضافة: أوراق من هذه؟	Wessen Papiere sind das?

• يمكن أيضاً استخدام الذي welcher والتي welche والذي welches كأدوات استفهام، ويتم تشكيلها مثل أداة تعريف، ولكن نادراً ما تستخدم هذه الأيام بصيغة الإضافة.

أي ملك بنى (قصر) نوي شفان شتاين؟
Welcher König hat Schloss Neuschwanstein gebaut?

أيَّ فيلم شاهدت حضرتك بالأمس؟
Welchen Film haben Sie gestern gesehen?

لدي قطعتان من الكعكة، أيهما تريد؟
Ich habe zwei Stück Kuchen. Welches möchtest du?

5.10 الضمائر الموصولة

تطابق الضمائر الموصولة الذي، والتي ضمائر الإشارة الذي **der** والتي **die** والذي **das**، (أنظر الفقرة 3.10):

الفيلم الذي أريد أن أتفرج عليه يعرض في دار السينما بانوراما.
Der Film, den ich sehen möchte, spielt im Kino Panorama.

الأصدقاء الذين سنذهب معهم في العطلة هم أمريكيون.
Die Freunde, mit denen wir in Urlaub fahren, sind Amerikaner.

لاحظ أنه لا يمكن حذف الضمير الموصول في اللغة الألمانية على عكس اللغة الإنجليزية.

6.10 الضمائر غير المحددة

- يتم تشكيل واحد **einer**، واحدة **eine**، واحد **eines**، أو ولا واحد **keiner** أو ولا واحدة **keine** أو ولا واحد **kein(e)s**، تماماً مثل أداة التعريف:

واحد من كلينا عليه القيام بذلك.
Einer von uns beiden muss das machen.

لم أقرأ أياً من هذه الكتب.
Ich habe kein(e)s von diesen Büchern gelesen.

Er kennt keinen hier. إنه لا يعرف أحداً هنا.

- تعبر كلمة **man** (المرء) عن "أحدهم" بالعموم (يمثل الناس بشكل عام) ويستخدم في حالة الرفع فقط.

Man muss aufpassen. على المرء أن يكون حذراً.

أما في حالتي الجر أو النصب فيتم استخدام **einem** و **einen** على التوالي:

التلفزيون لا يمنح المرء معلومات كافية.
Das Fernsehen gibt einem nicht genug Informationen.

هذا يمكن أن يجعل المرء مريضاً بحق.
Das kann einen wirklich krank machen.

7.10 ضمائر الملكية

تُصاغ ضمائر الملكية لي **meiner** ولك **deiner** وله **seiner** وهكذا...بإضافة نهايات الحالة الإعرابية لأداة التعريف إلى صفات الملكية (أنظر الفقرة 8):

سترتك جميلة جداً، سترتي ليست بهذا الجمال.

Dein Pullover ist sehr schön, meiner ist nicht so schön.

يمكنكم رَكْنُ سيارتكم في أي مكان، (أما) سيارتنا فهذا غير ممكن.

Mit eurem Auto könnt ihr überall parken, mit unserem ist das nicht möglich.

11 الأفعال

1.11 الأفعال (الضعيفة) النظامية

يعتبر الفعل نظامياً (ضعيفاً) إذا لم يتغير حرف العلة في جذره بأي صيغة من صيغ تصريفه.

- يستمع **hören**

دلالي

	المضارع أو الحاضر	الماضي البسيط	الماضي	الماضي التام(البعيد)	المستقبل
أنا	ich höre	hörte	habe gehört	hatte gehört	werde hören
أنتَ/أنتِ	du hörst	hörtest	hast gehört	hattest gehört	wirst hören
هو/هي/هو	er / sie / es hört	hörte	hat gehört	hatte gehört	wird hören
نحن	wir hören	hörten	haben gehört	hatten gehört	werden hören
أنتم/أنتن	ihr hört	hörtet	habt gehört	hattet gehört	werdet hören
هن/هم	sie hören	hörten	haben gehört	hatten gehört	werden hören
حضرتك/ حضراتكم	Sie hören	hörten	haben gehört	hatten gehört	werden hören

الأمر

إستمع! **Hör(e)!** (للمفرد غير الرسمي)، دعونا نسمع! لنستمع! **Hören wir!**، إستمعوا! **hört!** إستمع حضرتك (رسمي)! **Hören Sie!**

المضارع المنصوب

المضارع		الماضي	
الصيغة العادية	الصيغة الإحتمالية أو الشرطية	الصيغة العادية	الصيغة الإحتمالية أو الشرطية
ich höre	hörte = würde hören	habe gehört	hätte gehört
du hörest	hörtest = würdest hören	habest gehört	hättest gehört
er / sie / es höre	hörte = würde hören	habe gehört	hätte gehört
wir hören	hörten = würden hören	haben gehört	hätten gehört
ihr höret	hörtet = würdet hören	habet gehört	hättet gehört
sie / Sie hören	hörten = würden hören	haben gehört	hätten gehört

2.11 الأفعال الشاذة (القوية)

يعتبر الفعل غير نظامي (قوي) إذا تغير حرف العلة الجذري في صيغة الماضي البسيط، كما إنه يوجد العديد من الأفعال الشاذة التي تظهر شذوذات في صيغة الحاضر أو الماضي كذلك.

وفيما يلي مثال على ذلك، ولكن سيكون من الواجب عليك تعلم صيغ الأفعال الشاذة سماعياً عن ظهر قلب لأنه لا يمكن التنبؤ بها دائماً، ستجد حضرتك قائمة بالأفعال الشاذة الأكثر شيوعا في نهاية الملحق.

• يرى، ينظر **sehen**

دلالي

المضارع أو الحاضر	الماضي البسيط	الماضي	الماضي التام (البعيد)	المستقبل
ich sehe	sah	habe gesehen	hatte gesehen	werde sehen
du siehst	sahst	hast gesehen	hattest gesehen	wirst sehen
er / sie / es sieht	sah	hat gesehen	hatte gesehen	wird sehen
wir sehen	sahen	haben gesehen	hatten gesehen	werden sehen
ihr seht	saht	habt gesehen	hattet gesehen	werdet sehen
sie sehen	sahen	haben gesehen	hatten gesehen	werden sehen
Sie sehen	sahen	haben gesehen	hatten gesehen	werden sehen

الأمر

أنظر! **!Sieh** (المفرد غير الرسمي) دعونا نرَا! دعونا ننظر/لننظر! **!Sehen wir**
أنظر حضرتك (رسمية)! **!Sehen Sie**

تذكر حضرتك أنه غالبا ما تضاف كلمة **mal** "مرة" في صيغة الأمر:

أنظر! **!Sieh mal** أنظروا! **!Seht mal** أنظر حضرتك! **!Sehen Sie mal**

المضارع المنصوب

المضارع		الماضي	
الصيغة العادية	الصيغة الإحتمالية أو الشرطية	الصيغة العادية	الصيغة الإحتمالية أو الشرطية
ich sehe	sähe = würde sehen	habe gesehen	hätte gesehen
du sehest	sähest = würdest sehen	habest gesehen	hättest gesehen
er / sie / es sehe	sähe = würde sehen	habe gesehen	hätte gesehen
wir sehen	sähen = würden sehen	haben gesehen	hätten gesehen
ihr sehet	sähet = würdet sehen	habet gesehen	hättet gesehen
sie / Sie sehen	sähen = würden sehen	haben gesehen	hätten gesehen

3.11 الأفعال المختلطة (الضعيفة غير النظامية)

تجمع "الأفعال المختلطة" بين الخصائص المرتبطة بالأفعال (الضعيفة) العادية، مثل نهايات صيغة الماضي وأن ينتهي (الماضي) إسم مفعولها بـ **t**- إضافة إلى تغييرات حرف العلة في الجذر المرتبطة بالأفعال غير النظامية (القوية)، يوجد عدد قليل فقط من هذه الأفعال.

4.11 فعل الكون، فعل الملك، فعل يصبح

• فعل الكون **sein**

<u>دلالي</u>

المضارع أو الحاضر	الماضي البسيط	الماضي	الماضي التام (البعيد)	المستقبل
ich bin	war	bin gewesen	war gewesen	werde sein
du bist	warst	bist gewesen	warst gewesen	wirst sein
er / sie / es ist	war	ist gewesen	war gewesen	wird sein
wir sind	waren	sind gewesen	waren gewesen	werden sein
ihr seid	wart	seid gewesen	wart gewesen	werdet sein
sie sind	waren	sind gewesen	waren gewesen	werden sein
Sie sind	waren	sind gewesen	waren gewesen	werden sein

لاحظ أن صياغة الماضي تتم باستخدام فعل الكون **sein** كفعل مساعد:

كان مسروراً لأنه حصل على صفقة جيدة.

Er ist zufrieden gewesen, weil er ein gutes Geschäft gemacht hat.

<u>الأمر</u>

فلتطبْ نفساً! **Sei froh!** فلنطبْ نفساً! **Seien wir froh!** فلتطيبوا نفساً! **Seid froh!** فلتطبْ حضرتك نفساً! **Seien Sie froh!**

<u>المضارع المنصوب</u>

المضارع		الماضي	
الصيغة العادية	الصيغة الإحتمالية أو الشرطية	الصيغة العادية	الصيغة الإحتمالية أو الشرطية
ich sei	wäre = würde sein	sei gewesen	wäre gewesen
du seiest	wärest = würdest sein	seiest gewesen	wärest gewesen
er / sie / es sei	wäre = würde sein	sei gewesen	wäre gewesen
wir seien	wären = würden sein	seien gewesen	wären gewesen
ihr seiet	wäret = würdet sein	seiet gewesen	wäret gewesen
sie / Sie seien	wären = würden sein	seien gewesen	wären gewesen

• فعل الملك **haben**

دلالي

المضارع أو الحاضر	الماضي البسيط	الماضي	الماضي التام (البعيد)	المستقبل
ich habe	hatte	habe gehabt	hatte gehabt	werde haben
du hast	hattest	hast gehabt	hattest gehabt	wirst haben
er / sie / es hat	hatte	hat gehabt	hatte gehabt	wird haben
wir haben	hatten	haben gehabt	hatten gehabt	werden haben
ihr habt	hattet	habt gehabt	hattet gehabt	werdet haben
sie / Sie haben	hatten	haben gehabt	hatten gehabt	werden haben

كما ترى حضرتك فإن حرف **b** من جذر الفعل يختفي في المخاطب المفرد والغائب المفرد وفي جميع صيغ الماضي البسيط، وفيما عدا ذلك فإن تصريف فعل **haben** ليس معقداً، إذ حتى صياغة الأمر منه منتظمة.

الأمر

تحلَّ بَالصبر! أو كن صبوراً **!Hab(e) Geduld** (مفرد)، فلنصبر! فلنتحل بالصبر! **!Haben wir Geduld**، فلتصبروا! **!Habt Geduld**، فلتصبر حضرتك! **!Haben Sie Geduld**

شرطي

المضارع		الماضي	
الصيغة العادية	الصيغة الإحتمالية أو الشرطية	الصيغة العادية	الصيغة الإحتمالية أو الشرطية
ich habe	hätte = würde haben	habe gehabt	hätte gehabt
du habest	hättest = würdest haben	habest gehabt	hättest gehabt
er / sie / es habe	hätte = würde haben	habe gehabt	hätte gehabt
wir haben	hätten = würden haben	haben gehabt	hätten gehabt
ihr habet	hättet = würdet haben	habet gehabt	hättet gehabt
sie / Sie haben	hätten = würden haben	haben gehabt	hätten gehabt

• يصبح **werden** (أيضاً يعمل كفعل مساعد لصياغة المستقبل والمبني للمجهول)

دلالي

المضارع أو الحاضر	الماضي البسيط	الماضي	الماضي التام (البعيد)	المستقبل
ich werde	wurde	bin geworden	war geworden	werde werden
du wirst	wurdest	bist geworden	warst geworden	wirst werden
er / sie / es wird	wurde	ist geworden	war geworden	wird werden

wir werden	wurden	sind geworden	waren geworden	werden werden
ihr werdet	wurdet	seid geworden	wart geworden	werdet werden
sie / Sie werden	wurden	sind geworden	waren geworden	werden werden

لاحظ أنه تتم صياغة المستقبل باستخدام صيغة المضارع من فعل **werden** ومصدر الفعل الرئيسي - حتى لو كان الفعل الرئيسي هو نفسه فعل **werden**:

البشر يصبحون أطول وأطول!

Die Menschen werden immer größer werden!

الأمر

Werde nicht frech! لا تكن وقحاً! لا تكن صفيقاً!

Werdet nicht frech! لا تكونوا وقحين!

Werden Sie nicht frech! لا تكن حضرتك وقحا (رسمي)!

شرطي

المضارع		الماضي	
الصيغة العادية	الصيغة الإحتمالية أو الشرطية	الصيغة العادية	الصيغة الإحتمالية أو الشرطية
ich werde	würde*	sei geworden	wäre geworden
du werdest	würdest	seiest geworden	wärest geworden
er / sie / es werde	würde	sei geworden	wäre geworden
wir werden	würden	seien geworden	wären geworden
ihr werdet	würdet	seiet geworden	wäret geworden
sie / Sie werden	würden	seien geworden	wären geworden

* würde = würde werden, würdest = würdest werden etc.

5.11 الماضي التام

الماضي التام هو صيغة مؤلفة (أو مركبة) من كلمتين: من فعل الكون **sein** أو الملك **haben** في الحاضر + إسم المفعول من الفعل الرئيسي، أما كيفية معرفة أيهما الذي سيستخدم؟ فهو شيء متعارف عليه:

- يستخدم فعل الملك **haben** لصياغة الماضي التام من الأفعال المتعدية (تلك التي تأخذ مفعولاً مباشراً)، والأفعال المنعكسة، والأفعال المساعدة والأفعال التي تشير إلى موقف: "لقد رأيته." **Ich habe ihn gesehen.**
- يستخدم فعل الكون **sein** مع الأفعال التي تدل على حركة، الأفعال التي تشير إلى تغيير المكان أو الحالة وفعل **sein** وفعل **bleiben** وفعل **werden**: لقد ذهبت إلى حمام السباحة. **Ich bin ins Schwimmbad gegangen.**

6.11 الأفعال المساعدة

توجد في اللغة الألمانية ستة أفعال مساعدة (الأفعال المساعدة هي تلك التي تشير إلى القدرة والإذن والإلتزام أو إلى موقف تجاه فعل ما):

يجب **müssen** وينبغي **sollen** ويستطيع **können** ويُسمح **dürfen** ويريد **wollen** ويود **mögen**.

يحتل الفعل المساعد المتصرف المركز الثاني في الجملة التقريرية (أو المركز الأول في الجملة الإستفهامية)، أما الفعل الذي يُساعد أو "يُعدل" (بالمصدر) فيظهر في نهاية الجملة:

هل يمكنني مرافقتك؟ هل يمكنني المجيء معك؟ **Kann ich mitkommen?**

علينا أن نعمل اليوم حتى الساعة السابعة مساء.

Wir müssen heute bis 19 Uhr arbeiten.

أما في الجملة الثانوية فيحتل الفعل المساعد الموضع الأخير:

Das ist das Kleid, das ich haben will. هذا هو الثوب الذي أريده.

حذار! فإن صيغة المصدر المستخدمة مع الفعل المساعد لا يمكن أن يسبقها **zu** إطلاقاً!

7.11 المضارع والماضي المركب (إسم المفعول)

عادة ما يصاغ إسم الفاعل بإضافة ‎-d إلى صيغة المصدر:

يبكي **weinen** ← باكٍ **weinend**.

Das Kind kommt weinend nach Hause. يأتي الطفل إلى المنزل باكياً.

يمكن لاسم المفعول أن يتخذ عدة صيغ، ولكن مع ذلك فإن معظم الأفعال تصاغ بأخذ صيغة المضارع للفعل وإضافة ‎-ge في البداية و ‎-t أو ‎-et في النهاية.

يزين **schmücken** ← مزين **geschmückt**

من الذي زين شجرة عيد الميلاد؟
Wer hat den Weihnachtsbaum geschmückt?

هذا ويمكن استخدام كلا الصيغتين على أنهما صفة:

إنه يعطي للطفل الباكي شوكولاته.
Er gibt dem weinenden Kind Schokolade.

der geschmückte Weihnachtsbaum شجرة عيد الميلاد المزينة

8.11 إستخدام الأفعال كأسماء

يمكن استخدام صيغة المصدر من الفعل وكذلك المضارع أو إسم المفعول على أنها أسماء وذلك بكتابة الحرف الأول منها كبيراً:

يضحك **lachen** ⟵ الضحك مفيد. **Lachen tut gut.**

مسافر **reisend** ⟵ غادر المسافر القطار في هامبورغ.
Der Reisende stieg in Hamburg aus dem Zug.

جميع الأسماء المستمدة من صيغة المصدر هي محايدة؛ كما تُصَرَّف الأسماء المستمدة من اسم المفعول مثل الصفة المقابلة لها.

12 المبني للمجهول

توجد صيغتان من المبني للمجهول في اللغة الألمانية:

- المبني للمجهول السكوني أو فعل الكون **sein** السلبي (**sein** + إسم المفعول) وهو يصف حالة أو نتيجة:

الشجرة مزينة. **Der Baum ist geschmückt.**

- المبني للمجهول باستخدام **werden** (**werden** + إسم المفعول)، والذي يدل على فعل أو عملية، وكثيرا ما يتماثل مع صيغة **ing-** في اللغة الإنجليزية:

يتم تزيين الشجرة. تُزَيَّنُ الشجرة. **Der Baum wird geschmückt.**

هذا ويمكن استخدام المبني للمجهول باستخدام **werden** للتشديد على أن الفعل أو الحدث أهم من الفاعل:

تم تزيين الشجرة من قبلي وحدي.
Der Baum ist von mir allein geschmückt worden.

لاحظ أن إسم المفعول من فعل **werden** - عند استخدامه لصياغة المبني للمجهول - هو **worden** (أي بدون **-ge**!).

وإليكم فيما يلي فعل يزين **schmücken** في صيغة المبني للمجهول:

المضارع	الماضي البسيط	المستقبل
ich werde geschmückt	wurde geschmückt	werde geschmückt werden
du wirst geschmückt	wurdest geschmückt	wirst geschmückt werden
er / sie / es wird geschmückt	wurde geschmückt	wird geschmückt werden
wir werden geschmückt	wurden geschmückt	werden geschmückt werden
ihr werdet geschmückt	wurdet geschmückt	werdet geschmückt werden
sie / Sie werden geschmückt	wurden geschmückt	werden geschmückt werden

الماضي	الماضي التام
ich bin geschmückt worden	war geschmückt worden
du bist geschmückt worden	warst geschmückt worden
er / sie / es ist geschmückt worden	war geschmückt worden
wir sind geschmückt worden	waren geschmückt worden
ihr seid geschmückt worden	wart geschmückt worden
sie / Sie sind geschmückt worden	waren geschmückt worden

يتم تشكيل المبني للمجهول المنصوب من خلال وضع werden في حالة النصب أنظر 4.11) وإضافة إسم المفعول من الفعل:

sei geschmückt (worden), wäre geschmückt (worden)، الخ.

13 الجمل الشرطية

تشير العبارات المشروطة إلى وجوب استيفاء شرط معين قبل تحقق الفعل، وعادة ما يعبر عن الشرط بجملة ثانوية يتقدمها إذا **wenn**، ويعبر عن الفعل بالجملة الرئيسية:

عندما يكون لدي وقت، سآتي معك. إذا كان لدي الوقت، سآتي معك.
Wenn ich Zeit habe, komme ich mit.

إذا كانت ستمطر غداً، فسأبقى في المنزل.
Wenn es morgen regnen wird, bleibe ich zu Hause.

يمكن للنتيجة في الجملة الرئيسية أن تكون - ولكن ليس بالضرورة أن يكون الأمر كذلك - مسبوقة بـ **dann**، ويمكن إدراج ذلك في بداية الجملة الرئيسية للتأكيد على المعنى، إذا كانت الجملة الشرطية قد سبقته:

إذا حدث ونسيت عيد ميلادي مرة أخرى، فإني سأتركك!
Wenn du wieder meinen Geburtstag vergisst, dann verlasse ich dich!

إذا كان الفعل أو الحدث افتراضيا أو غير قابل للتصديق أو مستحيلا فإنه سيتم استخدام الصيغة الإحتمالية (**würde** + المصدر) في كلا جزئي الجملة:

إن كانت ستمطر فسأبقى في المنزل. (ولكنها في الواقع لا تمطر!)
Wenn es regnen würde, würde ich zu Hause bleiben.

لو كان عندي سيارة فسأذهب إلى إيطاليا. (ولكني لا أملك سيارة!)
Wenn ich ein Auto hätte, würde ich nach Italien fahren.

وبالنسبة لأحداثٍ في الماضي تنافي الحقيقة فإنه يتم استخدام الصيغة الإحتمالية في الماضي في كلا جزأي الجملة:

لو أنها كانت قد أمطرت لكنت قد بقيت في المنزل. (ولكنها لم تمطر!)
Wenn es geregnet hätte, wäre ich zu Haus geblieben.

14 بادئات الأفعال القابلة للفصل

يمكن لبعض الأفعال الألمانية أن تكون مسبوقة ببادئات يمكن أن تعدل المعنى الأساسي للفعل:

ذهب gehen ← غادر **weg**gehen
تحدث sprechen ← نطق **aus**sprechen.

كما إنه يمكن للبادئة في بعض الأحيان تغيير معنى الفعل تماماً:

إلتقط أو إصطاد fangen ← إبتدأ **an**fangen
أتى أو جاء kommen ← حصل على أو استقبل **be**kommen.

هناك نوعان من البادئات:

- البادئات قابلة للفصل عن الفعل الأساسي عندما يتم تصريف الفعل:
  Ich gehe weg. أغادر أو أذهب بعيدا.

- البادئات غير قابلة للفصل والتي لا تنفصم عن الفعل تحت أي ظرف من الظروف: يتلقى رسالة. **Er bekommt einen Brief.**

كيف يمكن للمرء التمييز بين البادئة القابلة للفصل وغير القابلة للفصل؟ بالخبرة والممارسة! ومع ذلك إليكم بعض القواعد التي قد تساعدكم:

- يمكن في الكلام المحكي التعرف على البادئات القابلة للفصل عن طريق التشديد على البادئة، بينما لا يتم التشديد على البادئات غير القابلة للإنفصال.

- عموماً فإن البادئات القابلة للإنفصال لها معنى خاص بها، على سبيل المثال حروف الجر، في حين لا معنى خاص للبادئات غير قابلة الإنفصال، بعض البادئات القابلة للإنفصال الأكثر شيوعا هي:

ab-, an-, auf-, aus-, bei-, mit-, nach-, zu-, zurück-

- هناك خمس بادئات يمكن أن تتصل مع الفعل وقد تكون قابلة للفصل أو غير قابلة للفصل، ويتم التشديد على كل هذه البادئات المزدوجة عند فصلها وعدم التشديد عليها عندما لا يتم فصلها.

هي: مرة أخرى wieder، حول um، خلال durch، عبر über، تحت unter.

لا تقاطعني حضرتك!   **Unterbrechen Sie mich nicht!**

القارب يغرق!   **Das Boot geht unter!**

- يشير استخدام (أو عدم) استخدام -ge في صياغة اسم المفعول إلى ما إذا كانت البادئة قابلة للفصل أو لا.

ففي حالات إمكان فصل البادئات توجد ge- بين البادئة والفعل:

Der Film hat schon <u>an</u>gefangen.   لقد بدأ الفيلم بالفعل.

أما الأفعال ذوات البادئة غير القابلة للفصل فإن إسم مفعولها يصاغ بدون -ge:

لم أحصل على بريد إلكتروني اليوم. لم أتلق أية رسالة إلكترونية اليوم.
Ich habe heute keine E-Mail bekommen.

15 الأفعال المتعدية والأفعال اللازمة

يتطلب الفعل المتعدي مفعولاً مباشراً، وذلك لأن الفعل يعبر عن إجراء تجاه شخص ما أو شيء ما يعرف في الجملة، الكلمة أو العبارة التي تتلقى فعل الفعل المتعدي هو المفعول المباشر.

Er kennt diese Stadt sehr gut.   هو يعرف هذه المدينة جيداً.

Die Kellnerin bringt den Kaffee.   النادلة تجلب القهوة.

ليس للفعل اللازم مفعول مباشر لأن الفعل غير موجه نحو شخص ما أو شيء ما في الجملة.

Kommen Sie!   تعال حضرتك!

Wir lachen.   نحن نضحك.

توجد بعض الأفعال التي يمكن استخدامها بشكل لازم أو متعدٍ:

نحن نأكل. **Wir essen.** (لازم)

نحن نأكل المعكرونة. **Wir essen Pasta.** (متعدٍ)

تمكن صياغة المبني للمجهول من الأفعال المتعدية فقط:

يتم جلب القهوة من قبل النادلة.
Der Kaffee wird von der Kellnerin gebracht.

16 الأفعال المتعدية بحروف "الجر"

كما هو الحال في اللغة العربية فإنه يوجد في اللغة الألمانية عدد كبير من الأفعال التي تستخدم دائماً مع حرف جر معين، على سبيل المثال: يؤمن أو يعتقد بـ **glauben an**، ينتظر **warten auf**، كما إنه توجد بعض الأفعال التي تستخدم أكثر من حرف جر واحد، مثل يصر على **bestehen auf** ويتكون من **bestehen aus**، تتطلب حروف الجر بدورها بعض الحالات التابعة لها، ينبغي على المرء تعلم هذه الأفعال الألمانية المتعدية بحروف "الجر" على النحو التالي: الفعل + حرف الجر + الحالة، وفيما يلي بعض الأمثلة على ذلك.

1.16 الأفعال المتعدية بحروف "الجر" الناصبة

بعض الأفعال المتعدية تتعدى بحروف جر تتطلب استخدام حالة النصب:

يفكر بـ **denken an**، يرجو أن **bitten um**، يشكر لـ **danken für**، يتذكر **sich erinnern an**، يضحك من **lachen über**، يكتب لـ **schreiben an**، يقع في الحب مع **sich verlieben in**، ينتظر **warten auf**، الخ.

2.16 الأفعال المتعدية بحروف "الجر" الجارَّة

بعض الأفعال المتعدية تتعدى بحروف جر تتطلب استخدام حالة الجر:

يعتمد على **abhängen von**، يبدأ بـ/ ينتهي من **anfangen/aufhören mit**، يسأل عن **fragen nach**، يشتكي عند **sich beschweren bei**، يشترك بـ أو في **teilnehmen an**، يخاف من **sich fürchten vor**، يشك بـ أو في **zweifeln an**، الخ.

3.16 الأفعال المتعدية بحرفي "جر" اثنين

بعض الأفعال المتعدية تستخدم حرفي جر اثنين، وكل منهما يتطلب حالة محددة:

- يستعلم لدى شخص ما (مجرور) عن شيء ما (مجرور)

sich bei jemandem (Dativ) **nach etwas** (Dativ) **erkundigen**

إنه يستفسر من البائع عن ساعات العمل.

Er erkundigt sich bei dem Verkäufer nach den Öffnungszeiten.

- يتبادل أطراف الحديث مع (مجرور) عن شيء (منصوب)

sich mit jemandem (Dativ) **über etwas** (Akkusativ) **unterhalten**

تبادلنا أطراف الحديث طوال الليل مع أصدقائنا عن السياسة.

Wir haben uns die ganze Nacht mit unseren Freunden über Politik unterhalten.

4.16 الأفعال المتعدية بعدة حروف "جر" متباينة

يمكن لبعض الأفعال المتعدية أن تتخذ حروف جر مختلفة يتغير معها معنى الفعل:

• sich freuen auf: يتطلع إلى (شيء من شأنه أن أو قد يحدث)

Sie freut sich auf den Sommer.   إنها تتطلع إلى فصل الصيف.

• sich freuen über: يفرح بـ (شيء ما حدث)

Sie freut sich über den Sommer.   إنها تفرح بقدوم فصل الصيف.

• kämpfen um: يكافح من أجل

إنهم يتنازعون حول زجاجة من الشمبانيا.

Sie kämpfen um eine Flasche Champagner.

• kämpfen für / gegen / mit: يكافح من أجل / ضد / مع

نحن نناضل من أجل المزيد من العدالة. نحن نكافح من أجل المزيد من العدالة.
Wir kämpfen für mehr Gerechtigkeit.

صوفيا شول ناضلت ضد الاشتراكية الوطنية (النازية).
Sophie Scholl hat gegen den Nationalsozialismus gekämpft.

Sie kämpfen mit unehrlichen Mitteln. إنهم يقاتلون بوسائل غير مشرفة.

5.16 الإستفهام بالأفعال المتعدية بحروف الجر

عند تشكيل الأسئلة مع الأفعال المتعدية بحروف الجر:

• إذا كان السؤال يتعلق بشخص ما فإنه يتم استخدام حروف الجر متبوعة بـ wer التي يتم تشكيلها حسب الحالة التي يتطلبها حرف الجر:

An wen denken Sie?   بمن تفكر حضرتك؟

Auf wen warten Sie?   من تنتظر حضرتك؟ من تنتظرون؟

Von wem sprechen Sie?   عمن تتحدث حضرتك؟

Vor wem fürchten sich die Kinder?   ممن يخاف الأطفال؟

عند الإجابة فإن حرفَ الجر يُتبع باسم أو بضمير:

غالبا ما أفكر بجدنا. هل تفكر به أنت أحياناً أيضاً؟

Ich denke oft an unseren Großvater. Denkst du auch manchmal an ihn?

نحن نتحدث عن السيدة باخ، هل تتحدث حضرتك عنها أيضاً؟
Wir sprechen <u>von</u> Frau Bach, sprechen Sie auch <u>von ihr</u>?

- إذا كان السؤال يتعلق بشيء أكثر من تعلقه بشخص فإنه يتم استخدام
wo- + حرف الجر (وإذا كان حرف الجر يبدأ بحرف علة فإنه يتم استخدام
wor- + حرف الجر):

بماذا تفكر حضرتك ؟ بمَ تفكر حضرتك؟	<u>Woran</u> denken Sie?
ماذا تنتظر حضرتك؟	<u>Worauf</u> warten Sie?
عمَّ تتحدث حضرتك؟ عن أي شيء تتحدث حضرتك؟	
	<u>Wovon</u> sprechen Sie?
ممَّ يخاف الأطفال؟	<u>Wovor</u> fürchten sich die Kinder?

عند الإجابة فإن حرفَ الجر يُتبع بذكر الشيء أو الشخص أو بتركيبٍ مؤلف من
da(r)- + حرف الجر:

أنا أفكر بعطلة نهاية الأسبوع، وحضرتك، هل تفكر حضرتك بها أيضاً؟
Ich denke <u>an</u> das Wochenende, und Sie, denken Sie auch <u>daran</u>?

نحن نتحدث عن الإضراب، وحضرتك، هل تتحدث حضرتك عنه أيضاً؟
Wir sprechen <u>von</u> dem Streik, und Sie, sprechen Sie auch <u>davon</u>?

17 الإستفهام عن المكان "أين؟" أو "إلى أين؟"

في الألمانية كلمتان للسؤال عن أين؟

- **Wo?** وتستخدم للسؤال عن مكان شيء أو شخص ما.

أين تسكن حضرتك؟ - في أولم. **Wo wohnen Sie? – In Ulm.**

أين زجاجة النبيذ؟ - على الطاولة.
Wo steht die Weinflasche? – Auf dem Tisch.

- أما **Wohin?** (أو **wo ... hin**) فتستخدم لصياغة أسئلة عن الإتجاه أو الحركة ("إلى أين؟").

إلى أين ذاهب حضرتك؟ - إلى السينما.
Wohin gehen Sie? / Wo gehen Sie hin? – Ins Kino.

أين أضع الزجاجة؟ - على الطاولة.
Wohin stelle ich die Flasche? / Wo stelle ich die Flasche hin? – Auf den Tisch.

عند الإجابة على أسئلة أين **wo** وإلى أين **wohin** فإن بعض حروف الجر تتطلب دائماً حالة معينة تتبعها:

Wo wohnst du? – Bei meiner Freundin. أين تسكن؟ - عند صديقتي.
(**bei** يتطلب دائماً حالة الجر)

Wohin gehst du? – Durch die Stadt. إلى اين تذهب؟ - عبر المدينة.
(**durch** يتطلب دائماً حالة النصب)

أما مع حروف الجر الأخرى واختيار الحالة الإعرابية فإن الأمر يعتمد على ما إذا كان الأمر متعلقاً بوضعية (سكون) أو باتجاه (حركة)، وتسمى هذه بحروف الجر ثنائية الإتجاه، (هناك تسعة حروف جر ثنائية الإتجاه: على أو بـ **an**، على أو فوق **auf**، خلف **hinter**، في أو إلى **in**، جانب أو قرب **neben**، أعلى أو فوق أو عن **über**، تحت أو أدنى **unter**، أمام أو قبل **vor**، بين أو ضمن **zwischen**).

- تأخذ حروف الجر ثنائية الإتجاه حالة الجر للدلالة على وضعية (سكون):

إنه بالفعل في المكتب. (أين؟)
Er ist schon im (= **in dem**) **Büro.** (**Wo?**)

- وتأخذ حالة النصب للدلالة على الحركة أو الإتجاه:

هو يذهب إلى المكتب. إنه ذاهب الى المكتب. (إلى أين؟)
Er fährt ins Büro. (**Wohin?**)

18 العطف

تقوم حروف العطف بربط الكلمات، هناك نوعان من العطف:

1.18 العطف في نفس الجملة

تُدرج هذه التعابير مثل و **und**، ولكن **aber**، أو **oder**، إذن أو ثَمَّ **denn**، ببساطة بين جملتين رئيسيتين ولا تؤثر على ترتيب الكلمات:

نحن نأكل وبعد ذلك نشاهد الرائي.
Wir essen, und danach sehen wir fern.

هو ينتظر، ولكن صديقته لا تأتي.

Er wartet, aber seine Freundin kommt nicht.

2.18 العطف باستخدام جملة ثانوية

كما يوحي إسمها فإن العطف باستخدامها يتطلب جملة ثانوية، وهي تؤمن الإنتقال بين فكرتين في الجملة، مع الدلالة على طبيعة العلاقة بينهما:

- زمنية: عندما **als**، قبل أن **bevor**، إلى أن أو حتى أن **bis**، بعد أن **nachdem**، منذ أن **seit**، بمجرد أن **sobald**، طالما **solange**، خلال **während**، إن أو لو **wenn**
- سببية: لأن **weil**، كون **da**
- تمييزية أو مقارنة: على الرغم من **obwohl**، رغم أن **obgleich**
- تبريرية أو هدفية: من أجل **damit**، أن **dass**

العطف باستخدام جملة ثانوية يؤثر على ترتيب الكلمات، وهي تتسبب بنقل الفعل المتصرف إلى الموضع الأخير في الجملة الثانوية:

عشت في هايدلبرغ عندما كنت طفلا.

Ich habe in Heidelberg gewohnt, als ich Kind war.

رتبوا، قبل أن تأتي ماما **Macht Ordnung, bevor Mama kommt!**

كلْ وجبة "ميسلي" كي تنموَ وتصبحَ قوياً!

Iss dein Müsli, damit du groß und stark wirst!

إنها تشرب (كأساً) من البيرة، على الرغم من أنها لا تحب البيرة.

Sie trinkt ein Bier, obwohl sie kein Bier mag.

19 الجمل الموصولة

الجمل الموصولة هي جمل ثانوية دخلها ضمير موصول (على سبيل المثال، مَن)، وهي تعدل الإسم والضمير أو حتى كامل الجملة في بعض الأحيان (تسمى السالفة)؛ حيث يحدد ضمير الوصل العلاقة بين السالفة والجمل الموصولة.

ويعبر ضمير الوصل عن نوع الجنس والعدد والحالة، ويعتمد جنسها وعددها على السالفة:

المرأة التي سألتقيها في الخامسة مساءاً تعمل معي.

Die Frau, die ich um 17 Uhr treffe, arbeitet mit mir.

الرجل الذي ينتظر في المقهى يكون صديقها.
Der Mann, <u>der</u> im Café wartet, ist ihr Freund.

لماذا لم يزل الأطفال الذين يلعبون هناك حتى الآن خارج المنزل؟
Warum sind die Kinder, <u>die</u> dort spielen, noch nicht zu Hause?

أولئك الذين يريدون (العودة) إلى ديارهم يمكنهم الذهاب الآن.
Diejenigen, <u>die</u> nach Hause wollen, können jetzt gehen.

ومع ذلك فإن تحديد حالة ضمير الوصل يتم تبعاً لوظيفته في الجملة الثانوية:

المرأة التي تريها المدينة هي إسبانية.
Die Frau, <u>der</u> sie die Stadt zeigt, ist Spanierin.

Der Wagen, <u>den</u> sie gekauft hat, ist groß. السيارة التي اشترتها كبيرة.

الأطفال الذين تلعب معهم سعداء.
Die Kinder, mit <u>denen</u> sie spielt, sind glücklich.

أولئك الذين انتهت أعمالهم يمكنهم الذهاب.
Diejenigen, <u>deren</u> Arbeit beendet ist, dürfen gehen.

هناك ثلاثة اختلافات أخرى مهمة عنها في اللغة الإنجليزية:

- كما هو الحال في جميع الجمل الثانوية، يوضع الفعل المتصرف في الموضع الأخير من الجملة الوصلية.

- لا يمكن حذف ضمير الوصل.

- ضمير الوصل الذي يعتبر جزءاً من جملة مرفقة بحرف جر يأتي دائما مع حرف الجر (**mit denen sie spielt**).

20 بعض التعبيرات غير الشخصية

تستعمل بعض التعبيرات الألمانية ضمير المفرد الغائب المحايد **es** كفاعل، وهي عادة ما تسمى بتعبيرات غير شخصية لأن **es** لا يحدد شخصا أو شيئاً بعينه:

هناك أو يوجد **es gibt**، الأمر يتعلق بـ **es handelt sich um...** أو الأمر يدور حول **es dreht sich um...**، الأمر يعتمد على **es hängt davon ab**، مذاقه جيد **es schmeckt**، تمطر إنها **es regnet**، إنها تثلج أو الثلج يتساقط **es schneit**، هذا يؤسفني أو أنا آسف **es tut mir leid**، وما إلى ذلك.

من المهم أن نتذكر مثالاً آخرَ: كيف حالك؟ كيف حال حضرتك؟ (الصيغة الرسمية) **Wie geht es dir / Ihnen?**

والرد: أنا ... أو حالي ... **Es geht mir** التي يمكن إضافة جيد (بخير) **gut (sehr)** إليها، أو سيئ أو حالي ليست جيدة **schlecht**، أو ممتاز (ممتازة) **ausgezeichnet**، أو بائس (بائسة) **miserabel**، أو مبهر أو رائع **blendend**، الخ.

إذا كنت بحاجة إلى مزيد من المعلومات حول أي من المسائل النحوية فإن الفهرس النحوي سيحيلك إلى الدرس ذي الصلة.

قائمة الأفعال الشاذة

تعطي هذه القائمة من الأفعال الشاذة صيغة المصدر تليها أول شخص مفرد (ضمير المتكلم) في الماضي البسيط ثم إسم المفعول، إذا كان الفعل شاذاً مع الشخص الثاني (المخاطب) والثالث (الغائب) المفرد في الحاضر فقد قمنا أيضاً بإيراد المضارع للشخص الثالث المفرد بين قوسين، لاحظ أن تصريف الأفعال المساعدة و فعل يعرف **wissen** غير منتظم بشكل خاص في المضارع.

anbieten, bot an, angeboten يعرض
beginnen, begann, begonnen يبدأ
beißen, biss, gebissen يلدغ أو يعض
bekommen, bekam, bekommen يحصل على، يتلقى
benehmen (sich ~), (benimmt), benahm, benommen يتصرف، يتخلق
beschließen, beschloss, beschlossen يقرر
besitzen, besaß, besessen يمتلك
betrügen, betrog, betrogen يغش، يخدع
bewerben (sich ~), (bewirbt), bewarb, beworben يتقدم إلى
binden, band, gebunden يربط، يحزم، يضمد
bitten, bat, gebeten يطلب، يسأل، يرجو
bleiben, blieb, geblieben يبقى، يمكث
brechen (bricht), brach, gebrochen يكسر
brennen, brannte, gebrannt يحرق

denken, dachte, gedacht يفكر، يظن، يعتقد
dürfen (darf), durfte, gedurft يمكن له، يسمح له
einladen (lädt ein), lud ein, eingeladen يدعو (لوليمة)
empfangen (empfängt), empfing, empfangen يتلقى، يستلم
empfehlen (empfiehlt), empfahl, empfohlen يوصي، ينصح
entkommen, entkam, entkommen يهرب، يفر
entscheiden, entschied, entschieden يقرر، يحكم
erkennen, erkannte, erkannt يعرف، يتعرف
erscheinen, erschien, erschienen يظهر، يبدو
erschrecken (erschrickt), erschrak, erschrocken يخاف، يرتعب
essen (isst), aß, gegessen يأكل
fahren (fährt), fuhr, gefahren يسافر أو يذهب (بوسيلة وليس سيراً)
fallen (fällt), fiel, gefallen يسقط
fangen (fängt), fing, gefangen يصطاد، يمسك
finden, fand, gefunden يجد، يعثر
fliegen, flog, geflogen يطير
fliehen, floh, geflohen يفر، يهرب
fließen, floss, geflossen يتدفق، يسيل
frieren, fror, gefroren يتجمد
geben (gibt), gab, gegeben يعطي
gefallen (gefällt), gefiel, gefallen يعجب
gelingen, gelang, gelungen ينجح
gelten (gilt), galt, gegolten يسري، يصلح
geschehen (geschieht), geschah, geschehen يحدث
gewinnen, gewann, gewonnen يكسب، يفوز
gießen, goss, gegossen يصب
graben (gräbt), grub, gegraben يحفر
greifen, griff, gegriffen ينتزع، يضرب، يناوش
haben (hat), hatte, gehabt يملك
halten (hält), hielt, gehalten يوقف، يمسك

hängen, hing, gehangen يعلق، يشنق

hauen, haute, gehauen يضرب، يحصد، ينقش

heben, hob, gehoben يرفع

heißen, hieß, geheißen يسمى، يدعى

helfen (hilft), half, geholfen يساعد

kennen, kannte, gekannt يعرف

klingen, klang, geklungen يرن

kommen, kam, gekommen يأتي

können (kann), konnte, gekonnt يمكن، يستطيع، يقدر

kriechen, kroch, gekrochen يزحف

laden (lädt), lud, geladen يحمِّل، يشحن

lassen (lässt), ließ, gelassen يترك، يسمح

laufen (läuft), lief, gelaufen يجري، يشتغل

leiden, litt, gelitten يعاني

lesen (liest), las, gelesen يقرأ

liegen, lag, gelegen يضع، يستلقي

lügen, log, gelogen يكذب

meiden, mied, gemieden يجتنب

messen (misst), maß, gemessen يقيس

mögen (mag), mochte, gemocht يحب، يحبذ، يود

müssen (muss), musste, gemusst يجب

nehmen (nimmt), nahm, genommen يأخذ

nennen, nannte, genannt يدعو، يسمي

pfeifen, pfiff, gepfiffen يصفر

raten (rät), riet, geraten يقدم المشورة، يشير

reißen, riss, gerissen يمزق

riechen, roch, gerochen يفوح

rufen, rief, gerufen يدعو، ينادي، يتصل

schaffen, schuf, geschaffen يخلق

scheinen, schien, geschienen يبدو

الملحق النحوي

schlafen (schläft), schlief, geschlafen ينام

schlagen (schlägt), schlug, geschlagen يضرب، يفوز

schließen, schloss, geschlossen يغلق

schmelzen (schmilzt), schmolz, geschmolzen يذوب

schneiden, schnitt, geschnitten يقطع

schreiben, schrieb, geschrieben يكتب

schreien, schrie, geschrien يصرخ

schweigen, schwieg, geschwiegen يصمت

schwimmen, schwamm, geschwommen يسبح

schwören, schwor, geschworen يقسم، يحلف

sehen (sieht), sah, gesehen يرى، ينظر

sein (ist), war, gewesen يكون

senden, sandte, gesandt يرسل

singen, sang, gesungen يغني

sitzen, saß, gesessen يجلس

sollen (soll), sollte, gesollt ينبغي

spinnen, spann, gesponnen ينسج

sprechen (spricht), sprach, gesprochen يتحدث

springen, sprang, gesprungen يقفز

stechen (sticht), stach, gestochen يلدغ، يطعن

stehen, stand, gestanden يقف

stehlen (stiehlt), stahl, gestohlen يسرق

steigen, stieg, gestiegen يرتفع، يصعد، يتسلق

sterben (stirbt), starb, gestorben يموت

streiten, stritt, gestritten يتشاجر، يجادل، يخاصم

tragen (trägt), trug, getragen يحمل، يرتدي

treffen (trifft), traf, getroffen يلتقي، يقابل

treten, trat, getreten يدوس

trinken, trank, getrunken يشرب

tun, tat, getan يفعل، يقوم بفعل

unterhalten (unterhält), unterhielt, unterhalten و

sich unterhalten يستمتع، يتسلى

unterscheiden, unterschied, unterschieden يختلف، يتميز

verbieten, verbot, verboten يحظر، يمنع

verderben (verdirbt), verdarb, verdorben يفسد

vergehen, verging, vergangen ينقضي، يأثم

vergessen (vergisst), vergaß, vergessen ينسى

verleihen, verlieh, verliehen يقرض، يعير

verlieren, verlor, verloren يفقد، يضيع

verschwinden, verschwand, verschwunden يختفي

versprechen (verspricht), versprach, versprochen يعد

verstehen, verstand, verstanden يفهم

verzeihen, verzieh, verziehen يغفر، يعفو

wachsen (wächst), wuchs, gewachsen ينمو

waschen (wäscht), wusch, gewaschen يغسل

werben (wirbt), warb, geworben يعلن

werden (wird), wurde, geworden يصبح

wiegen, wog, gewogen يزن

wissen (weiß), wusste, gewusst يعرف، يعلم

wollen (will), wollte, gewollt يريد

ziehen, zog, gezogen يسحب، يشد

zwingen, zwang, gezwungen يكرِه، يجبر

Persönliche Notizen:

Persönliche Notizen:

لفظ الألمانية

• الأبجدية الألمانية

إسم الحرف العربي المقابل (تهجية)	نطق أو لفظ الحرف	الحرف اللاتيني الصغير	الحرف اللاتيني الكبير
Alif	آ	a	A
Bā	بِي	b	B
---	تْسِي	c	C
Dāl	دِي	d	D
---	إِي	e	E
Fā	إِفْ	f	F
---	گِي	g	G
Hā	ها	h	H
i	إي	i	I
---	يَتْ	j	J
Kāf	كا	k	K
Lām	إِلْ	l	L
Mīm	إِمْ	m	M
Nūn	إِنْ	n	N
---	أُوْ	o	O
---	پِي	p	P
Qāf	كُفْهْ	q	Q
Rā	إِرْ	r	R
Sīn	إِسْ	s	S
Tā	تِي	t	T
u	أُوْ	u	U
---	فاوْ	v	V
---	ڤِيهْ	w	W
---	إِكْسْ	x	X
Yā	إِوْبْسِلْنْ	y	Y
Zāin	تْسِتْ	z	Z

• حالات خاصة: علامات تغير في الصوت + إِسّ

لفظ الحرف	الحرف اللاتيني الصغير	الحرف اللاتيني الكبير
أْ	ä / ae	Ä / Ae
أَوْ	ö / oe	Ö / Oe
أَوْ	ü / ue	Ü / Ue
إِسّ	ß	ß

لمحة عن الأحرف الصوتية للغة الألمانية مرفق بعرض مبسط لأصوات الأحرف وتوصيفها

الأحرف الصوتية		
التوصيف	**الكتابة الصوتية**	**الحرف**
يقابل هذا الحرف الصوتي الفتحة المغلظة مثل "وَضَعَ".	[آ]	a
يقابل هذا الحرف الصوتي الفتحة مع الإمالة مثل "مَجْريها" في القرآن الكريم.	[أ]	ä / ae
يتأرجح هذا الحرف الصوتي بين ثلاثة أصوات، فتارة يأتي كالفتحة مع إمالة مثل "مَجْريها" في القرآن الكريم "sehr"، أو في آخر الكلمة ِ حيث تلفظ في النهاية هاء ضعيفة وخافتة إِهْ "Katze"، أو آخر الكلمة متبوعة بحرف r بصوت أَ مع عدم ظهور الراء تقريباً "Messer".	/ [أهْ] / [إِي] [إِهْ]	e
يقابل هذا الحرف الصوتي الكسرة مثل "مِنْ".	[إ]	i

o	[أو]	هذا الصوت غير موجود في الفصحى، ولكنه يقابل الضمة المفخمة في كثير من اللهجات العامية.
ö / oe	[أۏ]	هذا الصوت غير موجود البتة في العربية، ويلفظ بتعمد لفظ الضمة المفخمة ولكن بشفتين في وضعية التقبيل تقريباً.
u	[أو]	يقابل هذا الحرف الصوتي الضمة مثل آخر كلمة "يَضَعُ".
ü / ue	[أۏ]	هذا الصوت غير موجود البتة في العربية، ويلفظ بتعمد لفظ الضمة المائلة للكسر ولكن بشفتين في وضعية التقبيل تقريباً.

الأحرف الصوتية المزدوجة

وهي عبارة عن أصوات مزدوجة ناتجة عن حرفين صوتيين، تشكل هذه الأحرف الصوتية المزدوجة في الألمانية مقطعاً صوتياً واحداً!

التوصيف	الكتابة الصوتية	الحرف
يلفظ هذان الحرفان المزدوجان كما في كلمة آيْ القرآن "Mai".	[آيْ]	ai
عبارة عن همزة مفتوحة ممدودة مغلظة متبوعة بواو ساكنة مغلظة بعض الشيء أيضاً "Austria".	[آوْ]	au
عبارة عن همزة مفتوحة مائلة للكسر ومتبوعة بياء ساكنة "Häuser".	[أويْ]	äu
يلفظ هذان الحرفان المزدوجان كما في كلمة "ein".	[آيْ]	ei
همزة مضمومة مغلظة متبوعة بياء ساكنة	[أويْ]	eu
تقابل الكسر الممدود.	[إي]	ie

الأحرف الساكنة		
الحرف	الكتابة الصوتية	التوصيف
b	[بِي]	يماثل حرف الباء بالعربية، ويلفظ مكسورا بإمالة.
c	[تْسِي]	عبارة عن تاء ساكنة متبوعة بالسين المكسورة مع إمالة.
d	[دِي]	دال مكسورة بإمالة.
f	[إفْ]	همزة مكسورة بإمالة متبوعة بفاء ساكنة.
g	[گِي]	الجيم المصرية مكسورة بإمالة.
h	[ها]	تشبه صوت الضحك، أي هاء مغلظة ممدودة.
j	[يُتّْ]	لا يلفظ هذا الحرف جيماً وإنما ياء مضمومة مغلظة متبوعة بتاء ساكنة مشددة.
k	[كا]	مثل "ها" ولكن بإبدال الهاء كافاً.
l	[إلْ]	همزة مكسورة بإمالة متبوعة بلام ساكنة مشددة بعض الشيء.
m	[إمْ]	همزة مكسورة بإمالة متبوعة بميم ساكنة مشددة بعض الشيء.
n	[إنْ]	همزة مكسورة بإمالة متبوعة بنون ساكنة مشددة بعض الشيء.
p	[پِي]	باء تلفظ بإطلاق دفعة قوية من الهواء من الفم مكسورة بإمالة.
q	[كُهْ]	كاف ساكنة متبوعة بأول حرف من كلمة فيكتوريا مكسوراً بإمالة.
r	[إرْ]	همزة مكسورة بإمالة متبوعة بالراء المخففة الساكنة.

s	[إسْ]	همزة مكسورة بإمالة متبوعة بالسين الساكنة.
ß	[إسّْ]	همزة مكسورة بإمالة متبوعة بالسين المشددة الساكنة.
t	[تي]	تاء متبوعة بكسرة ممدودة وإمالة.
v	[فاوْ]	مثل جزيرة الفاو في العراق.
w	[ڤيهْ]	مثل أول حرف من اسم عاصمة النمسا "فيينا".
x	[إكْسْ]	همزة مكسورة بإمالة متبوعة بكاف وسين ساكنَيْن.
y	[إوْپْسِلُنْ]	همزة مكسورة بضم الشفتين، متبوعة بباء مرفقة بإطلاق الهواء من الفم، ثم سين مكسورة، ولام مضمومة ومفخمة وأخيراً نون ساكنة.
z	[تْسِتْ]	عبارة عن تاء ساكنة متبوعة بالسين المكسورة مع إمالة ثم تاء ساكنة ومشددة بعض الشيء.

دع هذا الجدول - خاصة في الفترة الأولى - في متناول اليد عندما تستمع حضرتك للتسجيلات الصوتية، واستخدم حضرتك اللمحة العامة عن الأصوات كمرجع تعود إليه مرة تلو الأخرى.

طريقة كل يوم

الألمانية

اليوم بلا عناء

تأليف

هيلده شنايدر

معالجة وتكييف النص باللغة العربية

الدكتور محمد بسام قباني

أستاذ محاضر في جامعة فيينا-قسم اللغة العربية والدراسات الإسلامية، خبير برنامج الترجمة للمحاكم والدوائر الحكومية والمشرف العلمي على برنامج "المسلمون في أوروبا" في قسم الدراسات ما بعد الجامعية، مسؤول عن متابعة تأهيل مدرسي التربية الإسلامية في النمسا، خريج جامعة حلب-هندسة إلكترونية وخريج جامعة فيينا-دراسات إسلامية ولغة عربية

بالتعاون مع

دانييل كراسا

ASSiMiL

طريقة الإستيعاب التلقائي

ملاحظة: يرجى فتح هذا الكتاب التعليمي إعتباراً من صفحة الغلاف المقابلة والبدء من هناك، كما يرجى قراءة المقدمة بتمعن قبل البدء بالدرس الأول.

الألمانية

اليوم بلا عناء

ASSiMiL
طريقة الإستيعاب التلقائي